思想觀念的帶動者

文化現象的觀察者

本土經驗的整理者

生命故事的關懷者

{ PsychoAlchemy }

啟程，踏上屬於自己的英雄之旅
外在風景的迷離，內在視野的印記
回眸之間，哲學與心理學迎面碰撞
一次自我與心靈的深層交鋒

The Soul in Anguish:
Psychotherapeutic Approaches to Suffering

受苦的靈魂
從深度心理學看痛苦的經驗與轉化

萊儂・科貝特（Lionel Corbett）——著

蔡怡佳——審閱

楊娟、曲海濤——譯

沒有痛苦，就沒有幸福。

（Sine afflictione nulla salus:

Without suffering, there is no well-being）

基督徒為什麼要聽無神論者談苦難？

許德謙（精神分析師、牧師／心靈教育導師）

　　榮格曾寫道，我致力面對的一群對象是那些經驗到光明消逝、奧祕褪色和上帝已死的人（CW 11, para. 148）。那一群人正是傳統西方宗教（特別是基督宗教）漸漸失去的信眾。相信這群人在華人基督宗教群體裡為數不少：他們可能在靜修營尋求靈性導引（spiritual direction），也可能是近年神學院熱門的靈修課程的進修者——學習不同的默觀祈禱、靈性分辨和明白神的心意，或是在輔導室裡述說他們的困惑、當中也有轉向新興宗教尋求解脫的人。他們很多已經過了皈依初期的熱忱、生活遭遇困頓，但上帝沒有及時解救，於是信仰框框開始動搖；也有些是信主多年，中年遇上離婚、婚外情、事業失敗、重病等，整個人生觀都崩潰了，上帝好像退場了……這些原先有信仰的人，在這個階段，除非他們繼續用物欲去麻痺心靈，否則若他們肯安靜下來，其實都發覺內心的渴求——需要尋索繼續活下去的生命意義和價值，不然就只能行屍走肉、表裡不一致地活。當然也有人乾脆離就開信仰。

　　苦難是什麼？簡言之，苦難就是擊碎「日常」、帶你進入另一個「無常」時空的重大打擊，那裡，素常以為世界應有的運作原則（諸如：「善有善報、惡有惡報」、「多運動＝健康」、「不抽煙＝不會有肺癌」、「多勞多得」等），完全失效。

　　「用錢可以解決的問題不是問題！」面對頑疾或絕症的有錢人都明白這個道理。如果名利富貴都不能解救，還有什麼可以支撐一個人

於逆境中堅持活下去而不尋死？苦難考驗一個人的人格至深處，把你藏在最心底的價值觀都掀出來，挑戰你的人格韌性和視野。如果上帝好像祂對待約伯那樣，讓苦難來探訪你，你最好準備一些存貨，免得苦難的風暴襲來，將你的家當翻箱倒櫃（籠），發現你的精神價值倉庫竟一無所有。

認識一些基督徒，在家裡遭遇危難時，沒有向教會求助。細問之下方曉得：因為想避免聽到基督徒用一些陳腔濫調（滾瓜爛熟但已失去意義的聖經金句）或公式化的關懷語（我為你祈禱、要對上帝有信心），或太過熱心將隱私公諸於世，造成額外的壓力。

面對苦難有什麼不同的想像呢？這位無神論作者科貝特博士帶你走過不同的宗教（不止是基督宗教），穿越不同宗教建制和神職人員代表的信仰外殼，直指榮格提出的「心靈的宗教功能」（religious function of the psyche）*，也就是普世人類靈性追求的終極關懷，其透過神哲學和心理治療對苦難的論述，開闊讀者的視野和思維。

華人教會的神職人員面對苦難，有很多經年累月沒有更新的條件反射式反應。有些基督徒諮商輔導員因缺乏神學訓練，沒有把握和來訪者談靈性課題；但苦難和靈性卻關係密切。既然苦難是基督宗教神職人員和諮商輔導員不能避免的課題，科貝特在此有助於跳出框框思考；除了祈禱求神跡奇事，還有許多不同的可能性。個人認為，第二

---

* 　榮格相信，心靈具有內在的宗教功能，會產生具超越性的意象（CW 12，par. 14），這些都是宗教及教義的原始材料，是人類有宗教經驗的基礎。這些意象雖不是神聖／上帝本身，但科貝特相信它們是來自心靈超越現實的象徵性表達，所以靈性（spirituality）早已深深植根於我們的心靈結構中。（參：Lionel Corbett, *The Sacred Cauldron: Psychotherapy as a Spiritual Practice*. Chiron Publications, 2011. 第四章談論的形象的發展和自性〔Self〕的象徵。）

　　新約聖經中的約翰和保羅都有基督徒活「在基督裡」（In Christ）的神祕主義論述，也可說是支持「神聖內住」的神學思想。縱使科貝特不是有神論者，但也無法阻止基督徒解讀其作品時，依然相信人有宗教經驗，是因為神聖（或聖靈）的內住。

章講論「痛苦的形式」和第六章談及「與基本教義主義者進行心理治療」，對臨床陪伴工作者（特別是醫院的院牧）饒有參考價值。

日常工作大部份時間為病人開藥的基督徒精神科醫生，相信會有內心掙扎：明明知道人有靈性，可是精神科藥物生產商背後的基本信念就是確信藥物可以控制症狀，精神科醫生也無意中支持主流文化「症狀消退了就是治好了」的迷思。（聲明：我不反對轉介病人看精神科醫師、舒緩他們的症狀）科貝特於書中的神哲學反思，加上結合精神分析及榮格心理學的個案剖析，相信會讓醫師更立體地看人性和精神疾病，對受苦的病患有更深的尊重。

作者父親是納粹集中營的倖存者、他自己是急性白血病的的生還者，可說是和死亡擦身而過，且他的心理治療對象遍及許多癌症病患和不同宗教的信徒，因此他對苦難的反省是以許多人的經驗為基礎的；無形中，作者也是以苦難為主題，作跨文化的宗教對話。

作者自己雖不從屬任何的宗教團體，然而，當我讀到書中這段有關陪伴苦難者的態度，卻彷彿看到耶穌基督「道成肉身」（theology of the cross incarnated）的身影：

直面他人的痛苦是對心理治療師始終不變的要求。與痛苦的人進行治療時，我們必須做好準備，有意識地參與到他們的痛苦中，視彼此的痛苦為人類共同苦難的一部分。這是心理治療中靈性實務的一部分，心理治療師在聽到帶有強烈痛苦情感的故事時，絕對不能迴避或抵抗他或她所感受到的痛苦，這樣才會有效。允許自己感受他人的痛苦，是心理治療師有意識的犧牲，很可能是療癒的關鍵。（出自第一章導論）

恕我直率，這豈不是已故的天主教耶穌會神學家拉內（Karl

Rahner）所講的「無名的基督徒」（anonymous christian）化身嗎？

　　本人在教會打滾多年，見了不少宗教騙子；千帆過盡，那些快捷亮麗的應許，再吸引不了我。筆者遇過不少信主多年的基督徒，整個信仰軟件都沒有更新（停留在小學和初中階段的信仰），要不是只剩下一些老掉牙的金句來苟延靈命，就是陷於靈性黑夜而不自知，苦無出路。你若感到信仰停滯又願意尋索，就迎向科貝特的挑戰吧！你不須要完全認同他的觀點，但經過這位智者的沖刷，與迴避他相比，相信可以幫助你的信仰，去蕪存菁，站立更穩。筆者並不認為在亞洲和非洲的基督宗教與當代人的經驗脫節，相反，基督徒越能迎向時代的挑戰、回答無神論者的詰問，未來基督宗教將更加有生命力，回應時代的需要。

推薦語

　　由傑出榮格心理學分析師和學者所寫的《受苦的靈魂》，是一本具開創性、經過精心研究的著作，其提供了痛苦的轉化潛力，以及如何在心理諮商中處理痛苦的方式。在本書中，作者科貝特博士以深厚的同情心與敏銳度，細緻描繪了靈魂的苦痛，並巧妙勾勒出痛苦於臨床、哲學與靈性上的概念，而這些概念皆見證了人類精神上的堅韌不拔。若您熱切關注人類靈魂，本書將能帶來啟發性的閱讀經驗。

烏蘇拉・沃爾茲（Ursula Wirtz）

榮格分析師、《靈魂謀殺》作者

　　《受苦的靈魂》以極為坦白的方式將生活中最困難的主題之一，也就是痛苦，呈現在讀者面前。全書探究苦痛的各個面向，特別是心理治療中會碰上的痛苦、痛苦的意義，以及苦痛於正負面的表現。本書亦超越《精神疾病診斷與統計手冊》（簡稱DSM）的分類與病理學描述，展示痛苦經驗的原型本質（archetypal nature）。科貝特博士以振奮人心的觀點，為我們的心智、靈魂與身體帶來療癒，並引領我們觸碰普遍上避而不談、或輕描淡寫的議題，如：受苦。本書也重新想像了我們的痛苦，以實現心理與靈性上對痛苦的理解。任何心理治療師都不應該錯過科貝特博士這本內容豐富的書。

喬・坎伯雷（Joe Cambray, Ph. D.）

國際分析心理學會前任主席（Past-President IAAP）、作家

我們所承受的苦難，許多宗教都說，那是另外一條道路開啟的源頭。在這本書裡，受苦的意義有了更進一步的沉思，而許多看法都深深擊中了我的心坎，和我過去的生命經驗有了強烈的共鳴。作者他多年來對心靈的宗教性所投入的探索，確實是不可思議的！我支持這本幾乎是沒有其他書可以取代的好書、它打開了一條路走向生命深處。

王浩威

榮格分析師

　　現代社會存在著種種企圖解決痛苦的專業，卻隨著專業化的發展而逐漸失去理解痛苦的能力。心理治療作為當代醫療專業的一部份，也陷落於專業視野的狹隘、以及無能回應痛苦的困境之中。本書希望恢復心理治療工作者聆聽痛苦的能力，不再把痛苦簡化為有待解決的病態，而是能擴大心理治療的視域，辨識痛苦可能具備的轉化意義，並將涵納痛苦的能力視為人類整體發展的重要面向。本書並指出痛苦的靈性意涵，為痛苦開啟了專業醫療尚未足夠認識的深刻意義。在醫療專業與病患苦痛的疏離之間，本書就像蠟燭上的火焰，以光之芽苗照亮希望的所在。

蔡怡佳

本書審閱者

　　如何面對痛苦是心理治療的核心，流行的解決之道是學習調整認知的方式，但深度心理學卻鼓勵我們在漫長的個體化過程中逐步體悟苦難的目的，思索自性或大我的訊息。作者仔細地討論了命運、臣服與意義，也介紹了宗教與靈性的解方。關於痛苦的相關議題一直深深吸引著我，因此我對本書作者有著說不完的欽佩！

鐘穎

心理學作家

人類的痛苦永無停歇，好在，有人看見

楊娟

　　歷經四年，這本書終於有機會得以面世。最初我接手這本書時，對榮格學派還知之甚少。現在想來，也是「初生牛犢不畏虎」。翻譯的過程中，我常常被科貝特博士廣博的知識、深邃的洞察所折服，也逐漸被榮格學派所吸引。如果說佛洛伊德的精神分析是考古學，那榮格學派則更像一本百科全書，它貫古通今，並常在不同文化，不同文明之間跳躍。

　　但這本書，我想也不應被學派所限制，讀者們也不用被某些名詞所嚇到，這本書探查的是人類最深刻的情感。如果你是心理專業工作者，應該要瞭解此書，它會幫助你思考，增加你的洞識，也許你會向我一樣，被文中精妙的見解所吸引、常常驚歎這些一針見血的評述可謂恰到好處。如果你非心理專業人員，也不用擔心，我想你會對人類的某些情感、某些狀態感到好奇才會拿起此書，又或者，你正陷入某些痛苦，想要找到一點依靠，我相信你也會在此書中得到回答、得到慰藉。

　　我曾經學習過一些不同的心理學理論與流派，有時候也不經自問，心理治療究竟是在做什麼？這數十種的心理治療方法究竟有何不同？在這本書裡，我找到了答案。心理治療的根本，是一個人對另一個人的理解、是一顆心與另一顆心的靠近。人類的痛苦有兩種主要的類型，一種是由人類無法掌控的外在所帶來的痛苦，如疾病、死亡、

戰爭等等，一種是由我們的內在衍生出的痛苦，如孤獨、嫉妒等各種情緒所致的痛苦。當然，人類的痛苦無法以這樣二分化的形式進行區分，真實的痛苦往往是複雜與多面的。當一個人因為痛苦走進治療室時，他最需要獲得的是什麼？患者們常常會說：我想要解決問題。但問題真的能夠被解決嗎？作為治療師的我們，常常和患者一樣無力，我們也沒有答案，或者即使我們有，那是對患者來說最好的答案嗎？我們能做的，可能只是陪伴、是見證與理解。我們無法幫助患者改變他的現實，我們能做的，是作為另一個人的同在，陪著他、熬過那段難捱的時間。那不同的心理治療方法又有何區別？我想，那是不同的通往心靈的路。有人喜歡寬敞的柏油馬路，有人喜歡小街小巷，有人喜歡林中野路。如果最終都能到達目的地，那這些路的區別，倒也不那麼重要了。但有一點，作為治療師，當你選擇某條路的時候，除了知其然，知其所以然也是相當重要的。某個流派的哲學背景為何、它對於人性基於什麼樣的假設，又它與你的個人特質是如何匹配的？無論治療師與患者，我們都需要選擇適合自己的路。

能夠翻譯此書，首先要感謝王浩威老師的鼓勵與認可，浩威老師持續在華語世界引入如此多的好書，這需要足夠的能量與胸懷，同時也要感謝心靈工坊的嘉俊總編輯以及美君編輯，你們的耐心等待以及細緻工作，這本書才得以面世。也要感謝本書的審閱蔡怡佳老師。怡佳老師的修正為本書增彩許多。

感謝成顥與魏冉，你們不僅是生活中的好夥伴，也是事業上的好搭檔，同時也是專業且優秀的譯者。在此書的翻譯過程中給了許多重要且深刻的意見與建議。感謝我的搭檔海濤，我們常常相互督促、相互校正，在每一個困難時刻，也多虧你的激勵。感謝我的先生和可愛的女兒，有你們的支持，我才能全心投入翻譯與治療的工作。

最後也想向臺灣的讀者先說一聲抱歉，我生長在南京，雖然我們

同處華語世界，但是在某些遣詞造句和語法表達上，也許總有不同。當你讀到某些句子，好像知道它在講什麼，但總覺得哪裡怪怪的，不用擔心，那不是你的錯，也不是作者寫的不好，也許正是那些微的文化差異在作祟。就像人類的情感是共通的，文字的最終目的是為了交流，那些細枝末節，就讓它隨風去吧。

　　人類的痛苦永無停歇，好在，有人看見。

沒有痛苦，就沒有幸福

曲海濤

　　剛接到這本書的翻譯任務時，我非常高興，很快便和楊娟討論好了分工，準備大幹一場。最開始我們會因為書中很多精闢而深邃的觀點而激動，也會因為一些犀利的評論而興奮，但大部分時間都是在為翻譯的艱難和自己的淺薄而撓頭。大概翻閱了全文之後，我們發現書中除了對臨床工作和人性的深刻理解之外，還有大量哲學、人類學、宗教和神話的內容，這讓我們壓力巨大，翻譯過程中也多次因為不瞭解書中所引述的各種學者的觀點而不得不擱置，去查閱相關資料。我和楊娟都是剛剛開始接觸榮格心理學，並且翻譯經驗尚且不足，整個翻譯過程推進得非常艱難。接到翻譯任務是在二〇一九年的秋天，而完成翻譯是在二〇二二年的十二月三十一日，這三年多的時間幾乎每天都是在書稿的壓力中度過的，終於在新年之前完成翻譯。隨後又經歷了長達十一個月的校對，將所有書稿發給心靈工坊的同事之後，才鬆了一口氣。

　　翻譯這本書的過程對我個人而言，是一個不斷被擊碎，又不斷整合的過程。從作為治療師要如何對待患者的痛苦，到作為個人要如何對待自己和他者的痛苦，再到作為人類要如何對待群體的痛苦，每一個章節都會帶來全新的領悟，由淺入深、恰到好處。另外，整本書的結構非常清晰，邏輯鏈條非常完整、環環相扣，對「強迫」人群非常友好，能將如此龐大、如此困難的話題用如此清晰、如此深刻的方式呈現給我們，足以見得作者科貝特深厚的功力。

在讀這本書之前，「痛苦」一詞就像是一個盒子，所有籠統而晦澀的情緒都可以放入其中，當我們跟患者說「我可以理解你的痛苦」時，這句話是那麼的蒼白無力，猶如隔靴搔癢。而在科貝特的筆下，「痛苦」一詞卻變得如此具體、如此深刻，痛苦可以是被迫接受，也可以是主動求取；痛苦可以滿是抑鬱與絕望、也可以充滿信仰與希望；痛苦可以讓人毀滅、也可以讓人昇華；痛苦可以為自己、也可以為他人；痛苦可以有意義、也可以無意義……痛苦似乎有成千上萬種形態，卻又只有「臣服」這樣一個歸處。對於來自於靈魂深處的痛苦，只有「臣服」才能打開「閾限空間」，開啟轉化之旅。大多數時候，我們會想盡辦法消除痛苦、或費盡心機防禦痛苦，但當我們防禦痛苦時，我們也將一部分真實隔離在外，就像被丟棄的冥界女神伊里伽爾。內心邪惡的伊里伽爾正是豐收女神伊南娜的陰影姐妹。而伊南娜的冥界之旅，也正是我們面對痛苦的過程，只有當我們卸下防禦、全身赤裸的臣服於痛苦，才能獲得心靈的整合。一直以來我都有一個很苦惱的問題，無法理解很多象徵化的臨床材料，《受苦的靈魂》中有大量對神話的引用和解讀，這些內容讓我逐漸能夠理解神話原型對心靈的隱喻作用，也開始逐漸能夠對理解象徵化的臨床材料這件事情上打開了很多新的思路與視角。對神話有興趣的同行，一定會從本書中有所收穫。書中有非常多醍醐灌頂、引人深思的內容，無法一言蔽之，更多精彩請讀者細細品讀。

最後的致謝，首先要非常感謝浩威老師的信任，在我們學習榮格心理學不久，就將如此重量級的巨著委託給我們，希望我們完成的品質能讓大家滿意。感謝蔡怡佳老師細緻入微的審校，把我們的譯稿從「簡裝」變成「精裝」。感謝我的夥伴楊娟，從研究生開始，無論是學習、工作、還是生活，始終都作為最堅定、最可靠的支持者、合作者。感謝我的導師張甯教授和陸曉花、成顥、裴濤等師兄師姐們，謝

謝你們在入門之時帶領我走進專業領域，成為專業的心理工作者，即便是畢業多年仍能不間斷地獲得你們的專業指導和支持，何其幸哉。感謝我的朋友魏冉，同事詩露、夢林、李彤、本石，你們是同事、是朋友，更是並肩作戰的好夥伴，謝謝你們給我如此溫暖、踏實的專業環境，也感謝詩露在英文翻譯和專業術語上不厭其煩的指導。感謝我的朋友儲斌在聖經解讀方面給予的幫助。最後感謝我的家人，謝謝你們不分晝夜的陪伴與支持。感謝足不出戶的日日夜夜，讓我有足夠多的時間沉靜。

沒有痛苦，就沒有幸福。

二〇二三年十一月八日
於南京

前言

　　「痛苦」常常是人們尋求心理治療的核心問題。這本書描述了痛苦的主觀體驗、論述了痛苦的成因和性質，並提供以深度心理學為理論基礎的痛苦處理方法。我認為心理治療師關注的重點應該是個體痛苦的獨特性。目前，心理衛生領域主要關注的是診斷，但對心理治療師而言，診斷在處理患者痛苦方面的幫助，往往是非常有限的。相同診斷的人很可能承受著截然不同的痛苦，因此診斷所關注的焦點往往與患者的生活經歷相距甚遠，尤其是那些教科書中沒有提及的情況。心理治療師常常會經歷某些時刻，需要他們作出最深刻的人性回應，有時甚至超出了我們使用的心理治療理論模型所能解釋的範圍。每個人的痛苦都是獨一無二的，我們無法用客觀的方式來看待人類的痛苦。我們所經歷的痛苦也影響我們看待這個世界的方式，當我們遭受強烈的痛苦時，可能會透過痛苦的濾鏡來看待世界。這本書試圖擴展心理治療的框架，來幫助心理治療師和受苦之人，讓他們以新的治療框架去處理那些他們正面對的不幸。

　　目前我們以研究為基礎的許多心理治療模型，在某些特定情況下對患者的幫助可能非常有限，因為任何心理治療的研究方法都是基於某種研究形成假設，而這些假設會限制我們對人的理解。尤其量化人類經驗的方法很難捕捉到我們主觀經驗的豐富性，或是無法正確合理地看待人類痛苦的深度和複雜性。這種量化的嘗試往往只關注某些狹隘的局部，而且是研究者感興趣的面向，常常忽略了對受苦之人來說最重要的東西。許多當代心理治療的評論家指出，心理學和心理治療

的實證主義、「實證」（evidence-based）醫學和自然科學等模型，並沒有考慮那些關於人類存在的重要因素（如 Slife，1995，2005）。對心理治療師來說，這些研究並不是唯一有效的，因為我們生活的許多方面並不能透過這樣的方式來驗證。

現代心理學理論的這種「實證」傾向受到了許多尖銳的批評，它們看起來似乎是客觀、不涉及任何價值判斷，實際上卻隱瞞了一種意識形態，並偷偷宣揚了某種特定的文化和道德價值觀（Richardson，2005）。許多作者強調，心理治療並不只是針對行為和心理層面的操作，甚至也不僅限於緩解痛苦；心理治療還有助於發現我們經驗的意義，促進人格的全面發展。對我和許多心理治療師來說，關注人類經驗所揭示的意義，遠比那些以實證主義科學方法為基礎的心理治療有用得多，因為通常這些科學的方法並不適用於個體的獨特脈絡。

在心理治療的實務工作中，我們會遇到一些患者，即使以目前的理論和所學知識都遠遠無法理解他們的情況。這就是為什麼許多心理治療師拒絕使用《精神疾病診斷與統計手冊》（簡稱 DSM），因為 DSM 試圖用單薄的描述將人歸納到某個概念或抽象類別中，那勢必會削弱人類苦難的複雜性。在某些圈子裡，他們使用固定公式，將痛苦簡化為大腦機制，或是機械的、習得的過程，或是某種認知錯誤（Horwitz, 2002; Carlat, 2010）。這些方法忽略了人的奧祕，也不能幫助我們真正理解到人，因為人總是比這些理論複雜得多。像心理治療的手冊化理論一樣，診斷手冊也有著同樣的風險，即過度縮小我們關注的焦點，而限制了我們理解他人痛苦的能力。

刺激我寫這本書的原因很多。首先是我一直教授研究生和分析師候選人關於榮格和精神分析治療的課程。許多學生的工作環境仍然要求他們使用 DSM 進行診斷，即便個案的具體生活情境和人際問題會在治療過程中出現，以及複雜的心理治療關係的建立，個案的診斷卻

逐漸隱沒為背景。診斷之後，心理治療師就要在患者之痛苦的層次上工作，而不是在那些遠離體驗的抽象分類層次上工作。

我對痛苦問題的興趣另一個來源是它的靈性意義。這對心理治療師來說是很重要的，因為越來越多的人與傳統宗教相距甚遠了。過去，傳統宗教常常為人們的生活困境提供解答和意義，但現在人們已經不再尋求宗教的幫助。不過，許多人有自己獨特的靈性形式，用自己的方式尋找意義。所以，有時心理治療師會在這個探索的過程中承擔實際（de facto）的靈性導師角色（Corbett, 2011）。值得慶幸的是，在心理治療中談論靈性並不是禁忌。另一個使我對痛苦感興趣的動機，是我父親在第二次世界大戰中的經歷，二戰期間他被關進布亨瓦德（Buchenwald）集中營，這件事從根本上影響了我童年時家庭的情緒氛圍。

還有一個使我關注痛苦問題的原因是，我罹患重疾的經驗。二〇〇八年，我罹患急性骨髓性白血病，最終成功進行了骨髓移植。我在兩家醫院待了幾個月，期間遇到許多不同類型的醫護人員。我很幸運地從我的妻子、家人、朋友，以及帕西菲卡研究所〔Pacifica Graduate Institute〕同事那裡得到了大量情感和生理上的支持。同樣幸運的是，在我職業生涯的早期，我曾從事過照會精神醫學[1]的工作，為許多癌症患者進行心理治療。我非常熟悉如何在癌症患者的治療過程中使用意象和冥想，而且很榮幸，我擁有榮格學派分析師的背景，所以我也盡我所能地分析自己那些跟疾病有關的夢和意象。

生病期間，最令我震驚的是，醫護人員並沒有嘗試在情感或精神上給我任何支持或安慰。雖然我很感激這兩家醫院的醫生和護理人

1　譯註：照會精神醫學（consultation-liason psychiatry）：主要是精神科醫師發揮其精神醫學的專業知識和技術以協助其他專科領域的醫療。

員，他們在技術上很專業，我相信這也是為什麼我能挺過一場可能致命的疾病。然而，我們的談話總是關於藥物、血球計數、疼痛以及其他身體問題，但這些並不是讓我感到痛苦的全部原因。整個治療期間沒有一個醫護人員問過我任何一般人類會問的問題，比如我是否害怕死亡、疾病對我的家庭有什麼影響、疾病如何影響我的精神世界、疾病對我意味著什麼、疾病對我職業生涯和人格的影響等等。和討論那些引起痛苦的症狀相比，討論痛苦的意義似乎顯得太困難，或甚至從來沒有人想到要問這些問題。雖然我能夠很明顯地感覺到這些醫護人員盡其所能地完成他們的專業任務，但是只有少數人讓我感受到情感的關懷。事實上，他們其中一些人非常機械，情感遙不可及，治療方式也讓我感覺很遙遠，顯然他們不願意與一個可能死去的人有任何情感的連結。我常常覺得我不應該對他們提出任何超乎尋常的要求，才能配合他們對保持距離的需要。不過，也有其他來看我的人，對我敞開心扉，他們的臨在閃耀著療癒的光芒。

患者的疏離感來自醫生以及醫療技術去人性化的影響，這些問題廣為人知且由來已久（Odegaard, 1986）。醫學上對疾病的關注一直深入到分子和基因層面，但醫生並不將患者的心理狀態和人格因素置於眼界之中，以至於對患者痛苦的理解變得很有限。即使醫生希望能夠在臨床實務中融入一些心理面向的照顧，他們所處的行政結構可能也不允許。

人類的痛苦對心理治療師非常重要，對醫學、哲學、宗教，乃至整個社會也非常重要，這不僅僅是因為痛苦讓我們思考生命的意義。除了一些明顯的例外，例如臨終關懷運動，我們的社會在對待痛苦時很可能是麻木不仁的。許多痛苦的人都被邊緣化，感到被孤立；《獨立宣言》中所銘記的「追求幸福」是他們所無法擁有的。我們甚至會問，對痛苦的關注是否在某種程度上與我們的民族價值觀背道而馳，

如神話中的樂觀主義與自給自足等。關於「痛苦的意義」這樣的問題似乎已經被貶謫到文化無意識中了，這也許可以解釋為什麼當痛苦襲來時，我們會感到驚訝。如果我們可以接納痛苦的重要性，而不是繼續抱有幻想，以為如果我們好好生活，就可以無限期地避免痛苦，或是以為使用適當的藥物、政治制度或技術就可以解決問題，那麼，痛苦對我們的社會也將是非常有價值的。榮格曾指出（CW 11, para. 291）：「那些與生活緊密相關的痛苦是無法迴避的。」人類的進步和創造力源於痛苦（同上，para. 497）。或者說：「沒有痛苦，就沒有意識的覺醒。」（CW 17, p. 193）

有些人希望不再將痛苦視為一種病態，我希望加入這些發聲的行列之中。我們也許應該將某些類型的痛苦視為正常，將涵納痛苦的能力視為人類整體的一個面向，有時甚至是發展所必須（Davies, 2012）。有時，痛苦可能有轉化作用，甚至有救贖作用。用榮格的話來說（CW16, p. 81）：「心理治療的主要目的不是把患者帶到一種不可能實現的幸福狀態，而是幫助他在面對痛苦時，擁有堅定和智慧的耐性。」心理治療的問題在於如何達到這一目的，尤其是當患者的痛苦難以治癒或不可逆轉時——我希望這本書將有助於實現這一目標。

在本書中，我提到了伊曼努爾·列維納斯（Emmanuel Levinas）的作品，他認為減輕他人的痛苦是絕對的道德義務。對他來說，生命的意義不僅僅依賴於我們在世界上的日常經驗（哲學家稱之為本體論），事實上，他認為我們對他人的責任才是根本（Manning, 1993）。不過，列維納斯並不是全然支持心理治療的。他對心理學理論懷有敵意，因為他擔心這些理論會侵犯到我們的自我（例如，當DSM 診斷削減了人類痛苦複雜性的時候）。他認為一個人的經驗應當優先於任何分類；任何強加的分類，都可能會限制我們理解人的能力。列維納斯認為人際關係所包含的內容遠比我們的理論和診斷多得

多。他的工作一直受到批評，因為這些想法沒有為人類的痛苦提供多少實際的幫助（Hutchens, 2007）。儘管如此，列維納斯為心理治療的實務提供了一種態度和哲學背景，一些關係學派的心理治療師以他的理論為工作，因為他強調了人的主體性和互為主體結構（Orange, 2011）。對列維納斯來說，人類就應該要對他人負責。堅持這種主張需要某種實證驗證似乎是不必要的。

我在這本書中用「患者」（patient）這個詞表示接受心理治療的人，而不是用「個案」（client）這個流行詞彙，並非因為醫學模式在心理治療中有什麼價值，而是因為「患者」這個詞的拉丁語詞源意思是「一個耐心地忍受痛苦的人」。相較之下，「個案」暗示著與顧客一種純粹的商業關係，從詞源上看，它與拉丁語單詞「追隨者」（follower）或「依靠他人的人」（lean on another）有關。

心理治療之外的許多學科都試圖處理人類的痛苦，我只需提及經濟學、宗教和社會科學。他們的貢獻都是非常重要的，但我主要是針對心理治療師，尤其是這領域的學生，也因為這是我的專業興趣所在。我用「深度心理治療」這個術語來區分認知行為療法和那些重視無意識的療法。這個詞彙在語法上很彆扭，因為「深度」不是一個形容詞，但這個詞卻是常用的表達方式。

我會盡可能多運用西蒙娜‧韋伊（Simone Weil）的研究原則：「探究的方法是：一旦我們想到了什麼，就試著想想看，在怎樣的情況下，相反的想法會是正確的。」（2002, p. 102）

我想感謝美國加州帕西菲卡研究所（Pacific Graduate Institute）
圖書館參考館員提供的幫助。

也感謝蒂凡尼・鮑格（Tiffany Baugher）博士
對這部作品早期版本的有益評論。

導論

痛苦與心理治療

　　與痛苦有關的問題是心理治療的核心。我想心理治療師的不少患者都會認可梭羅的這句話：他們活在「平靜絕望的生活之中」，而且「人類所謂的遊戲和娛樂之中也隱藏著無意識的絕望」（2004, p. 6）。所有的心理治療學派聲稱能解釋痛苦的心理根源、試圖緩解痛苦。有些療法甚至把痛苦當成一種美德，認為痛苦會增加患者在心理治療中的求助動機（Strupp, 1978）[1]。在心理治療培訓專案中，我們總是強調如何處理具體的失調和症狀（Roth et al, 2005）。然而，這些只是我們自己的專業視角。從患者的角度來看，他們最主要的問題是痛苦、悲傷、危機、苦悶、無助、疏遠、絕望和其他複雜的人類問題，這些問題使人們難以應對生活。有許多形式的痛苦並不符合任何診斷，還有些情況沒有特定稱謂，也不符合《精神疾病診斷與統計手冊》（以下簡稱 DSM）。許多形式的情感困擾或精神痛苦折磨，人們只能默默承受，甚至無法用言語表達。許多令人不快的情緒，如嫉妒、憎恨和孤獨等，都會帶來巨大的痛苦，但不一定就是某種既定症狀的部分表現。這些情況不一定能通過自然科學的實證方法來解決，因為這些實證方法都是建立在適用於大多數人的常模之上。但個體有其獨特個性、特定的生活故事，以及需要考慮的多樣個人因素。每當我們遇到一個受苦的人，都是在面對不可預測的經驗。

1　　原註 1：佛洛伊德在一八九五年的《歇斯底里症研究》（*Studies on Hysteria*）一書中有句名言：精神分析的目標是將歇斯底里的痛苦轉變為日常生活的苦惱。他認為這是精神分析的必然結果。他認為神經症的痛苦是對不得不面對的現實生活的逃避，因為現實生活往往更加殘酷。雖然人們是因為感到痛苦而尋求心理治療，但佛洛伊德並不認為應該把幸福當作心理治療的目標。對他來說，心理治療師能做的最多只是使他或她更有力量忍受痛苦。榮格也有類似的觀點。人們接受心理治療的另一個原因是要找到關於自己的真相，如果沒有心理治療所提供的情感涵容，真相可能非常難以承受。這個過程也許可以促進人們與痛苦和解，這也是一種療癒的形式。

在每一個診斷系統的背後，如 DSM，都隱藏著一種所謂心理健康的正常標準，以及社會所認可的行為標準。事實上，許多偏離這些標準的人並不會認為自己患了某種心理疾病；許多人行為正常，也不符合 DSM 的這些診斷，卻極度苦惱。這就是為什麼目前流行的術語「行為健康」這個詞非常容易造成誤導。痛苦不一定是某種疾病所引起的，在某些情況下，痛苦是**正常**的，心理治療師也可能遇到這些情況。

痛苦是人類生活中不可避免的一部分，但並不一定就是精神病理學的結果。例如，與其將憂鬱症視為一種疾病，還不如從靈性的角度視其為靈魂的黑夜，或者從存在主義角度視其為人類本有的一種狀態，這種狀態能夠完美適應某些特定情境。那些因為討厭工作而痛苦的工人、那些感覺不被愛的人，或者那遭受政治暴力或被迫移民的人，不一定患有 DSM 類別的某種疾病。將這些痛苦視為疾病，而不是人類生活中一個更為廣大的面向，是簡化又侷限的看法。DSM 的診斷只是一個抽象概念，但痛苦卻是極其真實的。有些痛苦可能是由於社會因素所導致，與個人的成長史或心理動力無關。許多人之所以感到痛苦，是因為覺得自己受困社會體系中，其過於強調權力、既得利益、經濟競爭和私利，而這些因素結合在一起，有時就會使人受到侵犯。我們感覺這個系統出現嚴重的錯誤，但是也只能順從地生活，或只能遵守規則，不知如何改變。人類所遭受的許多這種類型的痛苦是不被看見的，這部分源於我們的文化對痛苦的否認，或只是提倡培養忍耐痛苦的態度。

在這本書中，我提出各種可能對心理治療師協助處於痛苦中的患者會有幫助的方法。毫無疑問地，在決定哪種方法對特定的人有用時，臨床經驗、技巧和辨別力是必要的。明確的診斷的確有特定的治療意義，但深度心理學家經常發現，由於個人生活和思想的複雜性，

最初的診斷並沒有多大幫助。隨著時間的推移，診斷遠不如心理治療中的關係過程來得重要。

也許有人會說，疾病是痛苦的根源，因此消除症狀應該是心理治療的首要目標。但我們治療的並不是疾病，而是比診斷複雜得多的痛苦的人。痛苦的主觀體驗不能簡化為疾病，痛苦要複雜得多，並且每個人的痛苦所呈現出的困難程度也是不同的。由於差異巨大的不同生活處境所帶來的痛苦，在臨床上看起來也許非常相似，很符合 DSM 的描述，但即便是同樣的診斷，每個人的痛苦都是獨一無二的。透過消除症狀來解決生活問題的做法太狹隘，而且常常會導致錯誤的干預。由孤獨感或疏離感引起的存在性痛苦並不是大腦疾病，無法依賴藥物治癒。[2] 生命面臨的問題會滲透到人們生活的許多面向，很難精確分類。對於情緒困擾的描述性方法的謬誤之處在於，即使人們有著相同症狀（如「重度憂鬱症」），他們痛苦的根源仍是不一樣的，諸如發展性問題、人際問題或社會問題等，且受苦的人身處特定的社會情境之中。即使罹患相同疾病，不同的患者會賦予同一個問題不同的含義、不同的聯想或思考，對問題的感受也是不同的，家人的反應也是，痛苦對他們生活所產生的影響更是不一樣。正如多蘿茜·索勒（Dorothee Söelle, 1975）所說，痛苦是普遍的經驗，是一個人存在的整體狀態，由生理、心理和社會因素共同組成。痛苦影響著生活的每一面向，包括行動自由、發展機會、與人交往、食物、健康以及生存空間等。痛苦也有其社會層面，如孤立和不為他人所理解。心理治療師需要以心理學理論為根據，探索這些情境因素。不管臨床醫生

2　原註 2：不幸的是，許多臨床心理學都偏向於用醫學模型來治療憂鬱情緒，使用「失調」來描述痛苦，而不是聚焦於主體性、社會性和關係問題。像憂鬱症這種心理問題通常被認為是疾病，就好像患者只是被動罹患這種內在疾病，是一種隨機的不幸，與我們的生活環境和自我實現的困難無關。由於這些方法創造了經濟利益，如今已變得根深柢固。

如何定義其潛在疾病，我們都需要從受苦者的主觀角度，來回應他們獨一無二的痛苦。患者的痛苦並不等同於臨床診斷（DSM）；瞭解診斷不能讓我們瞭解患者的痛苦究竟是什麼。如果堅持按照自己的分類（比如 DSM）來理解痛苦的人的主觀體驗，我們可能會忽略患者本人所關心的內容，從而加重患者的痛苦。使用 DSM 可能是一種方式，告訴一個人（以及整個社會）應該如何看待他遭遇的困難。如果一個女人因為受到虐待而憂鬱，沒有精神疾病，她只是正常地反應出痛苦的生活狀況，但她可能因為符合 DSM 描述的症狀而得到診斷，就好像她的不開心是她出了什麼問題。有批評者指出，DSM 把正常的人類困擾和生活變得病理化了，還試圖將人類的痛苦以任意臆斷的框架分類，把痛苦同質化。這些分類是否有效仍有待討論，其中一些只有很少的實證證據，甚至可能只是源於我們應該怎麼做的價值判斷。眾所周知，精神疾病的分類充滿了政治、經濟、個人和專業等層面的壓力，所有結果都是由委員會的投票數決定的，因此很難說是一個科學的方法。精神疾病的診斷受個人和社會的影響，而大多數醫學疾病的診斷並不會受到這種影響。簡而言之，以診斷類別為依據，對痛苦的患者加以區分，然後根據診斷選擇相關的治療方法，而不去瞭解患者痛苦的具體內容，這樣做是錯誤的。

　　心理健康領域的這種情況其實與醫學領域相類似。卡塞爾（Cassell, 2004）的研究表明，高科技醫學往往只關注疾病的症狀，對患者本人的關注很少，這可能會產生一種去人性化的效果。他認為高科技醫學讓身體不再痛苦，但人依舊會痛苦。[3] 卡塞爾還指出，由於一些原因，心理上的痛苦與身體上的疼痛是不同的。疼痛是否引起

3　原註3：卡塞爾提出了一個重要的歷史觀點：醫學從十七世紀開始受到笛卡兒身心二元論的影響，遺憾的是，這導致了錯誤的假設，即痛苦的意義不屬於醫學科學該思考的範疇，醫學科學只是關於身體的科學。

痛苦取決於一個人對疼痛的看法，以及疼痛對人的意義。一個人的痛苦程度可能與他或她的身體疼痛的強度無關。同樣的疼痛可能會使一些人痛苦，而另一些人卻不會。有時有些患者會抱怨止痛藥並沒有幫他們緩解疼痛，而這可能說明：雖然他們處於疼痛中，但他們的痛苦還有其他的原因。如果疼痛被認為是某種嚴重的原因所導致的，即使很輕微也可能產生強烈的痛苦，如果一個人害怕疼痛再次出現，即使沒有疼痛，他也可能感覺到痛苦。或者一個人沒有任何不適，但看著所愛之人疼痛也會感覺痛苦。然而，醫學和心理健康領域的情況並不完全類似；與身體的疼痛不同，情緒的痛苦是一種痛苦最本質的形式——沒有痛苦，就不會有焦慮或憂鬱。另外，身體某個部位的疼痛可能不會影響整個人格，但情緒困擾會。

痛苦是人的一種經歷，這個人有獨一無二的成長史和情感生活、未來、希望和恐懼，以及對職業和家庭的擔憂等等。因此，痛苦所波及的範圍遠遠超出它的直接原因，例如，它可能預示著死亡，而死亡對一個人來說就意味著一切。列維納斯（1969）指出，痛苦之所以會被認為比實際情況更加糟糕，是因為它無法避免。「痛苦最尖銳的部分就在於我們不可能逃脫痛苦，人們不可能保護自己完全不受傷害；它存在於每一個被打斷的生機勃勃的春天。」（p. 238）。痛苦是對我們意志的「最高考驗」（出處同前）。

不幸的是，一些當代心理治療手法採納準醫學的方法來治療痛苦，然而，從幾個原因來看，這都是不夠的，其中最重要的原因是，就醫學本身而言，痛苦被當作某種潛在疾病的症狀，而不是痛苦本身。因為醫學一直試圖治療疾病，且不只是治療症狀，所以診斷對醫生來說至關重要。如果心智總是以這種模式思考，以 DSM 為導向的心理治療師可能會更關注假設的潛在原因，而較少關注患者的主觀痛苦，就好像痛苦的原因是可以根除的微小實體（discreet entity）。然

而，在心理治療師看來，許多類型的痛苦並不能納入某種特定的症狀，也沒有特定原因；症狀有一定的範圍，但痛苦會擴展到生活的許多面向。因此，心理治療師往往把患者的痛苦本身視為主要問題，而不是專注於潛在的診斷，至少從患者的主觀感受來看是這樣。人類痛苦的範圍何其廣泛，以至於 DSM 根本容不下；痛苦有無數的根源，也有無數的特質。

醫學和心理治療之間的另一個重要區別是，雖然醫生的哲學信仰對大多數疾病的治療沒有太大影響，但心理治療師對人性的看法會從根本上影響他或她看待痛苦的方式。同樣的，一般情況下，醫生的治療手法背後對應的理論在同行之間會有廣泛的共識，而心理治療師所認同的理論在心理治療領域卻可能引起很大的爭議。

「痛苦」很難有一個具體的定義。痛苦曾被定義為一種感覺，這種感覺讓一個人不能維持自己的統整感；痛苦或被理解為一種狀態，這種狀態會威脅到人的整合或人格的完整感（Cassell, 2004）。然而，這個定義並不能讓精神分析學派的自體心理學家滿意，因為它沒有考慮到痛苦自體的本質。也就是說，一個人可能有脆弱的自體感，容易焦慮、憂鬱、情感不穩定或自卑，即使在最小的威脅情境中也容易感到痛苦，因為他們的自體很容易碎裂。相反地，如果一個人的自體感足夠強大，能夠承受痛苦的影響而不會支離破碎，那麼他的人格統整感可能不會因為遭受情感或身體上的痛苦而覺威脅，也就不會有隨時要崩潰的不祥預感。一個自體感強烈且不受威脅的人，仍然可能因為失去或哀悼而感受到強烈痛苦，或是與所愛之人有強烈的共情連結，因為所愛之人的痛苦而痛苦。詹姆斯・大衛斯（James Davies, 2012）從關係視角提出了另一種關於痛苦的觀點。他認為，當我們與外部或內部世界的關係阻礙了我們潛能的發展和需求的滿足時，就會感到痛苦。痛苦的出現是一個信號，表明一切都不好，或者是對生活

或工作環境的抗議。亞瑟‧法蘭克（Arthur Frank, 2001）曾經發表過一篇關於自己生病經歷的論文，令人動容。他在論文中指出，痛苦是一種活生生的現實，難以準確描述。「痛苦意味著在生活的另一邊體驗你自己……痛苦是無法言說的……令人害怕的、超越有形之物的」（p. 355）。

　　情感上的痛苦通常是來自悲傷、失落、匱乏、自體感慢慢消失，或是感覺不再能掌握生活，但也有其他可能的原因。我們承受各式各樣的痛苦，比如不被愛、疏遠、拋棄、空虛、缺乏成就感、能力和才華無法展現、喪失親密感喪等等，或者是沒有明確切原因、瀰散的不悅感。任何形式的痛苦都可能導致社交退縮，因而進一步加劇人的痛苦；痛苦會使人非常孤獨。痛苦的人不僅感到與自己的過去隔離了，也會感受到與他人隔離。有時，強烈的痛苦會使人感覺自己與那些沒有遭受痛苦的人是不同的。如果試圖將所有這些情況都歸入診斷範疇（DSM），可能會忽略個人體驗的某些方面，使心理治療師的關注範圍變得狹隘。心理治療師可能會忽視痛苦對患者生活其他方面的影響，也會忽視那些與診斷無關的，比如患者的希望和夢想。

　　任何一次危機或失落都可能造成相當大的繼發性痛苦。除了造成痛苦最初的問題外，他或她還會因為世界不再像他們理解的那樣存在而感到痛苦——自體（the self）可能仍然完整，但世界已經變得陌生、不安全、不可預測了。我們突然意識到了自己的脆弱，而這是我們曾經一度否認的。徹底的幻滅可能出現，一個人對未來的幻想也可能被摧毀。如果患者有宗教信仰，那他內心深處的信仰也可能會受到挑戰。他可能覺得曾經崇拜的上帝背棄了自己，他可能會懷疑自己是不是因為某些罪孽而受到懲罰，就像聖經中的約伯一樣。有宗教信仰的人可能會問自己，她所遭受的一切都是罪有應得嗎？為什麼那些沒有太多價值的人似乎過得很幸福？雖然有些人發現痛苦能夠使他們更

加虔誠，但另一些人在遭受痛苦時則無法保持任何形式的靈性生活。一個無神論者在遭受痛苦時可能會更加確信他的觀點，即宇宙是無情的、冷酷的、專橫的。在一場造成生活變故的危機之後，受苦者可能會懷疑她能否忍受已經發生的事情，以及生活是否會再次變得有意義。長久以來，關於存在的問題可能一直藏在受苦者的腦海深處，當她的世界因為強烈的痛苦而震盪不安時，這些問題會迅速浮現出來。就好像受苦者必須找到新的個人神話，好讓自己在世界上找到位置。當然，心理治療師處理患者重大生活危機時，也會激發出這些問題。

　　無論我們談論的是何種形式的痛苦，請記住列維納斯（1998b）關於痛苦自我（suffering self）所承受的負擔的論述：「痛苦的基本特性由兩個部分組成，一個是不可打斷，一個是被緊緊抓住的強烈感覺」（p. 52）。當痛苦變得足夠強烈，就會壓垮我們；我們會變得很被動，只能屈從於意志無法控制的東西。有一些程度的痛苦會使我們遠離保持希望的能力。痛苦會破壞意義、破壞我們面對世界的能力、破壞我們的生活。與榮格和法蘭可（Viktor Frankl）等人在痛苦中尋求意義的作家不同，列維納斯認為痛苦是荒謬的、無意義的、不可理解的，它淹沒了我們的自由、理性的論證無法證明它，因此所有的痛苦都是邪惡的。事實上，對他來說，任何引起痛苦的東西都是邪惡的（1998a）。具備列維納斯（Levinasian）敏銳特質的的心理治療師在臨床實務中，有責任與他人一起體驗痛苦，有時甚至是為他人受苦，這對他們來說是倫理要求，而這種痛苦的分擔是心理治療實務的一個重要面向。心理治療的理論雖然很重要，但與痛苦的分擔相比，就變成次要的了（Gantt, 2000）。

　　心理治療師應該記住列維納斯的提醒，他說我們永遠不可能完全理解他者，因為他者的現實總是超出我們的範疇。他者始終是神祕的，總是存在著無法囊括到診斷的根本性差異。「他者具有無限的超

越性以及無限的陌生性。」（1969, p. 194）列維納斯認為我們與他者之間存在著巨大鴻溝，但當代心理治療師可能會反對他的觀點，他們認為我們可以通過情感同頻（affective attunement）以及其他人際關係的方法來消除這種距離。不過，我們也可以透過這兩種視角同時觀察這些情況，亦即我們可以在人性層面上與患者保持連結和同理，同時明白我們身處於無限的臨在之中。

精神上的痛苦

　　一些精神分析學家（Fleming, 2005, 2006; Akhtar, 2000）區分了精神痛苦（mental pain）和心理痛苦（psychological suffering）。從廣義上講，精神痛苦是指任何一種情感上的痛苦；狹義上，它是指一種彌漫的、痛苦的、似乎毫無意義的情緒狀態；無法用語言或符號表達，也無法傳達給另一個人。也就是說，我們無法思考它、無法給它命名，也無法用形象或者比喻來表達。我們的腹部或胸部可能會有模糊的不適感，我們就是以這樣的形式感受到精神上的痛苦，知道這種感覺不是來自身體問題；我們知道這是情感上的痛苦（emotional pain），或者是處在精神與軀體邊界上的東西。精神痛苦（mental pain）是一種模糊的渴望無助，或是絕望，無法詳細闡述；痛苦（suffering）則可以透過處理哀傷的方式來描述、談論和推敲。一般情況下，如果痛苦是由於失去重要的自體客體（selfobject）而產生，當我們談論到失去，並為此感覺悲傷時，痛苦就會有所緩解。然而精神痛苦是因為人們無法用語言表達感受，只能談論這些無法命名的痛苦——這是一種無法明確定義的情感。有時候，當強烈的痛苦無法用語言表達時，治療師就會以反傳移（countertransference）的方式在自己的身體中感受到。用比昂（Bion）的話說，精神痛苦是有毒的 β

　　　　　　　受苦的靈魂：從深度心理學看痛苦的經驗與轉化

元素（原始的、未被代謝的情感體驗）的結果。這些元素來自於無法轉變為象徵、無法想像，也無法賦予意義的創傷性體驗（1970）。與精神痛苦相反，真正的心理痛苦是負（negative）經歷的結果，這些負面經歷可以用精神結構的「阿爾法功能」（alpha function）來象徵，成為可以談論的想法和意象。比昂（1963）強調了心理治療的必要，其能增強患者應對痛苦的能力，也強調了患者和心理治療師希望減少痛苦的重要性。

精神上的痛苦是如此難以忍受，因而常常會觸發各種防禦機制；心理上的退行或迴避現實中的痛苦都可能出現，在這種情況下，患者顯得遙不可及；有時則會反映在夢中，比如夢到自己身處荒涼的地方。有時患者會絕望地放棄，接下來會出現否認或精神麻木，也可能出現躁狂的防禦，表現為狂熱的過度活躍狀態，比如通過頻繁的性交來避免失去的痛苦。薩爾曼‧阿克塔（Salman Ahktar, 2000）指出，失去愛時更加努力地工作就是一種躁狂防禦，它允許人格中充滿痛苦的部分在努力工作的同時進行哀悼。或者，精神痛苦也可以透過投射認同的方式在他人身上誘發，或透過自殘等身體行為來表現。用創造性的方式宣洩是處理精神痛苦的重要方法，眾所周知，失落和創造性之間存在著聯繫。阿克塔認為詩歌是處理情感痛苦特別有效的方式，因為它實現了上述所有的防禦。閱讀或寫作可以使你將注意力從周圍環境中抽離，這是一種精神上的回撤（retreat）。這種心智勞動相當於一種防禦；創傷事件變成了一個創造性作品，而作者的痛苦可以與假想的聽眾分享、詩人能夠與假想的聽眾對話。對他來說，詩歌能直擊心靈的最深處，也就是精神痛苦的所在之處。詩歌直接與無意識對話，表達出一個人的內心狀態，並促進哀悼與心靈非語言層次的心智化（mentalization）[4]。

4　原註 4：這裡的心智化指的是思考和理解他人的想法、感受及其與行為之間關係的能力。

痛苦與心理治療師的訓練

如果學生想成為心理治療師，往往是因為他或她在個人情感方面存在一些困擾，同時又有想幫助他人的真誠願望。然而，這些學生常常會失望地發現，課堂上學到許多「科學的」或「基於實證」的心理治療內容，畢業後從未派上用場。這些學習材料中有很大一部分都與心理治療師日常工作中所遇到的痛苦無關。我們在心理治療中遇到的許多問題都需要回應，這種回應源自於過程中治療師與患者雙方的基本人性；源自於他們的生活經歷、對複雜關係的理解，同時帶有對靈魂深度的欣賞。那些特定的學習規律和據說適用於所有人的實徵（empirically）方法，在患者獨一無二的情境之中並不適用。

建立在實徵方法上的認知行為治療有時暗示心理治療可以忽略變幻無常的治療關係而獨立進行，或者不考慮患者對治療師的傳移（transference），然而，治療關係或傳移這些因素，從來都不是標準化的。人類的關係太過複雜，無法完全納入實徵研究的體系。我們無法測量無意識，因為無意識太不穩定，無法量化。實徵的方法顯然有自己的一席之地，但是在回應患者的痛苦這件事情上，在嚴格遵循科學方法和完全依靠心理治療師的直覺、感覺和生活經驗之間，是有中間地帶的。此外，針對症狀緩解的心理治療，與針對個人成長、個體化和自我理解的心理治療之間存在很大的差異。儘管如此，如果某些心理治療承諾一定有助於個人成長，那就要多加注意了，與嚴格的科學方法截然相反的是建立在個人魅力之上、曇花一現的心靈勵志取向。這些療法之所以流行，是因為對療效開出空頭支票，但最終，一旦不能在心理治療領域找到合適的位置，就會因為越來越讓人失望，無疾而終。

許多心理治療培訓專案以通過標準化考試為目標來教育學生，

但我發現，成為一名好的心理治療師與通過考試和寫論文的能力幾乎沒有任何關係。許多培訓專案忽視傳統智慧、文學和人文學科，而是服務於教條的、近乎迷信的唯科學主義，他們認為科學的觀點是唯一有效的觀點。帶著這樣的態度，也就無法鼓勵學生深入探究人類的狀況，也不看重奧祕的價值，不會發展自我意識、想像力和同情心（Mahoney, 2005）——這些都是非常重要的，但也很難，或不可能測量。

認證機構強制要求學生學習一系列必修課程，但卻很少強調學生的個人成長，也很少關注這些課堂講授的材料在臨床實務中如何運用。結果就是，有些培訓專案培養出很多的實務工作者，他們胸懷滿滿的理論，都是針對人類行為，卻不具備在人的層面上與患者工作的能力。衡量一個學生的憐憫之心和同理能力相當困難，而且學府的心理學系並不特別重視這些能力，而是提供經過實徵檢驗的方法，以解決情緒困擾。在臨床實務中，這些方法很可能無法幫助患者緩解痛苦，因為使用這些方法的人是會犯錯的人類，加上同理能力有限，可能連自己的心理問題都沒有處理好。我們不能用繪製數字（paint-by-numbers）的方法來進行心理治療。有些學生立意良善，但因為從未遭遇過重大磨難，因此無法深刻理解患者所經歷的痛苦和苦難的程度。心理學研究生做的各種實徵研究可能也與幫助痛苦的人無關。於是，一些學生在臨床培訓機構中無法展現出有效的治療，甚至會妨礙治療，因為他們的學業培訓並沒有充分關注他們與人連結的能力、情感成熟度、自我意識以及整體的自我發展。通過執業考試和擁有某個學位並不能說明這個人就有心理治療的能力或天賦，在接受相同學術訓練的心理治療師中，個人能力也存在著很大差異。心理治療師想要幫助患者緩解痛苦的動機，是心理治療過程中不可或缺的一部分，雖然看起來隱晦不明，其實是非常有效的因素，也許還是必要條件。實

際上，在心理治療實務中，儘管我們很想做好，儘管有些時候理論也非常有幫助，但更多時候，我們找不到充分的理論依據，只能靠自己。接下來我們必須即興發揮、摸索前進，用我們的人性、我們的經驗、直覺和默會知識（tacit knowledge），主觀判斷該說什麼。我們必須帶著不確定性生活，否則就會自戀地固守著某個流派的思想。心理治療固有的不確定性可能會帶來巨大的焦慮，這也許就是為什麼學生們更傾向於選擇那些標榜科學的治療方法，但只學習這些理論的應對策略往往是不夠的。

心理治療的道德層面

羅納德・米勒（Ronald Miller, 2004, p. x）指出：「心理學已經忽視了痛苦本身……我們已經忘了我們的主要存在理由……是努力減輕人類存在的痛苦和苦難。」米勒強調心理治療道德特徵的重要性，因為伴隨患者生活中的許多實際問題都是關於艱難的選擇、進退兩難的處境和陷入道德困境的生活決定：「要做什麼、如何行動、如何對待他人，或者他人如何對待自己。」（p. 18）。比如，米勒指出，如果我們給出創傷後壓力症候群的診斷，可能會把關注的焦點轉移到這個人出了什麼問題，反而忽略發生在他身上的事情所涉及的道德上的問題。也就是說，心理治療師可能會藉由診斷來模糊一個人所承受的痛苦的道德情境。

米勒認為，雖然培訓課程常常如此強調，在心理治療實務中要注意道德中立，但實際上，有時候心理治療的道德層面才是核心問題，比如當一個人被拋棄、被操縱或被虐待的時候。在這些時候，心理治療師必須承認，發生在這個人身上的事情是錯誤的、是不應該發生的。當心理治療師決定如何回應一個人的內疚或羞愧時，道德判斷就

會出現，這不僅需要情感上的敏感體恤，還需要道德上的謹慎以待。

心理治療師的世界觀與人性觀

　　心理治療師的人性理論，即他或她的世界觀和底層生活哲學，可能從根本上影響他或她對待痛苦的方式。這些觀念及其相關的態度無論是有意識的，或是無意識的，都會影響臨床工作者對理論取向和實務風格的選擇。這些觀念和態度很重要，因為心理治療師和患者很可能持有完全不相容的世界觀——對人性和現實的本質持有不同的假設。這些基本觀念的差異可能會導致他們在很多問題上都觀點相左，比如我們的行為是自主選擇的還是由他人決定的、我們的行為是理性選擇的還是很大程度上受到無意識的影響、性格的本質是不是可以改變，以及其他靈性層面的問題（Koltko Revira, 2004）。榮格（CW 16）認為，世界觀的形成是不可避免的，而且在很大程度上是無意識的，它經由文化傳播，並且對個人的信念和選擇等方面有非常重要的指導意義。我們的價值觀以及我們認為生活是否有意義等，這些態度正是維克多‧法蘭可（Victor Frankl, 1969, p. 15）所謂的心理治療的「臨床原理」（metaclinical）的一部分。

　　羅伊‧謝弗（Roy Schafer, 1976）提出了四種不同的世界觀或人性觀。他指出，這些不同的世界觀或人性觀隱含在不同形式的心理治療中，並且在治療師的介入過程中展現出來。重要的是，如果治療師和患者的價值觀傾向不相容，那他們可能從根本上就不協調。喜劇式觀念強調樂觀、希望、進步和克服困難，因此沒有什麼痛苦是強烈到無法緩解的。浪漫式觀念將生活視為一場冒險或探索，將心理治療視為面對痛苦時英勇的探索之旅，因此，遇到困難時，能夠走進自己的內心世界、保持真誠非常重要。悲劇式觀念強調要深切感受生活的進

退兩難和模棱兩可，要求人們瞭解和面對自己，成長正是在應對災難和痛苦的過程中發生。諷刺式觀念比悲劇式觀念更加超然物外，更樂於接受生活中的悖論和矛盾，試圖正確看待生活中的悖論和矛盾、挑戰公認的智慧，並強調絕對真理的任意性（arbitrary nature）。

　　不同的心理治療取向意味著不同的人性觀和不同的治療側重點，所以很難比較。經典精神分析認為人類是受生物本能驅動的，而克萊恩學派（Kleinian）認為我們在愛和毀滅的衝動之間不斷掙扎。客體關係和依附理論認為我們的首要任務是與他人連結，建立並維持與他人的關係。還有些作者認為人類的本質是尋求意義。有些心理治療的手段相當機械，比如早期行為主義者的刺激—反應心理學。人本主義和存在主義取向的心理治療師認為，自由選擇的能力是人類最重要的特徵之一。他們強調人類的獨特性，堅持認為我們所看到的現實是由私密的主觀經驗構成，這些主觀經驗比我們的外部行為更重要。佛洛伊德學派始終重視自我認識、自我決定，以及對人類情感的理解。榮格學派的心理學家重視對陰影的認識、與無意識和人格對立面的關係、與超個人自性（transpersonal Self）的聯繫，以及靈性的發展等。一般而言，以實徵研究作為支持的治療更加重視症狀的改善，而許多深度心理學家更感興趣的則是主體性、自我理解、尋找生命的意義、對關係複雜性的理解，以及能夠平靜地應對存在議題。

　　許多學習心理治療的學生其實並沒有意識到，他們治療患者的方式有著悠久的思想史，我們現在所說的心理學，其實在很長一段時間以來都是哲學的組成部分。十九世紀之後，心理學發展為獨立的學科，與其哲學起源才漸行漸遠。但這些學科之間出現了新的交流和對話，如神經科學的發現所具有的哲學含義（Bennett, Dennett, Hacker & Searle, 2007）。所有心理治療理論都有賴於哲學或形而上學對人性的假設，但我們很少在培訓課程中討論這些理論的哲學基礎，所以即

使這些哲學基礎深刻影響著我們理解患者的方式，也很少被刻意地明確提出來過。[5]

　　許多培訓課程教學生以化約的、認知行為或純生物學視角來看待人，因為這些視角被認為是科學的——這裡暗含的哲學基礎是：科學是通往現實的最佳途徑。在這個過程中，他們往往把棘手的哲學問題隱藏起來，也常常忽視認知行為理論的侷限性（第七章會進一步討論）。例如，羅伯森（Robertson, 2007）提出，心靈和大腦的關係這個問題由來已久，人們試圖用「認知神經科學」這個詞來解決這個問題，但目前唯一的貢獻僅僅是把兩個詞放在一起。當這樣的術語成為學生培訓課程中無可辯駁的內容時，毫無疑問，在這樣的引導下，學生就會相信心靈和大腦是同義詞，沒有人會告訴他們這其實是一個有爭議的（形而上學的、物理學的）觀點，而且這個爭議始終沒有定論。沒有人告訴這些學生所涉及到的概念問題，比如說心靈的本質（並非神經元能否、如何產生心智的問題），並不能通過實徵的方法來解決。也不會有人告訴學生這背後的哲學觀點，亦即意識是宇宙的不可化約的屬性，無法簡化為大腦的功能。學生也可能不知道東方傳統將意識視為存在的基礎。

　　這些說法並沒有否認大腦的重要性，但如果我們只用大腦來描述一個人的行為、思想和感覺，那就忽略了擁有大腦的這個人。對許多人來說，從一個人的角度去理解、同理另一個人，要比從神經生理學或科學的行為規律等角度更加有用。因為那些理論對於現實經歷來說

5　原註5：例如，人的主體性是如何構成的？我們的主體性是否在與他人建立關係之前就形成了，從而成為互為主體的先決條件？還是我們的主體性完全由人際關係、語言和社會所構成？自體是不是只能在人際關係中被理解？基礎自體存在嗎？赫爾施（Hersch, 2000）提出一種分層分析法來比較心理學理論的哲學基礎。他從一些基本的問題開始，比如是否存在獨立於我們或部分獨立於我們的現實、是否存在絕對的真理？接著，我們與現實的關係是什麼？我們如何驗證心理學領域的知識？最好的驗證方法是什麼？這個領域的界定是什麼？

太過遙遠、對於生活細節又太過抽象，沒什麼幫助。學習心理治療的學生可能不會意識到，除了培訓課上講的人性觀之外，其實還有其他選擇。但是可以確定的是，這些不同的哲學觀點應該在培訓課程中明確地提出來，否則學生可能會不知不覺地認同一套與他們個人價值觀完全不相容的觀念。

大腦、心靈與痛苦

心靈與大腦之間的關係究竟是什麼？這個古老的問題目前並沒有答案。我們現在還不知道大腦是如何產生意識，事實上，許多哲學家認為意識的某些方面是不能單靠大腦來解釋的。不過，現階段，物理主義對這個問題的解釋仍在學術界佔據主導地位，亦即對大腦的科學描述完全可以解釋心靈的存在。

相較已積累百年的心理治療智慧來說，以大腦為基礎來解釋心理問題似乎更有分量。雖然過去二十年彙集了大量關於大腦的新知識，有許多只是證實了先前存在的心理治療觀點而已。例如，心理治療師（和哲學家）很早就意識到同理和情感同頻的重要性，比我們對鏡像神經元和大腦右半球的重要性的瞭解要早得多。[6] 基於大腦的精神病理學理論似乎有望提供明確的治療方案，這也是決策者和醫療保險所青睞的。由於這些經濟和社會因素的介入，再加上對潛在的心靈—大腦問題缺乏清晰的表述，心理疾病的治療受到了重大影響。因此，現

6　原註6：十九世紀哲學家希奧多·立普斯（Theodor Lipps）使用德語術語「Einfülung」（情感移入）來解釋我們如何瞭解他人的自體感（Pigman, 1995）。愛德華·鐵欽納（Edward Titchener）在一九〇九年將「同理」（empathy）一詞引入美國心理學領域，但這個概念早已為哲學家所熟知，因為同理對藝術審美有重要影響。佛洛伊德意識到同理是臨床關係發展的核心；二十世紀三〇年代的卡爾·羅傑斯和六〇年代的寇哈特都強調了同理在心理治療中的重要性。溫尼考特的作品中也提到，「夠好的母親」應該能夠與嬰兒的需求產生共鳴。

在的大多數培訓課程中，像躁鬱症這種嚴重的疾病，會被自動認定為是大腦生化物質改變的結果，卻完全忽略了另一個有說服力的理論，也就是心理學理論。例如，布蘭查特（Brandchaft, 1993, p. 225）解釋了躁狂是如何因「擺脫了自我毀滅式自體客體的奴役」而產生的。布蘭查特闡明了父母是如何開啟這個過程：當一個家長控制了孩子的發展，孩子將無法透過自發的、真實的經驗來成長，只是成為回應他人的木偶，並藉由這種回應來定義自己。孩子不被允許擁有自己，而是被一種要為父母的心理狀態負責的責任感所束縛。在日後的生活中，當他們能夠暫時把自己從這種壓迫中解放出來時，躁狂就會發作，而當這種束縛重新建立時，他又會再次失去自己重要的部分，憂鬱隨之而來。當然，這種心理狀態的背後一定存在相對應的大腦機制，但如果將問題主要歸咎於生物學因素，就忽略了這些問題的心理根源。

很多心理療法無意識地表現出唯物主義和化約論的哲學觀念：他們認為人類的行為無非是進化、基因遺傳、大腦處理、家庭和文化等因素的結果。這些療法忽略了法蘭可所說的人的純粹理性維度，即意義、價值、靈性、智性、藝術思考，以及自我意識等領域。我的觀點是，當心理治療是基於科學物質主義時，是無法充分理解痛苦對於個人的意義的。物質主義認為，現實完全基於物體的物質屬性；自然主義認為，科學的研究物件必須限定為自然因素，排除任何可能是精神層面的因素（第八章將有關於意義的進一步討論）。像要不要離婚或辭職這種決定總是讓人飽受折磨，但心理治療師不能用神經科學或者實證主義[7]的方法來幫助當事人，即使瞭解所有相關的大腦機制，也

7　原註7：實證主義是一種科學哲學，其認為只有來自系統觀察和實驗檢驗的資訊才能提供有依據的知識。實證主義反對透過直覺或內省所獲得的知識。許多人認為實證主義太過侷限，因為它畢竟只是研究心理學的一種方法。很顯然，人文學科讓我們瞭解了更多關於心理的知識，即使沒有辦法證明，我們也知道我們的直覺常常是正確的，例如關於道德和倫理的直覺、關於對錯的直

不能幫助我們回答這些問題。當這類困境在心理治療中出現時，患者需要的是心理治療師全人的在場。那些用科學證實，和我們在諮商室裡實際上需要進行，但缺乏實徵數據支持其效用的事之間，常常有這種類似的差別。試圖將心理治療實務套進一個系統的模型中，似乎是一種防禦，來面對那些工作起來很困難，並沒有明顯有效的應對措施的強烈情緒痛苦。也許這就是許多心理治療師不讀學術雜誌的原因之一——那些研究者感興趣的是一般規律和大樣本的理論問題，而心理治療師與飽受痛苦的人們工作時所遇到的問題，並不能從研究者的研究中獲得解決。心理治療師感興趣的，只是諮商室裡這個坐在對面的人的各種具體細節。

心理治療中的價值觀和假設

所有心理治療理論都承載著各種關於人類生活的假設（但通常都未言明），例如對於人類的生活來說，什麼是好的、什麼是值得追求的、什麼是重要的，以及什麼是有益的等等，這些就是指導我們行為的價值觀。對很多後現代主義作家來說，尋找約束人類的價值觀（或指導原則）已經過時了，可是心理治療師的實務工作卻無法迴避關於價值觀的問題。價值觀是我們對待他人的固有方式、價值觀使我們的

覺，可能很難藉由經驗證明，但沒有這些直覺我們無法生存。個人意義對我們來說很重要，但不可能透過實證來證明。有些重要的經驗非常有用的，但仍然無法接受嚴格的檢驗。實證主義者無法證明「在我們所能觀察到的範圍之外沒有任何法則」，因為觀察不到，無法證實這個觀點。伯特蘭·羅素（Bertrand Russell）指出，如果實證主義者是正確的，那麼驗證過程就沒有盡頭，因為我們必須不斷地驗證命題、驗證用來驗證每個命題的方法，然後再驗證那個方法，無窮無盡。堅持「經驗證實是檢驗心理真理的唯一標準」這個觀點是沒有權威依據的。如今，後實證主義認為我們需要幾種不同類型的觀察來理解現實，而且所有的觀察都充斥著理論的影響與實驗者自己的意識與偏見。我們需要多元視角，即使每個視角都可能出錯。

態度存有偏見，價值觀也反映在我們的治療目標、治療方法，甚至是我們對心理健康的定義中。例如，製藥公司和保險公司的價值觀是經濟利益，所以「更快見效的治療更好」，也更能滿足他們的利益。有些假設認為大腦新陳代謝異常是一個人情緒困擾的根源，因此消除異常是緩解情緒困擾最好的方法。當精神科醫生基於這樣的假設給患者藥物時，就會有意無意地認同大腦比心靈更為重要的觀點。不只是精神科醫生接受了這樣的哲學（形而上學）立場，他或她與製藥公司和保險公司的價值觀也是一致的，這些公司從生物學治療中獲得利益，因為這個方法看起來比心理治療更快、更便宜。將生物取向治療作為主要治療方式，意味著治療大腦比處理患者的存在、關係或靈性層面的問題更重要，而這些因素都涉及不同的價值觀。不管喜不喜歡，「越快越好」和「大腦比心靈更重要」的態度確實表達了這樣一種價值觀，那就是將治療的經濟效益放在首要地位，但臨床實務中卻很少提及這層涵義，而且很容易偽裝成一種經過實證檢驗的治療方法。

　　嚴格的行為療法同樣受到價值觀的影響，因為透過對外在行為的關注來治療人們的痛苦，意味著內省或主觀性不如外在行為重要。但是人的複雜性往往遠超過他或她可觀察到的行為，從深度心理學的角度來看，同樣的行為可能源自不同的原因，理解源由很重要。認知—行為的方法常常能夠緩解症狀，但卻忽略了所有深度心理學家所強調的內容：外在症狀並不是真正的問題，只是更深層問題的表現。症狀是我們的人格嘗試解決潛伏底層的問題。症狀只是訊號，告訴我們人格中或日常生活中有些事情需要關注；如果我們不關注症狀的根源，只是消除症狀，就像把警示燈的燈泡拿掉一樣。

　　無論生物學療法還是認知行為療法，面對痛苦時都存在一個由價值觀所承載的更深遠的問題，它們傾向於認為：符合社會規範的行為是普遍適用的；適用於大多數人就是適用於每個人。這其中暗示群體

心理學的觀點，其不知不覺地把治療師變成了社會從眾性的代言人，或者至少是「默認社會標準」的推動者，而仰賴實證檢驗的科學，再次證明了這一點。然而，在統計上對大部分人來說是正確的事情，對某些個體來說並不一定是正確或重要的。更不用說，所有的心理治療流派同樣受到其隱含價值觀的約束和影響，這些價值觀對心理治療的目標有重要的影響，即使這影響是潛在的（更多關於心理治療價值觀的討論請參閱 Corbett，2011）。

心理治療實務中的痛苦

　　痛苦的體驗如此複雜、神祕，需要我們動用所有人類流傳下來的智慧去思考，尤其必須從靈性傳統、哲學家、詩人、作家、歷史學家、藝術家以及心理學家那裡借鑒智慧。這些借鑒和思考如今變得特別重要，因為越來越多的人開始因為靈性和存在等議題向心理治療師求助，而不是找牧師。所以，當代許多心理治療已成為實際意義上的靈性導師，並用當代的方式安慰人們的靈魂（Corbett, 2011）。

　　人們常認為心理治療的目標是達到正常狀態，即某個理論所描述的某種形式的正常狀態。但正如榮格（1939）所指出的，正常狀態這個目標只對那些無法應付生活的人有幫助。對於那些已經在現實生活取得成功，但仍然感到痛苦的人來說，生活枯燥無味且毫無意義，社會適應意義上的「正常」就成了「普羅克魯斯床」（Procrustean bed，編註：源自希臘神話典故，意味強求一致、削足適履）。因此，我們需要的不僅僅是正常狀態。對於處於這種困境的人來說，用生物學或認知行為治療的方法來解決存在危機，並不足以找到新的意義來源。有時，我們在心理治療中所能做的，就是充分將人的處境發揮作用，讓人們從更多可能性盡可能覺察他們的處境——也許是嘗試

幫助人們尋找當前處境在個人生活中的可能意義和目的。

我們永遠也無法明確地回答關於痛苦的問題。這樣的領悟就像西班牙學者米蓋爾·烏納穆諾（Miguel de Unamuno）所說的「生命的悲劇感」，也就是不管我們如何努力地試圖用理性理解生命，最終都會發現生命本身就是非理性的。烏納穆諾認為：「苦難是生命的本質，是人格的根源，只有苦難才能使我們成為人……苦難是流經我們所有人的宇宙的，或是神聖之血。」（1912, p. 205）可能有人認為，也許痛苦被過分理想化了，正如某些宗教傳統所表現的那樣，而這個趨勢可能是因為過去幾代人的技術能力有限，無法應對所致。

理解痛苦，理解它對人類和整個世界的影響，似乎是人類天生的需要。這一點在心理治療實務中表現得尤為明顯，我們每天都能看到痛苦對人格的影響。然而，如果治療師提議以一種不符合對方心理結構的治療方式來解決痛苦，很可能會破壞治療關係。有些治療師自己也有過痛苦經歷，他們會特別注意不要說那些陳詞濫調的內容，因為知道那沒什麼用。在心理治療過程中的很多情況下，沉默、在場，以及只能作為見證者，是我們面對患者的痛苦的唯一反應。我們不得不幫助患者忍受那些難以忍受的事情。我們常常不知道該說些什麼，但我們必須和那些正處於靈魂痛苦中的人在一起，我們所能提供的只是一個表達痛苦的涵容空間。這種工作需要耐力和不屈不撓的精神。正是在這樣需要忍耐痛苦的時刻，我們才會意識到，僵化的心理治療方法是多麼沒用。在這樣的時刻，科學、治療技巧和教科書都會讓我們失望，我們只能依靠自己的人性。在雙方都很無助的情況下，所有治療師的自戀、被讚美的需要、難以忍受批評或責怪患者的傾向，都會暴露出來。

直面他人的痛苦是對心理治療師始終不變的要求。與痛苦的人進行治療時，我們必須做好準備，有意識地參與到他們的痛苦中，視彼

此的痛苦為人類共同苦難的一部分。這是心理治療中靈性實務的一部分，心理治療師在聽到帶有強烈痛苦情感的故事時，絕對不能迴避或抵抗他或她所感受到的痛苦，這樣才會有效。允許自己感受他人的痛苦，是心理治療師有意識的犧牲，而那很可能是療癒的關鍵。

憂鬱和抗憂鬱藥物的使用：
一個用我們的方法處理痛苦的實驗案例

所有的心理治療師和精神科醫生都會遇到治療效果不佳或者病情復發的憂鬱症患者。我們思考治療為什麼不足，也許腦海想到許多可能的原因：可能是我們在治療過程中或在藥物選擇上犯了技術性錯誤，或者心理治療模式不適合某人，或者患者在治療中不夠投入，或者未覺察到的傳移或反傳移問題干擾了治療工作；也許換另一個醫生會更合適。然而，除了這些技術和個人因素外，我們還必須認識到，某些痛苦的心理狀態是由於生活中無法解決的困境造成的，並不是人類所有形式的痛苦都是精神病理的結果。正如上文所述，許多心理治療的受訓者所受到的教育，都是以單一的模式來看待人類的痛苦；這些模式以 DSM 為代表，因強調神經科學而發展，並認為很多問題都是因為大腦病變所導致，比如人際關係、被拋棄、失落和對生活的不滿等等。以憂鬱症為例，用大腦失調的方式來解釋似乎有悖常識，因為儘管這些存在性的議題可能會影響到大腦的化學物質，導致與憂鬱症相關的神經傳導物質發生變化，但是當我們評估自己的生活狀態時，並不會把大腦發生的那些變化當成主要因素來考慮。生活危機並不是大腦失調。僅僅因為憂鬱與大腦相關，並不能說明憂鬱和大腦的變化有因果關係。憂鬱是人對某些心理壓力的正常反應，比如失落；生活有時就是很壓抑的。然而，很少有人把大腦低血清素當作憂鬱的

結果，而不是原因。通常，生物學取向的精神科醫生很少從心理學和存在主義的層面來關注患者的痛苦，他們多數時候只注意神經化學層面的情況，例如重度憂鬱症從本質上來看都一樣，即使是源自痛苦的生活狀況，最終結果仍是神經傳導物質異常才是治療重點，無論源頭是什麼。換句話說，問題變成了患者大腦中化學物質失調或行為異常，而不是他或她的生活狀況。大腦代替了心靈，當然也替代了靈魂。然而，不幸的是，抗憂鬱藥物的療效只是消除患者在艱難處境中的痛苦。痛苦消除後，就沒什麼需要改變的了，然而，憂鬱原本是要喚醒我們關注個人狀態和解決生活問題，但是在消除了憂鬱的痛苦之後，憂鬱的心理功能也就被忽略了。

　　當有人為憂鬱症的生物學觀點辯護時，常常會拿出這樣的論點：抗憂鬱藥物對治憂鬱症大概有三分之二的比例是有幫助的，而安慰劑只有三分之一。[8] 這裡的邏輯是，如果憂鬱對化學藥物治療有反應，可知憂鬱一定是化學物質的失調所導致的。這當然是一個模棱兩可的論點，阿斯匹林能緩解頭痛，但頭痛不是因為缺乏阿斯匹林。這種既存的哲思偏見認定大腦佔有重要地位，所以臨床實務工作者認為憂鬱症患者大腦中的神經傳導物質改變是主要病因，心理變化只是次要因素。而且，即使是那些似乎對抗憂鬱藥物有反應的患者，也不能確定到底是藥物本身奏效了，還是精神科醫生的關懷和關注所帶來的理想化傳移起作用了。值得注意的是，威廉·史岱隆（William Styron, 1992）在他感人的憂鬱手記中指出，他在醫院住了幾天之後就感覺好多了，因為醫院就像避難所一樣讓他感覺到安全和穩定。我曾見過這樣的患者，當他們對精神科醫生的理想化程度降低時，藥物療效似乎

8　　原註 8：安慰劑效應證明了心理因素在治療過程中的重要性，甚至那些對有治療效果藥物有反應的人，也不能排除是因為安慰劑效應。

也隨之降低。我也見過其他的憂鬱症患者，因為對醫生強烈反感，連帶影響了藥物的效用，而反感有時候是來自反向傳移，有時則是因為醫生態度不好。更為複雜的是，我們也會偶爾發現，有些非常嚴重的憂鬱症患者，在沒有接受任何治療的情況下，令人費解地突然好轉了。

因為主流觀點過於強調憂鬱症的藥物治療，已經有少數反對派的聲音出現。彼得・布雷金（Peter Breggin, 1991）堅持抗憂鬱藥物會妨礙人們找到更好的生活方式，他再次提出那個古老的議題：痛苦是成長的契機、是某些事情需要受到關注的信號。由於精神病學領域和我們的文化對待痛苦的方式都受到了製藥產業的影響，人們普遍擔心，精神疾病的診斷範圍正逐步擴大，以配合日益發展的藥物。這在患有「亞症狀」（subsyndromal）或輕度憂鬱的憂鬱患者身上尤其顯著，他們是不是需要抗憂鬱藥物，完全取決於精神科醫生判斷他們的精神狀態能否適應日常生活。對於這樣的患者來說，這種判斷方法其實是有問題的，特別是在長期服用抗憂鬱藥物可能導致情緒遲鈍、動機減弱或冷漠的情況，也就是所謂的「抗憂鬱藥物冷漠症候群」（antidepressant apathy syndrome, Barnhart et al, 2004; Price et al., 2009），這種情況可能很難與憂鬱症本身區分開來。一些研究表明，抗憂鬱藥物可能會加重憂鬱症的慢性化（El-Mallakh et al, 2011）。服用抗憂鬱藥物的人會說他們是可以感受到情緒的，但是其實在某種程度上他們離自己的感受更遠了，或說享樂、熱情和興奮這樣的積極情緒受到抑制了。這些人告訴我，即使憂鬱已經不再令他們那麼痛苦了，他們仍然可以感覺到自己的憂鬱存在於心靈的背景中。總而言之，抗憂鬱藥物在緩解無法忍受的痛苦和預防自殺方面確實起到了重要作用，但是也有缺點；它們抑制了來自靈魂的呼喊、阻礙了對抗憂鬱所需要的新領悟的出現，而且有時給了痛苦的人們逃避的理由避免

生活中必要的改變。很顯然，與心理治療相結合時，藥物治療才能起到最大的作用，而該藥物可以合理地認為類似用特定療法治療疾病時所使用的止痛藥。

痛苦的轉化作用

我們的文化傾向於認為痛苦沒有價值，痛苦是病理的結果、要盡量避免痛苦。另一種觀點則認為痛苦是人格成長和轉化必不可少的條件。我們接受兒童期的人格發展必須經歷挫折和失落，孩子可以因此學會處理他或她在日後生活中將要面臨的挑戰。到了成年期，人格相對穩定之後，強烈的痛苦可能導致進一步的轉化，但心理治療師不能以此為由就忽略當前所面臨的問題。和飽受痛苦的人一起工作時，我們不知道會發生什麼事，即使相信一個人的痛苦最終會對他的成長有幫助，也不能用「這對你有好處」的態度來看待痛苦，在治療情境中，這是自詡高人一等且毫無同理心的回應。另一個風險是，這種態度暗示著心理治療師只鼓勵堅忍。

儘管如上的這些提醒從某些方面來說，痛苦確實會對人的靈性和發展層面產生重要影響。雖然心理變化發生的機制依然是個謎，我們有時還是可以看到痛苦帶來影響的機制。

痛苦常常把我們的內在世界和外在生活顛倒失序，迫使我們重組人格、信念和價值觀。痛苦有時會激發防禦機制，比如否認；如果痛苦夠強烈，也可能直接擊潰防禦。當我們感到痛苦時，就好像生活的規律發生了變化。我們可能覺得那些曾經依賴的東西，從曾經信仰的宗教到生活很公平的信念，再到對生命的掌控，通通背叛或拋棄了我們。從所有這些方面來看，痛苦的確可以擴展我們對現實的認知，使自我更加「相對化」（relativize），也就是說，自我有意識地認識到

現實是超越個人維度的。就像《約伯記》中所說，一個新的上帝意象也可能強加於受苦之人。痛苦所帶來的新認知催生了謙遜，一種自我侷限的感覺。痛苦抑制自戀，卻也促使新的心理結構形成，新的自我認同隨之而來。面對痛苦是需要勇氣的，儘管失去流動性和舒適，受苦之人必須決定放棄生活還是繼續生活，他或她必須在未來不確定的情況下努力展望未來、保持自尊，培養與疾病共存的耐心。受苦之人也許會允許必要的轉化發生，也可能拒絕轉化發生。

我們個人的痛苦往往是文化問題的映射，如種族主義或恐同等。即便如此，探索個人的反應仍然是很重要的，同時這也可能增加社會變革的可能性。我們必須像《約伯記》中的約伯一樣，堅定自己的立場，不被現有的集體態度所挾持。

徹底地接受自己的處境（更多討論見第十章）會促進積極轉化。某些極端情況為這種可能性提供了很好的例子：第二次世界大戰期間，杜爾克海姆（von Durckheim, 1992）注意到了士兵、集中營囚犯和難民等人的靈性轉化，這讓他們能夠接受自己可能很快死去的事實。他指出，認識死亡無可避免，例如空襲或嚴重疾病；死亡可能會徹底擊潰內在防禦，以至於我們反而可以完全接受死亡：「……然後我們會突然平靜下來，立刻忘記曾經的恐懼，我們堅信，在我們心中有些東西是死亡和毀滅無法碰觸的……我們不知道這些東西的來源和用途，只知道我們正站在裡面，我們被完全地包覆著」（p. 16）。

所有人都會經歷這樣或那樣的痛苦，也許最重要的是我們對痛苦的反應。痛苦的存在主義困境、情感創傷，以及那永遠沒有解法的生命景況都會發生。這樣的痛苦所帶來的變化可能是積極的，也可能是消極的，比如感覺到不公平正在發生、可能只會帶來鬱積的怨恨，也可能催生民權運動。也就是說，痛苦可能是養分，也可能是毒藥。痛苦可以激發想像力，對重要的創造性產品來說可能是必要條件，或是

成為成就感和滿足感的源泉。沒有痛苦的挑戰，就沒有奮鬥。許多偉大的藝術作品都需要很長時間才能完成，並且蘊含了巨大的痛苦。

　　有時人們認為，痛苦可能會激發人類思考的能力，很顯然，痛苦促進了宗教的發展。聖經中的《約伯記》和後來的佛洛伊德都基於某些證據指出，那些認為信仰有一種仁慈神聖的力量會根據人的行為來獎勵或懲罰人類的想法，是過於簡單的。但佛洛伊德和約伯所得出的截然相反的結論是關於痛苦問題的兩種典型反應。佛洛伊德認為宗教是虛假的，對神聖守護者的期待是基於一種幼稚的願望；約伯認為痛苦是重新理解神聖的開始。一個人的痛苦意味著他必須重新建構一個新的上帝意象，對所謂「痛苦是對罪惡的懲罰」等傳統觀念提出質疑。心理治療師經常面臨和約伯類似的情境，他們不知道人們為什麼會痛苦，或者他們的痛苦程度似乎與所處的生活情境不相符，又所有傳統宗教的解釋都無法說明人們的痛苦。儘管如此，宗教還是會帶給人們一種更偉大的目的或意義感。這些廣義上的宗教之道幫助了很多人，使人們發展出有助於容忍痛苦的態度。不過，嘗試尋找痛苦的意義也有陷阱。如果心理治療師在患者能夠清楚地認識自己的處境之前，試圖強行引導他或她發現痛苦的意義，可能會在無意中讓患者完全沉默。因此，在討論意義的時機真正到來之前，痛苦其實提供了機會，讓心理治療師練習專注、同情和關懷。

　　那些堅定信仰某種宗教傳統的心理治療師和患者，可能會從宗教對待痛苦的傳統態度中獲得幫助。而對另一些人，也許是現在大多數人來說，每個人對痛苦的態度都不一樣，傳統的宗教方式也許沒有任何幫助。他們可能會認為對上帝意象祈禱毫無意義，或是宗教對痛苦的解釋也很不真實。如今，心理治療師經常會接觸到不信仰任何傳統宗教的患者，其中有些人公開承認自己是無神論者，不願意在心理治療中提及相關靈性的事物，另一些人則承認個人的靈性，但是並不相

信傳統的教義和教條。在心理治療師中也存在類似的態度差異。無論心理治療師個人對靈性的態度如何,基於宗教和靈性的確在幫助很多人應對痛苦時的重要性,瞭解各種宗教和靈性導師處理痛苦的方法,對治療師是非常有用的(詳細內容會在第六章討論)。

痛苦的形式

由痛苦的情緒所導致的苦痛

這一章討論各種各樣的痛苦情緒，這些情緒會引起相當大的痛苦，但這些體驗並不是某種特定的心理失調。

嫉羨帶來的痛苦

嫉羨（Envy）是一種最惡意、最具破壞性的心理狀態之一。「嫉羨」一詞源於拉丁語「invidere」，意為「觀察」，其內涵是「帶著敵意和憎恨去觀察」。

即使會帶來自我傷害，嫉羨者也想要破壞那些他人擁有、而自己無法擁有的東西。因此，和其他形式的攻擊性相比，嫉羨讓人想要摧毀美好的事物，僅僅是因為它很好。嫉羨會引起我們對他人的惡意，因而破壞嫉羨者的創造力和快樂的能力。嫉羨存在於生活各方面，包括工作場所、政治界以及學術界；在這些地方看到的嫉羨，往往表現為針對被嫉羨者的刻薄批評。有時即使聽起來是合理的批評，也常常隱藏了潛在的嫉羨。嫉羨可能表現為一想到別人的成功就感到痛苦，或是對被嫉羨者的失敗感到高興，如同德語「schadenfreude」，意味「幸災樂禍」。無論是從個人角度還是從文化角度，嫉羨都會使我們感到尷尬，因此嫉羨可能會受到壓抑，即便是在意識層面的嫉羨，我們可能也不願意承認。

嚴重的嫉羨與憂鬱、自憐以及整體心理健康水準較差有關（Smith 等，1999）。嫉羨的人無法體驗感激的心情，也無法建立信任、溫暖的關係。所以他的內心世界會變得不安全，這又增加了他對那些他認為更快樂的人的憎恨。與他人相較之下的缺陷、恥辱和不公等感覺使他更加嫉羨，導致惡性循環不已。嫉羨者會與他所嫉羨之人

受苦的靈魂：從深度心理學看痛苦的經驗與轉化

比較，並感覺羞愧、低人一等、無能為力等等，因此必須破壞他所嫉羨之人的幸福和美好；可以說，嫉妒的人對他們認為比自己更成功的人都懷有敵意。嫉羨會破壞人際關係，所以嫉羨者傾向於認為世界充滿敵意，也許因而變得偏執。嫉羨者認為美好是有限的，所以如果我們之中有一個人擁有美好事物，那其他人就沒有了。特別是在面對壓力的時候，嫉羨會破壞人們對他人善意的信任。

在極端情況下，惡性嫉羨可能會引發暴怒。吉莉根（Gilligan, 2000）認為希特勒迫害歐洲猶太人的部分原因是出於嫉羨。他認為希特勒對自己早年的生活環境和一戰後德國人的待遇感到非常羞恥，而嫉羨和羞恥之間有著緊密的聯繫，因為嫉羨他人就是與他人比較時，羞恥地感覺自己低人一等。

他人身上的創造力，有時甚至是自己的創造力，都會成為觸發嫉羨的潛在因素。批評家往往是那些沒有創造任何東西的人。創造力受阻可能是內化了父母或兄弟姐妹的嫉羨所導致的結果，因為內化的嫉羨會使人覺得自己創造的一切都毫無價值。當一個有創造力的人坐下來準備寫作或繪畫時，內在的嫉羨就開始攻擊她，貶低她所創作的東西。內化的嫉羨也可能導致一個人的自我破壞，因為人格中有某些東西不允許成功。這就好像是人格的一部分在嫉羨和貶抑另一部分。

聖經中經常提到嫉羨，它是基督教七宗罪之一（烏蘭諾〔Ulanov, 1983〕全面討論了嫉羨的神學面向）。有一種迷信的觀點叫做「邪惡之眼」，這種認為被嫉羨者注視可能會受傷的民間觀點存在於世界各地的許多傳統之中（Berger, 2012）。嫉羨在心理治療理論中也有著悠久的歷史。卡爾‧亞伯拉罕（Karl Abraham, 1927）描述過一些患者，他們無法忍受治療師的提議；這些患者試圖超越亞伯拉罕，並且因為嫉羨而貶低他的成就。在早期的精神分析中，嫉羨被視為一種阻抗，是阻礙心理治療發揮作用的主要因素之一。後來，嫉羨成為梅蘭妮‧

克萊恩（Melanie Klein）理論的核心，當代許多關於嫉羨的討論都建立在支持或者反對克萊恩觀點的基礎之上。克萊恩認為，嫉羨是一種原罪，是愛、感激和關係的對立面。她認為，嫉羨會抑制愛的感覺，加劇敵意，導致人與人之間的冷漠或迴避（1957）。她認為嫉羨在生命早期就開始了，嬰兒嫉羨父母，因為父母使彼此快樂滿足。克萊恩認為，嫉羨是母嬰關係中不可避免的一個面向，因為嬰兒相信乳房為自己儲存了所有的好東西，所以可以對嬰兒宣示權力。就好像母親為了自己享樂而保留了乳房的美好，這使嬰兒感到沮喪和屈辱，因此產生嫉羨，從而導致對乳房的攻擊；摧毀乳房的美好就能除掉嫉羨的根源。因此，嫉羨會破壞嬰兒早期客體的美好，並且妨礙嬰兒享受它們。如果嬰兒能夠修通這種原始的嫉羨，正常的發展就會繼續。理想情況下，感激和信任最終會軟化嫉羨（嫉羨和感激很難同時發生）。但如果嫉羨過多，人格發展就會遭到破壞。如果嬰兒不再確信母親的美好，就會變得貪婪，於是想要更多，比他能使用的還多。然而，與嫉羨者想要破壞美好相反的是，貪婪者認為他想要的東西是有價值的，他想用這些東西把自己填滿，而不是毀掉。過度的貪婪可能會耗盡母親或乳房的美好，這看起來就像母親有所保留，因而使嬰兒嫉羨。現代克萊恩學派傾向把嫉羨看作是一種反應，一種對依賴和由此產生的焦慮的逃避——我怎麼能依賴一個不屬於我的東西，或者一個不要我的母親？

克萊恩（1957/1975）認為嫉羨在很大程度上是天生的，是當環境激起死亡本能時一種與生俱來的表現（Spillius,1993）。不過，這裡我應該提一下克萊恩的批評者的理論。他們認為，嫉羨這種心理狀態過於複雜，不太可能在嬰兒身上存在，嬰兒沒有足夠的認知能力或社會比較的意識來產生嫉羨。就像接下來的討論一樣，嫉羨似乎也有可能因母親無法與孩子的情緒協調，或不能充分涵容孩子的痛苦而引

發，因此不能單純地把嫉羨歸因為是嬰兒某方面所導致的。克萊恩的工作一直受到很多批評，批評者們認為她從成年人的材料中得出太多關於嬰兒生活的結論。

因為克萊恩覺得嫉羨是原發性（primary）的，所以她認為治療的效果也是有限的。然而，與其將嫉羨視為一種天生的現象，不如將其視為心理因素的次級產物，就像因自戀受損而導致的自戀性暴怒一樣。因此可以認為，嫉羨是一種防禦性反應，是為了要修復被狠狠傷害的、破碎的自體感所做的嘗試，儘管是以一種病態的方式。當自戀者看到別人身上擁有但是自己沒有的特質時，就可能體驗到強烈的嫉羨。為了應對自己的情緒，這些人不是貶低他們所嫉羨之人，就是抬高自己。關注他所嫉羨之人，就不會注意到自己的缺陷。自戀者經常拿自己和別人比較，比較的時候感覺到羞愧和不足。所以嫉羨是羞恥的次生產物，是一種不體面或缺陷的痛苦感覺，通常是因為童年時代經常遭到公開羞辱或貶低所導致。也許是因為這種羞恥是無意識的，或是關於羞恥的內容被有意識地壓制，所以很難在心理治療中討論到。

當一個人意識到別人有他想要的好東西，但他覺得自己永遠也得不到的時候，嫉羨就會發生，他感覺自己與被嫉羨之人之間的差距大到無法跨越。接下來的問題就是這個人與被嫉羨之人之間的差距，我們將自己所嫉妒的對象視為大大超越自己的存在。這種個人自豪或蔑視他人都是一種補償性感覺，是應對這種比較的另一種防禦性結果。嫉羨是從幾歲開始的，這一點尚不清楚，很可能是發生在孩子學會與他人比較的時候。此外，如果一個人長期看到父母的嫉羨，也許更容易在兒童時期形成嫉羨。有些父母的確嫉羨他們的孩子，因為孩子們有未來，父母卻沒有，或者是嫉羨孩子擁有的健康和美麗。毫不意外，我們經常看到老年人對年輕人的嫉羨。

嫉羨提醒我們自身的不足，所以如果我們對此有足夠的意識，嫉羨可能會激勵我們發展出新的技術和能力，而不是把自己與他人隔離開來。這是最近出現的一種觀點，也就是以一種相當溫和方式看待嫉羨，肯定了嫉羨的適應性價值。這種觀點認為，嫉羨者可以透過自我提升使自己的能力達到被嫉羨者的水準，追求更高的成就，而不是試圖貶低他人（van de Ven, 2009）。不過，這種良性嫉羨是讚美的一種形式，也因為不具破壞性，並不符合嚴格的嫉羨定義。我們可以單純地崇拜另一個人，而不感到自己低人一等與嫉羨，如此一來，我們崇拜的人就會成為我們自身成長的動力。

一些作者把嫉羨看作是對「高深莫測的他者」的恐懼的結果（Anderson, 1997, p. 370），因為對他者的體驗可能喚起被拋棄或被掠奪的恐懼。在這種情況下，嫉羨帶來的憤怒有助於維繫脆弱的自我，保護自我免於分裂。莫瑞・史丹（Murry Stein, 1990）認為兒童經常會被嫉羨，因為兒童代表了超個人自性（the transpersonal Self），是人格中具有最高價值的部分，因此嫉羨指的是自我對自性（the Self）的嫉羨，因為自我缺乏與自性的內在聯繫。於是，當我們在某些人身上感知到自性，自己卻缺乏這種內在聯繫時，就會嫉羨他們。貝里・普羅納（Barry Proner,1986）描述過「自性的嫉羨」，意思是，當好事發生或者患者體驗到自己身上好的部分時，就會感受到焦慮。

通常來說，嫉羨與嫉妒（jealousy）是不同的，我們常認為嫉妒比嫉羨更容易被社會所接受，不常被認為是可恥的。嫉妒是一種三角關係，是三個人為爭奪感情而展開的爭鬥，通常是由於愛情受挫，或者感覺別人比自己獲得的愛更多，又或者是感覺所愛之人快被對手奪走的危險。精神分析學家將嫉妒歸因為孩子與父母之間最初的伊底帕斯三角關係，孩子會與同性父母競爭，但我們並不需要用這種經

　　　受苦的靈魂：從深度心理學看痛苦的經驗與轉化

典的模式來理解嫉妒。想像一下，孩子會感受到競爭是因為他害怕失去父親或母親的愛，而這個人又是他非常依戀和依賴的對象，這多麼可怕啊。這種根植於童年時代的無意識焦慮，也許可以解釋為什麼嫉妒的人常常有非理性的佔有欲。嫉羨的人往往覺得自己缺少別人所擁有的東西，嫉妒的人則害怕失去自己所擁有的東西。這種動力可以解釋為什麼一個人會害怕失去重要的自體客體的愛、害怕被競爭對手所取代，但卻不能解釋為什麼當一個人知道他嫉妒的客體所依戀的是別人、而且並不愛他時，他為什麼還是會嫉妒。如果一個人與對手比較時，感到自己是弱勢的一方，就會嫉妒，從而感覺自卑或羞恥。如果一個人的愛慕對象選擇了其他人，他會感覺自己的偉大或與眾不同的感覺受到了打擊。有趣的是，對異性戀男性而言，嫉妒主要體現在對伴侶性背叛的恐懼上，而對異性戀女性而言，嫉妒主要體現在害怕失去愛和被遺棄。這種差異可能是演化生物學的結果（Buss, 2000）。嫉妒比嫉羨更容易被容忍，也更容易理解。不過，這些狀態也可能相互重疊相互交織；人們可能會嫉妒某個競爭對手，同時又嫉羨他所擁有的東西。

　　赫爾穆特·舍克（Helmut Schoeck, 1966）做過一些關於嫉羨的社會學和政治學經典研究，但在過去卻被忽視了。他認為嫉羨是我們作為社會人的生活核心。對他而言，嫉羨是影響社會行為的一個重要決定因素，不一定是不平等的結果，因為它是人類與生俱來的。他呈現了社會是如何透過相信運氣或命運、信仰上帝和來生，以及宗教對高成就的認可等方式，嘗試減弱嫉羨的影響。他認為，一些關於社會平等和財富再分配的政治和經濟理論常常是嫉羨的偽裝（這種觀點讓更支持自由主義的人很頭疼）。舍克認為，嫉羨是社會群體凝聚力所必需的一種現象，因為嫉羨有助於調節社會中人與人之間的關係，但是我們卻在社會中竭力避免嫉羨。根據舍克的觀點，對他人和自己嫉羨

的害怕可以抑制過多的個人主義，從而使整個社會的生活保持穩定。有時候嫉羨可能能夠為我們的社會帶來健康的競爭和技術創新。舍克的研究與我們目前對於社會貧富差距的爭論有關。

被嫉羨

被嫉羨（on being envied）就像是一種令人不快的攻擊，可能無緣無故地發生，令人無法理解。對嫉羨的恐懼可能會使人們變得樂於助人，這樣可以試圖避開嫉羨帶來的破壞性影響（van de Ven, 2010）。對嫉羨的恐懼會使人過分謙虛，從而避免過度引人注目，但也會使我們很難知道自己可以信任誰。如果一個人對成功沒有恐懼，那麼被別人嫉羨的體驗也許是愉快的，而對嫉羨的恐懼可能會使人們恐懼成功。對嫉羨的恐懼可能會使一個人隱藏自己的能力或財產，或者貶低自己的資產來避免嫉羨。同時，當被嫉羨者的重要性在嫉羨者的心中被誇大時，嫉羨會使被嫉羨者感到無助，完全不受重視，好像他或她的主體性根本不存在一樣。當一個人非常害怕被嫉羨時，也許是因為童年時嫉羨她的父母或兄弟姐妹，而與那些確定不會嫉羨她、能夠欣賞她的人建立關係則會對她很有幫助。

嫉羨摧毀了與被嫉羨者產生同理的可能性。即使被嫉羨者想要與嫉羨者維持關係，也是不太可能的。被嫉羨者想要與嫉羨者建立關係的努力經常遭到拒絕，或者被視為一種傲慢。被嫉羨者可能會因為關係破裂而承擔一些不合理的責任和內疚感，或者可能變得退縮，貶低自己被嫉羨的優點，或者憤怒地報復對方；所有這些情況對雙方都是有害的。值得注意的是，嫉羨可以透過投射轉移到另一個人身上，這種情況下，投射者會覺得自己是別人嫉羨的對象，實際上是他嫉羨別人。

對嫉羨的心理治療

意識到嫉羨是處理嫉羨很重要的一步。如果一個人能盡可能減少與別人比較的習慣，也會有所幫助。所有這些都可以在心理治療中處理，但嫉羨之所以會破壞治療，可能是因為患者嫉羨治療師的某些特質，比如治療師同理的能力，或者是患者因為嫉羨不願意讓治療師滿足於自己所提供的幫助。這種嫉羨可能是無意識的，常常以阻抗、對治療不斷的抱怨或從治療中撤退等形式表現出來。患者可能無法承認自己有多麼需要治療師，因為擔心這種需要的感覺會引起患者本身的嫉羨。然而，直接解釋一個人的嫉羨通常會適得其反，因為解釋像是一種攻擊，或是會引起對方強烈的羞恥感。自戀式脆弱的人很容易感到羞恥，而羞恥感是對心理治療防禦的一個重要原因。因為羞恥感，一個人很難承認自己的嫉羨。因此，鑑於嫉羨與羞恥感之間的密切關係，心理治療師首先要對嫉羨所引發的羞恥感和自卑感保持敏銳，也必須非常巧妙地接近隱藏的羞恥感。我們可以從患者傾向於與他人比較，並用消極的眼光看待自己，以及潛在的自尊問題開始。幫助患者意識到自己的價值，有助於處理患者對他人的嫉羨。當嫉羨明顯存在時，只要自體與自體客體的聯繫足夠牢固，治療師就可以巧妙地提出這種可能性，並準備好處理患者的否認。治療師可以試著幫助嫉羨的患者發展那些他認為自己缺乏的東西，或幫助他發現那些他無法面對的自己的美好和價值。當患者希望獲得那些對他來說確實不可能的事物時，就可以在治療師的幫助下，慢慢接受自己的侷限、悲傷以及怨恨。

與嫉羨者進行心理治療是困難的，因為「給予」這個行為會使一個嫉羨的人更加嫉羨，因此也不可能感覺到感恩。給予會使嫉羨惡化，因為嫉羨者覺得給予者擁有那麼多的美好，所以他／她才能給

出，就好像給予顯示了給予者的優越性。這可能會使嫉羨者拒絕心理治療師的幫助，或破壞心理治療師的好意。嫉羨可能會使患者試圖接管治療師的建議，就好像這些建議本來就是患者自己想出來的一樣，這樣患者就不用感覺治療師給了他任何有價值的東西，也就不需要嫉羨了。當一個人在心理治療中開始改善時，他內心的嫉羨會試圖干擾這個過程。非常嫉羨他人的人，不僅僅是在心理治療中，即便在日常的人際關係中，也無法享受他人給予的東西。嫉羨的患者憎恨治療師對「好東西」顯而易見的掌控，比如安撫和養育的能力，他們會認為治療師是根據自己的意願進行分配。有時候，給予患者的任何「好東西」都會被嫉羨所摧毀，因為嫉羨可能會激發希望，而希望又帶來令人痛苦的失望的風險。如果嫉羨的患者妒忌（begrudge）治療師對他的治療是成功的，他可能會想破壞治療；嫉羨可能會使患者無法真正建設性地利用治療。然而，愛和感激可以弱化嫉羨，當嫉羨最終得以轉化時，就會為自己所擁有的帶來更深刻的感恩，也會為他人的成功感到開心。真誠地讚美他人是對抗嫉羨的重要手段。最終，個人的幸福是解決嫉羨的最好辦法，不幸的是，嫉羨常常使人難以獲得幸福。

　　一些心理治療師認為，消極的治療反應（患者對治療師認為有益的介入的消極反應）通常都是由嫉羨引起，另一些人則認為，這種反應更可能是因為患者曾經有過受傷害的介入經驗。有時候，對治療師的嫉羨性攻擊會被誤解為是對早年客體的傳移，但這些攻擊實際上是此時此地的競爭現象，患者無法在這種競爭中容忍治療師明顯在某些領域更有優勢。從互為主體的角度來看，治療師可能會以某種方式激發患者的嫉羨心理，比如因為家長式的治療態度，或是對必要的自體客體功能的同理失敗，導致患者感受到治療師的情感疏離。最後，還有一點很重要，就是要注意心理治療師也可能對患者產生嫉羨，也許是因為患者的天賦或財務狀況，或是因為患者所接受的教育，

甚至可能是患者接受了比治療師曾經接受的更好的治療（Whitman,
1990），這種情況可能會導致反傳移的困境。

　　人們有各種各樣的防禦來處理嫉羨，所以治療師有時會看到純
粹的嫉羨與對嫉羨的防禦混在一起的混合物。最簡單的防禦是迴避所
有可能引起嫉羨的情境和人。另一種防禦是「酸葡萄心理」；通過
輕視或貶低他所嫉羨的東西，這樣他就不需要再感受到自己的嫉羨
了。還有一種可能是，人們會將自己所嫉羨的對象理想化，作為抵禦
嫉羨情緒的一種手段。當治療師感覺到自己被理想化時，必須判斷她
在經歷的是不是真的理想化（這種理想化是基於早年自體客體需要的
傳移），還是一種防禦性的理想化。治療師的反傳移這時是很有幫助
的。如果患者說出一些理想化的言論，而治療師感受到的卻是尖銳的
敵意或競爭，而不是接收真誠讚美之後的滿足感，那麼治療師正在經
歷的可能就是一種防禦性理想化。有時候，治療師對防禦性理想化的
反傳移會表現為輕微的反胃，這是因為患者的無意識敵意以軀體反應
的形式被記錄了下來。透過自我貶低的方式來擴大患者和治療師之間
的差距，也是一種避免感到嫉羨的策略。當人們能夠承認自己的嫉羨
時，嫉羨就能夠發揮激勵個人發展的作用。但是，嫉羨也可能表現出
難以控制的強度，有時甚至足以破壞治療。

因不隨波逐流的觀點而受苦 [1]：蘇格拉底和賽麥爾維斯

　　抱持不被社會所接受的觀點可能會導致痛苦，蘇格拉底就是歷
史上一個重要的例子。因為他鼓勵人們審視和質疑所接受的信仰和社

1　原註 1：我感謝狄波頓（De Botton）的《哲學的慰藉》（*The Consolations of Philosophy*）指出了這
　　種形式的痛苦。

會習俗，並且戳破了自戀的泡沫，最終被雅典人處死。作為少數群體的一員，儘管堅信自己是對的，但可能會很痛苦。這種情況下，令人欣慰的是，許多曾被同時代人嘲笑的重要思想家，後來都證明是正確的。另一個令人心酸的例子是伊格納茲·賽麥爾維斯（Ignaz Semmelweis）的故事，他是一位匈牙利產科醫生，發現了在分娩時可預防感染的方法。十九世紀中葉，許多婦女在分娩後不久就去世，當時的死亡原因歸咎於「有毒氣體」，沒有人知道死亡其實是由於感染和不衛生造成的。賽麥爾維斯意識到這是因為產科醫生進行分娩檢查時的雙手不乾淨，導致產婦生病。改善了衛生條件後，他的患者死亡率幾乎降低為零。因為這一發現，他遭到同事們的嘲笑、攻擊和迫害，最終被解雇。又過了二十年，李斯特（Lister）證實了疾病細菌的理論，賽麥爾維斯的工作才獲得了應得的認可。而那時，賽麥爾維斯的心理健康狀況已經被那些爭議壓垮了。雖然蘇格拉底能夠泰然自若地接受死刑判決，但是賽麥爾維斯卻因為遭到醫學界的拒絕，變得非常憂鬱，開始酗酒、行為古怪，很年輕的時候就在精神病院過世。這個故事變成了一個術語，用來描述那些拒絕接受與公認信念互相矛盾的新知識，並懲罰其支持者的行為——這就是賽麥爾維斯效應（the Semmelweis reflex）。

面對激烈的反對，賽麥爾維斯垮了；相地反，蘇格拉底卻能夠保持鎮靜，一方面是因為他堅守自己的哲學信仰，另一方面是因為他不需要別人的認同來維持自我感。在審判中，他在為自己辯護時提到，他對大多數人關心的事情，如金錢和權力，毫無興趣——這顯然是他的高自尊所起的作用。蘇格拉底是一個非常優秀的思想家，他知道自己的這種推理比流行的觀點更可靠。他明白他的對手是比他更有權力的大多數人，但即使面對死亡，他有情感上的堅韌力量來維持自己的定位，而不會崩潰。他知道不受歡迎的觀點並不一定是錯的。還有一

個很好的例子是詩人威廉‧布萊克（William Blake），許多同時代的人都認為他的作品非常古怪或荒謬。然而，布萊克從沒懷疑自己的正確性，也堅信他的批評者是錯的，如今他也被視為文學和藝術史上的重要人物。

人們往往很容易發現他人的脆弱點，並直接攻擊他人的弱點——這種攻擊往往是由嫉羨引起的。傷人的批評、情感的撤回（emotional withdrawal）和其他形式的心理攻擊可能會對目標對象造成強烈的痛苦。史蒂芬妮‧羅森布盧姆（Stephanie Rosenbloom）曾經在《紐約時報》（二〇一四年八月二十四日）發表過一篇文章，她指出，在當今世界的社交媒體中，對他人的惡意評論已經變得非常普遍。如果攻擊者有意識或無意識的動機就是為了造成傷害，那確實會造成攻擊目標的自我感產生某種程度的破碎。根據一個人陰影的性質或具體的脆弱點，破碎的表現形式也有所不同：可能使人感覺自己正在瓦解，或是根本不存在，或者讓人產生一種類似於不夠好、沒有價值、被孤立或自我厭惡等諸如此類的感覺。如果被攻擊者曾經有類似的童年經歷，遭受這種攻擊就會讓人特別痛苦。攻擊可能是攻擊者將自己的某種特質投射出去的結果，因為我們很容易在他人身上攻擊那些屬於我們但卻無法容忍的特質。然而，如果這些攻擊跟我們人格中某種實際特徵相符——即榮格學派所說的投射的「鉤」，或是這些投射在我們內在的某個地方找到了落腳處，可能真的會刺痛我們。同時，批評式攻擊對於提高自我意識具有重要意義，可以在心理治療中討論。心理治療師可以幫助個體理解批評，並防止或減輕非理性或誇張的反應。治療師可以幫助患者判斷這些批評是否合理、是否恰當、是否準確，以及患者是否可以從中學習。有時對於那些明顯扭曲的攻擊，開開玩笑會很有幫助。如果攻擊重現了患者童年的某個場景，那就是重新修通的機會。有時候，攻擊者所控訴的內容與患者的某些方面存在著直接矛

盾，這時治療師可以指出來，從而避免過度關注攻擊所帶來的負面影響。向患者指出攻擊者是出於嫉羨或怨恨，或投射出他自身的問題，對患者來說也可能有所幫助。應對策略是可以討論的。治療師可以透過強調和肯定患者的積極特質來幫助他恢復受損的自尊，必要時還能夠減輕患者苛刻的內在批評、鼓勵患者原諒自己。

疏離的痛苦

「疏離」一詞歷史悠久，在不同的語境和時代背景下被賦予了不同的含義。疏離通常是指社交孤立、疏遠、孤獨、對世界失去興趣、感覺自己的存在毫無意義等詞的綜合。疏離也可以指一種無力感，就好像因為受到了某種未知力量的支配，無法控制自己的生活。人們可能會感到自己與所處社會的價值觀格格不入；人也會感覺與自己疏離，也就是感覺自己遠離了自己的真實本性，或者是不喜歡自己現在的樣子。有時，在不自知的情況下，一個人可能會逐漸遠離自己的感覺和願望，也許是因為他感到真實地做自己還不夠好，所以試圖活出一個虛假的、理想的自我。這樣一個疏離的人可能會覺得自己好像生活在迷霧之中、行為舉止可能很機械、臉上和眼睛可能缺乏情感。他可能會像談論別人一樣談論自己。這種自我疏離通常與對世界的疏離聯繫在一起。許多在文化上被邊緣化的人，如老年人、身心障礙者以及精神病患者，常常與他們所處的更大社會格格不入。許多勞動者難以適應不斷變化的經濟形勢，有些人則擔心日益月新的技術讓自己變得不再重要。逐漸脫離生產性工作和社會的工人可能會感到無聊、沮喪和無力感，這些因素結合起來常常會引發酒精或毒品問題，因為他們試圖透過酒精或毒品來緩解情感上的痛苦。

疏離問題具有不同程度的嚴重性。主觀上感覺疏離的人也許具有

很好的社交功能，外在行為也沒有什麼不尋常。類思覺失調患者常常表現出更嚴重的疏離，他們過度自我關注、孤僻、古怪，全神貫注於自己的內在世界。類思覺失調患者缺乏一種與他人之間鮮活的聯繫。用岡粹普（Guntrip）的話來說：「自我（self）重要的核心丟失了，內心正經歷『死亡』」（1969, p. 97）。岡粹普認為類分裂問題是許多情感疾病很隱蔽但又最基本的核心問題。即使感覺疏離的人沒有明顯的類分裂問題，也會有深深的孤獨感，經常感覺缺乏親密感或者沒有歸屬感。還有一類感覺疏離的人是那些對連帶感（twinship）的需要強烈的人（Kohut, 1984），他們需要感覺自己和他人一樣，感覺自己屬於某個群體。當這種需要在兒童時期沒有得到充分滿足時，就會感到自己是與眾不同的、覺得自己是異類，是一個孤獨的或被邊緣化的不適應環境的人，常常感覺別人無法理解他，也就不能與他人在關係中相處。社會科學家認為疏離指的是一種個體社交網路的問題。這種觀點認為，疏離是由於缺乏機會、種族偏見、教育程度低下以及其他類似的因素造成的。疏離的概念在十八、十九世紀特別流行。例如，卡爾·馬克思（Karl Marx）認為，生產性的工作使我們感到與他人、與自己之間有意義的連結，但資本主義疏遠了工人與他們所生產的東西，迫使他們製造毫無意義的東西，導致了他們與自己和他人之間的疏離感。如今，科技也有一種疏離感，因為它使我們與自然失去了真正的聯繫，使我們感到更加孤立；科技製造出人造環境，甚至有把我們當作物品來對待的危險。儘管網際網路似乎是把我們聯繫在一起，同時也可能將我們封閉在虛擬影像之中。

　　在某段時間的社會學文獻中，疏離被用來解釋種族偏見等社會現象。疏離常常被認為是經濟、社會不平等和社會日益官僚化的結果。然而，在二十世紀的最後幾十年裡，這些關於疏離的觀點已經過時了，因為人們認為這種觀點暗含著非常天真的想法，即一種原始的、

和諧的、自然的理想狀態。不過，既便這個概念的邊界很模糊，我們也不能輕易忽視那些感覺與自己或他人疏離的想法。一些組織再次認識到了疏離的重要性，比如英國利物浦大學在二○○九年的「關於疏離的新思考」專案，主要是關於心理學、社會學、環境、政治等不同領域中疏離現象的跨學科研究。

孤獨

　　孤獨是說明心緒[2]（state of mind）或存在狀態一個很好的例子，孤獨造成巨大的痛苦，但並非由任何一種特定的疾病所獨有。孤獨是詩人、藝術家和作家永恆的關注點之一，因為孤獨是一種普遍存在的人類體驗，也是人類的主要問題。甚至有人提出，對孤獨的恐懼是人類行為的核心動機（Mijuskovic, 1979）。儘管孤獨一直是人類生活的特徵，但有些作者認為，孤獨已經成為一種現代流行病，這可能與我們社會的組織有關。也許我們正處於一個孤獨的時代、一個由於社會與群體連結鬆散所導致的孤獨的時代（Stivers, 2004）。很少有人能在人生中的某段時間擺脫孤獨。據估計，有百分之二十的美國人感覺自己是孤獨的（Cacioppo, 2008）。考慮到我們社會中存在一些助長社交孤立的因素，比如很多人身處獨居、貧困和健康狀況不佳的景況，孤獨在近幾十年來成為重要的話題也就不足為奇了（推薦一篇由多位作者從心理學角度看待孤獨感的文章，參見 Willock，2011）。

　　嚴重的時候，孤獨會使人產生絕望和無價值等痛苦的感覺，同時感覺這種痛苦永遠不會結束，自己會永遠處於這種狀態中。孤獨通常都有一定的破壞性，與各種健康問題有關，比如心臟病、高血壓、

2　原註2：目前還不清楚孤獨是一種單一情緒還混合情緒，或是僅僅與其他負面情緒（如悲傷）有關。

憂鬱症、自殺意念等，而且與總體死亡率的增加有關（Tilvis et al, 2004），但很少有醫生在思考致病因素時會考慮到孤獨和缺乏親密等因素。有各種情緒問題的人還要額外承受孤獨的壓力，部分原因是由於精神疾病的社會汙名化所造成（Ritsher 等，2004）。

關於孤獨的心理來源有幾種理論。據推測，它有演化的根源，因為早期的原始人為了生存，需要留在親密的群體中才能存活下去，這說明了孤獨的依戀理論：對他人的需要能夠增加個體存活的可能性。歸屬的需要是人類的基本需要，而社會排斥（social exclusion）的威脅則會帶來消極的影響，包括行為、認知和情感等多方面的影響（Baumeister 等，2002）。精神分析的自體心理學家認為，孤獨是由於缺少將自體凝聚以及支持自體活力的必要的自體客體（selfobject）。對經典精神分析學家而言，孤獨可能源於對前伊底帕斯母親的渴望。克萊恩（1959）在一篇關於孤獨的文章中指出，人們普遍需要一種完美但無法達到的內心狀態，而這種狀態對應著與母親最早期關係中的渴望。這種渴望與領悟到無法彌補的失去常常結合在一起，因此克萊恩認為孤獨永遠不可能完全消除，但孤獨促進了客體關係的發展。

除了這些發展性因素外，可能還存在一種更為原始的孤獨形式，這種孤獨被認為是一種與生俱來的感覺——即我們在這個世界上本來就是孤獨和無助的（von Witzleben, 1958）。以「原初孤獨」（primary aloneness）為主題的研究表明，人類的原始狀態本質上是疏離和孤獨的（Mijuskovic, 1979）。作者並沒有將血緣關係視為原始狀態的部分，而是將血緣關係、愛和陪伴視為逃避人類基本孤獨徒勞無功的嘗試。他認為孤獨的最初起源是自我的統一，或是擁有一個獨立的身份認同感——即認識到有一個「我」獨立於一切「非我」事物之外。自我知道自己是孤獨的；它能做的最多就是透過獲得名譽、財

富、權力或愛的方式來維持對自己身份的掌控，從而迫使他人肯認自我的欲望。因此，米尤斯科維奇（Mijuskovic）認為，孤獨是由人類的意識結構組成的，所以是不可避免的。

有時孤獨的原因顯而易見，比如當我們失去所愛之人，或者在離婚、移民、退休或搬到陌生的新地方之後。分離、悲傷和失落等常常伴隨著孤獨一起出現，尤其是當人們感覺由此產生的空虛永遠無法填補時。還有一種形式的孤獨，發生在個體沒有能力與他人建立連結時，甚至可能自己都意識不到他失去了這樣的能力。

孤獨是如此的痛苦，以至於我們竭盡全力避免孤獨、利用每一種可能的方式逃避，包括娛樂、幻想、暴飲暴食、酗酒、強迫性社交生活或性行為等。與任何其他的存在困境或匱乏相比，很多人更害怕孤獨。對簡訊、社交媒體和電子郵件的迷戀，可能都是避免孤獨的方式。參加宗教集會或其他社團更可能是為了避免孤獨，而不是認可團體的意識形態。如果一個人感覺不到一定程度的親密、如果沒有一個對他來說特別重要的人，即使身為群體的一部分，還是可能感覺孤獨。有些人似乎可以自給自足，但缺乏真正的關係往往使他們主觀上感到孤獨。孤獨常常會增加生理疾病患者的負擔。當一個人生病了，身處繁忙的醫院時，儘管有大量的醫療和護理照顧，他還是會感到孤獨，就像身處人流不息的大城市中心，仍然會感到孤獨一樣。一個人的人際關係品質比人際關係數量更重要。

當內向的人對於關係品質不滿意時，也可能感到孤獨，但內向的人可能比外向的人更能忍受獨處。一些研究表明，非常焦慮和情緒化的人更容易感到孤獨；他們會遇到人際關係上的困難，因為其他人可能很受不了他們（Saklofske 等，1986）。社交能力強的人往往較少感到孤獨，而過度害羞和笨拙的社交會降低個人的社交吸引力，導致焦慮、孤獨和自卑等負面評價。對他人缺乏信任更容易導

受苦的靈魂：從深度心理學看痛苦的經驗與轉化

致孤獨發生。孟德爾森（Mendelson, 1990）認為孤獨與厭煩之間存在一種關係，其中包含空虛和渴望的感受，但比起孤獨的被動和順從（resignation），厭煩有著更多的憤怒和抗議。孟德爾森認為厭煩可以防禦孤獨。芙瑞達‧佛洛姆－瑞茨曼（Frieda Fromm-Reichmann, 1990）認為，當我們對親密關係的需求得不到滿足時，孤獨就會產生。她將孤獨描述為一種心緒狀態，在這種狀態下，一個人不僅會忘記生命早期他人陪伴的經歷，也無法想像在未來建立關係的可能性。她用賓斯汪格（Binswanger）的術語「赤裸的恐怖」（naked horror）或「只是存在著」（mere existence）來描述這種狀態。她指出，嚴重的孤獨感（而不是在創造性任務或生病期間暫時的孤獨感）往往無法輕易向他人表達，因為當我們試圖與他人談論孤獨時，孤獨就會引發焦慮，所以我們很難帶著同理心與他人分享。我們在面對孤獨的人時，常常抱持一種「責怪受害者」的態度，就好像孤獨只是性格問題，即使孤獨的根源很可能與環境有關。因此，孤獨的人常常對自己的感受遮遮掩掩，他們也許會認為其他人從未體會過他們的感受。即使他們從孤獨中走出來，也無法談論自己的孤獨。

佛洛姆－瑞茨曼指出，人們對獨處的反應有很大的差異。有些人非常害怕孤獨，而另一些人則覺得孤獨是帶來平和，所以必須將孤獨（loneliness）與獨處（aloneness）區分開來；獨處可能是創作、自我探索或充實精神所必需的。溫尼考特（Winnicott, 1958）認為，如果一個人小時候經歷了在母親的陪伴下玩耍、母親能夠提供安全感，那麼他就可以培養出獨自一人也覺得自在的能力。就好像是母親的支持成了自體感發展過程中的一部分，因此母親的支持最終成為伴隨一生的心靈內部的存在，使得一個人能夠安心地獨處。忍受孤獨的能力通常是情感成熟的標誌，這類人有時會尋求獨處，而孤獨的人則不喜歡她的孤獨。對於佛洛姆－瑞茨曼來說，一個人對他人的依賴程度決定

了他是否有能力忍受獨處。她認為分離焦慮是孤獨的一種形式，分離焦慮會帶來恐懼和抗議，同時一個人也可以在沒有分離焦慮的情況下被動地感到孤獨。孤獨可能會讓人體驗到需要他人的羞恥，因此可能被壓抑下來，並把對他人的需要偽裝成某些重要的目的。

佛洛姆-瑞茨曼指出，對隔離、極地探險和單獨監禁等情境的實驗研究表明，孤獨可能導致人格解體和精神症狀。她對與精神疾患有關的孤獨特別感興趣，認為嚴重的孤獨本身就會導致精神疾患，而精神疾患反過來又帶來嚴重的孤獨，例如，對世界大災難的幻覺就是一種深刻的孤獨的表現。

想要與他人建立關係但卻得不到滿足，是心理治療中常見的情感問題之一，許多神經症的行為都是源自於試圖與他人建立關係而產生的絕望感。然而，孤獨是一種私密的體驗，即使在漫長的心理治療過程中，也有被忽視的時候，所以治療師可能需要特別詢問關於孤獨的問題。有時候沉默可能是因為人們覺得孤獨是羞恥的，好像擁有堅強的情緒就意味一個人永遠不會孤獨。因此，患者可能不會使用「孤獨」這個詞，而是用憂鬱或不快樂來描述，還有部分原因是人們很難辨識、承認孤獨，臨床醫生也可能把孤獨誤解為焦慮或憂鬱。

治療孤獨的方法

在一定程度上，治療孤獨的方法就是治療師與患者同在。找到患者目前的生活狀態和童年時期的孤獨的聯繫也會有所幫助，因為患者可能無意識地渴望某個現在已經不在身旁的人。有時，修通這些過去埋藏或凍結的悲傷可能有助於改善現在的孤獨。我們可能會記得某個早期的依戀對象、渴望與她重建關係，但這些早期的客體也可能被遺忘，或任何重建關係的希望都可能落空——由此衍生的放棄和悲傷可

能被體驗為空虛，而不是孤獨（Greene 等，1978）。當一個人因為失去而感到孤獨時，即使已經放棄重建關係的希望，他仍然有建立關係的能力，但是在空虛的狀態中，這種有能力的感覺就會完全消匿。如果一個人抱怨孤獨，就說明他需要在人際關係上做些什麼，例如，孤獨的人可能需要重新評估他所堅持的信念，也就是跟一個人建立關係之前必須確認他絕對值得信任，或者他必須接受所有關係中都存在一定程度的不確定性和潛在的痛苦，或者接受過去失去的是無法挽回的。逆來順受、過分依賴、對自己的幸福漠不關心、無動於衷等，必須在治療中處理，因為這些特點都會助長孤獨。

孤獨的人可能會透過幻想的方式來獲得替代性滿足，這在兒童時期可能是非常必要的——這可能也是現代人過度沉迷電子遊戲的原因。非常孤獨的孩子可能很難將幻想與現實分開，而且一生都與世隔絕、不愛社交。孤獨可能是某種心理結構的結果，導致個體與他人疏離，如過度自戀、攻擊性或極端競爭性等，在這種情況下，治療所針對的問題就是性格問題了。社會拒絕會導致孤獨，孤獨的人對代表拒絕或接受的社交線索非常敏感。最後，因為治療孤獨最好的方法是發展令人滿意的人際關係，所以治療也必須集中在這個面向。毋庸置疑，這項工作會包括提高社交技能、自我接納、自尊以及避免退縮的策略等。動物輔助治療也許有所幫助，動物陪伴顯然能幫助孤獨的人。

值得注意的是，並非所有的孤獨都是由心理因素造成的。孤獨可能源於生活中無法改變的情況，比如一些使人喪失能力的生理問題，他人也愛莫能助。在這種情況下，發展出可以幫助自己獨處的技能對這個人來說就非常必要了。

成為心理治療師的訓練過程會涉及到某種程度的孤獨，訓練過程會在一定程度上剝奪治療師的需要，同時要求治療師關注治療框架

下所產生的張力，特別是在治療師感覺他或她自己無法以一種普通人類的方式回應患者需求的時候。有時，接受傳統精神分析治療的患者也會因為分析師的行為而感到孤獨。然而，當代關係取向的治療師更願意分享自己的感受，而他們受傳統精神分析訓練的同事則更壓抑自己。要治療一個孤獨的人，治療師必須能夠應對或至少非常清楚他或她自己的孤獨和對孤獨的恐懼。治療師的孤獨，有時候可能是與患者發生性行為的原因。

憎恨是痛苦的根源

憎恨是邪惡以及對他人之非人道行為的重要動機。憎恨可以用多種方式來概念化，一種方式是將憎恨視為長期或僵化的憤怒形式，所以是人格中的穩定特徵；這種憤怒想要「摧毀一個壞客體，讓它受苦，並控制它」（Kernberg, 1995, p. 64）。憎恨可以與因為挫折或衝突而導致的短暫憤怒區別開來。雖然一個人也會經歷短時間內就消散的憎恨，不過典型的憤怒是需要立即釋放的，而憎恨卻是一種更複雜和持久的情感狀態，可以容忍復仇延遲。與純粹的憤怒不同，憎恨可能包含希望的元素，即期待未來造成憎恨對象之痛苦。當一個人感到自己（或所愛之人）受到虐待時，憎恨就會產生。眾所周知，失意或沒有結果的愛會變轉成憎恨——然後憎恨可能與愛共存。憎恨持續很久之後，最終可能會成為個人身份認同的一部分，這是我們從一些憎恨團體的成員身上觀察到的現象。

有人說憎恨可以得到「滋養」，這通常是來自可以激起仇恨的不公正行為的強迫性、重複性記憶，以及報復施害者的幻想。正因為如此，憎恨把我們和我們所憎恨的人綁在一起。奧爾福德（Alford, 2005, p. 236）認為，透過這種方式，憎恨使我們與被憎恨之人產生了

一種內在融合，使得憎恨者確信自己並不孤單，因為它暫時失去了了自我—他人的界限。因此，奧爾福德認為，憎恨是一種對愛的奇怪扭曲或模仿，但最終會「腐蝕自我」，讓人感到空虛和筋疲力竭。憤怒是想把我們從憤怒的源頭釋放出來，而憎恨實際上把憎恨者綁在憎恨之中，甚至將他困住。憎恨是透過消除被憎恨客體的主體性，從而簡化憎恨者與被憎恨客體之間關係的複雜性。

湯瑪斯・默頓（Thomas Merton, 2007, p. 72）認為，「在每一個軟弱、迷失和孤獨的人類身上，都有著憎恨的痛苦，這種痛苦源於他自己的無助和孤立。」此外，「所有憎恨的根源，都是一種痛苦、折磨人的無價值感」（p. 74）。默頓擔心這種自我憎恨是危險的，因為如果它太深刻、太強大而使人無法自覺地面對時，我們就會把自己的邪惡投射到別人身上，無法看到自己身上的邪惡。

強烈的羞恥感會使一個人對羞辱他的人產生憎恨。羞恥之人被自戀性憤怒和復仇的需要所支配，想要使他憎恨的客體也感受到同樣的痛苦。同樣，對自己的行為感到羞恥也會引起自我憎恨，這可能會使一個人很難自我寬恕。然而，如果說憎恨一定是羞恥、無價值、孤獨等感覺的結果，那就言過其實了，因為一個人也可能有所有這些感覺，但並沒有感到憎恨。

憎恨往往會通過種族主義、性別歧視、恐同或其他形式的偏見展現出來。深度心理學家通常認為，這些現象是偏見之人將自己的某些品質投射到目標群體中，是他無意識當中的某些面向，或是一些「有毒的」內攝。一些心胸狹窄的人所在的文化或宗教，常常會因為偏見就把某個群體當代罪羔羊。各種形式的憎恨，例如對窮人的憎恨或對其他宗教或種族的憎恨，都可以用政治和社會意識形態的形式加以掩飾。用極端虐待的方式懲罰罪犯，或是道德憤慨的極端形式，可能都是憎恨的結果，並且已被納入超我之中。這種強烈的憎恨有生

物性、發展性和社會性根源。在人類發展的過程中，與依附相關的因素，諸如陌生人焦慮、對家庭成員的認同，以及文化偏見等，都在個體憎恨和由此產生的偏見發展過程中發揮了作用（Parens, 2012）。從生物學上來說，人類天生就喜歡親近他人，也會害怕陌生人；陌生人焦慮（可能是捕食者焦慮的演化殘餘）似乎是排外心理的前身，因此「在偏見的形成中發揮關鍵作用」（同上，p. 175）。不過，這種形式的偏見可能不會以希望傷害他人的惡意形式呈現出來。帕倫斯（Parens）認為，兒童早期原始關係中的矛盾情緒是「促使人類產生傷害或摧毀他人願望的最核心、最重要的因素」（p. 176）。童年創傷，尤其是父母施加的創傷，會導致兒童發展出對他人的敵意和破壞性，導致惡性的偏見或憎恨，這實際上是對父母的一種無意識報復。孩子很難對所愛和需要的父母產生敵意，因為孩子的適應能力還未充分發展，無法應對這種複雜情感的結合，因此會形成堅硬的防禦。受這種矛盾情緒影響的人可能會利用諸如貶低、中傷憎恨之人等機制來防禦他的憎恨。這種情況會因為教育的影響而更加惡化，教育能使兒童社會化，從而產生群體偏見，比如反猶太主義。有些反猶太主義者可能從來沒有見過猶太人。不幸的是，偏見會以憎恨的形式呈現，受偏見影響的受害者會將其內化，並對自己產生羞恥感，進而使自己的人格遭到破壞。所謂自我憎恨的猶太人就是一個例子。這種現象對於移民來說可能是一個問題，他們會在遭受歧視的時候感到羞恥，甚至引發微妙的自我憎恨，最起碼會產生自己是異類的極端意識，有時甚至會隱藏自己的種族出身。

憎恨具有重要的防禦功能（Akhtar, 1995），保護我們免受脆弱、無助、依賴或恐懼等感覺的威脅。憎恨提供了意義和目的，當人格可能處於瓦解的邊緣時，憎恨能將其維繫在一起；這種情況下，憎恨就像是難以割捨的毒品。憎恨可以用來抵禦痛苦的記憶或自戀的受

　受苦的靈魂：從深度心理學看痛苦的經驗與轉化

損，並且提供一種方式來否認對關係的需要。如果我們能恨那個傷害我們的人，就可以避免因受其冒犯而感受到的痛苦或羞辱。根據巴林特（Balint, 1952）的說法，我們討厭那些對我們很重要卻不愛我們的人，因為我們盡了最大的努力，也無法贏得他們的愛。於是我們利用憎恨來阻止自己對這些人的需要和依賴。我們告訴自己，雖然他們對我們來說很重要，但他們並不好，我們可以沒有他們的愛。這解釋了愛是如何轉化為憎恨的，也解釋了為何把憎恨轉化為愛如此困難。因此，對巴林特來說，憎恨是不成熟的標誌。對他人的憎恨簡化了我們對他人的看法，避免了複雜性。對特定社會群體的憎恨會使人避開低自尊的感覺，或是把這種感覺投射出去，感覺自己高人一等。然而，利用憎恨的防禦會導致對他人的疏遠，並且損害個人建立關係的能力。

有些作者認為，攻擊是所有人際關係的基本動機，而憎恨只有在遭到否認時才會具有破壞性。這一觀點表明，成熟的愛需要認可，並接受我們自己和伴侶的憎恨（Goldberg, 1993）。許多作者指出，愛與恨的能力對健全人格很重要（Eissler 等，2000）。杰拉德·修尼沃夫（Gerald Schoenewolf, 1991）認為，一個人只有掌握了憎恨的藝術，才能實踐愛的藝術，愛與恨是密不可分的，兩者缺一不可。修尼沃夫就溫尼考特（1949）針對反傳移中的恨所寫的文章，進一步區分了客觀的恨和主觀的恨。主觀或具有破壞性的憎恨是基於個人的心理動力和社會因素所產生，意味著毀滅和死亡。客觀或建設性的憎恨是由世界外部環境所導致，可以加以修通，因此意味著對生命的肯定。在可能和安全的情況下，客觀的憎恨可以道出真相，以促進問題的解決和真誠的溝通。

許多人無法有意識地感受到憎恨，因為他們的父母不能忍受他們的攻擊性，儘管憎恨可能是發展的過程中促進自我形成（selfdelineation）的重要方式。溫尼考特（1971）指出，在嬰兒期，孩子需要能夠在心理上「摧毀」客體，然後發現客體仍然存在。父母則必須容忍孩子的攻擊性而不報復，如此一來孩子可以體驗到父母是獨立且真實的。同樣地，患者對治療師的「摧毀」也可以讓治療師被視為獨立的人。因此，重要的是治療師要接受患者的憎恨，而不是迴避憎恨。憎恨也是可以防禦的。因為矛盾關係中的內疚感，憎恨很可能會遭到否認或壓抑，例如父母和孩子之間的關係。要認識到父母可能會因為許多原因恨他們的孩子，這很重要。這種憎恨可能是無意識的，比如，因為孩子是一種負擔，或者因為孩子限制了父母的自由，或者因為父母人格中的神經質或虐待狂的原因。我們在許多童話故事中都能看到父母和孩子之間關於憎恨的主題，比如〈糖果屋〉（Hansel and Gretel）。溫尼考特（1949）指出，母親憎恨嬰兒也許有許多可能的原因[3]，比如，對孩子健康和美麗的嫉羨通常是導致虐待兒童的一個無意識原因。父母不能容忍孩子的優點並不什麼稀奇事，這會導致米勒（Miller, 1985）所說的有害的養育，因為這樣的父母往往會壓制孩子的主體性和自主性。憎恨可以用來尋求他人的幫助和支持，也可以用來攻擊他人，或者讓他人感到內疚。然而，憎恨的表達方式可能會令人恐懼，所以聽著一連串惡狠狠的謾罵其實是很困難的。因此，被憎恨折磨的人可能會疏遠家人和朋友，而家人和朋友總是鼓勵他壓抑這些感覺，或是敦促他選擇原諒和忘記、繼續生活等等，但是這些都無濟於事。個體常常深陷痛苦的心理狀態，並發現越來越難找到能夠忍受他、聽他長篇大論表達憎恨的人了。

---

3 原註 3：根據溫尼考特的觀點，母親可能會討厭她的孩子，因為在懷孕和生產過程中，孩子對她的身體是一種危害；嬰兒會咬傷她；嬰兒會把她當作奴隸，而她必須無條件地愛嬰兒；寶寶的愛是「別有所圖的愛」；嬰兒無法意識到母親為他的犧牲等等。透過唱兒歌，如「寶貝乖乖睡，掛在樹上睡」等，母親可以釋放被壓抑的仇恨，而不會傷害孩子。

心理治療中的憎恨

　　要幫助一個飽受憎恨折磨的人，重要的是盡可能帶著理解的心情允許對方表達感覺，只有這樣，當事人最終才可能對那些曾經發生在他身上、激起他憎恨的事進行哀悼。問題是，對患者來說，放棄了憎恨，他會感受到那些憎恨所防禦的潛在痛苦。毫無疑問，憎恨是與他人建立親密關係的主要障礙之一。像嫉羨一樣，也是心理治療中困難和阻力的主要來源。個體對憎恨的表達或行動的方式往往代表他人格結構的一種功能。心理病態者（Psychopathic）的憎恨表現為對他人的反社會行為；憂鬱者的憎恨表現為自我憎恨；偏執的人藉由蔑視、控制和壓抑來表達憎恨；自戀的人則表現為自戀性暴怒等等。對於一些厭世、偏執的人來說，憎恨是他們對待世界的習慣性態度——他們覺得生活騙了他們。不管憎恨的來源是什麼，對治療師來說，不加評判地對他人的憎恨提供同理的理解才是至關重要的。當關係足夠信任時，治療師也許可以巧妙地探索憎恨的防禦本質，以及憎恨所要保護的那些未被滿足的需要和脆弱的情感。一個人不管表面上看起來多麼憎恨，內心某處一定渴望與他人建立愛的連結，卻無法意識到這種渴望是因為尚未發展。如果治療師能帶著這樣的假設工作，將會很有幫助。

　　憎恨他人的人有時會把憎恨轉向治療師。這種憎恨會以各種方式表達出來，比如一些微妙的貶低評論，抱怨不得不付費，或是公開表達敵意。對治療師的傳移性憎恨有多種來源。這可能是一種經典傳移的結果，患者對早期客體的感覺投射到治療師身上，治療師因而被視為施虐、殘暴的人，然後，治療師可能會被激怒，真的以這樣的方式對待患者。被患者憎恨也可能是治療師提供自體客體失敗的結果，或是由於治療師未意識到的某些行為使患者感受到傷害。自戀型和邊緣

型人格的人可能會因為覺得治療師不夠好、不夠理想化而憎恨他，或者因為治療上的失誤，對治療師的理想化傳移遭到破壞而憎恨他。患者可能會因為嫉羨或因為治療師的缺點而憎恨，特別是當這些缺點與患者自身的問題一致時。憎恨治療師也可能是因為患者依賴治療師，卻討厭這種依賴。這樣的患者憎恨的正是他所需要的東西，而這種情況往往會導致治療效果不佳。

治療師也會因為各種原因憎恨患者。溫尼考特（1949）所說的「客觀」憎恨是指由患者的憎恨行為而導致的憎恨；主觀憎恨則是源於治療師自己的問題，例如，當患者使治療師想起他可惡的父親時。溫尼考特指出，重要的是要釐清治療師正經歷的是哪種形式的憎恨，如果是主觀憎恨，那麼治療師需要修通自己的個人議題；如果是客觀憎恨，那就呈現了治療關係的本質，也許需要談論。治療師所感受到的對患者的憎恨，也許是患者的父母曾經對患者的恨；治療師所感受到的被憎恨，也許是患者兒童時期被憎恨的感覺。因此治療師如果能夠像父母容忍孩子的憎恨一樣容忍這種憎恨，也許會非常重要。

有時治療師必須隱忍大度，有時又必須直面或詮釋憎恨。如果患者的憎恨非常強烈，治療師可能需要進行案例諮商（case consultation）。如果患者在穩定的治療關係中感到安全，那麼憎恨的反傳移也許會促成有成效的討論。有些觀點認為「無條件積極關注」永遠不可少，其實是錯誤的。如果患者表現得無禮、過分要求、冒犯，或長期消極，這些情況下是無法做到「無條件積極關注」的。忽視患者憎恨的態度會使憎恨升級，而否認治療師的憎恨也毫無益處。

憎恨的反傳移是治療僵局的常見原因。馬婁塔（Maroda, 2010）對這個問題的討論非常有幫助，奧托·科恩伯格（Otto Kernberg, 1992）也提出了幾個可能的結果。治療師可能會在情感上退縮，或把患者視為受害者，因而開始指導患者在其他地方直接表達攻擊性。

治療師可能會受虐地屈服於患者的攻擊，最終將自己的攻擊性化為行動；或是治療師可能會在「試圖以治療的方式化解患者的憎恨」和「在情感上放棄對患者的治療」之間來回擺蕩。科恩伯格（1995）認為幫助患者意識到他憎恨和嫉羨的強度很重要，不過可能會使患者感覺很丟臉；治療師還必須幫助患者承認表現憎恨和嫉羨所帶來的施虐快感。最後，患者必須學會忍受內疚，因為他會認識到他對「壞」客體治療師的攻擊，「同時也是對潛在的好客體和有用客體的攻擊」（p. 66）。科恩伯格還認為，在憎恨的患者對治療師所表達的無情攻擊的背後，隱藏著一個無意識願望，他希望最終會出現理想的好客體。科恩伯格認為，患者必須認識到他的憎恨行為干擾了他內心深處願望的滿足，因此，成功地完成憎恨傳移的修通後，可能會經歷痛苦的憂鬱，但這是必不可少的。

自我憎恨

　　一個人會憎恨自己，聽起來似乎很奇怪，但這種現象是非常真實的存在。自我憎恨有多種來源，通常發生在當個人感覺關於自己的某些方面或關於核心自體的某些東西，被認為是不好或者錯誤的時候，也許是一個願望或需要，或者是一個人的破壞性或性欲等等。精神病患者尤其容易憎恨自己和需求，因為這些需求會引起痛苦（Eigen, 1986）。憂鬱症患者的自我批評和自我憎恨往往是對照顧者的憎恨內攝的結果。我們在成癮者和飲食失調患者當中也能看到強烈的自我憎恨。通常情況下，一個人的自我批評會覆蓋他對未滿足需要的覺察，這些需要往往被視為是可恥的。無意識的自我憎恨可能會以自殘或自殺行為的方式表現出來。

　　另一種形式的自我憎恨常常發生在受迫害的群體中。當受迫害群

體中的一員在主流文化中掙扎求存時，特別是當他所認同的文化與主流文化之間無法調和的時候，自我憎恨可能就會發生。那些受迫害的人有時會認同攻擊者並憎恨自己，例如猶太人中的反猶太主義者。有許多理論試圖解釋這一現象。那些因社會偏見而感到痛苦的人，也許會無意識地認同那些憎恨他們的人，或許會覺得自己應該被憎恨，然後受迫害的人會將壓迫者對他的看法內化，成為嚴苛的超我結構中的成分。或者，一個人感到無法在社會上有所進步，因此憎恨自己的出身。或是主流文化使他長期感覺低人一等，而為自己感到羞恥。儘管同性戀在社會上的接受度越來越高，仍有一些人對自己的性取向感到厭惡，而一些未出櫃的同性戀者（其中一些是政治人物）會支持反同性戀政策——顯然是在投射對自己的厭惡。對自己身上某些屬性的自我憎恨常常會導致對擁有同樣屬性的其他人的憎恨。自我憎恨也可能會投射到遭社會貶低的種族或宗教群體身上，因為這些群體已經被物化、去人性化和妖魔化了；受迫害者很容易對自己產生偏見。

促成憎恨的社會因素

當媒體宣稱九一一恐怖襲擊事件的肇事者是伊斯蘭基本教義者時，人們對與襲擊無關的穆斯林也產生了憎恨，好像人們只要是某個團體中的一員就是有罪的。類似的例子還有很多：在盧安達胡圖族總統被圖西族叛軍殺害的消息傳開來後（雖然這項指控從未得到證實），胡圖族立刻對圖西族展開大屠殺。雖然有些形式的憎恨可以歸因於前文提到的心理動力因素和發展性因素，但對其他群體的疑心可能是人類的遺傳演化特徵。這是捕食者焦慮的一種表現，這種焦慮使我們對外來和未知的事物產生懷疑（Michener〔2012〕針對群體仇恨心理的綜述）。當對另一個群體的憎恨與嫉羨、恐懼，以及像九一一

事件這種群體創傷後有復仇的需要結合時，再加上政府宣傳強化了這些因素，對其他人的憎恨就顯得合理又合法了，而這就可能導致暴行和戰爭等罪行。一旦一個政府宣佈某個國家或群體是敵人，特別是當對抗他們的戰爭打響之後，人們往往就會憎恨那個群體，即使彼此並不認識，彷彿那些人「肯定活該」被憎恨一樣，於是，從眾心理和團體凝聚力的需要壓倒了個人的判斷。

許多社會因素會促進那些受文化認可的憎恨的發展，如暴民心理、社會刻板印象的維持、群體責任分散（當大屠殺等事件發生時，責任分散使人們可以表達憎恨）等，對心理學家來說，意識到這一點非常重要（Harrington, 2004）。正如米爾格蘭和今巴多（Milgram and Zimbardo）的實驗所呈現的那樣，服從權威和遵守社會角色非常重要，我們會在 128 頁之後討論這一點。社會偏見的另一個重要預測因素是權威主義。佛洛姆（Erich Fromm, 1941）認為嚴厲的養育方式會使成年人變得順從，但也充滿敵意。西奧多‧阿多諾（Theodor Adorno）和他的同事（1950）研究了權威型人格的特徵，也就是那些容易憎恨，也能夠煽動他人偏見和歧視的人（Altemeyer, 1996）。這些研究表明，那些在專制主義層面上得分較高的人傾向於服從權威，會懲罰那些非傳統的人群和少數族群，而在宗教、性和社會習俗方面則比較傳統。他們傾向於民族中心主義、政治保守、反同性戀、反女權主義、重視法律與秩序等。高度的權威主義常常把這個世界看作是危險的地方。

漢娜‧鄂蘭（Hannah Arendt, 2006）提出了另一種理解憎恨型人格的方式，她認為人們之所以表現出憎恨是因為他們太軟弱、太輕率，無法抵抗文化的偏見和教條。在她看來，猶太人大屠殺的主犯阿道夫‧艾希曼（Adolf Eichmann）只是單純地服從了根據當時主導的文化意識形態所下達的命令而已。他的邪惡不是因為他的精神病理或

意識形態信念，只是因為他個人的膚淺——他並沒有意識到自己在做什麼。不過，很多人認為，鄂蘭「平庸的邪惡」這一想法並沒有公正地評判納粹的窮凶極惡，也沒有說明其複雜的心理社會根源。更有可能的原因是，納粹分子確切地知道他們在做什麼，但他們認為自己的所作所為是正確的。

另一種與偏見相關的社會風格在社會支配論中提到過，該理論描述了那些擁有更多財富、權力和地位的社會群體。這一理論認為，諸如種族主義和性別歧視等問題是社會等級制度的自然產物，為了要證明資源配置不平等的合理性，這種社會等級制度必然會發展。有些人可能會支援社會等級制度，因為他們處於上層社會，希望證明自己的存在正當合理，或者因為他們渴望進入上層社會。種族主義、性別歧視和負面刻板印象都是為了使不平等的財富、權力和地位分配合法化而編造的神話，人們不同程度地認同這些神話。極端情況下，社會統治者會把世界看作競爭激烈的叢林，只有最強大的人才能到達頂端；這些人反對社會福利和公民權利政策。他們認為社會等級制度非常合理，甚至會為了提高自己的地位而犧牲他人。

權威型人格與社會支配型人格之間存在一定的差異。社會支配型人格以自我為中心，並不是特別的虔誠或遵守教條；他們知道自己有偏見。而權威主義者往往是服從權威、虔誠、遵守教條、害怕的，意識不到自己的偏見。有一小部分人結合了每個群體中最負面的特徵：權威主義的社會支配型人格，他們願意為了控制而撒謊、欺騙和偷竊，並且「能夠很好地掌控宗教守舊團體或反女權主義、反墮胎、反持槍團體」（Harrington, 2004, p. 67）。在討論憎恨的最後，我應該提一下，那些有宗教信仰、同時接受心理治療的患者可能很難承認他們感覺憎恨。憎恨時，他們會有額外的負擔，因為上帝要求他們學會寬恕，而憎恨使寬恕變得更加困難。他們可能會因為聖經的經文而

感到內疚或焦慮，例如：「不可心裡恨你的弟兄」（《利未記》19：17）或「凡恨他弟兄的，就是殺人的」（《約翰一書》3：15）。

代罪羔羊的痛苦

無辜的人也可能感覺痛苦，因為他們成了別人問題的代罪羔羊。代罪羔羊是一個古老的原型主題（archetypal theme, Perera, 1986）。

根據希伯來聖經記載（《利未記》16：21），在古以色列，贖罪日那天，社群的罪孽和污穢會儀式性地轉移到一隻山羊身上，而這隻山羊會被放逐到沙漠中，為人類贖罪，緩解人類的罪疚感（從心理學的角度來說，這就好像把問題送回無意識；這種情況下，不可能對陰影有新的覺察）。讓山羊代替社群犧牲，變成了好像是上帝需要這種形式的和解。

在希伯來聖經的別處記載著，一個「受苦的僕人」（《以賽亞書》52-53）為他人的罪孽而受苦。這一主題在許多文化中都存在；在古希臘，人們通常會在農作物欠收等自然災害發生時，選擇一個代罪羔羊或代罪者（pharmakos），這些人可能會被石頭砸死，也可能被趕出社群，以此來回應自然災害。

世界各地都有類似的替代性儀式，有時用動物，有時用物體或人。在瘟疫流行的時期，古希泰族人會在公羊身上綁上彩色的線，象徵把瘟疫轉移到了公羊身上，然後把公羊趕走（Wright, 1987）。替代的主題在基督教思想中很明顯，耶穌的犧牲是為人類的罪孽贖罪，他是最後一個無辜的代罪羔羊[4]。這一原型的機制似乎有賴於這

4　原註4：對基督徒來說，耶穌是一個捨己為人的愛的模範，但女權主義者也指出耶穌受難的心理學問題，他們擔心基督教的故事可能會美化虐待兒童的情況，助長犧牲行為，或可能被用來論證女性應該耐心地忍受虐待（Brown 等，1989）。

種想法：一個人可以將自己的某些屬性，或是他的疾病或不潔，轉移到另一個生物身上，並由後者為自己的問題承擔責任。賴特（Wright, 1987, p. 37）討論過古老的治療儀式，他認為人們轉移邪惡不僅僅是為了將其處理掉，他指出：「轉移邪惡是為了使邪惡最終能落在那些不潔的載體上，而不是患者身上。」

當事情出錯時，人們總喜歡解釋，所以我們常常會試圖找一個可以怪罪的人。如果我們想要撇開責任，或者希望能夠控制或理解混亂，那這種偏執的姿態非常重要。尋找代罪羔羊需要我們先把好的從壞的當中分裂出來，然後把壞的（比如疾病或敵意）投射和移置到他人身上。當我們無法攻擊原本合理的目標時，犧牲者（victim）就成了「代罪羔羊」，所有的憤怒或內疚都會發洩到他身上。像這樣選出來的犧牲者可能完全是無辜的，卻仍要毫無理由地遭受痛苦。

一個社群可能會將整個社群的問題歸咎於一個人或另一個群體，從某種程度上說，這樣做可以使這個社群保持自以為是的狀態、一種團結的感覺，同時拒絕為自己的問題承擔任何責任，以及不需要任何反思來維護自己的自尊和道德優越感，從而創造出一個虛構的社會歷史。這個群體可以把自己的陰影特質或內在敵意投射到外在的敵人身上，也可以選擇一名群體中的成員作為代罪羔羊。總的來說，找一個代罪羔羊會分散人們的注意力，這樣人們就不會關注群體問題真正的源頭。不幸的是，這樣做增加了暴力的可能性。根據杰拉德（1997）的觀點，我們透過尋找和犧牲代罪羔羊的方式來轉移我們身上與生俱來的人類攻擊性，並希望透過代罪羔羊的死來避免被報復，同時增加社會凝聚力。伊底帕斯就是這個機制的經典例子，因為他殺死了萊厄斯國王（King Laius），底比斯城因此深受瘟疫困擾，為了終結瘟疫，伊底帕斯必須接受懲罰（杰拉德的代罪羔羊理論將在 158 頁及之後進一步討論）。

通常，人們會因為少數人的惡行而對一個社會群體抱持刻板印象，並貼上標籤，正如我們當下所看到的，穆斯林在美國成了代罪羔羊；吉普賽人成了整個歐洲的眾矢之的。這類代罪羔羊是從外來人中挑出來的，人們可以把自己的失敗投射到他們身上。代罪羔羊通常是弱勢的少數群體和那些在某方面被視為異類的人，典型的例子就是大屠殺，比如猶太人大屠殺和中世紀的女巫獵殺；人類歷史上還有許多其他的例子。政客們為了轉移自身失敗的責任，常常把某些特定社會群體或其他國家當作代罪羔羊——找代罪羔羊既是一種社會過程，也是一種內在的心理過程。

在那些害怕在危機中失去權力的權威型領導者的社會中，這種機制尤為明顯。那些因宗教或政治信仰而入獄或遭到禁言的人就是代罪羔羊，他們之所以受到懲罰，就是為了消除異議或「淨化」社會。在一個極權主義國家，懲罰這些人比接受多樣化的觀點要容易得多。雖然犧牲者可能完全是無辜的，但有時宗教殉道者們也會主動參與這樣的代罪羔羊機制中。這些人憑藉某種特殊的方式來引人注目，使自己成為代罪羔羊，也許是透過外表，或者是像早期基督徒那樣，透過拒絕崇拜當地的神。那些把責任歸咎於代罪羔羊的人，常常自以為自己是正義化身。這種機制在那些不能忍受任何形式的自我反省或羞恥感的自戀型人格中尤為明顯。尋找代罪羔羊的機制不僅會給那些成為代罪羔羊的人造成痛苦，也會對那些投射出陰影的人造成傷害，因為尋找代罪羔羊會阻礙意識與陰影完成必要的整合。

代罪羔羊的複雜性

在一個家庭中，某個特定的孩子可能會成為家庭問題（如父母之間的衝突）的焦點。透過責備成為代罪羔羊的孩子，表面的家庭凝

聚力得以維持，父母的內疚或相互指責也得以避免。於是，孩子承載了這些被整個家庭所否認、投射出去的陰影材料。之後，代罪羔羊的責任就成了對抗整個家庭所否認或忽視的事情；這個孩子在心理上被放逐流放到情感的荒野，還被指責為家庭不幸的罪魁禍首。家庭治療師很早就指出，被當作代罪羔羊的孩子所承載的這些家庭的投射，能夠發揮穩定父母婚姻（Pillari, 1991）和穩固家庭系統（Vogel 等，1960）的作用。

被選為代罪羔羊一般有幾個原因：孩子可能在某些方面看起來不同或失常，或者孩子身上會表現出父、或母、所擁有，但卻是另一方並不喜歡的某種特徵或行為。還有一些孩子被選為代罪羔羊是因為他們使父母想起自己身上那些無法忍受的問題，比如體重過重傾向。還有一些情況是：父母會在代罪羔羊孩子身上產生兄弟姐妹傳移，比如一個母親如果憎恨或嫉羨自己的姐姐，那麼大女兒就可能被當作代罪羔羊。如果一個孩子太偏離家庭期望，也可能會被當作代罪羔羊，例如，孩子在一個只重視體育運動的家庭中表現出對藝術濃厚的興趣。藉由不斷把孩子當作問題所在，慢慢地把孩子塑造成代罪羔羊，孩子最終將其代罪羔羊的身份內化，並扮演好這個角色；孩子會感到內疚和羞恥，且常被認為是家裡的害群之馬。由於內化了家庭的批評，這些被當作代罪羔羊的孩子在成長過程中總是感覺自己在某些方面是不一樣的，是「壞的」，結果就是人格受損和低自尊，而這樣的結果將會帶來一生的痛苦。

達雷（Dare, 1993）指出，這樣的孩子往往會變得充滿憤怒和仇恨。他提供了一份非常有用的清單來描述代罪羔羊兒童的臨床特徵，如：父母對孩子沒完沒了地抱怨；抱怨孩子目中無人、忘恩負義；抱怨從一出生起就很難理解這個孩子。也許心理治療師會指出這些抱怨跟孩子的實際行為並不相符，但家長會堅持孩子表現出的良好行為是

騙人的，是為了表現給那些不知道真實情況的人看的。他們認為孩子身上任何好的品質都不可信，對孩子也沒有絲毫同情心（這裡要指出的很重要的一點是，父母不能正確理解孩子的情緒問題，往往是代罪羔羊效應導致的）。

家庭治療可以把關注焦點從代罪羔羊兒童轉移到整個家庭系統上，不過常常會遇到相當大的阻力，比如當治療的焦點從孩子的問題轉移到父母的婚姻上時，很多家庭就會因此退出治療。當心理治療師與一個兒時曾是代罪羔羊的成年人工作時，如果能在心理治療中發現並且討論代罪羔羊的故事，會對心理治療非常有幫助，這可以幫助患者鬆動她對代罪羔羊角色的認同，使她不再背負那些實際上不屬於她的責任負擔。如果治療師自己曾經也是代罪羔羊，就會出現特別的反傳移難題，而這往往會導致一種傾向，治療師把患者的一切煩惱都歸咎到父母身上，因為我們常常有這樣的刻板印象：認為家庭問題（尤其是母親的問題）要為我們的疾病承擔責任。治療師必須牢記，對孩子來說，童年經常會出現很多問題，也許跟他們的父母關係不大或根本沒關係。不需要我說大家應該也能想到，孩子們在學校裡因為學習某個科目時遇到困難，或是會因為不受歡迎，或其他孩子的殘忍行為而感到痛苦。搬家、失去和其他創傷以及進退兩難的情況，往往不可避免。也許父母已經盡其所能地去愛、支持和培養孩子，但孩子還是會莫名其妙地不開心，甚至自殘。有時是因為一些父母無法控制的影響，有時只是因為孩子誤解了家裡所發生的事情。發展心理學家試圖藉由指出基因的重要性來反駁那些對父母的過度指責，例如，據說害羞有很大成分是來自遺傳因素。鑑於此，心理治療師不可能客觀地知道一個人「真正」的童年是什麼模樣，也因此不得不蒐集患者的情感真相。

在團體心理治療中也會看到代罪羔羊現象。比如團體成員會形成

共謀，將負面的注意力全部集中在一個看起來很脆弱或者習慣自我貶低的成員身上，或者團體的衝突會在某個成員身上集中體現，又或是發生在某個偏離了團體規範的成員身上。通常，這個在團體中扮演代罪羔羊的成員，曾經在自己的原生家庭中也扮演過這個角色。如果這種動力處於無意識狀態，個體也認同了這種角色，那麼他很可能會為了啟動代罪羔羊情結而以上述方式行事，使自己被動地成為群體投射的受害者，結果看起來就像是由受虐或自我憎恨所導致的。

貧困導致的痛苦

全球有近一半的人口生活在絕對貧困中，每天的生活費不足 2.5 美元（www.globalissues.org）。在美國，至少有百分之十五的人口生活在聯邦貧困線以下，而且人數還在上升（DeNavas-Walt, 2011）。如果一個人擁有良好的社會支援和人際關係，貧困對生活滿意度的負面影響就會抵消。可是即便如此，貧困仍然會造成巨大的痛苦、挫折、無助、羞辱、自卑感等，也會使人感覺無能為力、無法掌控自己的生活。貧窮、糧食、住家不安全所帶來的健康和教育方面的問題，以及遭受暴力和家庭破裂的風險，都加劇了窮人的痛苦。眾所周知，貧困所造成的壓力會增加人們罹患身體和心理疾病的風險。反過來，嚴重的精神疾病也增加了貧困的可能性。造成這一問題的原因是，社會認知普遍認為貧困與個人能力不足有關係，因此窮人可能會遭受到侮辱和不尊重。

心理治療師一直都傾向把窮人拒之門外，直到最近，窮人仍然沒有獲得對其文化背景懷有敏感度的照顧。幸運的是，越來越多的人呼籲，要更加關注社會階級在心理治療領域的影響（Appio, 2013）。很多窮人由於顯而易見的實際情況，如沒有時間或金錢、交通不便等因

素，無法接受心理健康治療。但事實證明，如果他們有機會接受心理治療，某些類型的心理治療是對他們有幫助的（Santiago, 2013）。與貧困的人工作的心理治療師，必須意識到患者所面臨的壓力和社會問題，這些都會加劇他個人的心理問題；可是這些因素在培訓項目中卻經常被忽視。

以前人們認為窮人不太能接受心理治療，因為他們認為心理治療是純粹心理性的。這種觀點只是源自中產階級對心理健康和自我力量的刻板印象，並沒有把窮人所面臨的巨大現實困難考慮在內。當我們與這樣的群體工作時，交通問題、兒童照料，因為工作可能需要靈活的時間安排等等，都是很重要的。只有考慮到患者整體生活環境所存在的困難，患者才能增加對治療師的信任，治療聯盟才能鞏固（Grote, 2009）。然而，許多心理治療師對社會階級並沒有足夠的認識能力；他們會避免直接與患者討論社會經濟狀況，因為探索這些問題會使治療師感到不自在。心理治療師對自己所在階級的認識、對貧困的心理社會影響不瞭解、對貧困的假設、對貧困的恐懼，或者對自己特權的羞愧，都可能會影響治療師的反傳移。治療師也許會無意識地認為中產階級的價值觀和世界觀同樣適用於貧困的患者，因此可能在治療中重複社會上出現的「階級歧視」現象。貧困的人對尊重的感覺很敏感，也許是因為他們很容易對自己的處境感到羞愧。這種動力是他們一直在更廣大範疇的社會所遭受的。對心理治療師來說，不要在治療中重複這種權力的動力非常重要。貧困的人可能會隱瞞生活中的某些細節，因為他們擔心治療師可能無法理解。關注患者的力量和應對貧困的能力很重要，因為可以抵消羞恥。很顯然，單純的談話並不能解決貧困患者的許多問題；如果只關注心理因素，可能會讓患者感覺他應該為自己的貧困負責，從而使他的自尊更加低落。一些接待窮人患者的心理治療師會在臨床實務中加入「辯護」（advocacy）的

部分，幫助患者從地方和政府單位獲得必要的資源和福利，但這種做法是有爭議的，因為這不是治療師普遍的角色。不過，如果一個社會地位低下的患者需要的幫助是像食品券這種很具體的生活必需品，也就不太可能維持傳統的心理治療框架了。

還有些人是有「貧困意識」（poverty consciousness）的，即使實際的經濟狀況還算舒適，他們仍然感覺貧困。因為童年期匱乏的體驗對他們產生了持久的影響，使他們無法信賴自己當前的實際情況，從而不願意購買那些其實是負擔得起的物品。

另一個極端是，許多人渴望擁有比實際的需要多得多的東西，多到他們對金錢的貪婪都可以視為成癮了。我們都知道，一個人可能很富有但是並不快樂，但是如果一個人的真正需求能夠獲得滿足，比如人際關係、政治自由、滿意的工作、充足的食物、住所和衣服等，他完全就可以滿足於一般的經濟條件。我們現在很清楚，物質、財富和地位往往只是心理需求的替代品——物質上的成功可能是對重要關係的缺失以及生活無意義感的一種安慰。人們也許會感到內心很空虛，並試圖用財富、食物、性、宗教或其他能夠分散情緒狀態的強烈關注事物來填補空虛。

對於情感脆弱的人來說，他們所積累的財產或金錢遠遠超出了實際的需要，這些財產或金錢能夠支持他們脆弱的自體感或不穩定的自尊。外在不斷積累的動力往往是內在匱乏感的體現，他們需要向自己證明自己是有價值的。對於情緒健康的人來說，財富的積累是創造力充分發展的結果，不像那些脆弱的人身上存在的極度渴望的狀態。這些人來接受心理治療時，不會讓治療師感覺他們的財富是用來防禦崩解的焦慮（fragmentation anxiety）。

欲望導致的痛苦

　　欲望可能會造成相當大的痛苦，不僅僅是在欲望不被滿足的時候，有時甚至是得到滿足的時候也會造成痛苦。不同的視角對欲望的看法也不一樣；有時被某些宗教傳統所貶低、有時又獲得認可。從某種觀點來看，有欲望是有問題的、是由不完整感或空虛感所導致的結果。另一種觀點認為，欲望的本質是好的，是生命力量或身體活力的表現。欲望的範圍很廣，從簡單地想要某個特定事物到複雜的情感狀態，比如渴望某人滿足某種重要的自體客體需要。欲望指的是一種想要但尚未擁有的心理狀態；有時強烈到讓人窒息、有時又只是一種偏好。可能是對曾經享受過的某些事物再次燃起了渴望，也可能是我們想像擁有了渴望的事物之後會有多享受，所以想像力也是一個強有力的欲望來源。欲望是人格內部的推動力量，有時無意識地驅動著行為，有時無意識地為我們的行動、選擇以及目標找理由。有趣的是，也會有一些欲望是我們自己並不想要的。一個人欲望的性質透露很多關於他的資訊，一個社會的欲望也是如此；在我們這樣一個消費社會，很多欲望都是由廣告驅動和塑造，並在社會上建構起來。這種欲望會刺激人們不滿足的感覺，因為欲望最終是無法滿足的，廣告的目的就是讓我們渴望那些也許我們並不是真正需要的東西。然而，這些人為的欲望常常被體驗為我們自己的需求，因為廣告會將消費產品與真實的需求聯繫起來，比如愛和幸福。與消費者驅動的欲望相反，人類自然的欲望是由我們的生理和心理過程（如依戀）共同作用的結果。我們渴望成為他人的渴望。我們渴望愛、認可，渴望情感需要的鏡映。一些精神分析學家認為，我們永遠不會放棄嬰兒期對無法得到的母親的渴望。有些欲望是合理和可以理解的，有些欲望是條件反射的結果，純粹是為了獲得快樂或避免不適。還有些其他的欲望非常個

人化，比如對知識或權力的欲望，或欣賞特定音樂和閱讀特定文學作品的欲望。

我們很難明確區分出需要、願望、嗜好和欲望。欲望可以是滿足實際需要的動機。「需要」似乎是人類與生俱來的；有一些需要是生存所必需，比如食物和水，這些需要比複雜的欲望更容易得到滿足。此外，我們不能長時間忽視生理需求，但卻可以壓抑或抑制欲望。與需要不同的是，願望更多是基於個人經驗，而不是生理需求；願望會改變，但基本需要不會。

雖然欲望可以積極向上並富有活力，但心理治療師聽到的往往是受挫的欲望，比如單戀的痛苦、未實現的抱負以及其他未實現的欲望類型，這些欲望可以支配甚至毀掉一個人的生活。我們也會看到欲望滿足之後令人失望的結果，也許只是因為他發現：自己並不是真的想要這些已經得到的東西，或者是因為這些欲望所帶來的滿足非常短暫、他過去的期待只不過是海市蜃樓。這就是為什麼喬治‧蕭伯納（George Bernard Shaw, 1930, p. 171）說：「人生有兩大悲劇，一是失去心中的欲望，另一個是滿足欲望。」還有一個事實是，我們很可能已經擁有了內心深處所渴望的東西，但卻沒有意識到。由於我們對欲望的矛盾心理，長久以來一直存在著關於欲望是好是壞的哲學爭論：沒有欲望，過著平靜的生活會更好嗎？控制欲望和滿足欲望哪個更好？柏拉圖在《泰鄂提得斯》（Theaetetus）問：是因為我想要，所以東西才好？還是因為東西好，所以我才想要？從那之後，一些理論家（主觀主義）認為人類的幸福取決於我們得到了想要的事物，其他（客觀主義）的理論家認為，人類的幸福取決於那些客觀上對我們有益的事物，比如知識、友誼、愛和自由等等，不論我們是否有意識地渴望它們（Parfit, 1984）。

欲望似乎是自然產生的，有時候沒有明顯的原因，也可能看起

來完全不合理，彷彿我們自己也不知道為什麼會想要那些東西。欲望可能由我們感知到的外部事物所觸發，也可能因為某種內在刺激而出現——也許是由某種身體感覺或腦海中浮現出的某個畫面或記憶所導致的結果，然後，畫面以及被連結的慾望同時出現，就像同一個過程的組成成分。自佛洛伊德以來，深度心理學家們指出，有些欲望是無意識的；當欲望在意識中完全浮現時，我們也許可以找到合理的解釋，還可以為這些欲望辯護。欲望也許會一直保持無意識的狀態，但仍然可以驅動我們的行為；這種無意識的欲望只有在心理治療過程中才可能進入意識，而且通常會以傳移的成分出現。

　　某些欲望的來源是無意識的，無法解釋為什麼會有這些欲望，比如，想變得富有和出名可能有多種根源，也許是因為誇大的需要、也許是應對不足的感覺的方式，或者是證明自己價值的需要，也可能是一種安全感的需要。對世俗成功的強烈渴望也許是一種維持脆弱自體感的方式。

　　有些欲望相互衝突，尤其是當理性和情感彼此牴觸的時候，比如，我想多吃又想瘦，或者想喝點小酒又想開車回家，但理性會約束我。西方傳統文化故事對理性和欲望之間緊張關係的描述由來已久，而且大多數情況都是理性優先，所以基於情感的欲望常常被輕視。尤其是那些宗教思想家，似乎在他們眼中，理性必須壓制欲望。這些作家們並沒有把欲望和情感放到與理智或思想對等的位置上，而是普遍輕視欲望和情感；這部分原因似乎是取決於他們的氣質，他們在榮格（或麥爾斯 - 布里格斯）心理類型（Myers-Briggs Type Indicator, MBTI）中屬於思考型。

　　一個人的行為主要受情感控制還是理智控制，與他的性格類型有很大關係。眾所周知，在一個思考型的人尚未發展之前，他們的情感生活通常會動盪不安。一項研究表明：即使是看似純粹理性的決定，

我們的情感生活也在其中起著重要作用（Damasio, 1994），或者說認知和情感其實是同時發生的。我們在那些對欲望失去興趣的憂鬱患者身上，可以清楚地看到欲望和情緒狀態之間的關係。欲望可以是個人表現，也可以是基於文化的；大多數宗教體系和神話都描述了某種對天堂的渴望——一個烏托邦或一切都完美的天國。關於天堂的神話形象往往補償了其所在文化的特定需要。顯而易見，伊甸園（Garden of Eden）是銅器時代農民心目中完美的地方。深度心理學家也許會從各種不同的管道發現人類對天堂的渴望，這一方面反映了我們對「完滿」（wholeness）的心理需求，另一方面也反映了人們需要相信死後的存在——當世上所有生命的不平等最終得以修正，我們將會與逝去的親人重聚、善行將會得到回報。天堂概念的另一個來源可能是嬰兒早期或子宮內的幸福體驗、一段封閉和安全的時期。這種體驗以一種痛苦的思鄉之情留存於我們的內心[5]，並投射到失樂園的神話概念之中，在神話中我們也離開了失樂園（Jacoby, 2006）。

即便已經感受到了，我們會排斥某些欲望因為這些欲望在我們看來是不對的。對食物、毒品和酒精的成癮欲望可能是為了填補痛苦的空虛自體感，或者是一種「空虛的憂鬱」，這種心理上的匱乏會被體驗為對外界事物的迫切需要。這種欲望與完整的自體感所產生的欲望有本質的不同。完整的自體感所產生的欲望被認為有創造力或有力量，是生命能量的表達、是我們與他人連結的需要。上癮的欲望跟其他欲望有所不同，因為大多數欲望指向的目標都是看起來對我們有利的東西，但我們通常不希望自己對任何東西成癮，某種程度上我們會把成癮看作是異物，並不屬於我們自身。從這裡，我們可以看到欲望

5　原註5：最初，「鄉愁」（nostalgia）這個詞指的是想家，源於希臘語的「返鄉」（nostos）或「回家」（homecoming），以及「痛苦」（algos）或「疼痛」（pain）。最終，這個詞變成了對過去痛苦的懷念。

的複雜性；從自私的貪婪或過度的性欲到為他人無私奉獻，欲望可能存在於這條光譜的任何位置。

生理上的欲望是很自然的，但如果這種欲望與現實相衝突，或者當這種欲望超越了我們的選擇能力時，就會產生問題，也許導致我們不顧後果地將欲望付諸行動。控制欲望的能力通常與忍受痛苦情緒的能力相關，所以，以改善情感忍受能力為目標的心理治療方法可以有助於抑制「有問題的欲望」。當自己的欲望與他人的欲望產生衝突時，或者簡單來說，如果這些欲望使我們感覺不自在時，也會成為問題。這就是為什麼古代斯多葛學派哲學家認為欲望無用。蘇菲派（Sufi）教學故事裡的納斯魯丁（Nasruddin）就是一個徒勞無功的例子。納斯魯丁的朋友們發現他一個接一個地吃著辣椒，已經被辣得淚如雨下，還不停地吃。朋友們非常驚訝地問他為什麼要不停地吃這些讓他難受的辣椒，他回答說他在找一個甜辣椒。這說明即使欲望只會帶來痛苦，人們也永遠不會放棄欲望，永遠不會吸取教訓。

任何關於欲望的生物學討論都會帶來這樣一個問題：我們的欲望在多大程度上是演化的產物？關於大腦演化和結構的傳統觀點可以追溯到一九六〇年代時保羅・麥克萊恩（Paul McLean）的著作，他將大腦分為三個部分或層次，每個部分或層次都在人類欲望中發揮著一定作用。原始腦或爬行動物腦是本能和生物驅動行為的所在地，這些行為都是重複的、很難改變，也是自我保護的必要條件。隨後演化出的是大腦的邊緣系統，並形成了原始的記憶系統，以及基於情感、驅力和獎懲系統等產生欲望的能力。邊緣系統與大腦皮層相連；大腦皮層允許有意識地思考欲望，也能夠控制大腦更原始的層次。現在看來這個模型過於簡單了[6]，但一些神經學家認為這仍然是一種有效方

6　原註6：這個問題部分是因為大腦結構非常網絡化，並且各個部分之間相互聯繫，所以大腦活動

法，以組織大腦的思考。

　　據推測，某些欲望演化是因為它們提高了有機體的生存能力。然而，很多人都認為，單憑演化或遺傳解釋複雜的人類欲望（或任何其他行為），這種觀點是過於簡化的物質主義[7]。人類從根本上改變了他們的生物屬性，我們有更抽象的人類欲望，比如對知識、美、藝術和精神發展的欲望等，這些都是獨特的，未必能追溯到演化的壓力上。此外，僅僅因為動物和人類有類似的行為，比如攻擊性，並不能說明對這兩種行為的解釋也是相同的。只從演化的角度來解釋複雜的人類欲望，忽略了我們的大腦及人類文化的複雜性，例如，戰爭中的政治和對戰爭的準備遠比動物之間的侵略複雜得多，我們也很難把烹調美食和動物捕食獵物相比較。大腦並不是一個人的全部；演化塑造了我們的大腦，但我們的欲望也有其他來源（更多關於神經科學、演化學和人類意識的資訊詳見 Tallis，2012）。人類（以及我們的欲望）不僅僅是我們的大腦、基因和自然選擇的產物。面對患者時保持公正的態度，心理治療師必須時刻警惕那些對人類複雜性有失偏頗的解釋。

處理由欲望導致的痛苦

心理治療的處理方式

　　即使我們能夠從人類生物學及其演化歷史的角度來理解欲望的基礎，就這一知識本身而言，並不能幫助治療師處理那些不被接納或無法控制的欲望——不論是患者的還是治療師的欲望。面對產生痛苦的欲望時，治療師的治療任務可以視為發展必要的自體結構，來容受

　　往往同時涉及各個層面，即便是由其中某個層面主導。

7　　原註 7：物質主義是這樣一種學說：任何現象都必須用可觀察的、物質的、時空的術語來解釋。

欲望所導致的情感壓力，而不需將欲望以行為表現出來。有些患者會對自己強烈的欲望產生羞恥或其他形式的情感痛苦，為了幫助他們，治療師必須幫助處理那些被欲望喚起的強烈情感。心理治療的一個主要功能是幫助患者整合他們可能無法控制的情緒狀態，這樣患者就不會被這些情緒淹沒，自體也可免於破碎的威脅。當患者淹沒在強烈的情感體驗中時，治療師同理的回應能夠促進患者的情緒調節能力，因為這樣的回應具有抱持、涵容以及安撫的特質。為了達到這一目的，準確的同理同頻是至關重要的。在心理治療中情感的雙向調節（The dyadic regulation of affect）也需要保持開放和參與，不退縮、不報復，有時，這意味著治療師需要真實地向患者回饋自己受到對方的影響，即使這個回饋可能會使患者感到痛苦。治療師的回饋將有助於患者對欲望所產生的影響進行「心智化」，使欲望變得清晰，並反思欲望對人的意義，更加理解欲望的起源。

在動力心理治療中，對欲望的理解已經從單純與性相關，演變成與客體和關係相關。最難處理的欲望形式之一就是自戀型人格障礙的欲望，他們極度渴望得到他人的讚賞，或者不斷地渴望更多的權力、金錢、地位等等。這些用來維持和支撐脆弱自體感的欲望是不可能完全滿足的，即使得到滿足，新的不滿和欲望總是會出現。在這種情況下，治療工作的重點在於增強自體感，這樣外界的認可和成功就變得不那麼重要了。

靈性與宗教的方式

如果治療師正在與信仰某種特定宗教的人工作，有必要瞭解患者的宗教傳統對欲望的態度。一些宗教傳統是譴責欲望的，而大多數宗教傳統建議控制或引導欲望，也提供了相關的做法和規範。

佛教哲學家們區分了有問題的欲望形式（如上癮等）和健康的欲

望（如對開悟的欲望）。他們指出，欲望是永遠不可能得到滿足的。世事無常，我們渴望的一切終將消逝，欲望最終必然會導致痛苦。[8]

當我們被永不滿足的欲望所驅使時，我們就成了佛教術語中的「餓鬼道」，被欲望所折磨，追求不可能的事。佛教徒相信，要轉化欲望，必須改變自己看世界的方式。我們要改變對現實錯誤的看法、改變我們與欲望的關係，而不是一味地滿足和實現欲望。這種觀點認為，問題的關鍵在於，我們相信事物是固有並具體地存在著。事實上，「事物」往往是由多種因素組合在一起，如果沒有這些因素，事物也就不會存在——事物的存在有賴於無數的原因和條件。佛教心理學認為，不健康的欲望可以透過產生與之對立的健康欲望來對抗。如果我們想要攻擊某人，可以藉由產生對他寬宏大量的想法來對抗。如果對有魅力的人產生了性欲，可以去想這個人身上沒有吸引力的地方來對抗，這個過程就是透過對身體產生冷漠的想法來壓制性欲。或者，可以想像身體在死後腐爛的樣子。理解對欲望本質和仔細研究後，欲望就會自行減少。這個傳統認為，冥想和當下的正念都是有價值的方法。然而，必須大量的練習，才能減少欲望。

克里希那穆提（Krishnamurti）對欲望的看法與佛教徒相似。他（1981, 1954）指出，有一系列的現象調節著人們的思想、催生欲望：首先我們感知到某種事物，這種事物能使我們產生愉快的感覺和畫面，隨後思想開始接管，把這種事物變成了欲望和需要。然後，欲望開始變得急切、不斷要求滿足，挫折、衝突和求而不得的恐懼逐漸滋生。同時，欲望強化了「我」（me）的概念，在克里希那穆提看來，「我」是痛苦的根源。他指出，壓抑欲望是徒勞的，欲望實際上

8　原註8：也許這就是為什麼西方文學有時會把欲望和死亡聯繫在一起，比如莎士比亞十四行詩第147篇中有句話「欲望就是死亡。」意思是當欲望無法實現時，我們是如此痛苦，甚至寧願選擇死亡。

　　　　受苦的靈魂：從深度心理學看痛苦的經驗與轉化

是一種寶貴的財富、是生命永恆火焰的一部分，但我們必須正確理解欲望，否則它就會變得很殘暴。我們只需要感受到美的事物，並不需要佔有。因此，對克里希那穆提來說，不需要試圖擺脫欲望，而是讓它順其自然，並理解它的運作方式——這是一種基於理性的處理欲望的方式。

猶太教徒、伊斯蘭教徒和基督徒都認為，品行良好的人會獲得天堂的獎勵。因此為了獲得獎勵，克制那些被禁止的欲望是值得的——儘管對於天堂是什麼樣子，他們之間有相當大的分歧。一般來說，基督徒都相信，如果欲望能夠得到正確引導、如果人類的欲望與上帝對我們的期望一致，那麼欲望最終是好的。欲望的核心是對上帝的渴望，我們最深的渴望在與上帝的關係中得到滿足、在用愛服務他人的過程中得到滿足。基督教和猶太教遵循十誡（十誡中列出了禁止的欲望），比如覬覦（不正當地渴望）鄰居的妻子或財產。像貪婪和性欲這樣的欲望，在這些宗教傳統中也是不被接受的。處理這些誘惑的建議通常是祈禱必要的力量，以對抗它們。群體壓力也許也有所幫助。

基督教的禁欲主義傳統歷史悠久，它們試圖透過否認身體的欲望來淨化靈魂。有時，為了控制欲望甚至會進行性別隔離，例如正統的猶太教堂裡，男性女性是分開的，女性在儀式中不能唱歌或誦讀經文。

一些宗教作家認為，在某種程度上，欲望是與精神生活對立的，或者說只有小心引導或朝向上帝的欲望才能被接受。路易斯（C. S. Lewis, 1952）認為，朝向上帝的欲望表明上帝是存在的，因為我們不會生來就有欲望，除非這些欲望存在某種被滿足的可能性。用他的話來說：「如果我發現自己有一種欲望，是這個世界上任何經驗都無法滿足的，那麼最有可能的解釋就是，我是為另一個世界而生的……也許世俗的快樂從來就不是為了滿足，僅僅是為了喚醒而已，以此來說

明更真實的存在。」（p. 136）這個觀點沒什麼說服力，因為我們可能會主觀地渴望一些並非客觀存在的東西。然而，對上帝的欲望，或是對完滿（wholeness）的欲望，確實會產生強烈的渴望，引導人們走向靈性之路或自我探索之路。渴望是一種不完整的感覺，因此我們試圖透過許多方式來滿足渴望，但神祕主義者認為所有渴望的來源都是靈魂對絕對（Absolute）的渴望（Zweig, 2008）。從這個觀點來看，即使是尋找人類的伴侶，實際上也是渴望被愛的靈性探索，或者說所有的欲望實際上都是對神性的渴望。西蒙娜‧韋伊（Simone Weil, 1943）《人類義務聲明》（*Statement of Human Obligation*）一書中指出：「人類心靈的中心是對純粹善的渴望，這種渴望一直都存在，但這個世界上任何事物都無法滿足。」神學家們常說，對上帝的渴望是自然的，這種渴望反映在無數的神話形象中；這些形象描繪了人類與神各種形式的結合，例如愛神艾洛斯和賽姬的神話，或者印度黑天和牧牛女的故事。然而，即使與神的結合是我們真正的渴望，大多數人並沒有意識到這個願望，而且很多人還會排斥這個想法。因此，當心理治療面臨這種因為長久的孤獨造成的痛苦或絕望時，靈性的解釋也許並沒有太大幫助。

悲傷

大多數形式的痛苦中都有悲傷（grief）的成分，或許其核心就是悲傷。因此，悲傷是痛苦的一種典型形式，體現了痛苦的許多方面。和一般的痛苦一樣，悲傷可能會造成心理上的傷害和生活上的改變，當然也可能是積極的轉化。

失去親人的悲傷會產生強烈的痛苦。重要的是，不要低估喪親者生活劇變的程度。特別是當人們與逝者的關係相對親近的時候，這種

　　受苦的靈魂：從深度心理學看痛苦的經驗與轉化

失去的感覺就像失去了自己的一部分。喪親者會感到悲傷、易怒、失眠、專注於對逝者的思念，以及不斷回憶與逝者有關的記憶和影像等等。如果死亡來得非常意外和激烈，或者明顯是毫無意義的，那麼死亡帶來的震驚就會更嚴重。喪親者並不知道這種感覺會持續多久，或者是否會有所改善。喪親者會陷入一種閾限（liminality）狀態（第九章進一步討論）。

直到經歷了劇痛的失落，我們似乎從未意識到這個世界上竟有如此嚴酷的現實。直到失落之前，世界似乎是可以預測的，我們似乎可以掌控自己的生活。然後不可思議的事情發生了。對於喪親者來說，世界變得不真實、毫無意義或毫不相干。我們所有的弱點都暴露出來了，我們生活在這個有序、安全的宇宙中的任何感覺或信念都可能動搖。喪親者常常覺得自己是命運的被動受害者。有時，親人去世還會附帶驚人的恐懼感，因為會引發活著的人的死亡焦慮。如果失去的親人曾是重要的自體客體，曾幫助倖存者獲得自體凝聚力，那麼倖存者可能會覺得自己被拆散了，就好像自己也死了，或者至少與自己的某部分失去了連結。當這種失去嚴重地破壞了喪親者的自體感時，在形成新的自體客體關係以及自體感變得更加牢固之前，他不可能進行哀悼。

許多人對重大失落帶來的強烈情感反應感到驚訝。有些反應似乎沒有意義，例如，即使我們知道所愛之人已經去世了，還是會不停地尋找。通常，喪親者會產生強迫性的心理意象和對逝者的記憶，雖然很痛苦，但似乎能發揮支持的作用。能夠談論這些經歷很重要，但有時其他人並不想聽。有時候喪親者的情緒波動起伏甚烈，甚至需要有人確認他或她有沒有發瘋（Parkes, 1987）。

哀悼是一項工作、一種過程，是對失去的一種積極反應，我們可能需要改變自己的生活方式來應對。習慣和日常都要有所改變，還必

須重新學習如何在這個世界上生存。對未來的夢想可能會消失，生活也許會失去連貫性。吉尼特・帕里斯（Ginette Paris, 2011）指出，悲傷、被拋棄和心碎的感覺會導致神經生物學上的創傷性休克。這些經歷對患者的健康是有害的，對身體和情感可能會造成嚴重的後遺症。帕里斯指出，幸運的是，心理治療工作可以改變這些由悲傷帶來的創傷經歷所涉及的神經回路，這些神經回路不能僅靠藥物（如抗憂鬱藥）治癒。她指出，除非完成必要的心理治療，否則一個人對悲傷的反應就可能是痛苦、憤怒和無法再去愛。

靈性傳統可以為喪親者提供幫助，但務必非常謹慎：在錯誤的時間提供靈性上的安慰是沒有幫助的（我指的是逝者去了天堂等類似的信念）。先不論這些說法是否正確，如果不合時宜地對喪親者說這些，可能會讓人發狂。宗教傳統裡關於死亡和靈魂延續的安慰可能聽起來只是陳詞濫調，或者對喪親者來說，只是一種試圖迴避痛苦的嘗試（用靈性的方式繞路而行）[9]。還有一種危險是，在宗教教義中，痛苦和悲傷可能受到壓制或壓抑。有一些教會在傳道中宣揚了太多光明、宣揚上帝會安慰受苦的人，但實際上這種安慰很可能是感覺不到的。雖然對基督徒來說，受苦是必要的，因為受苦是基督生活的一部分，但復活往往更受到重視。很少有人承認，那些見證了耶穌被釘死在十字架上的人非常絕望，因為他們不知道復活即將發生。超個人心理學家已經意識到，悲傷是一個機會，可以使人體驗到超越自我的意識領域。某些意識水準可能會突然突破，正如心理治療師米麗婭姆・格林斯潘（Miriam Greenspan, 2004）在她的孩子去世後所說：

　　時間靜止了、世界沉默了。我被捲入一個漩渦之中，我熟悉的自

9　原註9：用靈性的方式繞路而行，指的是利用靈性實踐和教導來避免心理問題。

己徹底粉碎了。接下來是一種身體無法承受的強大能量，一股超越我的身體所能承受的能量，以一股奇異、深不可測的音節湧出……當我站在那裡，雙臂環抱著死去的孩子時，有一種源自比人格更深處的言語形式，正穿過我。雖然完全聽不懂，但我知道這些奇異的聲音是一種祈禱。（pp. 90-91）

　　毫無疑問，一個非靈性取向的治療師肯定會持懷疑態度，他們認為這種反應是對重度悲傷的純心理反應，也許是一種解離。我更傾向於認為，這位母親的悲傷削弱了她對自我的支配，使得超個人維度闖入了她的意識，而這種維度以一種未知的、無意識的語言形式表現出來。一個人對這種體驗的態度取決於他是否認同形而上學。為了能夠真正與悲傷的人工作，心理治療師需要瞭解他或她自己對諸如臨終幻象[10]和死後生活問題等現象的個人信念，並願意在治療中與患者分享。我們不一定要有答案，但在表達自己觀點的時候必須真實。對於靈性取向的人來說，接納悲傷所帶來的痛苦意味著接納生命中所揭示的不可預測的設定。接納（第十章進一步討論）意味著接納悲傷，不壓抑或隱藏我們的感受，也不反抗不可避免的事情。

　　與所有形式的痛苦一樣，悲傷對人格的影響可能是積極的，也可能是消極的。消極方面，悲傷可能損害身心健康，擾亂生活各方面；積極面，悲傷使人更有可能發展出對他人的同情、教會人謙遜，並迫使人體驗到世界的苦難。悲傷在某種程度上清空了內心的某個空間，使人可以同理他人的痛苦，並擴展愛的能力。悲傷教會我們勇敢、珍惜每一刻；悲傷使我們收回自己的投射，重新審視失去的親

10　原註 10：臨終者偶爾會報告臨終前的幻象，比如那些來世、靈魂的訪客或已故親屬等。這些幻象對臨終者及其家人來說是非常令人安慰的。關於這些經歷的爭論涉及很多方面，比如他們是否真實、是否是幻覺，還是大腦物理變化的結果。有時，人們會在臨終者的床邊分享這些幻想。

人，看清他們真實的樣子。然而，這些都是長期的影響，在喪親之痛仍活躍的時刻，這些都沒有多大幫助。特別是當喪親者極度渴望所愛之人死而復生，並被這種渴望所麻痺時。通常，喪親者會繼續與逝者保持心理上的聯繫，包括延續他們一生的愛——這種需要可能與傳統建議相違背，傳統建議會要求人們放棄與逝者的情感聯繫（所謂的去投注〔decathexis〕），這種建議通常是不可能實現的。正如阿蒂格（Attig, 2000）所指出的，對一個與我們分離的人持久地保持愛的渴望，並不是病態。所有愛的關係都包含分離，一個人可以在沒有肉體存在的情況下繼續去愛——逝去的人仍然存於內在世界，而且會繼續影響這個人的行為。在我們哀悼失去的同時，有可能發展出新的情感，除非失去的人是不可替代的，如果是這樣，可能就會出現絕望的感覺。逝者留給我們的愛也是他們遺產的一部分，意味著他們會對我們的生活持續產生影響，我們心中和記憶中都能感受到這些影響。這也滿足了逝者的願望，他們希望為我們的生活帶來持久的改變。

悲傷最令人痛苦的是孤立感，喪親者也許會意識到，其他人並不知道他們的感覺是什麼；另一些人會覺得喪親者現在和之前沒什麼兩樣，這些人看不到喪親者空洞的內心。喪親者可能會認為自己必須以某種方式行事，因為社會對表達悲傷的方式通常有所期待。在某些文化中，公開表達悲傷是符合社會需要的、強烈的哭泣和哀嚎也是社會期待會出現的；但在另一些文化中，並不鼓勵表達強烈情緒。在我們的文化中，社會期待喪親者們在葬禮和追悼會結束後，在沒有太多幫助的情況下獨立處理情感，所以他們常常很孤獨。我們從喪親者的社交網路上可以發現，這些持久的悲傷對他們來說是非常難以忍受的，而這又增加了個人的孤立感。這樣的文化認為哀悼太多、太久或太明顯，都是自我放縱或軟弱的表現，不會將其視為心理上必須經歷的過程。然而，壓抑的悲傷是有害的，可能表現為身體的疾病——正

如我們在聖經《約伯記》中所看到的，約伯否認他失去孩子的憤怒和悲傷，結果全身長滿了瘡。憂鬱或麻木通常是因為未完成的哀悼所導致。悲傷的特點是我們意識到自己失去了什麼，而憂鬱往往發生在我們否認有所失去的時候，這種情況下，治療的任務是允許喪親者體驗到現實的哀悼和正常的悲傷。

悲傷的重要是讓我們看到死亡的意義。恐懼處理的理論家已經從顯而易見的必死性，或意識到自己死亡的必然性來解釋人類對意義的追求。與喪親者一起工作可能會要求治療師必須面對他或她個人的死亡焦慮。

悲傷的心理治療

獨自悲傷往往很艱難。如果在一段關係中，另一個人能夠傾聽、包容並鏡映喪親者的感受，悲傷就會更容易消化。因此，心理治療師必須允許喪親者自由地談論他們的失去，支持他們表達情感，而不是過早給予安慰。有時，治療師還會幫助個體探索下一步有哪些選擇，並處理因失去而產生的其他問題，如倖存者的自信心受到打擊等。可能需要在生活中尋找新的意義，有時還要尋找新的精神寄託。與逝者之間未完成的事情也需要處理，特別是涉及憤怒、內疚或關係中其他有害方面時。與逝者過去的關係問題也許會透過心理治療師的回饋，獲得全新的視角和不同的解釋。遭遇重大失去後，隨時可能出現自殺的問題，所以，毫無疑問，這時心理治療師需要時刻注意喪親者繼續維持生活的能力。然而，提供喪親者控制悲傷的方法、鼓勵喪親者「關注未來」和類似的陳詞濫調，都是最沒有幫助的，這常常說明助人者自己感到無助，而且不能忍受喪親者的痛苦。安慰的本能很有力量，但面對死亡也會無能為力，我們傾向於提供建議或堅持一種看似

「正常」或「不複雜」的特定類型的悲傷反應來防禦無助感。當喪親者悲痛欲絕時，治療師能做的只有鏡映患者的無助感，這樣做會非常有幫助。有時候，最好的治療是治療師願意見證悲傷，而不是期望透過見證悲傷會有所幫助（關於見證的重要性，詳見 222 頁及以後）。

悲傷敘事是一種有用的治療方式，講述逝者一生發展的故事，有助於我們處理悲傷和與他人溝通（Klugman, 2007）。心理治療師鼓勵喪親者講述逝者的故事，比如逝者是什麼樣的人、他們有什麼樣的關係、他是如何死去，以及他的死亡對存活的人有什麼影響等等。這個過程可能會揭示哀悼者與逝者關係中令人驚訝的新面向，在講述這些故事的過程中，會發生去抑制化（de-repression）的現象，全新的意義層次可能就會出現。聽這樣的故事通常對治療師和哀悼者都有深刻的影響，而且似乎加深了治療關係（第五章和第八章有討論敘事和故事的整體重要性）。

夢到逝者，對倖存者來說也許很重要。如果逝者在夢中看起來健康快樂，夢就會令人感到欣慰。有些人認為這種夢是逝者靈魂的探訪，如果患者個人的信仰系統相信這樣的可能性，那麼這種類型的夢可能會促成有治療意義的討論。另外，夢也可以從純心理層面來理解，說明做夢者和逝者之間的關係。許多寡婦和鰥夫報告說，他們在清醒時看到逝者的幻象，這種經歷也有幫助。還有一些人體驗過與逝者的交流，比如與逝者有關的存在感、觸覺或香味等，這可以解釋為逝者真的回來拜訪了，也可以解釋為幻覺，同樣取決於一個人的超自然觀念。當人們認為這些體驗是真實的時候，他們會感覺非常欣慰。

如果與逝者的關係是矛盾、敵對或有負罪感的，可能就會引發一種複雜的悲傷反應（據估計，大約有百分之二十的喪親者會出現這種情況），但是，複雜悲傷和正常悲傷反應相比，除了更強烈、更持久之外，人們並不清楚兩者究竟有何不同。有時候，存在複雜悲傷反

應的人會迴避與逝者有關的想法和感受，或者抱怨對失去麻木或不相信。有些醫生認為，複雜悲傷很難與憂鬱區分開來，尤其是在出現絕望感或生理症狀（如疲勞）時。但我認為，可以根據主導的到底是典型的悲傷表現還是憂鬱症狀來區分。區分這兩者很重要，因為悲傷本身對抗憂鬱藥沒有反應。識別究竟是什麼動力使人長期處於悲痛狀態是很困難的（Howarth, 2011），尤其是一些無意識的動力，例如，如果與逝者的關係非常矛盾，或者是一段非常依賴或充滿敵意的關係，又或者逝者的死亡方式使倖存者感到愧疚等等。有時候人們會受困其中，既想擺脫與逝者的關係，又想修復與逝者的關係，這時候就會經歷複雜悲傷。這樣的僵局可能會形成一個無法解決的防禦圈套。個體近期的失去還會激發生命更早期的失去悲傷，這時特別強烈的悲傷會冒出頭來，所以心理治療師看到的其實是多重失去的累積效應。

　　有時因為外部環境、衰老或虛弱等因素，治療師必須幫助人們哀悼無法實現的人生目標。執著於一個不可能實現的目標，往往是痛苦的來源，也是對情感資源的巨大消耗，如果可以放棄這樣的目標，個體的主觀幸福感就會提高。儘管如此，有時人們還是會堅持要實現不可能的目標，這種現象使人們陷入痛苦的心理困境。比如，留在虐待性的婚姻中，期待它有所改善。在政治家們維持或擴大一場不可能好轉的戰爭時，以及無法放棄賭博的賭徒身上，我們都看到了類似的現象。這些情況下，負面回饋似乎沒有產生什麼影響。毫無疑問，心理治療師與這樣的人一起工作需要思考的問題是，他是不是必須放手，開始為失去那個不可能實現的目標而悲傷？或者，如果他更努力其實就有可能成功？當人們無法承認他們選擇開始行動是錯誤的決定時，很可能採取更多失敗的行動（他們需要不惜一切代價為自己辯護）。那時，治療師必須指出，繼續執著於一個不可能實現的目標，而不是為失去這個目標悲傷，是一種避免失敗所帶來的痛苦感覺的方式。

關於悲傷的學術討論常常存在一個問題：離現實太遙遠。有些作者試圖對悲傷的過程排序，就好像他們已經決定了哪種悲傷的程度、時間和方式是正常的。但這種方法沒有考慮到失落的個別性。關於悲傷「應該」持續多長時間，文獻還沒有達成共識。悲傷也沒有正確的方式，每個人對失去的反應可能完全只適合個人。實際上，悲傷的過程對每個人來說都是獨一無二的。喪親者可能會以旁觀者無法理解、但對個人很有意義的方式行事。那些將悲傷的過程化為特定的組成部分或階段的觀點，過於簡化了這種體驗的複雜性，也暗示悲傷應該在某個時間結束。但悲傷是無法預測的，把任何從統計學上得到的預測強加給喪親者都是錯誤的。過於醫療的取向可能成為家長式或居高臨下的姿態，會忽略個體對於如何應對失落的選擇。有些治療方法可能也是一種防禦，當治療師不希望患者提醒自己也會死亡或遭受重大失落時，就會使用這些方法。

一些針對喪親倖存者的自助書籍常常使人產生誤解，心理治療師可能必須澄清。這些書試圖藉由提供好建議來幫助倖存者感覺更好，比如預測一下會有什麼積極的結果，而不是停留在悲傷上。就好像悲傷是一項任務，只要我們下定決心，就能盡快完成。事實上，悲傷的過程是非常混亂的，即使書中推薦了一些具體步驟（比如遠離黑暗的顏色），但每件事情的發生都沒有特定的順序，也沒有地圖可以指引我們。

慢性悲傷

有些父母與終身發展障礙的兒童生活，那悲傷無窮無盡，蘇珊·魯斯（Susan Roos, 2002）用「慢性悲傷」一詞來描述這種感覺。因為這些父母明白孩子的永久性缺陷，對孩子的夢想永遠不會實現。許多

患有終生疾病的人，比如多發性硬化症和帕金森氏症等，也遭受慢性悲傷的折磨。關於這個話題，魯斯寫過一本很有說服力的書，她在書中指出，慢性悲傷經常被心理健康專家忽視和誤解。慢性悲傷經常與其他類型的悲傷或是重度憂鬱混為一談。根據魯斯的說法，慢性悲傷是一種正常的悲傷，並不是複雜性哀悼的同義詞。

魯斯認為，當我們生活在永遠無法消除或治癒的創傷之中時，或是生活在看不到盡頭但又需要不斷耗費精力去適應的失去時，就會陷入慢性悲傷。她認為一些情況應該包含在這個概念中：當無法確定愛人是活著還是已經死了，或是愛人永遠不會回來的時候，悲傷也不會停止。一些士兵在軍事行動中失蹤之後，他們的家屬可能會受到這樣的影響。一些把孩子送養的母親也會悲痛很多年，產生痛苦的幻想，想像孩子會是什麼樣子、想像如果她們留下孩子，生活會是什麼樣子。悲傷和渴望會在孩子的生日、假期、高中畢業及類似的場合中反覆出現。當家庭成員失蹤，再也聽不到他們的音訊時，永久的悲傷降臨。或者當孩子被綁架，對他們的命運一無所知時，這類情況也就會招致慢性悲傷。這樣的失去是無法減輕或解決的。

慢性悲傷可能始於創傷，比如意外生下先天畸形的嬰兒。魯斯注意到，因為慢性悲傷的壓力巨大，可能導致一系列複雜的問題，如憂鬱、退行到不成熟的應對方式、情感超載、無法釋放的內疚、無力控制的憤怒、與壓力相關的生理疾病、免疫功能受損、情感麻木，甚至精神錯亂等。但她指出，慢性悲傷也可能帶來力量、智慧和韌性。

儘管「慢性悲傷」這個術語已經逐漸從文獻中淡出了，還是很能引起共鳴，值得保留。不僅是因為存在誤診的風險（誤診也許會導致抗憂鬱藥使用不當），這個詞也能使心理治療師認識患者正在經歷什麼，對患者也是一種幫助。重要的是，不要把慢性悲傷和其他類型的悲傷相混淆。慢性悲傷的解決方式跟其他悲傷不一樣，從定義來看，

慢性悲傷指的是患者無法永久調整失去的情緒，也無法接受和解決。凱西‧溫加藤（Kaethe Weingarten, 2012）指出，慢性悲傷的人需要陪伴，她的意思是：「當一個人與某個不可靠的身體或心靈正在建立並重建關係時，我們需要到這個人身邊，和他站在一起。」（p. 450）這個人必須得到支援，同時思考如何照顧自己。慢性悲傷的人很難與他人交流她所經歷的體驗。痛苦、困惑和不確定性會破壞患者「自我敘事」的能力，亦即在生活環境中獲得統整感和意義的能力。溫加藤從敘事治療的角度寫過一些文章，根據他的觀點，治療師的工作是幫助患者減少慢性悲傷對自我敘事能力的破壞。關於自己的故事，對一個人身份認同的形成很重要。治療師還必須溫和地處理「敘事解離」的情況，也就是當患者無法接受自己的處境時，她會感覺無法容忍自己的感受，「敘事解離」或許是她用來保護身邊人的一種方式，卻也同時錯過了必要的改變。有時候我們也會看到敘事支配的現象——敘事佔據了整個人格——從而排擠了關於自我的其他思考。這種情況下，患者的自我敘事可能被內在貶低的聲音所佔據，因為在我們的文化中，主流言論更推崇生產力和獨立，以至於依賴變得令人反感或羞恥。溫加藤認為，與「慢性悲傷」患者工作時，治療目標應該是增加他們對碎片化自我敘事的耐受性，並且協助他們發展出一個把當前處境考慮在內的新的敘事自我。

哀悼是創造性的過程

許多作家都指出了創造力和哀悼之間的關係。文獻表明，透過製作可以表達痛苦感覺的創造性作品，以作為失落的象徵性替代物，可以緩解失落的痛苦。藝術創作是對失落的一種補償形式；創造性工作可以釋放隔離的情感，從而協助完成哀悼的過程。正如奧格登

（Ogden, 2000）所說，成功的哀悼「涉及我們對自己提出的要求，即創造一些東西，一段記憶、一個夢、一個故事，或者一首詩、一則詩評，都可以。這些作品能夠滿足或者等同於我們與失去之人或事，以及我們與失落經驗本身之間的複雜關係」（p. 65）。但是這裡需要特別提出一點，人們也會在失落之後強迫透過藝術作品的方式來迴避痛苦的感覺，而不是嘗試理解和探索這些感覺。

殘忍

蓄意、無端的殘忍（cruelty）會對他人造成巨大的痛苦。我們經常聽到折磨、暴政、監禁、轟炸以及類似等等不同形式的殘忍行為，更不用說人與人之間的殘忍行為，如貶低他人、戲弄、霸凌、種族偏見、背叛等。我們在孩子的遊戲中可以同時看到殘忍和同理心，甚至上帝也曾被指責是殘忍的，例如聖經中約伯的故事，他抱怨雖然自己是無辜的，上帝還是讓他受苦（Jobs 30: 21）。

關於殘忍的定義和解釋有很多（Baruchello, 2010）。在不同地區和不同時代，我們對殘忍本質的理解也有所不同。毆打孩子曾被認為是必要的，而奴隸制度最初也沒有人覺得是殘忍的。對我們來說，殘忍這個詞意味著故意給他人帶來不必要的痛苦或恐懼，有時還會從這些行為中獲得施虐的快感。也就是說，如果作惡者願意的話，他可以約束自己行為。那些為了自我滿足而不斷殘忍對待他人的人似乎有什麼問題。通常情況下，我們強烈的道德直覺會使我們非常憎惡這種行為。即使有些殘忍的人並不以此為樂（例如純粹為了社會控制或懲罰而施加的殘忍行為），我們還是很想知道，為什麼這些人對受害者沒有絲毫的仁慈或憐憫。

包括維克多・內爾（Victor Nell, 2006）在內的一些學者認為，殘

忍是人類獨有的特徵，在動物身上是看不到這一點的。他認為這是動物中普遍存在的捕食行為演化所帶來的副產品。早期的原始人類祖先必須吃肉才能適應大腦體積增大和腸道縮小的變化。他們需要易消化、高營養的食物，因而催生了狩獵的需要。內爾認為，捕食行為演化的前兆是競爭性攻擊出現了。他引用了潘克賽普（Panskepp, 1998）等人的神經生物學研究；這些研究表明，狩獵和殺戮能夠使捕食者產生積極的情感體驗，看到痛苦、鮮血和死亡能夠刺激大腦中的多巴胺能和類鴉片系統，這些都與情感獎勵和積極情緒有關，有時也與性興奮有關。他接著解釋，正是因為這種演化發展的結果，人類社會中才會出現懲罰和懲戒的殘忍行為。內爾將殘忍定義為「故意對其他生物施加生理或心理上的痛苦；加害者的反應有時是冷漠，但經常是愉悅」（2006, p. 211）。這一定義一直受到批評，因為沒有將被動形式的殘忍考慮在內（如動物囤積症[11]），在這種情況下，作惡者並沒有明確的傷害意圖（Herzog 等，2006）。再比如那些為了提供幫助而造成痛苦的醫療程式。內爾反駁了這一批評，他說殘忍不僅需要施加痛苦的意圖，還需要施加痛苦的行為，因為這樣才能使受害者感到痛苦。

內爾的天性論或演化論觀點或許可以解釋為什麼殘忍行為會發生在那些沒有社會化的人身上，也有助於解釋為什麼我們會受到媒體的殘忍行為所吸引。內爾很清楚，從演化論的角度理解殘忍行為，並不意味我們就不該譴責，而且也不能免除作惡者及觀眾的道德責任。

內爾的作品受到了多方面的批評。把所有形式的殘忍都歸咎為捕食似乎有其侷限；也許還涉及其他因素，比如資源的競爭或物種間

11　原註 11：動物囤積症指的是把過多的動物關在過小的空間中，不給予合適的照顧，同時又不承認這樣做會傷害到動物。然而，這種障礙似乎不是因為蓄意殘忍所導致。

的侵略等等。當我們把人類的行為賦予社會、精神、美學和其他形式的意義，可能可以預期我們領先的心理發展會調整我們的演化遺傳。恐懼處理理論學者[12]認為，捍衛某種特定文化世界觀和參與戰勝邪惡的英雄主義的需要，促成了人類的侵略和殘忍行為（Kosloff 等，2006）。另一些作者認為，在動物身上也可以找到與人類殘忍行為的類似之處（Dallman, 2006）。當黑猩猩的領土被侵犯時，牠們會對其他群體施加暴力；貓會玩弄老鼠，一直到把老鼠玩死。但我們不知道這些動物是不是在有自我意識的前提下故意造成其他動物痛苦。這些行為也可能只是攻擊的一種形式。

殘忍的特點是不顧及他人感受，所以治療殘忍的解藥是關心、同情和憐憫。對大多數人來說，看到他人的痛苦會抑制我們的行為。這也許意味著，如果我們看不到爆炸所帶來的痛苦，就更有可能使用炸彈。很多殘忍行為是因為缺乏對他人的同理，因而導致對他人的痛苦漠不關心。同理（感知他人情緒狀態的能力）也許可以減少殘忍的行為，但這種說法並非完全正確。一些施虐狂會利用同理能力來享受受害者的痛苦；施虐狂的動機還包括行使權力的快感。人類天生就有與他人的經歷產生共鳴的能力，這說明同理能力是有演化基礎的，因為這對物種生存有價值，所以同理是基於「一個非常原始的生物核心」的（Kriegman 等，1988，p. 271）。然而，即使同理能力是與生俱來，同理能力的發展也可能失敗（Hoffman, 2000），比如我們遇到沒有同理能力的心理疾病患者。就像我們演化成為肉食動物一樣，很幸運地也演化出了合作和相互關心的能力。合理的心理健康狀態需要在攻擊性、支配性、親社會等感覺和行為之間達成平衡。

12　原註 12：恐懼處理理論表明，隨著人類自我意識的發展，他們對死亡的覺知和體驗恐懼的能力也有所發展。為了控制這種存在主義的恐懼，人們創造了文化世界觀，為象徵性的永生提供了希望。

殘忍的心理根源

對心理治療師來說，理解為什麼有些人能夠做出駭人聽聞的殘忍行為很重要。一個古老的觀念認為，人們之所以殘忍是為了報復，因為自己曾經遭受殘忍的遭遇。一些父母虐待孩子是為了處理他們童年受虐的創傷（Miller, 1985），或者試圖通過打孩子的方式來穩定他們自戀式的失調（narcissistic disequilibrium）。對他人殘忍，是憤怒累積的病態產物，以及對早期施虐者的無意識認同。殘忍地戲弄其他孩子的孩子往往是對虐待他們的成年人所產生的無意識認同，這是一種角色轉換。有時，一個虐待兒童的人會無意識地認同那些虐待過他的人，而他正在虐待的孩子則無意識地代表了他分裂出去的嬰兒層次的自我。毫不意外，大多數攻擊性罪犯在童年時都遭受過虐待。在試圖掌控這種處境的過程中，有些兒童虐待的受害者無意識地發展出了強迫性重複，他們不斷重複地捲入虐待關係中。有些童年受虐的人進入了助人行業，往往是因為認同那些曾經在他們受虐時友善對待他們的人。這裡還是一定要銘記這條標準的警告：理解邪惡或殘忍的行為並不是為了寬恕。

除了心理因素外，還有一些社會和政治因素也會使普通人成為極端殘忍的作惡者。社會心理學家不認為只有心理異常的人才會犯下殘忍的罪行。群體或統治者為了維持權力和社會主導地位，有時也很殘忍。詹姆斯·沃勒（James Waller, 2002）描述了普通人是如何犯下滅絕種族和大屠殺這種罪行的。就像我們在盧安達或納粹德國看到的那樣。種族滅絕不僅需要意識形態或種族偏見，還需要組織、訓練和領導。有些人能夠抵抗集體的壓力，但個人的判斷往往會因為身處某個大群體之中而被淹沒，尤其是大群體中又有一個像希特勒這樣魅力型領導人的時候。當人們被群體的情感和行為沖昏頭腦時，就會失去自

己的身份認同，發生退行，以不同於個體行為的方式行事。身為巨大人群中的一員，人們往往會喪失個體化、人不太可能按照平常的價值觀行事。置身廣大群體的一份子能夠產生力量和安全感。

厄文·史塔布（Ervin Staub, 2002）指出了導致種族滅絕的幾個環境和社會因素：專制統治下對某個特定種族或政治群體的貶低；一種過於簡單、單向歷史視角的破壞性觀念；對權威的絕對尊重；一個完全單一的社會體制；缺乏與他人的真實聯繫和共同目標；以及旁觀者的被動等，這些都使作惡者相信他們的行為得到了支持。即便旁觀者並沒有對那些被迫害的人漠不關心，但是面對部署武裝軍隊的獨裁統治者，他們也感到無能為力。此外還必須加上這些因素：對一個危險領導者的理想化所帶來的影響；群體認同力量削弱了個體責任感、不假思索的民族主義、對歷史真相的扭曲，以及受獨裁領導者個人目的所控制的宗教偏見。如果一個人相信世界是公平的，相信任何事情的發生都有原因，那麼他就會得出這樣的結論：受迫害者是因為他們的身份而理應承受痛苦。這種態度會受到一些去人性的宣傳所助長，這些宣傳把受迫害者視為低人一等的生物。在盧安達大屠殺期間，胡圖人把圖西族人稱為蟑螂；在猶太人大屠殺期間，納粹把猶太人稱為老鼠，還認為他們有道德責任消滅他們（Smith, 2011）。

就心理層面而言，種族或民族偏見是無意識的原始分裂和投射的結果。分裂減少了不確定性和模糊性，所以會認為「我們都是好人，他們都是壞人」。極端的宗教和政治意識形態會把自己族群所否認的所有消極品質全部投射到受迫害的其他群體身上；這個群體成了代罪羔羊，就像一個人可以透過攻擊另一個人來消滅自己的壞品質一樣。有時，作惡者會感到不安，這些不安源於內疚以及他對自己行為的痛苦記憶，但他們並不會因此對自己的行為感到懊悔，反而會更加憎恨那些他所迫害的人。社會和種族偏見使個體保持一種自戀的優越感；

許多文化，都將其他種族的成員視為劣等人群，任何不足或自卑的感覺都可以投射到被貶低的群體身上，從而得到消解，因此沒必要自我反省或自我批評了。同樣，我們會對被貶低的群體開一些殘忍的玩笑或嘲笑他們的不幸，從而增強我們的自尊。

幾個經典實驗表明，在適當的條件下，一個人可能會失去他或她的自主思維。約翰·達利和丹尼爾·巴特森（John Darley and Daniel Batson, 1973）根據聖經故事《善良的撒瑪利亞人》進行了一項實驗；故事中有一個牧師和一個利未人，他們都無視路邊一個受傷的人，而一個路過的撒瑪利亞人幫助了他（《路加福音》10：29-37）。雖然我們不清楚為什麼前兩個人忽視了需要幫助的人，但這說明他們並沒有真正按照他們所宣揚的價值觀行事。研究人員招募了一些神學院的學生來研究這個問題。受試者在一間辦公室裡填完調查問卷之後開始實驗。隨後，他們接獲通知要去另一棟大樓，有些人被告知是去做一個關於神學院畢業生就業的報告，而另一些人則被告知要準備一個關於《善良的撒瑪利亞人》的演講。實驗人員給他們設定了不同的緊急程度，有些人會比其他人更著急，實驗人員會告訴他們任務遲到了。在路上他們會遇到一個很明顯需要幫助的演員。結果是有些受試者沒注意到需要幫助的人，甚至還踩到了他，而另一些受試者則提供了不同程度的幫助。結果表明，學生在研究中被誘導的匆忙程度對他們是否會停下來提供幫助有很大的影響。即使是那些準備關於《善良的撒瑪利亞人》講座的學生，如果他們很著急，不太可能提供幫助。這些學生的宗教承諾類型與他們的行為之間並沒有相關性。

史丹福監獄實驗（Zimbardo, 1996）是一項關於社會角色的研究。學生是隨機挑選出來的，扮演模擬監獄的囚犯或看守。實驗參與者很快適應了分配給他們的角色；一些「看守」變得很粗暴、虐待，會試圖貶低「囚犯」，而「囚犯」在面對虐待時會變得被動、沮喪、

　　　　受苦的靈魂：從深度心理學看痛苦的經驗與轉化

順從，並騷擾其他試圖阻止虐待發生的「囚犯」。實驗只進行了六天就不得不停止。這個實驗提供了一個模型，幫助我們理解阿布格萊布（Abu Ghraib）監獄士兵的殘忍行為。值得注意的是，研究人員無法通過心理測試結果來預測哪些守衛會變得殘忍。

心理學家史丹利·米爾格倫（Stanley Milgram, 1974）研究了對權威的服從，他想解決這樣一個問題：艾希曼（Eichmann）及其他納粹分子是不是為了服從命令而以某種方式無視自己的良心，或者他們是否真的是大屠殺的共犯。參與者分成「學生」和「老師」兩組，實際上，前者是演員，是米爾格倫的合作者，後者是真正的研究物件。學生被綁在椅子上，身上連著電極，手裡拿著一份配對單詞表。老師會說出一個單詞，讓學生回憶對應的單詞，並透過這種方式來檢驗。一位身穿白色大袍的權威人士告訴老師，學生每犯一次錯誤，就施加一次電擊，強度逐漸增加。學生故意偶爾答錯。如果老師嘗試拒絕實施電擊，實驗員會堅持要求老師繼續這樣做，不要理會可能給對方帶來的痛苦。三分之二的參與者會服從權威人物，繼續施加電擊，一直到最大限度，並給學生施加他們所認為的極致痛苦。這項研究表明，在權威人物的首肯和要求之下，會讓一些普通人做出殘忍行為。米爾格倫的結論是，如果是權威人士的命令，那麼僅憑人性還不足以阻止我們傷害他人。這個結論所能概括的不僅僅是惡毒的政府官員或者黑幫頭目，還包括像吉姆·鐘斯（Jim Jones）這樣的邪教人物，他曾經命令追隨者用摻了氰化物的酷愛飲料（Kool-Aid）集體自殺。

總而言之，這些實驗和歷史證據表明：在適當的情況下，變得殘忍是普遍的人性傾向；有些情況可能會喚醒潛在的施虐特質。與此同時，我們也演化出了憐憫之心，這也許是基於遺傳的親屬關係演化的結果（Panskepp, 1998）。內爾（2006）指出，這兩種潛在特質的結合會使我們目睹殘忍行為時，在著迷和恐懼之間搖擺不定。

對動物的殘忍行徑

現在，人們越來越關注人道對待動物。阿鏞內（Ascione, 1993, p. 28）將虐待動物定義為「社會不能接受的行為，因為這些行為蓄意造成動物不必要的疼痛、折磨或不幸和／或死亡。」

瞭解虐待動物的心理對治療師很重要，原因是：我們需要認識善待動物是一種道德義務；虐待動物會造成不必要的痛苦；我們現在知道，童年時期虐待動物與成年後的人格障礙、反社會行為和人際暴力之間存在著關聯（Arluke 等，1999）。阿鏞內（1993）認為虐待動物會抑制我們的同理能力，使我們更容易忽視他人和動物的感受。受虐待的兒童會虐待動物，也許是為了把發生在他們身上的事情表現出來，以此來認同虐待他們的人，或者是為了獲得表面上的控制感（DeViney 等，1983）。如果孩子們在家中目睹了動物受虐，或者在暴力的家庭中長大，就可能學會虐待動物。家庭中所發生的多種形式的暴力以及早期的暴力經歷，都會導致成年後更容易使用暴力（Gelles, 1997）。但有些在虐待家庭中長大的兒童，後來成為動物權益保護者，也是事實。毆打妻子的丈夫為了進一步恐嚇妻子，也會經常在家裡虐待動物（Flynn, 1999）。女權主義者認為，男性對動物施暴是男權統治的一種問題表現（Adams, 1994）。其他可能導致虐待動物的心理因素還包括缺乏同理、對憤怒的控制問題或衝動，以及強烈的人際間攻擊性等。犯罪學家現在對虐待動物問題的研究已經不再那麼以人為中心了。貝爾尼（Beirne, 1999）認為虐待動物本身是正當且合法的研究領域，不僅僅是因為它與人類暴力有關。越來越多的人認識到，動物也會遭受悲傷和痛苦等情緒的影響。

人類虐待動物有著悠久的歷史。古羅馬的慣例就是顯而易見的例子，他們專門建了虐殺動物的競技場，大量的動物在這裡被殺。顯

然，鬥劍者殺死動物的興奮感，觀眾們也能感同身受，從而獲得替代性的愉悅。如今我們很享受其他形式的競爭性戰鬥，也是因為這樣的認同過程。鬥牛就是一個現代的例子——鬥牛似乎能夠喚起觀眾的情緒。所以，海明威在《午後之死》（Death in the Afternoon）一書中寫道，如果鬥牛士沒有成功，觀眾可能會湧進鬥牛士競技場，親手殺死鬥牛。

在我們的文化中，反虐待法沒什麼效果（但至少肯定了虐待是錯誤的）。而動物被視為一種財產，並沒有法律地位。工廠化養殖、動物實驗、化妝品測試以及馬戲團和動物園對動物的利用，都是對動物虐待合法化的產物。目前還不清楚為什麼我們的社會可以容忍這些殘忍行為，我猜很大程度上是因為經濟發展的原因，再加上社會對殘忍一定程度上的否認。這些因素也助長了我們的文化冷漠，使我們能夠容忍那些殘忍的動物屠宰設備和醫學實驗。更加不幸的是，傳統宗教也不提倡對動物的人道主義態度，他們認為人比動物更優越。

人類一直以來都是動物的捕獵者。在早期的狩獵採集社會，人們需要遵守一些特定的儀式，這些儀式會減輕人們對殺戮的負罪感。一些現代的捕獵者在獵殺動物時也會感到內疚或悲傷，當然也有滿足感。不過任何同情或內疚的感受都必須在狩獵時隔離掉，產生一種放空的情緒狀態，獵殺後才會體驗到愉悅感（Nell, 2006）。狩獵也可能是享受，因為能帶來一種掌控感，並不一定是因為捕獵者享受殘忍的感覺或是想造成痛苦。許多捕獵者其實都非常欣賞，甚至著迷野生動物的生存技能和美麗，他們非常重視對大自然的認識以及與自然的互動。人類對動物產生同理的能力似乎是很多人關心動物福祉的原因；這些人認為狩獵很野蠻。在英國，關於禁止獵狐有很多爭論。支持這項禁令的人認為狩獵很殘忍，也違反道德；支持狩獵的人則認為，狐狸會危害到家畜，狩獵已經是控制狐狸數量相對人道的一種方

式了。我們也可以從演化的角度來考慮狩獵——人類在演化過程中學會了要小心不要成為食肉動物的獵物。這在一定程度上也可以解釋為什麼當我們面對陌生人以及那些與我們截然不同的人時會產生恐懼。顯然，處理捕食者焦慮的其中一種方法就是自己成為捕食者。

拷問

這裡的拷問指的是對一個人或任何其他有知覺的生物施加蓄意的、無法忍受的、不合理的和不必要的任何身體或精神痛苦的行為。在極權主義社會中，這類殘忍行為通常是一種政治控制形式，他們通過這些行為來拷問資訊、懲罰罪犯、恐嚇公民或表現國家權力。拷問侵犯了人的尊嚴，而且在大多數人看來，這種做法在道德上是嚴重錯誤的，違背了人們與生俱來的道德準則。然而，即便在自由民主的國家，為了避免某些對人口會造成緊迫和嚴重威脅的事件，他們也會把一些拷問合理化。這些社會有時候會縮小拷問的定義，試圖將某些不會造成明顯生理傷害的拷問形式稱為淨化或教化，比如睡眠剝奪、單獨囚禁、人格侮辱或暴露於極寒環境中等。然而，所有形式的拷問都會造成長期嚴重的生理和心理影響，如創傷後壓力症候群、憂鬱、焦慮、記憶受損、失眠、噩夢，以及其他嚴重的情緒和生理後遺症等（Basoglu 等，2001）。

拷問受害者的想像力會增加他們的痛苦——他不斷地想像接下來可能發生的可怕之事，包括家人的命運，而且這些痛苦的幻想可能會在拷問結束後繼續存在。研究人員發現，在拷問倖存者的個人敘述中，受害者的人格發生了持久變化（Ortiz, 2001），包括生活在一個拷問成為現實的世界裡所要面對的存在性困境。倖存者的家庭往往也會受到影響、拷問的影響還會產生代際傳遞（Daud, 2005）。美國精

神醫學會等一些專業團體禁止其成員參與拷問行為。然而，我們從利夫頓（Lifton, 1986）採訪納粹醫生時瞭解到，在拷問成為常態化的社會中，一些醫生可能也會放棄個人和職業價值觀。

我們大多數人都厭惡拷問，所以心理學家感興趣的問題是：即使審訊者認為拷問是合理的，那麼拷問者如何還能對另一個人施加痛苦？例如在「定時炸彈」的情境中拯救無辜的生命[13]。根據施刑者的個人證詞，他們最初對要做的事情是感到痛苦的，但最終會慢慢習慣，直到沒有任何感覺（Crelinsten, 1993）。有時候受害者的痛苦和恐懼可能會使施刑者的野蠻行為升級；內爾（2006）認為，這種現象可能有演化學基礎，就像隨著獵物的恐懼和死亡掙扎逐漸增加，捕食者的殘忍程度也逐漸增加。

採訪施刑者可能無法獲得關於他們施刑原因的可靠資訊。拷問施刑者會使用各種策略使自己免受其行為的影響，並遮掩自己對受害者所產生的同情心。他們將受害者非人化或指責受害者，或者以國家安全等為理由為藉口。根據伊蓮‧史蓋瑞（Elaine Scarry, 1985）的研究，為了弱化施刑者正在施加痛苦的道德事實，他們會將注意力集中在審訊過程中。施刑者用「審問」或「收集情報」等委婉的說法為自己的行為找藉口，或者將責任推給上級。有些施刑者可能是潛在的施虐狂，他們獲得了一個不用再壓抑自己施虐行為的機會。拷問體現了施虐狂想要控制他人、想要擁有絕對權力的需求。

施虐狂傳統上被視為一種性變態，是一種與疼痛相關的性愉悅體驗。但眾所周知，施虐狂這個詞指的只是這個人喜歡傷害別人。關於施虐行為並沒有單一的心理學解釋，而是幾個因素的共同作用。傳統

13　原註 13：「定時炸彈」的情境有時會被用來證明拷問可以是正當的，前提是恐怖分子知道即將在城市中爆炸的炸彈位置。人們假定在這種情景中只有嚴刑拷打才能及時獲得資訊，以防止爆炸。

的精神分析觀點認為施虐是一種性欲化的攻擊行為，或者是死亡本能的作用，但這種觀點似乎已經不適用了。最近一種觀點認為施虐狂試圖透過展現自己的力量來克服無力感（Rizzuto, 1999）。有施虐傾向的虐待者試圖透過折磨他人來掌控自己童年受虐的經歷。他把自己的脆弱投射到無助的受害者身上，對情境的掌控似乎能夠確保別人也能感受到他曾經遭受的痛苦。折磨他人也可能是一種強烈的報復需求，這是慢性自戀式暴怒（chronic narcissistic rage）的特點。受害者是不是無辜的，對施虐者來說毫無意義；虐待者甚至常常會嫉羨或憎恨受害者的無辜，因為這會使他意識到自己罪行累累。

拷問不僅對受害者有害，對施刑者本人也是有害的，施刑者會因這種行為而墮落。有時候拷問施刑者會在施刑之後出現長期情緒問題，即使他們行為被賦予了正當合理的情境理由（Falk 等，2006）。使用酷刑也會損害容忍這種做法的社會的性質，因為它侵蝕了社會的行為標準（Gushee, 2006），儘管極權主義社會更可能從一開始就使用酷刑，因為他們需要透過酷刑來增強國家權力。在大多數情況下，自由民主國家只有在感到威脅時才會使用酷刑。但是麥可伊（McCoy, 2006）指出，酷刑的使用很難控制，一旦在特定情況下使用了酷刑，就會被用到越來越多的嫌疑人身上。隨著拷問的使用逐漸失控，即使施刑者並不認為犯人真的有什麼有用的資訊，也會折磨犯人。無論如何，許多有經驗的審訊者都認為，非威脅性的審訊會比嚴刑拷打得到更好的結果，而嚴刑拷打可能無法獲得可靠的資訊（出處同前）。不過，嚴刑拷打很容易被合理化。

有一種觀點是將拷問作為「正義戰爭」傳統的一部分，這種觀點認為，戰爭中的殺戮在某些情況下是道德所允許的。例如，戰爭必須有充分的理由和正確的動機、必須是與情境相符的、必須是最後的手段。如果在這個框架中思考，那麼在某些情況下，為了拯救生命，拷

問確實是必要的；科爾（Cole, 2012）認為，做出這種判斷，需要一個人具有非凡的道德品質

神聖的痛苦與犧牲

神聖的痛苦

　　許多不同的宗教和世界各地的神話都闡述過這樣一種信仰：相信由自我所施加的痛苦、受苦，以及對身體施加折磨，可以促進靈性的發展。最常見的例子就是神祕主義者的身體苦行，比如齋戒、在極熱或極冷的環境下守夜，以及使身體保持痛苦的姿勢等等。基督徒和神祕主義者展示他們的聖痕[1]，展示他們手腳自然流出來的血液，就像當初耶穌被釘在十字架上時那樣。古往今來，基督教信徒們鞭笞、抽打和折磨自己，因為他們相信，自我施加的疼痛在某種意義上可以淨化靈魂，讓他們認同基督所受的痛苦，或者引領他們超越自我。在某些傳統中，人們會赤腳走在岩石地面去朝聖。在印地安人的太陽舞中，舞者把自己吊在一根柱子上，並用一根針刺穿胸前的皮膚。阿里爾‧格拉克利奇（Ariel Glucklich, 2003）曾描述十六世紀聖人瑪利亞達肋納巴季（St. Maria Maddalena de' Pazzi）修女的苦行經歷。冬天她光著腳走路，身上滴著滾燙的蠟燭，穿著釘滿釘子的緊身衣，戴著荊棘王冠。瑪利亞不僅有「聖痕」，還被認為是惡魔攻擊的目標，惡魔會把她扔下樓梯並毆打。

　　格拉克利奇（Glucklich）創造了「神聖的痛苦」一詞，描述那些虔誠的宗教信徒主動製造的痛苦和折磨，他們似乎為了獲得靈性的力量或以神的名義主動製造痛苦。格拉克利奇認為，這種「神聖痛苦」的任務是將破壞性或令人崩潰的痛苦轉化為某種積極的東西。在這種情況下，痛苦成為一種機制，而透過這種機制，受苦者可以感受超越個人生活的那部分現實。傷口變成了一種與神溝通的形式。格拉克利

1　原註 1：洛威蓋洛格（Lowell Gallagher, 1997）認為「聖痕」（stigmata）一詞的詞源可以追溯到古希臘羅馬時期的一種做法，亦即為了識別罪犯，他們的臉上或額頭上會被刻上記號。因此，「神聖」（holy）一詞經常用來區分聖徒所受的創傷和霍桑的《紅字》中提到的懲罰性烙印。

奇指出，疾病或意外帶來那令人討厭的痛苦，與宗教修行者自己造成的痛苦之間存在著巨大的差異，後者可以改變修行者的身份認同，增強他們與上帝的連結，或者幫助修行者抑制欲望，例如性欲和饑餓感等。

長久以來，對於這種出於宗教原因自我施加疼痛的現象是否屬於病態，一直爭議不休。古典精神分析理論認為，自我施加的疼痛是某種形式的受虐，其根源是需要被懲罰的無意識內疚。或者說，透過自我懲罰的方式緩解了被他人傷害的恐懼。精神分析自體心理學也許會將自我施加的疼痛，視為某種死亡或受損的自體感的啟動或轉化。格拉克利奇認為，這種自我施加的痛苦會使「身體自我」的感受更明確，從而帶來新的身份認同感，以及對更大存在的感知，於是神祕主義者就會獲得想要尋找的體驗。這個想法還有另一種表達方式，即自我施加的疼痛削弱了自我的支配，讓超越現實的體驗得以進入意識。

有時我們會與虔誠的基督徒進行心理治療，因此有必要指出，懺悔一直是基督教的重要習俗。早期，懺悔也會涉及這種自我施加的痛苦，比如自我鞭笞。實際上，英文單詞「懺悔、苦修」（penance）、「罪犯」（criminal）、「處罰」（penalty）和「懲罰」（punishment）的詞源都與拉丁語「折磨或懲罰」（poena）有關。在基督教歷史上，以自我懲罰作為懺悔的方式，曾經是一種洗清罪惡的方法，是一劑能確保救贖的良藥，意味著靈性的健康。痛苦本身並不是目的，而是治癒靈魂的良藥。但今天，受虐行為在很大程度上已經脫離了宗教，並常常被視為病態。

聖痕

聖痕（Stigmata）是自然形成的身體上的傷口，類似於基督被釘

在十字架上的傷口。受此影響的人，他們的手掌、腳、胸部會出血，有時在頭部周圍，對應著基督戴荊棘王冠的位置也會出血；也可能出現血淚。這樣的經歷通常出現在出神的狀態之後，傷口可能在週五或週日定期出現。人們對這一現象有多種解釋：信徒認為聖痕是在聖潔的人身上發生的超自然現象；懷疑論者認為這些傷口是歇斯底里的、解離的或是假的，是他們有意識或無意識狀態下自己造成的——這種情況常被稱作假性皮膚炎（dermatitis artefacta）。有人認為，如果個體強烈認同基督，可能會發生心因性的軀體變化，比如容易擦傷和皮下出血，這些通常被認為是心因性的[2]。我們必須牢記，命名並不意味著解釋，而且這些心理學解釋並不能反駁個體對上帝的篤信。信徒認為這些傷口是上帝賜予的，預示著與上帝之間的聯繫。聖痕者常常把他們所承受的痛苦看作是愛的行為或給全人類的基督之愛，這一觀點將聖痕現象與傳統的基督神學中基督所承受的痛苦聯繫在了一起。

　　最早為人所知的聖痕現象，是西元一二四四年亞西西的聖方濟各（St. Francis of Assisi）聖痕。最初人們並不相信聖痕存在，因為它們的存在似乎侵犯了耶穌獨一無二的地位。值得注意的是，聖痕出現的時候，聖方濟各正在生病，幾乎失明，同時因為他新建立的僧侶制度引發了政治動亂，他也處在巨大的情感痛苦之中。隨後聖方濟各看到一個幻象，一個六翼天使擁抱一個被釘死的人，那個被釘死的人似乎穿透了他的身體，幻象過後，聖方濟各就出現了聖痕。從聖方濟各之後，又有許多人出現了聖痕。據說亞維拉的聖女大德蘭（St. Teresa of Àvila）有無形的聖痕，她的傷口在心臟上，她看到的幻象是天使把一枚尖端火紅的金色飛鏢插進了她的體內。聖痕現象一直持續存在，最

2　原註2：這些情況即為心因性紫癜（psychogenic purpura）和自體紅血球過敏作用症候群（autoerythrocyte sensitization syndrome）（Yucel 等人，2000）。

近關於聖痕的事件是一個叫奧德莉‧桑托（Audrey Santo）的女孩，她身患嚴重殘疾，一九八三年出生於麻塞諸塞州的伍斯特，一直活到二〇〇七年。自從三歲時差點淹死之後，她一直處於昏迷或緘默狀態。由於腦損傷，她對周圍環境的意識一直都不清楚。很多人都親眼目睹了她的聖痕，認為這是她能夠奇跡般痊癒的原因。人們認為她是擁有「犧牲者的靈魂」，一個為了別人而犧牲自己的人。還有其他一些當代的例子（Felix, 2001）。不過，羅馬天主教會對聖痕的真實性仍然持有矛盾的態度，他們並不希望大眾對聖痕如此感興趣，也可能是因為他們懷疑這些傷口是歇斯底里或自傷所導致。

到中世紀，聖痕現象在虔誠的信徒中變得廣為人知。拜南（Bynum, 1991）指出，對那些中世紀的聖痕者來說，疼痛和流血並非為了毀滅或懲罰，而是為了認同基督臨死前那一刻（p. 131），他們通過這種方式來分擔基督的痛苦。拜南說，中世紀的人們認為基督傷口流出的血類似母親的乳汁，所以那些有過聖痕經歷的女性，會讓基督的血液經由她們哺育其他人，從而複製耶穌的母性角色。聖痕者的血淨化了她自己的靈魂，也救贖了她的基督徒同胞，償還了他們的罪孽。在中世紀的修道院中，鞭笞的聲音被認為是悅耳的旋律，會傳到上帝的耳朵裡。有些聖痕者同時也是厭食症患者，他們除了聖體（註：天主教彌撒中以麵餅具現的基督身體）之外什麼都不吃，因此被稱為「奇蹟的厭食者」（anorexia mirabilis）。齋戒存在許多文化中，主要是為了達到意識轉化或靈性超越的狀態。由於中世紀教會對女性的歧視，宗教中女性沒有其他形式的能力或權威，在這樣的背景下，禁欲主義可能是她們獲得權威的一種方式。

精神分析師通常會把聖痕看作歇斯底里，是自我暗示增強的結果。德雷莎‧紐曼（Thérèse Neumann, 1898-1962）是一個巴伐利亞的年輕聖痕者。根據她的故事，奧爾布萊特（Albright, 2002）認為，聖

痕可能是創傷後壓力症候群症狀，是經過不正常的自我暗示後產生的。經過創傷性外傷之後，德雷莎部分癱瘓、雙目失明，接下來幾年飽受嚴重的褥瘡之苦。有一天，她聽到一個聖潔的聲音告訴她，她可以走路了，沒多久她的行動能力因而改善。然後她看見了耶穌生活的幻象，看到耶穌從客西馬尼花園一直到被釘死在十字架上的經歷，緊接著她的頭、手和腳上就出現了聖痕，還流出了血淚，沒有明確的原因。奧爾布萊特指出，即使我們理解她的心理根源，也無法推翻她自己的信念，亦即她的傷口來自上帝。

自殘：來自宗教信仰，還是神經症的驅使？

自殘者通常是通過刀割、灼燒、撞頭、抓頭髮或抓皮膚等方式，故意、強迫性地傷害自己，但並沒有任何自殺意圖，這種現象稱為「受困之軀」（bodies under siege）（Favazza, 1996）。就像那些有宗教動機的禁欲主義者一樣，許多自殘者常常也是厭食症患者。宗教禁欲主義者和非宗教的自殘者都是為了追求更高的目標而使自己痛苦。對這兩個群體來說，造成疼痛似乎並不重要，他們是利用疼痛來緩解情緒或者實現更大的目的。不過，宗教禁欲主義者是為了靈性的發展而有意識地製造痛苦，但非宗教自殘者自我施加的痛苦就沒有一致或統一的解釋了，常常與飲食障礙或早年的性虐待或身體虐待有關。由於腦內啡（Russ, 1992）的分泌，他們在自虐期間可能會出現短暫的欣快狀態。這也許可以部分解釋為什麼有一些自殘者不會體驗到痛苦，他們自己對這種行為也有各種各樣的解釋，比如，有些人認為疼痛可以緩解空虛感、死寂，或者人格解體等感覺，疼痛似乎也能釋放緊張感，發揮自我安撫的作用。用刀自傷常常是由於遭到拒絕或被貶低的痛苦體驗所觸發。自殘是人們試圖藉由控制個人情緒和環境，在

某種程度上重建其自戀平衡和自體統整感的一種方式，或者自殘也是攻擊內在壞客體的一種方式。

一些精神分析師把自殘看作受虐的一種形式，或者是對無意識所覺察的壞的自我懲罰，甚至是一種變相的性滿足，也是對獲得性滿足的懲罰（Suyemoto, 1998）。用刀自傷被視為一種努力，為了對抗自體毀滅的體驗，以恢復和保持不穩定或破碎的自體統整感和穩定性（Stolorow 等，1980；Doctors，1981）。我們也許會想，自傷者是不是想從自己的肉體中雕刻出新的自我感覺，也許在她的感覺或想像中還有另一個自體受困體內，自傷行為似乎是為了碰觸那個受困的自體。還有其他理論認為，自傷者需要對抗失去邊界的感覺，也許皮膚上的血跡成為外部邊界的具體標記，或者只是單純為了感覺自己還活著。最後，自殘與某些割破皮膚的部落啟蒙儀式有著相似之處，這說明自殘也是個體想要進入成人世界的一種無意識嘗試。

犧牲、痛苦和命運

許多宗教傳統強調犧牲的重要性，這似乎是人類心理典型特徵。關於犧牲的起源有很多爭議，但並沒有清楚的解釋。為什麼在劇烈的痛苦中，人們覺得犧牲會讓事情變得更好？也許是因為，人們似乎覺得自己的犧牲可以以某種神祕方式控制所發生的事情。廣義上來說，犧牲可以定義為：為了他人的利益、為了一段關係，或者為了理想或神靈，而主動放棄個人利益，或者放棄一些讓自己後悔失去的東西。許多宗教傳統都有祭祀儀式，這說明人們都有這樣的信仰：如果我們放棄一些有價值的東西，就可以影響更高層次的力量，甚至我們的命運。許多人認為犧牲一些對他們有價值的東西很有必要，這樣才能使生活更有意義，他們還經常希望好事發生，以回報他們的犧牲。不僅

在宗教的祭祀活動中可以清楚看到這一點，在那些為他人的日常犧牲中也能看到（比如父母為子女的犧牲）。

在任何地區的宗教中，犧牲都是基本組成部分——事實上，「犧牲」這個詞源於拉丁語「做」（facere）和「神聖」（sacer），意思是使之神聖。人類和動物的犧牲存在於大多數的古代宗教中，所以暴力和神聖之間似乎有著很原始的聯繫，雖然大多數犧牲的目的並不是殺戮本身，而是安撫、祈求或與當地神靈保持連結，祈求寬恕、辟邪，或是像感恩節一樣祈求莊稼豐收，祈禱戰爭勝利或確保社會價值的延續。在某些文化中，人們認為人類必須付出生命才能獲得或保存生命，所以在印度、中國、南美洲、非洲和古希臘的寺廟，人們用鮮血「餵養」眾神。英語單詞「祭壇」（altar）的詞源來自拉丁語altaria，意思是燔祭；希伯來語中，代表祭壇的單詞是「mizbeach」，詞根的意思是「屠宰」。許多祭品都是食物。顯然，人們相信，神需要人類提供滋養以維持社會運轉。這些社會或是認為人類為神供奉祭品，神會給一些回報，或是認為他們的神需要那些祭祀所提供的東西，或是他們必須事先祭祀才能避免神的懲罰。希伯來人認為他們的神透過降下天火來享用耶路撒冷聖殿祭壇上的肉（舊約《歷代記》21-26）。據說在他們的傳統中，犧牲是以色列人與上帝之間建立和平，也是贖罪的一種方式。在希伯來聖經中，宰殺動物是獻祭的形式；動物代表獻祭者，獻祭者透過獻出動物的生命象徵他獻出自己的生命，作為他罪孽的救贖。獻祭者相信他可以透過祭祀行為與上帝取得聯繫，但必須是遵從上帝意願的祭祀行為。人們相信，如果他們的獻祭是真誠的，並有適當的動機，那上帝就會高興。

在大多數形式的犧牲中也存在一種重要的關係動力。愛德溫・奧利佛・詹姆斯（Edwin Oliver James, 2003/1933）是人類學家，他寫過一部關於犧牲的經典作品，書中提到，如果與上帝之間的關係模式遭

到破壞，或者存在被破壞的風險，就需要犧牲來修復對關係的冒犯，重建這個對個人或群體來說至關重要的關係。這也許就需要合適的祭品和懺悔，或者找一隻動物當代罪羔羊，並將罪孽轉移到動物身上，然後將動物當成祭品。宗教犧牲並不總是只有殺戮，有些人被獻祭給神，成為神的僕人，正如我們在聖經撒母耳記所看到的，撒母耳的母親在還沒有懷孕之前，就向神許諾會將他獻出去（《撒母耳記上》1:11）。在某些傳統中，父母會把孩子當作貞女或聖妓獻給寺廟。

必要的犧牲是基督教故事中不可或缺的一部分。在基督神學中，彌撒是基督為愛而自我犧牲的重現，是基督送給自己、也送給其他參與其中的基督徒的禮物。基督的犧牲鞏固了人類與神之間的聯繫。這是一個複雜的主題，因為在基督神學中，天父犧牲自己的兒子，但兒子和父親是一個整體，所以父親在某種程度上也是在犧牲自己，或者說基督既是祭祀的人，也是祭品，所以這是相互的無私奉獻行為。很難說在我們的文化中自我犧牲的價值有多大程度是受基督教傳統的影響，也很難說自我犧牲在多大程度上是人性固有的部分、只是在適當的文化背景下被喚起了而已。如果是天生的，那麼為他人的自我犧牲可能是為了群體的生存演化而來。自我犧牲在戰爭中很常見，例如一個士兵為了救戰友撲到手榴彈上。暫且不論自我犧牲的來源是什麼，有研究表明，當面臨道德困境時，相當比例的人認為，他們應該為了拯救陌生人而放棄自己的生命（Huebner 等，2011）。這裡涉及到一個問題是，自我犧牲到什麼程度算是過度犧牲。我們必須設定一個可接受的限度。女權主義作家曾經警告：尤其是女性，她們已經被社會化成要為他人犧牲自己，甚至到失去自我的程度，因而可能致使她們成為附屬品或受虐者（Groenhout, 2006）。

不管是出於什麼原因，我們似乎是本能地認識對犧牲的需要。也許分娩就是很典型的例子，分娩很痛苦，卻是給世界帶來新生命的必

要條件。成長和孕育新生命常常需要犧牲。走過童年時代，我們放棄了早期的生存模式，比如依賴父母，而這個放下過去、獲得新意識的過程將貫穿整個生命週期。我們時常發現，有些事物不得不為了新事物的出現而死去。除非我們做好準備，為達到新的意識水準做出必要的犧牲，否則我們的生活和發展都將停滯不前。所以，每一次犧牲不僅僅是我們失去了曾經擁有的事物，同時也是新的開始。在西方基礎神話故事之一的伊甸園神話中，想要獲得善與惡的意識，只能以被逐出伊甸園為代價，隨之而來的就是痛苦、勞累和死亡。

犧牲所涉及的心理動力因素

佛洛伊德的女兒曾經重病，大家很擔心她會死去。一天早晨，醫生告訴他，女兒的病情開始好轉，也許能活下去。當佛洛伊德聽到她康復的消息時，他激動地說：「她一定會活下去的！」然後不假思索地扔出一隻拖鞋，砸碎了一尊美第奇維納斯（Venus of Medici）的大理石雕像（西元一世紀的古希臘艾芙洛戴蒂〔Aphrodite〕雕塑複製品）。他並沒有告訴我們為什麼他的目標是一尊象徵愛與親密關係的女神雕像。他說，這是他「破壞性的瘋狂攻擊」（1901, p. 187），表達了他對命運的感激之情，並給了他一個犧牲的機會；他砸碎了那座雕像，就好像自己犧牲了一樣。他指出，令人無法理解的是，他是如何如此迅速地決定、如此精確地命中目標，並且沒有打到周邊任何其他東西。我們可以想像，女兒生病使他很憤怒很害怕，也許他只是想發洩一下，但他強調的是，這種行為並不是隨機出現的，而是被某些無意識壓力所激發。佛洛伊德認為，許多日常活動其實都是一種犧牲幻想的表達。有一次，他正在給朋友寫道歉信，寫信的時候不小心甩了一下手，剛好打碎了桌子上的埃及雕像——他把這稱之為「為了辟

邪而獻出的虔誠祭品」（p. 187-8）。他寫道，他「立刻意識到，我造成的這場災難，是為了避免更大的災難。」（p. 188）

佛洛伊德指出，我們有時會用摔碎物體來表達迷信的觀念，如此一來就可以一帆風順或遠離邪惡。這類行為有可能是有意識的，比如在肩膀上撒鹽，也可能是「意外」或無意識的。換句話說，他認為有時候我們會破壞一些對我們有價值的東西，甚至「意外地」傷害自己，這些行為都是對命運的力量所做出的犧牲行為。他在《文明及其不滿》（*Civilization and Its Discontents*）一書中指出，我們不得不為了社會犧牲一些自己的幸福。在一九一三年的《圖騰與禁忌》（*Totem and Taboo*）一書中，他分析宗教祭祀，認為有罪的信念是犧牲必要的基礎，這也是基督教神話中耶穌受難的原因。因為人類的罪惡冒犯了上帝，耶穌不得不獻出自己的生命來為人類救贖（這裡補充一點，基督徒反對把耶穌受難看作是為了安撫憤怒的上帝的犧牲，他們更喜歡將其視作一種無私的愛）。

自佛洛伊德以後，精神分析學家並沒有寫過很多關於犧牲的文章。薩爾曼・阿赫塔爾（Salman Akhtar, 2012）寫過一篇關於犧牲的綜述，他認為這可能是因為精神分析學家對貪婪等負面情緒更感興趣。貪婪從某種意義上來說是犧牲的對立面，他們對宗教色彩的主題沒什麼興趣。桑多爾・費倫齊（Sándor Ferenczi, 1933）描述孩子們為了家庭的犧牲：「孩子會有糾正家庭中混亂的衝動；可以這麼說，他們想用自己弱小的肩膀背負所有其他人」，以及「一位經常抱怨痛苦的母親會催生出一個一輩子從事護理的孩子」（p. 166）。克萊恩（1937）認為，犧牲是一種補償，以這樣的方式試圖修復兒童（在幻想中）對其早期照顧者造成的傷害。

有時我們在童年犧牲自己是因為害怕父母，而不是愛他們，這樣的動力與受虐型人格的發展有關。這些人相信只有在痛苦時才會得到

照顧；這樣的動力也許會促使犧牲成為某種儀式化／宗教性的需要，以避開邪惡。「為了家庭，我必須犧牲自己的一些東西」，這種兒時的觀念也許源於這樣的信念：我沒有足夠的養分分給每個人；既然養分是有限的，「我就必須讓給我的父母，讓他們活著」（也許「上帝需要我們做些什麼」的觀念也是如此）。為了減輕他人的痛苦而自我犧牲的行為，可能是由這種童年早期動力所驅動，也有可能是出於真正的愛以及對對方的關心。有時候，自我犧牲似乎是一種防禦，為某人犧牲，是在防禦對他的內疚或敵意。自我犧牲可能是出於對同情行為的精神承諾，也可能是唐納德・卡文思（Donald Carveth, 1992）所說的「同理性認同」的結果。這種能夠感受他人的同理能力，源自於人們對自己被剝奪的兒童自我有意識的覺察。經常性自我犧牲有時是一種與他人保持聯繫的方式，或者坦白地說，這可能是受虐的方式。但如果我們將所有自我犧牲的行為病態化，認為不過是一個受虐狂自我懲罰的機會，那肯定是錯誤的。

我們在孩子身上也能看到明顯的犧牲行為。皮亞傑（Jean Piaget, 2007）描述了一個四、五歲孩子的故事，有人告訴這個孩子他的母親病得很重，幾天內就會死去。孩子有一匹玩具馬，那是他最珍貴的財產。他腦海中立刻冒出一個想法，為了讓母親好起來，他必須放棄他的馬。這讓他非常痛苦，但他還是摔碎了那匹馬。看到母親慢慢恢復，男孩深信是他的犧牲神祕地治癒了母親。皮亞傑還舉了幾個其他的例子；關於孩子的儀式或犧牲，這些儀式或犧牲往往是為了躲避命運。很顯然，有時父母會在我們的童年時期訓練我們，要我們學會犧牲自己來幫助他們，如果必要的話，還需要我們透過受苦或犧牲自己來保持與他們的聯繫——這可能是宗教需要透過犧牲來與神建立聯繫的無意識基礎。

哈羅德・塞爾斯（Harold Searles, 1975）認為，我們天生就會關

心他人的福祉。他覺得孩子們有一種強烈的需要，需要以愛的方式付出和表達自己；出於這種愛，孩子們會為了母親的幸福而犧牲自己的個體化（individuality）。他描述了思覺失調患者會有照顧自己治療師的需要這一現象。在日常的心理治療情境中，在那些沒有這麼嚴重的患者身上，也能看到這種現象。事實上，犧牲往往是一個人證明自己對某人的愛的機會。路德維希・賓斯汪格（Ludwig Binswanger, 1958, p. 215）描述了一個極端病例：一個患有妄想症狀的患者，她的父親是一個傲慢、冷酷、專制的人，對待她母親就像對待奴隸一樣。患者決定說服父親對母親更體貼一些，於是她把手伸進火爐裡，對父親說：「看，這是為了告訴你我有多愛你！」她的目的是透過忍受極端的痛苦，來證明愛的力量。賓斯汪格認為，這種痛苦也表達了她為自己對父親的愛的贖罪；犧牲的最終意義在於與他人形成聯盟。

榮格關於犧牲的文章是典型的心理和宗教的無縫融合——對他來說，這兩者密不可分。想要瞭解他，就必須先瞭解他關於「超個人自性」（the transpersonal Self）的觀點。簡而言之，他認為超個人自性是人格中神性的先驗形象，超個人自性預示了自我（the ego），或者說超個人自性是自體感發展的一種藍圖（這種自性的先驗本質，與深度心理學的個人主義學派形成對比，後者所指的自體感完全是由人類經驗所構建的）。在他的文章〈彌撒中的象徵轉換〉（Transformation Symbolism in the Mass, CW 11）中，榮格提出，每一次犧牲或多或少都是對自己的犧牲，因此犧牲總是包含著痛苦。這是因為如果我所犧牲的客體是屬於我的，那麼我的自我就會無意識地認同犧牲的客體，如果要成為真正的犧牲，該客體必須以某種方式獻出，並確保將來不可能再將其收回。否則，看起來像是犧牲，卻可能只是為了讓接受者有所虧欠而已。在這種情況下，我們表面上是在為他人犧牲，實際上卻是在為自己付出。犧牲者必須能夠意識到他對自己犧牲之物的認

同，並意識到他在犧牲這個客體時放棄了多少——這個客體對我來說越重要，犧牲它時我就越痛苦。然而從好的角度來看，如果一個人能夠獻出自己，那麼他至少擁有自己，因此，自我犧牲和自我放棄的每一個行為，其內在都是自我意識的行為。犧牲行為意味著自我必須放棄自身的某些方面，這正是超個人自性在起作用——事實上，「……只有當我們感覺到自性（這裡榮格指的是超個人自性）真的在我們身上起作用時，犧牲才會發生。我們也可以大膽地推測，我們和自性的關係就像是父親和兒子，自性也許會認為我們的犧牲就是它自己的犧牲。」（p. 232）。在個體化過程（榮格關於人格發展的術語）中，自我參與了自我犧牲的過程；有一些東西感覺很重要，但由於自性的壓力而不得不放棄，不可避免地會導致痛苦。因此，個體化的過程可能需要我們自願犧牲舊的態度、過去的生活方式和長久以來的自我觀念。在這個過程中，我們越來越能夠覺察到自性。不過，必須重申一下，在個體化過程中，不管是自我或平常說的基於經驗的人格都會因為自性的需要而受到侵犯，因此感到痛苦。在理想情況下，人們應該是自願犧牲，而不是把必須發生的事情強加給某人。對榮格來說，犧牲仍然是個謎。犧牲的衝動來自於無意識，而自我無法完全理解正在進行的轉化過程（CW 5）。

與此同時，當我們與自性的需要鬥爭時，榮格認為自性也在迫使自己進入我們的意識層面，從而變得更有人性、更有意識——這是他對道成肉身（incarnation）在心理層面的理解。他指出（CW 13, para 331），人類為了實現整合，努力與自性鬥爭，與此同時，自性也在為化身為人格而自願向世俗的束縛有所犧牲。在基督教神話中，這一過程被描述為基督為愛而付出的自我犧牲；對榮格來說，基督是一個超個人自性的意象。德萊弗斯（Dreifuss, 1977）在討論這個問題時引用了馮‧法蘭茲（von Franz）與他私下交流的內容：「對自性付出的

受苦的靈魂：從深度心理學看痛苦的經驗與轉化

犧牲、意識的覺醒，一方面帶來痛苦，但另一方面也因為它帶來意義的體驗而有了快樂。」

自我（the ego）向自性屈服的需要在心理治療中的涵意是，治療師和患者都需要必要的犧牲。患者在時間、金錢和情感上的犧牲是顯而易見的；治療師的犧牲也很重要，包括孤立的工作狀態、治療性的節制、壓抑自己的願望、持續暴露於痛苦的感覺之中、焦慮、偶爾的厭倦，以及因為患者議題「污染」引發出治療師自身的難題。這就是為什麼榮格認為治療師和患者一樣都在治療之中，除非兩個人都發生變化，否則改變不可能發生。所有這些都會對治療師的身心健康造成相當大的負擔。為了讓生活繼續下去，究竟需要犧牲什麼？答案不總是顯而易見，探索這一點也許也是治療過程的一部分。我們也發現，這是聖經中犧牲故事的一個重要特徵，亞伯拉罕（Abraham）願意聽從上帝的命令，犧牲他的兒子以撒（Isaac）（《創世記》22:1-13）就說明了這一點。德萊弗斯（1977）指出，亞伯拉罕願意犧牲以撒，在刀快要落下的同時，旁邊的灌木叢中出現了一隻公羊，說明如果我們準備好了主動犧牲，生活狀況就會發生重大的變化。[3] 傳統的信徒認為，上帝要求亞伯拉罕有所犧牲，因為亞伯拉罕接受這個要求，所以上帝改變了他原本的破壞性目的。從心理學的角度來說，這是一個自我服從於自性的神話形象。很顯然，這樣的犧牲需要巨大的信仰，也

3　原註3：「被縛的以撒」長久以來一直是宗教、文學、藝術等領域的重要主題，具有重要的心理學意義。因為希伯來語有不同的解讀方式，一些學者認為亞伯拉罕真的犧牲了以撒，所以後來的故事被改編成現在的版本，其實是為了防禦父子謀殺這一難以想像的事實。其他作者認為這個故事是對祭祀兒童行為的抗議，也被視為基督獻祭的預兆。精神分析學家推測這個故事的基礎是戀母情結，而死亡的威脅可能是對以撒與母親亂倫的懲罰。亞伯拉罕背叛了他父親的宗教信仰，害怕他的兒子也會背叛他（Sugar, 2002）。活人祭祀在戰爭中仍然存在，我們在戰爭中犧牲士兵和平民，所以軍隊文化也可以視為一種祭祀制度（Marvin 等，1999）。死刑也可視為一種活人祭祀的形式（Smith, 2000）。透過持續的環境污染和銷售不健康的食品、藥品等方式，我們也會因為經濟原因犧牲人民。

引發一個思考：自我能否拒絕自性的要求？

　　在古代的宗教傳統中，只有男性才能舉行動物祭祀儀式。南茜‧傑伊（Nancy Jay, 1992）認為，這種男性獨有的特權是因為男性嫉羨女性的生育能力。當上帝的形象從女性變為男性時，生育成了必須解決的問題。於是，在聖經中，每一個頭胎雄性動物都屬於上帝（《出埃及記》13:12-14）。傑伊認為，男性上帝要求擁有所有動物的頭胎，是要試圖「重生」他們。甚至頭胎生的兒子都要給司祭錢，作為象徵性交換，才能把孩子贖回來，或者父親會犧牲一個動物來代替自己的兒子，從而象徵性地給了兒子生命，於是孩子就屬於父親而不是母親。

　　雖然猶太教與基督教共同的神話強調的都是父子之間的犧牲，但在希臘神話中（至少在歐里庇得斯（Euripides）偉大的戲劇《在奧利斯的伊菲格尼亞》〔*Iphigenia in Aulis*〕中）我們看到的卻是父親犧牲女兒的行為。為了要安撫他曾經得罪的女神阿耳忒彌斯（Artemis），阿伽門農（Agamemnon）收到殺死自己女兒伊菲格尼亞的命令，只有這樣女神才會賜予他們航行到特洛伊戰場的有利風向。伊菲格尼亞願意犧牲自己，一方面是為了取悅父親，另一方面是為了愛國精神。雖然一些在相信來世的傳統中，女性也會作為宗教殉道者，為了信仰而犧牲自己。但是一般而言，在神話中，犧牲孩子的都是父親，而不是母親。過去傳統的印度婦女會在丈夫葬禮的柴堆上殉葬，很顯然這是一種極度悲傷的表達，也是一種淨化夫妻罪孽、保證來世能夠團聚的方式。

痛苦、自我犧牲和殉道

　　殉道可以廣泛地理解為出於宗教或政治動機的自我犧牲。因為自

受苦的靈魂：從深度心理學看痛苦的經驗與轉化

殺式爆炸事件頻繁發生，這也是當代文化中一個反覆出現的主題。殉道是古老的原型現象，出現在一些宗教傳統中；在這些傳統中，殉道者是對上帝虔誠和奉獻的英雄典範。殉道在猶太教、基督教和伊斯蘭教等宗教中非常典型，這些宗教會承諾來世、死而復生或是在天堂的獎勵等。政治烈士則為了愛國的價值觀或愛國主義事業而犧牲自己。宗教殉道和政治殉道有一個共同因素，那就是為了比自己更重要的理想而恪守承諾。因為殉道有許多根源（政治的、宗教的和心理的），也許不只是某種單一現象。

英語「殉道者」（martyr）一詞源於古希臘詞彙「martus」，意為「見證者」。早期的基督徒用這個詞代表那些為基督見證而死的人。就像動物獻祭一樣，在殉道的例子中，暴力、死亡與靈性轉化或神聖化之間似乎有某種聯繫。例如，基督教殉道者認為他們促進教會的團結，證明他們信仰的力量勝過異教徒，因此會模仿耶穌之死。穆罕默德的早期追隨者也因為他們的信仰而受到迫害。猶太人的傳說中有一個很好的例子，《馬加比書》（the Book of Maccabees）中安提奧克斯國王（King Antiochus）的故事。安提奧克斯國王禁止猶太人的傳統宗教，試圖強迫人們朝拜宙斯。安提奧克斯國王要求他的七個兒子在母親面前吃豬肉，吃了，就放他們一條生路。前六個人拒絕了，結果遭折磨致死。他們的母親懇求最後一個兒子像他的兄弟一樣死去，不要屈服。這三種主要的一神論宗教的傳統歷史充滿了類似的故事（Berenbaum 等，2004）。如果一個人相信殉道一定能獲得天堂的永生，那麼至少對那些自願殉道的人來說，以上帝的名義自我犧牲似乎是逃離這個世界不幸的一種方式。殉道通常被認為是為了贖罪而承受的痛苦，因為殉道者認為殉道是為了減輕因罪孽所受到的懲罰而付出的代價。對認同尼采的懷疑論者來說，殉道是以虔誠為幌子的自我提升的方式，並不是對基督的謙卑模仿，而是軟弱無力的人的

偽裝，他們只是為了能在天堂獲得力量，或者希望成為精英聖徒。這種態度對很多宗教殉道者的真誠和勇氣來說並不公平，它沒有考慮到人們為了社會正義的重大付出，比如大主教奧斯卡·羅梅羅（Óscar Romero）和馬丁·路德·金博士（Dr. Martin Luther King Jr.），他們都因為社會活動而遭暗殺。聖雄甘地（Mahatma Gandhi）為了爭取印度獨立，曾威脅要餓死自己。迪特里希·邦赫費爾（Dietrich Bonhoeffer）[4]也是因宗教信仰而政治殉難的例子。

通常，一個社會會追授為集體受苦和犧牲的人為烈士，就像我們看到的拉科塔蘇族首領瘋馬（Lakota Sioux Chief Crazy Horse）的例子；瘋馬在遭美軍關押期間被殺，族人視他為烈士，隨後受到族人的極高尊崇；後來他又受到了所有美國印地安人的尊敬，因為他抵抗了白人擴張疆土。最終，關於他的故事逐漸把他的形象轉變成蘇族基督的傳奇人物（Hyde, 1961）。人們會把殉道者視為族群意識型態的核心人物，因此銘記他，這是很典型的現象，因為這樣的人物能夠增強族群的身份認同。不過，烈士的地位也是有爭議的，這取決於人們所處的政治立場。鮑比·桑茲（Bobby Sands）是臨時愛爾蘭共和軍（Provisional Irish Republican Army）的成員。一九八一年，有十個人為了抗議在英國監獄遭受的待遇而絕食，鮑比·桑茲是其中之一。他的死引發了愛爾蘭共和軍的招募熱潮和國際媒體的密集報導。對他的追隨者來說，他是英雄、是流血犧牲者、是殉道者；而對他的批評者來說，他只不過是一個狂熱分子和恐怖分子。

早期基督徒的殉道不僅具有重要的宗教基礎，還有重要的政治意義，因為基督教信仰直接挑戰了曾經作為國家權力結構一部分的羅

4　原註4：邦赫費爾是一位路德教牧師，二戰爆發時在紐約的聯合神學院工作。他離開了安全的職位回到德國反對納粹，最終遭納粹處死。後來人們認為他是一位殉道者，即使仍有爭議。

馬諸神。如今，即使有人是為了政治原因而犧牲，我們使用的仍然是「烈士」一詞，賦予這類事件類似宗教的性質。一九九八年馬修・雪柏（Matthew Shepard）遭到仇恨犯罪者殺害之後，許多人把他描述為為同性戀權利而犧牲的殉道者。公民權利的工作者也被視為烈士；對一些人來說，廢奴主義者約翰・布朗（John Brown）也是民權烈士。一八五九年約翰・布朗遭到處決，成為美國內戰的導火線之一。布朗的政治鬥爭部分是因為他相信上帝不會批准奴隸制。亞伯拉罕・林肯（Abraham Lincoln）也被視為追求種族平等的烈士。

巴勒斯坦哈馬斯運動（The Palestinian Hamas movement）認為殉難是聖戰（jihad，意思是為真主而努力）的縮影，聖戰在伊斯蘭律法擁有中心地位。由於信仰聖戰、再加上預防犯罪的宗教責任，所以哈馬斯認為攻擊以色列是道德規範的一部分。在西方媒體中，那些引爆自己的伊斯蘭激進分子通常被稱為自殺炸彈客。然而，儘管伊斯蘭教明令禁止自殺，還是有人拒絕這樣的說法和指示，他們堅信他們所做的事情是在為真主服務。其他穆斯林學者也禁止這種做法，他們認為生命是神聖的禮物，不可如此濫用。從臨床角度來看，「自殺炸彈客」一詞也不準確，因為自殺者和宗教殉道者的動機和心理狀態完全不同，對待死亡的態度也完全不同。大多數有自殺傾向的人都很憂鬱，但宗教殉道者可能並不憂鬱。當代的伊斯蘭殉道者對他們為西方國家所掌控而感到羞恥和恥辱，並對此非常憤怒，眾所周知，這樣的感受正是人類暴力的來源。我們對伊斯蘭恐怖分子的發展動力或心理狀態還不夠瞭解，無法好好描述他們。萊斯特（Lester, 2004）認為自殺炸彈客具有權威型人格的特質，這是西奧多・阿多諾在一九五〇年所提出的一種人格特質。權威型人格特質有一些特點：嚴格遵守傳統價值觀、服從理想化的道德權威、具有侵略性、把自己的問題投射到外部群體、關注力量、貶低反省等等。萊斯特認為，大多數中東恐怖

分子都在基本教義主義的教派中長大，這種教派助長了權威型人格的態度。大多數宗教殉道者都是基本教義主義者，世界各地宗教的基本教義主義者在政治上往往保守、專制，而且反民主。現代宗教的殉道在某種程度上可以被看作是對現代思想和自由民主的基本教義主義式的抗議。許多基本教義主義者表現出內在分裂為全好和全壞，所以非信徒可能被視為妖魔，甚至殺害。基本教義主義者認為上帝是懲罰性、審判性的形象，他們有滌罪的衝動，對教外人士也有偏見，所有這些都強化了他們殉道的動機（Altemeyer 等，1992）。第六章會進一步討論基本教義主義。

在這種情況下，深度心理學家對伊斯蘭教的一些傳統很感興趣；在伊斯蘭教的傳統中，殉道者可能在夢中或清醒時預先知道自己的死亡。這部分古老的思想存在於很多宗教之中，他們認為夢可能是真主送來的資訊；這一傳統在現代伊斯蘭殉道者中仍然存在。殉道者的朋友們經常會在前者死後夢到他們，他們向做夢的朋友保證他們在天堂裡很快樂，這對聖戰主義的思想意識是非常重要的（Cook, 2007; Edgar, 2007）。因為我們無法確定伊斯蘭激進分子的行動是出於宗教還是政治動機，也不清楚出於宗教動機的比例，所以要準確定義殉難就更加困難。他們對波士尼亞和車臣等地暴行的復仇行動，也讓我們對相關事件的動機更加困惑。

殉道者與受虐狂

當一個宗教殉道者自願選擇受苦時，就會涉及這樣一個問題：這種殉道是否是一種與性無關的受虐？因為從表面上看，極端的道德受虐（為了更大的利益而受苦）和宗教殉道之間似乎有一些相似之處。在這兩種情況下，個體都覺得他們是在為一個更大的目標服務，痛苦

因而有價值，同時，宗教殉道和受虐也都是一種對壓迫者的反抗。然而，儘管這兩種情況有一些相似之處，但背後的心理動機往往大相逕庭。受虐者是受到早期撫養者的粗暴壓迫，而宗教殉道者則是受到宗教或政治壓迫者的壓迫。受虐者無意識地想讓童年施虐者看到他有多痛苦，或者想要施虐者感到內疚，希望自己最終能獲得他需要的愛和關係。也許受虐者是在用他的痛苦來穩定自己脆弱的自體感。相比之下，殉道者可能有完整的自體感，只是想表現自己為宗教或政治獻身的精神，這比他自己的痛苦更重要。受虐者的性格無意識地安排著他的生活，使他看起來一直都是邪惡命運的受害者。他有一種無意識的自我懲罰的需要，這會引發自我挫敗的行為，但宗教殉道者在殉道之前可能從未表現出這種自我引發的痛苦。此外，真正的受虐行為會產生一種滿足感，而這種滿足感在非自願殉道的情境中可能並不存在，殉道情境是一個人被迫為了他的信仰而受苦。

阿德勒（Alfred Adler）將「拯救者情結」描述為一種感覺自己必須拯救或救贖他人的優越感。據說這種情結在牧師中很常見（Ansbacher 等，1956）。傳統的佛洛伊德精神分析師認為，宗教殉道是早期家庭情境的重複，在某種程度上滿足了退行的伊底帕斯幻想。他們視教會為慈母，而神聖的父神愛著殉道者，也允許殉道者被教會母親所擁抱，而不是一般會發出的伊底帕斯的憤怒。相反地，父神會對殉道者的敵人感到憤怒（Bradford, 1990）。即使在今天，獲得聖父青睞的需要仍然是這種父權一神論的主要特徵。也許早期的基督教殉道者存在著某種心理動力因素，但是我們很難確定能否用當代的心理學理論來解釋他們的行為，因為現在的文化已經完全不同了。

自我犧牲對於真正的信徒來說是至關重要的，這是艾利克・霍弗（Eric Hoffer, 2002）所描述的一種人格類型。真正的信徒相信絕對真理，並且隨時準備為絕對真理運動犧牲自己，但真正信徒的動機和殉

道者或受虐者的自我犧牲動機有所不同。霍弗認為，真正的信徒對自己失去了信心，或者感覺自己是個失敗者。他有強烈的不安全感，只能透過強烈的擁護某些運動集會來獲得自我肯定。從精神分析自體心理學角度來看，群體及其群體事業對真正的信徒來說，是將他統整起來的不可或缺的自體客體。真正信徒的事業讓人感覺是正義的，他的創造力和原創思維也全部為事業的發展而服務。真正的信徒常常（但也不是一直）準備好為即將到來的新生活或更美好的世界而死去——他甚至可能把他的鬥爭看作是宇宙戲劇（cosmic drama）的一部分。為了自己的鬥爭，他覺得犧牲許多其他人的生命也無關緊要。這樣的極端主義者感覺自己很特別、是天選之子，他的運動為個人的存在焦慮和無意義感提供了避難所。個體成為「緊密結合、歡欣鼓舞的統一整體」的一部分（p. 41）。他因為融入了集體運動，而失去了個人的身份認同。

代罪羔羊的犧牲

在人類歷史的進程中，許多社會群體都相信，如果他們把自己的罪孽加諸無辜的受害者身上，自己可以得到淨化，而無辜受害者就會為了群體的利益而犧牲。人類學家勒內‧吉拉爾（René Girard, 1977; 1987）提出，這種代罪羔羊行為有生物學基礎。他認為，由於人類天生具有侵略性，且早期人類歷史由群體之間無休止的攻擊和反擊組成，因此這種侵略性必須找到出口宣洩，代罪羔羊就是這樣的出口。代罪羔羊的犧牲死亡可以結束這樣的因果迴圈。那時的社會群體會使用某些形式的犧牲來維持社會秩序。殺死代罪羔羊是一種受約束的儀式性暴力。

吉拉爾的暴力起源理論與傳統觀念形成了鮮明的對比，傳統觀念

認為人類的侵略是由於資源匱乏和衝突造成的。吉拉爾認為，人類的核心特徵是「源於渴望的模仿」（acquisitive mimesis），這正是衝突產生的核心。也就是說，我們會模仿並嘗試獲得別人想要的東西；他認為，我們的欲望總是受到別人想要的東西所影響。當一個人獲得某件物品時，周圍的人也會想要，並試圖獲得這件物品，於是產生了衝突、嫉羨和暴力。如果一個人不想獲得某樣東西，其他人可能也不會對它感興趣，但我們本能地想要獲得別人擁有的東西，並且會為之競爭[5]（這種人性陰暗的觀點聽起來像基於模仿的行為習得理論）。吉拉爾認為，在這種情況下，要防止社會暴力，除了自我反省、妥協或精神自律之外，只有一種社會方法，那就是把社會的破壞性轉嫁到一個可以被犧牲的代罪羔羊身上。代罪羔羊可以是身邊能找到的任意一個受害者。即使代罪羔羊可能與源於渴望的模仿所引發的衝突無關，人們也非常願意遵循群體的意願，不願提出反對。通常代罪羔羊都是局外人，或者是社會邊緣人，或是其他種族或宗教群體的成員。社會群體把代罪羔羊視為邪惡的，從而合理化其暴力行為。吉拉爾舉了兩個例子，一個是中世紀歐洲猶太人，人們視他們是爆發黑死病的罪魁禍首；另一個是被當作女巫而燒死的女性。社會問題出現時，代罪羔羊似乎是所有問題的根源，所以當受害者被犧牲，原本可能導致內部社會衝突的暴力也就消散了。透過這種方式，他者被驅逐、社會凝聚力和平衡得以維持，直至新的競爭對抗出現。

有趣的是，由於犧牲的受害者拯救了社會，有時會被神化或奉為救世主的形象──為了拯救整個社會而犧牲了自己。人們發現，如果他們把暴力發洩到代罪羔羊身上，社會內部就會很和諧，而這個過

5　原註 5：吉拉爾提供了新的理解代替傳統的伊底帕斯情結。他認為，兒子並沒有因為把父親看作是競爭母親的對手而感受到閹割的焦慮。相反地，兒子天真地愛著母親，對母親沒有性欲、對父親也沒有暴怒；是父親把兒子對母親的愛看作是競爭，是父親感受到了威脅（Williams, 1996）。

程開始變成定期獻祭的儀式。因此，在人類歷史的早期，獻祭用的是人，後來才用動物代替，所以吉拉爾認為宗教植根於暴力，而暴力在宗教服務中得到昇華。[6]吉拉爾認為這種源於渴望的模仿和暴力的犧牲是所有人類宗教和文化的基礎（如果這是真的，我們人類可能就沒剩下多少希望了。吉拉爾受到多方批評，例如他試圖將宗教起源歸結為單一機制，這種理論非常狹隘（Adams, 2000）。在早期的作品中，吉拉爾（1986）把所有的獻祭都看作是代罪羔羊的過程，耶穌也是維護社會秩序的代罪羔羊。後來（2008）他認為，聖經之前的宗教是這種機制，而基督的自我奉獻是一種不同類型的犧牲，並不像傳統的說法那樣是需要為人類贖罪，而是一個我們可以追隨學習的一種捨己之愛的範例。在吉拉爾（他是一位基督教思想家）看來，耶穌的復活給人類帶來了希望：即在神的恩典下，人類歷史上的暴力迴圈最終可以停止。

關於自我犧牲和自我愛護

自我犧牲可能是親密關係的一個重要面向（Van Lange 等，1997）。自我犧牲有助於促進親密關係中產生感激和信任的感覺，增加伴侶的被重視感，以及對關係的滿意度和忠誠度。自我犧牲可能完全是利他主義的，出於對他人的同理，也可能是更自戀的，為了增加自己的自尊，或為了提高伴侶在未來有所回報的可能性。

許多文化都認為，能為國家或宗教犧牲很光榮。為什麼人們

---

6 原註6：吉拉爾的理論植根於佛洛伊德學派。在佛洛伊德的《圖騰與禁忌》中，年輕人（原始部落）會殺死部落的族長，然後舉行傳統的祭祀儀式來補償謀殺行為。這個儀式一方面紀念這一事件，另一方面也使人們有機會表達既悲傷又快樂的情緒，因為他們對父親既愛又恨。大多數當代作家認為佛洛伊德這一觀點沒有歷史依據。

願意為了一種意識形態或國家事業而冒生命危險？羅特利奇等人（Routledge 等，2008）認為這個問題的解釋可能與恐懼處理理論相關。這一觀點認為，我們對死亡的意識驅使我們更關注文化信念系統和價值觀，這為我們提供了超越死亡的象徵性意義，如此一來我們感覺自己是屬於某個更宏大事物的一部分。例如，一個士兵可能願意為了他的國家或民主和自由而死。對死亡的高度意識，提高了人們為達到某種世界觀的標準而努力的嘗試，人們因此覺得自己值得擁有安全感，也許也值得擁有那些被許諾過的死後生活。自殺式炸彈和日本神風特攻隊飛行員就是在這種情況下出現的。

因為自我犧牲可能會過度，基督徒有時會在適當的自愛和為了他人自我犧牲之間掙扎。基督教傳統教導人們要虛己（self-emptying），這一過程被稱為「自我的倒空」（kenosis），亦即一個人全然接納神。但倒空的自我必須是有價值的，而且只能為了正確的理由而犧牲。在討論這個問題時，李比特（Lippitt, 2009）指出「真正的自愛和愛他人常常密不可分」（p. 132）。健康的自尊，即感覺自己是一個有價值的人，不僅能夠激勵人們以道德的行為對待他人，也常常是我們對他人提供幫助的前提條件。

痛苦對人格的影響

痛苦的積極影響和消極影響

　　痛苦具有兩面性，對人格及其發展的影響可能是有益的，也可能是有害的。痛苦可能使我們更樂於改變，也可能使我們已經習慣的因應方式更加僵化。痛苦可能從根本上改變我們對這個世界以及對自己的看法，也可能進一步強化我們終生的悲觀生活態度。痛苦迫使我們選擇，甚至迫使我們選擇那曾經一度迴避的東西，並常常從根本上改變我們生活的進程。有時，極端的痛苦會使一個人展現出他曾經隱藏的性格特徵、打破他的防禦；痛苦會使一個人無法再隱藏人格或掩蓋陰影。痛苦既能喚起人性中光明的一面，也能喚起黑暗的一面，它揭示我們的許多品質，比如犧牲、勇氣、韌性和同情心，也暴露我們的自私、我們更希望他人犧牲的意願，以及我們的怨恨和痛苦。許多文化都認為，痛苦所帶來的智慧和領悟，往往是其他事情無法企及的。痛苦可能使我們重新認識我們想要什麼樣的生活，以及哪些事情對我們真正重要。正如佛陀所指出的那樣，我們需要領悟痛苦是不可避免的。十字架上基督受難形象正是基督教的核心。不過，我們並不需要加強某種特定的宗教色彩，只要探索痛苦所帶來的心理影響就可以了。痛苦是西方文明史上最重要的文藝題材之一。

　　我認為，當痛苦帶來以下結果時，就可以說痛苦是有益的，比如：痛苦加強對他人痛苦的同理和同情、提高與他人相處的能力、能夠更深刻地欣賞日常生活中的平凡事物、消除諸如傲慢這種自戀的問題、深化精神生活、帶來超個人自我的新體驗、增加智慧、提高幽默的能力、重組價值觀，以及深化自我認知等。心理治療師的任務，便是盡可能地協助患者發展這些能力。

　　痛苦可能會改變我們曾經覺得重要的事，讓我們質疑自身的信仰體系；透過痛苦的鏡頭，我們也許能夠重新闡釋自己的人生經歷。

痛苦常常使我們不再那麼天真——我們失去了自己可能刀槍不入的幻想，開始感到脆弱和害怕。我們進入全新的存在狀態。如果痛苦動搖了我們的價值觀和信仰，那我們的個人行為準則和迄今為止所追求的目標都會受到質疑。這些目標很重要，給人帶來生活有目的的感覺。我們的目標與價值觀緊密相連、密不可分，使我們擁有方向感和生活的意義感。我們的自尊常常會因為我們實現目標的程度而深受影響。嚴重的生活危機會使我們重新思考生活，也許必須重新評估我們的處境。一些特有的行為模式，如極端獨立、照顧他人的需要而忽視自己、需要掌控一切、終生無法信任他人等，這些模式的因應機制在危機情況下可能都不再有效，這時，人們被迫改變，但也有些人可能因此崩潰。

痛苦可能帶來巨大的怨恨、憤怒，使人越來越關注自我，越來越懷疑人類價值等。這些反應是對難以忍受的脆弱感的一種保護。面對痛苦，人類有一種常見的憂鬱反應，即生活中的某件事情發生後，我們不得不放棄對成功、權力、美麗或名望的自戀幻想時（尤其是我們曾經一直用這些幻想來增強自尊的情況下），就會出現憂鬱反應。失去這些幻想會增加我們的痛苦。這些幻想最早源於我們的早期生活，源於我們認為生活中什麼是重要的、什麼是令人嚮往的；不過也有許多痛苦來自我們不願放棄這些幻想。我們用現實的成就和生活中的地位來支撐自己的形象，如果疾病等事件使我們失去了這些支撐，痛苦就會增加，然後我們不得不問自己到底是誰，重新審視自己真正的價值所在。

如果我們讓周圍的人痛苦，自己的痛苦也會增加，例如：如果我們對那些讓人痛苦的問題過於憤怒，氣氛就會變得很緊張，家人或想要幫忙的人試圖靠近我們時就變得非常困難。或者我們也會嫉羨那些更幸運的人。有時我們會用一些次要問題來轉移注意力，如此一來就

不用面對那些主要問題所帶來的痛苦了，但這也使我們遠離了對這些痛苦的意義和目的的探索。

面對一個正在經歷痛苦的人，心理治療師可能會產生許多困惑。我們可以選擇因應極端痛苦的方式嗎？面對痛苦，我們是選擇誠實與平靜，還是選擇憤怒、絕望和苦澀的態度來迎接它？痛苦也許會使我們更堅強，也許會使我們毀滅。同樣在極端情況下，為什麼有些人選擇與之鬥爭，而另一些人卻變得憂鬱和自我毀滅？我們對這些問題的回答取決於我們對自由意志和決定論的態度，第十一章會詳細討論。這裡我想說的是，面對極端痛苦時，我們會根據自己的發展水準和人格因素，有時也會結合我們的宗教信仰，來選擇如何因應痛苦。安全的依戀模式和嬰兒期基本信任的發展，以及當我們處於困境時不斷被照顧的童年經歷，這些就像無意識記憶一樣留在我們心裡，像蓄水池一樣，在困難的時期為我們提供希望和信念。

因應痛苦：保護與轉化

因應痛苦沒有所謂「最好的方法」，心理治療師必須在與患者的工作中辨別哪些方法對患者有效。雖然治療師可以巧妙或無意識地鼓勵患者，使患者最終以一種對治療師有益或者符合治療師世界觀的方式來因應痛苦（這對治療師來說是很大的誘惑），但如果心理治療師嘗試把患者帶到某個特定的方向，那不會給患者帶來任何幫助。然而，面對嚴峻的生活挑戰，人們有相當多不同的因應方式。當我們面臨的問題遠遠超出能力範圍時，很可能會出現退行（regression）或全面性的代償失調（full-blown decompensation）。但如果我們認為問題有可能解決，那麼生活危機就會變成挑戰，甚至令人感到興奮。只要不是完全令人無法招架的壓力，就能為發展和成長提供新的可能性。

在戰爭時期，以及所有因戰鬥所導致的異常社會時期中，人們會發現，當一個人受到恐懼和痛苦的折磨，求生技能到達忍耐的極限時、潛在的忍耐力和領導力可能會迸發出來，而在未來生活變得困難時，可以再次利用這些能力。有些退伍軍人說，戰時經歷幫助他們學會了如何因應逆境和珍惜生命；戰鬥經驗使他們感覺生活更有目標、不那麼無助，也更有韌性（關於戰爭帶來的消極影響詳見第八章）。

這種情況下，各種各樣的壓力因應策略都要加以考慮，這些策略對處理那些可能由危機導致的痛苦很有意義。壓力反應最初的現代分類是從區分「問題聚焦」和「情緒聚焦」兩種因應方式開始（Lazarus 等，1984）。問題聚焦的因應方式試圖處理壓力源本身——消除或是避免，或是減少其影響。因此，失去一份工作會使人們努力找另一份工作。情緒聚焦的因應方式是試圖減少問題帶來的痛苦，透過某種形式的放鬆、尋求他人的支持或心理防禦機制（如否認）等方式來減少痛苦。當然，這兩種方法可以同時嘗試，相輔相成。另一種區分方式是「參與型因應」和「逃避型因應」，前者試圖積極因應壓力及其伴隨的情緒，後者試圖逃避問題及其相關的情緒（Moos 等，2003）。「參與型因應」與以問題聚焦因應和情緒聚焦因應都有所重疊，因為其中包括尋求支援、接納，以及在現狀中發現積極意義，同時以更有益的態度取代適應不良的態度。一個人可能因為感受到壓力的威脅而放棄一些目標，或者嘗試以其他方式適應壓力。「逃避型因應」試圖選擇諸如酒精、賭博或其他分散注意力的策略來避免情緒的困擾，甚至到了滿足願望的妄想（wishful thinking）或否認的程度，好像問題根本不存在一樣。很明顯，這種方法並不能解決問題，而且使用成癮物質分散注意力還會帶來額外的問題。過去人們認為，主動因應（如主動負責和改變生活方式等）總是比被動地因應壓力要好，比如因應疾病等問題，但過度主動因應可能反而對罹患心臟病和高血壓的患者

有害。

面對痛苦時，我們對困難情境的評估非常重要，因為評估會影響我們的因應方式。我們的情緒會隨特定情境所帶給我們的意義而變化。比如，當我們受到威脅或傷害時，尤其是受到公平的傷害時就會生氣；失去會帶來悲傷；當我們覺得自己違背了重要的道德觀念時，就會產生內疚感（Lazarus, 1991）。個人對困難情境的評估非常重要，因為同一件事對於不同的人來說，可能有著不同的意義。物理學家史蒂芬・霍金（Stephen Hawking）幾乎完全癱瘓，但他積極因應這個困難，因為疾病並沒有影響他的大腦，而對他的工作來說，大腦就是核心。霍金的例子說明，我們無法假定自己能夠預測痛苦所帶來的後果；比較可取的方法是，嘗試探究自己在實際生活中如何評價他或她的痛苦。評估某種情況的重要性，往往基於我們的信仰體系、對生活的態度，以及我們的世界觀等。有些因應方式是文化認可的，一些則非常個人。身處困境時，我們可能試圖從中找到對我們來說重要的東西，因為重要的東西能賦予痛苦意義。如果我們認可捐贈器官可以挽救另一個人的生命，也認為這件事具有重要價值，就可能為喪親之痛賦予不同的意義。尋找意義的過程，很大程度有賴於我們的價值觀和我們認為重要的事情，也許是金錢，也許是某種社會價值（比如公正），又或者是一種精神追求（如為他人服務），也可能是這些因素的組合（關於在痛苦中尋找意義的問題將在第八章討論）。然而，當人們不知所措時，可能會放棄尋找任何意義；他們不再關心任何事情，為了因應無法忍受的痛苦，他們會停止工作。某些情況下甚至會完全退縮，看起來很像憂鬱症的一些症狀，但實際上是為了迴避未被承認的失去所帶來的悲傷。

面對嚴峻的生活處境時，每個人的因應方式有很大差異，有些人的因應方式會比其他人更有效。面對壓力時，我們的人格特質對如何

選擇因應方式有著重要影響（引自卡佛的綜述〔Carver, 2010〕）。神經質（更容易長期受到負面情緒影響的傾向）往往會使人們把當前處境評估為特別有威脅。而外傾性、責任心和開放性使人更容易把壓力看作一種挑戰，而不是威脅。能夠好好因應壓力的人往往擁有可信賴的人際關係，他們和藹可親、樂觀向上、自尊心強、能信任他人、認為自己有價值，並且以問題解決導向的態度面對生活。各種各樣的資源對於因應困境也有幫助。先前處理這個問題的經驗或因應普通逆境的經驗，都會有所幫助。這就是為什麼有時候老年人比年輕人更善於處理困境。韌性和個人的效能感也很重要，還有忍受痛苦、避免崩潰的能力同樣重要。能夠向他人求助（包括專業人士以及家人）、充足的資金和社會支援，也是有幫助的。先前的失敗經驗、沒有支持的家庭、對疾病（如愛滋病）的社會恥辱感，以及對自己神經質的信念，這些都是無益的。悲觀主義和宿命論會使問題更加惡化。

　　試圖保護對自己有價值的東西，是人們面對危機和威脅的主要反應之一。例如，一九三九年，佛洛伊德直到最後一刻都拒絕離開維也納，他相信自己經受得住納粹的風暴，因為家對他來說具有重大意義。在某種程度上，這種行為顯示了他的勇氣，但也說明了人類害怕離開已知、面對未知，這也許也能說明否認的力量。面對痛苦時，許多因應方式都是在試圖維持和保存對我們來說重要的東西，如自尊、財產、工作、家庭、世界觀、宗教信仰或健康等。這些為了保存的努力是我們因應壓力的重要方式。要在痛苦面前保持自己的價值觀，就像曼德拉（Nelson Mandela）在多年監禁中所秉持的，需要的是勇氣與正直。

　　在巨大的壓力之下，我們獲得生活意義的日常方式可能不再有效，也許需要我們徹底改變。在面對重大的生活變化時，仍然試圖維持原有的生活方式可能會導致長期的挫敗感。如果可以，轉化是更好

的選擇。在毀滅性的疾病或傷害之後，轉化意味著人們必須在生活中樹立新的價值觀和目標。如果一個志向遠大的球員因為傷病永久影響了運動能力，不得不放棄成為職業球員的夢想，但他可能可以發展成為一名教練。有些為了轉化的努力可能會失敗，也有些會帶來徹底的人格改變。失去了原本的生活目標，我們必須找到新的生活目標和新的優先事項。在轉化的過程中，人們可能重返校園、選擇新的職業，並形成對自己的新信念。在心理治療中，我們很難判斷患者因應痛苦的方式是保護還是轉化。這在很大程度上取決於患者的目標、動機、改變的能力，以及他所在的社會群體是否會支援他徹底改變。心理治療師可以通過觀察一個人的情緒，以情緒為指標來評估患者在因應過程中成功與否，也可以通過詢問他是否覺得已經盡可能地處理好目前的情況，或者是否還有更多的事情要做。

從短期來看，或許逃避比解決問題更有幫助，事實上從長遠來看，逃避也許完全無濟於事。否認疾病（如癌症或心臟病發作）的嚴重性，可能會減少焦慮或憂鬱，因為可以削弱我們的壓力反應，但如果否認阻礙我們的生活方式所需要的必要改變，最終可能導致個體無法適應當下的困境。有些因應方式可能會帶來短期的不適，但卻會產生長期的效益。例如，書寫和談論創傷一開始可能讓人感覺更糟，因為會喚起對事件的記憶，但從長遠來看，卻是有幫助的。

有時，當一個人試圖因應困境，卻難以得到社會支持時，例如受虐的妻子想離開丈夫，但卻得不到支持時；或者無家可歸的人雖然很願意工作，仍然賺不到足夠的錢時。有時我們做什麼並不重要，因為太多情況都超出了我們能控制的範圍。二戰期間，只有六百分之一的人在集中營中倖存下來，他們的因應方式並不會影響他們是否能存活下來——但仍然會有其他影響。請參閱第八章法蘭可（Frankl）關於這方面的討論。

痛苦對人際關係的影響

當關係中的一方生病時，這段重要的關係就會面臨嚴峻的考驗，有時難以維繫，有時變得更加緊密。在困境時期，關係的紐帶可能變得尤其牢固。比如在戰爭中士兵之間所形成的紐帶關係，或是自然災害中受害者之間的關係。當痛苦引發關係問題時，問題不一定是受苦者的夥伴造成，可能是受苦者本人變得退縮，不允許任何人接近。有時，受苦者的配偶和密友也許會感到不安，因為關係可能需要徹底改變。如果人們對關係的承諾是建立在對美貌、權力、財富或聲望等自戀需求的基礎之上，那麼痛苦帶來的負面影響就會特別明顯，因為這些自戀的滿足會因疾病或其他危機而消失；但如果關係是建立在真愛的基礎之上，連繫就能繼續存在。在這種情況下，痛苦可能會進一步強化他們的關係、加深親密程度，因為對受苦者的照顧會成為虔誠奉獻的實踐。

對改變的阻抗

幫助受苦者所面臨的挑戰之一，就是他們對於不可避免的改變會有所阻抗，這種阻抗就像是船在離開港口時試圖牢牢抓住碼頭一樣。如上所述，我們常常會幻想事物應該如何發展，如果不放棄這些幻想，就會導致阻抗；這種幻想往往都是基於對成功、美麗等的理想化期望。所有這些幻想，過去都是用來支援我們的自體感，所以要放棄真的很難；與其放棄夢想，不如對生活生氣、為自己難過。問題往往在於，我們堅持可以完全控制自己的生活。對改變的阻抗也是基於對未知的恐懼，尤其當它威脅到個人安全感的時候。

對改變的阻抗往往是心理治療的核心問題。傳統意義上的阻抗是

指患者對治療工作的無意識干擾，通常是由於對羞辱或憤怒等痛苦情緒的迴避。當患者感到自己某些方面必須隱藏起來時，特別是感到不安全時，就會產生阻抗，例如，向治療師表達憤怒的阻抗，可能是因為害怕遭到治療師拒絕。

所有的心理治療理論都必須處理這個現象，因為在心理治療中，阻抗可能是治療成功或失敗的關鍵，但不同的理論流派看待阻抗的方式有所不同。行為主義者傾向於把阻抗看作不順從或是對立的行為。羅傑斯取向的治療師傾向於把阻抗視為治療師對患者感受處理不當的結果，而確實，治療師傷害性的同理失敗很可能會增加阻抗。有時，治療師的行為會威脅到患者的自體感，因而使患者很難與治療師保持連結。在經典精神分析文獻中提到阻抗常常是表達貶義，但今天，許多深度心理學家認為阻抗往往很有必要。他們認為阻抗是由於患者試圖緊緊抓住他們在童年時期的困境中留下的東西。因為阻抗是一種健康的自我保護形式，所以必須謹慎對待。許多治療師選擇不直接面質或解釋，寧願讓阻抗留在原處，直到治療聯盟足夠安全，阻抗就會自然消失。需要注意的是，當患者帶來的材料刺激到治療師的個人議題時，或者當治療師的治療風格或世界觀與患者非常不同時，可能會使治療師在治療關係中感到不舒服或受到威脅，因而出現反阻抗（counter-resistance）。

對深度心理治療師而言，心理治療所帶來的變化受許多因素影響，如患者防禦的性質和強度、治療師有效處理防禦的能力、治療聯盟的強度、傳移的性質、患者與治療師能夠以富有情感意義的方式重新創造或重新面對困境的能力等。配合適當的情感反應、發展洞察力對於處理當前困境是有幫助的。其他的因素還包括：患者渴望改變的程度、對於改變之後可能失去重要關係的恐懼、耐受痛苦感情的能力，以及對未來的期待等。過去幾年，有一個重要變化是，人們越

來越認識情緒是與生俱來的，與認知相互影響，但並非次於認知。事實上，僅僅改變思維而情緒並未改變，可能是沒有治療效果的。情緒應該是治療的主要目標，不同取向的臨床治療師長久以來一直都秉持這一觀點，但在研究情感的神經科學出現以前，其實很難證實這個觀點是正確的。現在我們很清楚，在心理治療過程中被重新啟動的痛苦情緒，可以與治療師一起透過某種方式，使患者經歷新的情感體驗，從而改變或調節原有情緒，然後治療師與患者協作共同處理其中所涉及的關係動力。在心理治療過程中，情緒重新啟動和重新處理的迴圈、相關情緒記憶的重新鞏固，如此循環往復，似乎對改變至關重要（Greenberg, 2012）。

關於絕望、希望和信念

尋求心理治療的人承受著令人絕望的痛苦，感覺自己永遠無法擺脫痛苦。生活對他們來說似乎徒勞無用，他們受困在一種虛弱的精神狀態之中，因此看待生活和世界的視野很狹窄，並且感覺未來沒有希望。這樣的精神狀態很難向他人描述或解釋清楚，因為身處絕望時，患者對世界的體驗發生了變化，甚至到了感覺世界沒有任何意義的程度。

許多人一生都在希望與絕望之間徘徊。有一些文化不允許人們向絕望屈服，而是鼓勵人們「積極思考」，這樣的文化壓力可能會使絕望的人更加痛苦——文化中的一部分試圖否認痛苦的價值。這也許會使正在經歷痛苦的人感到愧疚，但實際上，他正在經歷的感受是人生中非常合理、非常重要的發展階段。儘管這麼說可能會與人們所處的文化環境相違背，因為那聽起來好像是治療師用一種簡單粗暴的方式說「痛苦是對你有好處的」。

絕望和憂鬱不同，儘管這兩種精神狀態可能重疊，有時也被（錯誤地）認為是同義詞。然而，一個人可能在沒有任何臨床憂鬱症狀的情況下（也就是沒有出現憂鬱症的植物人症狀〔vegetative symptoms〕），對自己的生活狀態感到絕望。絕望比憂鬱更複雜。施泰因博克（Steinbock, 2007）指出，絕望「在我靈性存在的層面上控制了我」（p. 448）。絕望不僅僅是對生活中某一特定情境失去希望，也意味著對生活中的任何事情都失去了希望。因此，施泰因博克指出，沒有希望（hopeless）並不等於絕望（despair），一個人可能會對某件事不抱希望，但在他的內心深處，更廣闊的希望之地也許依然完好無損；但在絕望之中，我們看不到任何希望的存在。在絕望中，我們完全放棄了，「希望的存在是毫無根據的，這就是為什麼我感覺生活的每一個層面都沒有希望。」（出處同上）因為絕望攻擊了希望的根基，所以絕望會使人們走上自殺的道路，「這時我們不僅要從身體層面去理解自殺，也要從精神、歷史和目的性等層面去理解。」（出處同上）也就是說，我可能對未來感到悲觀，但仍然能夠繼續生活；或者，我可能對某個特定的問題感到無望，但仍然能夠繼續生活。可是如果我處於絕望之中，生活就完全無法繼續了，我感受不到任何有意義的可能性。絕望是一種被「囚禁」在當下的感覺，亦即「我無法逃向未來，也無法回到過去」（出處同上），因為過去和未來都不是對當下的救贖。

　　如果一個人沒有什麼積極的生活體驗，也沒什麼重要的人際關係，那麼痛苦和絕望很可能使他無法從心理治療中得到任何幫助。我們確實會看到有些人似乎處於極度絕望之中。不過我們至少要抱持無意識的希望，讓處於絕望中的人接受心理治療可以幫助他們減輕絕望感。重要的是，讓患者的絕望感成為治療過程的一部分。雖然很矛盾，但治療師對患者絕望的同理回應也許足以重新讓患者與治療師

產生連結感，最終可能產生一線希望。患者可能在無意識中希望治療師能夠比他的早期照料者更包容他的感覺，不然他就不會接受治療了。正如奧格登（Ogden, 1979）所建議的，治療師必須涵容患者的絕望，而不是選擇結束治療。

治療師也許能夠感同身受地體會並且包容患者的絕望，同時又能在內心深處保留一線希望或信念，但是要討論這種希望一定會對治療關係造成擾動。如果沒有希望的可能性，心理治療難以為繼。在思想的歷史長河中，希望本身就是千變萬化的存在。人們對於希望的觀點也各不相同，有些人認為，如果希望妨礙了我們關注當下，那麼希望也許就是虛無縹緲、不切實際的東西，只是為失望鋪路而已。而那些關注希望的有益方面的人認為，希望對心理治療來說具有非常重要、非常必要的發展性作用（關於心理治療中的希望，更全面的討論詳見Corbett，2011）。

不管治療師試圖用什麼積極的言論對抗絕望，只會讓絕望的患者感覺治療師並沒有真正理解他的真實感受有多糟糕，使情況更糟。治療師只能坦白地承認，他或她此刻看不到任何希望。至少這會傳達出一種感覺：即治療師可以包容患者的感受，患者並不是唯一一個感到絕望的人。但當治療師面對一個有自殺傾向的患者，卻不知道情況會不會好轉時，就會陷入困境。也許在這種情況下，我們所能做最多的就是關注治療關係，這可能會成為一條救生索。至於可能會發生什麼、可能不會發生什麼，這些問題都可以留在之後討論。對於一個有自殺傾向的人來說，治療師包容絕望的一個重要方式是要有耐心、等待，而不是離開或逃避，這個要求對心理治療師來說既苛刻又可怕。然而，在這種情況下保持在場、與患者一起見證和等待，可能會有幫助。但絕望往往伴隨孤立感，所以有時候患者也許很難感受到治療師的情感在場。這種情況下，治療師必須格外小心，如果患者意識到治

療師也很絕望時，為了照顧治療師，他很可能會假裝自己感覺好一點了。絕望可能會生出轉變，但每個人的狀況不同，我們永遠也不知道出現的到底是什麼。絕望也許是進入新的意識狀態的開始，可能踏上成功，也可能導向失敗。

從本質上來看，如果一個人真的陷入絕望，什麼也幫助不了他。治療師對這種絕望的反傳移反應往往是自己也會產生類似的無望感，感到無能為力，好像自己什麼都做不了。然後，不僅是患者很絕望，治療師也會絕望地尋找一些有用的東西，這可能會使治療師感覺自己不夠好。這時，治療師會很容易回到理論中，尋找對當下情況的理解，並搜索相應的技術，但一般來說不會有幫助。如果患者的絕望是由治療師的失敗所導致的，這樣的失望有可能被理解、承認，並且修復。其他類型的絕望是由患者的生活狀況所導致的，並不是治療本身的結果。如果治療師能夠記得：在能碰觸自己絕望的時刻，耐受包容自己的無用感、接受患者說治療無效，同時又沒有從這種極度痛苦的人際互動中撤退，就會有所幫助。

心理治療師在職業生涯的早期更容易感覺到絕望。他們參加的訓練計畫總是引導他們相信自己已經掌握了可以使用的最好技術，可是當他們發現很多患者面臨的問題並沒有現成的答案時，也許會很震驚。這個發現可能使他們感到恐懼和迷惑。只有真實的、作為人類的反應才有價值，但是許多新手治療師還沒有建立起對自己或對治療關係的力量的信心，以前也沒有類似的經驗可以借鑒。然而，無論我們多有經驗，沒有人能免受這些情緒的感染。與新手治療師一起工作的督導可以幫助他們從更廣闊的視角去看待問題。督導可以對諮商關係中相互影響的動力進行解釋，特別是反傳移的價值。反傳移可以作為一個指引，說明治療師瞭解患者的情緒狀態，合理化並接納治療師的情感反應（如焦慮等），並幫助治療師進一步確定，他力不從心的感

覺並不意味著這個職業不適合他。雖然這種解釋和討論非常必要，但在督導過程中也可能會過度使用。為了避免學生的絕望，督導也可能把重點放在理論和技術上。督導可以幫助受督導者建立穩定的存在感和希望感，並在不迴避他們、也不瘋狂地試圖做什麼的情況下，同理同頻感受受督導者的感受。

更重要的是，信念（faith）不等同於希望。希望可以防止一個人完全陷入絕望的黑暗之中，信念則允許一個人放棄希望，即使無法保證全身而退，也能夠使人徹底待在黑暗之中、徹底投降。當面對絕望的患者時，治療師需要對治療過程有信心，也許正是患者絕望中無意識的核心信念讓他敢於冒險接受治療。比昂（Bion, 1970）使用了「信念」一詞表示治療師在沒有記憶、欲望或理解的情況下工作時的心理狀態。比昂認為，治療師對理解和掌控情境的渴望可能會妨礙他或她的能力，使他或她無法在治療過程中對任何可能出現的情感真相保持開放的態度。治療師必須相信「終極現實和絕對真理是存在的──未知、不可知、不可名狀的無限」（p. 31）。（這與榮格的自性概念有明顯的相似之處。）

長期生活在悲傷、身障或失能、疾病和痛苦之中需要有信念；當一個人被迫成為的樣子和想像中的自己之間差距太大、並為此深感絕望時，也需要有信念。人們有時會到達痛苦的極限，然後考慮自殺。

痛苦所導致的自殺

根據美國疾病管制暨預防中心的資料，二〇一一年，美國有39,518 人死於自殺，也就是每十萬人中有 12.3 人死於自殺。每年全世界有將近一百萬人死於自殺。這些人之中許多都沒有聯繫過心理健康專家；朋友和家人可能直到當事者自殺了，才知道出了什麼問

題——他們的自殺通常沒有任何預兆。並不是所有的自殺都是由憂鬱症所導致，也有些自殺是絕望時的衝動行為。可以肯定的是，心理治療師接觸身處絕望的患者時，需要重點關注的問題之一就是患者自殺的可能性。關於這個主題的文獻很多，這裡我只關注自殺者及其家人的痛苦。人們自殺的原因各式各樣，但絕望經常是最終的共同路徑。絕望的來源通常是嚴重的憂鬱、慢性疼痛、絕症、成癮、人際關係或工作失敗，或任何其他讓人情緒崩潰的情況。治療師要注意確認患者的家庭中是否有親密成員在過去自殺，這個資訊很有用，因為關於自殺的記憶會對患者產生非常大的影響，很可能使他在極度痛苦的情況下也作出自殺的決定。

自殺的動機很複雜，涉及到有意識和無意識的心理因素，以及社會和遺傳影響的混合。自殺為絕望的人提供的是結束難以忍受的痛苦。治療師偶爾會聽到這樣的說法：當患者知道自己可以控制死亡的方式和時間時，她感到安慰。對那些因為生活失去控制而痛苦的人來說，這似乎非常重要，或是對那些因為無法忍受生活品質大幅下降而痛苦的人來說，也很重要。有時人們感到痛苦，是因為他們感覺自己受盡折磨、受困、無能為力等等，找不到其他方式來維護自己或改變環境。許多有自殺傾向的人會感到完全無助，當他們感覺自己有影響力時，就會恢復常態。特別是青少年，他們看待生活的視角相對狹窄，可能覺得失去的某段關係無法取代，或經歷的某些失敗是無法彌補的。缺乏家庭支援、孤僻、吸毒和酗酒，以及生活中的社會因素，如找不到工作或生活在充滿暴力的社區等，這些問題似乎無法解決，甚至會增加青少年的絕望和無法改變現狀的無力感。

據估計，每起自殺的背後，都有六個失去親人的家庭成員。家庭成員的自殺可能會給倖存者帶來長期、強烈的痛苦，特別是當死亡突如其來的時候（Ness 等，1990）。對於那些有成員自殺的家庭，我

們並沒有良好的社會支持來幫助他們。其他家庭成員最常見的反應就是強烈的震驚和自責，他們可能會找一個代罪羔羊來緩解內疚感，或者責怪自己沒能阻止自殺發生。有時，家庭成員感覺到自己被社會汙名化，因為處境太過痛苦、無法談論，而從社交活動中撤離。對自殺的社會汙名可能使倖存者無法獲得幫助，有時這種羞恥感會使家庭成員刻意隱瞞或否認自殺的死亡死因。許多患有慢性疾病的人都會有意識或無意識地想讓自己死掉，因為生活狀態難以忍受，而疾病隨後帶來的死亡於是提供了一條出路。

對自殺者的哀悼過程中，有一部分是對逝者的憤怒。憤怒通常會以一種難以表達的無力形式展現出來，導致複雜性哀悼或哀悼不夠。有時這些憤怒會指向死者曾經求助的治療師或精神科醫生，或指向那些不願支付足夠治療費用的保險公司。除了悲傷之外，倖存者的慢性疾病狀況可能會惡化，如結腸炎或類風濕關節炎等。憂鬱、自殺觀念或自毀行為等也是倖存者常見的反應。有時倖存者會對自殺者的死亡感到寬慰，但他們可能不會承認這一點，因為如果其他家庭成員知道了，可能會非常嚴厲地批評他。當倖存者試圖尋找逝者自殺的原因時，常常在心理治療中提出這些問題，比如「為什麼會發生這樣的事？」「我能改變什麼嗎？」等。倖存者會很害怕自己要為自殺者的死負責，或者害怕自己沒能注意到自殺者痛苦的信號、沒能及時反應，治療師必須傾聽這些恐懼。自殺往往會影響家庭其他成員的情緒穩定性，特別是孩子們。孩子們可能認為自己應該對父母的死亡負責，或者應該設法阻止自殺。有些孩子會認同父母的自殺行為，認為自己也應該以同樣的方式死去。父母自殺可能會導致孩子產生嚴重的憂鬱、焦慮、自殘行為、身心障礙、破壞性行為，以及學習和社交困難等，同時我們會看到他們明顯否認痛苦情緒。孩子還常常會擔心倖存的另一位父母。誠實反應孩子的悲傷非常重要，但有些家庭為了保

護孩子而逃避或公然隱瞞死亡的真相。有些父母不允許孩子談論死亡，或者給孩子的是相互矛盾的說法，都會使孩子未完成的哀悼一直保留到成年期。也許數年以後，當他因為其他失去而尋求心理治療的幫助時，這些未完成的哀悼才浮上檯面。倖存父母的情緒穩定性往往決定了孩子對父母自殺的反應。如果倖存的父母經歷了非常嚴重的困難時期，也會增加孩子的情感負擔。而那些因為自殺而失去孩子的父母，會承受巨大的負罪感、羞恥感和失敗感。他們常常會受到社會的譴責，感到被拒絕、被拋棄，也失去曾經寄託在孩子身上的所有希望。母親尤其容易變得憂鬱，還會受到社會和職業偏見的影響，因為人們往往把孩子的不幸歸咎於母親。

家庭成員自殺會從根本上影響家庭的動力，有時加重衝突或其他家庭關係問題，或帶來新的關係問題，而家庭治療對這些問題也許有所幫助。同樣重要的是，如果能夠相互支持，那麼在自殺事件之後，倖存的家庭成員之間的關係也可能因此加強。在自殺事件後，通常家庭內的交流會變得緊張，因為當人們聚在一起試圖理解發生什麼事的時候，他們害怕說得太多而傷害到其他人。在倖存者的治療中，治療師可以使用自己喜歡的心理治療方式，卡斯洛的論文中提到了一些普遍適用的建議（Kaslow, 2004）：首先，重要的是避免將自殺歸咎於任何人，包括死者。其次是防止家庭出現沉默、隔閡或情感孤立等情況，鼓勵其他家庭成員相互支持和安慰。朋友、倖存者支持團體、網站、倖存者熱線以及合適的宗教組織也可能有所幫助。透過心理健康教育，幫助家庭成員瞭解正常的悲傷過程和表達悲傷的重要性，也是非常有用的。對於所發生的事情，發展出一個共同的家庭敘事可能有幫助。這可以用一種既保持自尊又能避免過度內疚和羞愧的方式進行。

自殺的動機

　　我們常常不能理解人們自殺的原因，即使有時他們留下遺書了，人們對遺書的理解也不盡相同。自佛洛伊德以來，精神分析學家發展出了一系列關於自殺動機的理論（Maltsberger, 2004）。佛洛伊德最初推測，部分自殺的原因是希望家庭成員感受痛苦，而且有些自殺似乎是為了使他人受到懲罰。佛洛伊德還認為，自殺代表了對所愛之人的攻擊，而且是自殺者所認同的人，所以自殺也是一種無意識的殺人行為。早期理論家認為，嚴厲的超我或懲罰性的自我評判很重要，尤其是當一個人感覺自己應該受到懲罰的時候。後來的作者們意識到，自殺與無法忍受、無法控制的精神痛苦有關，這種精神痛苦對自體的組織和結構都具有破壞性的影響，導致自體分裂感。施虐和批判的內攝（introject）也會產生重要影響，這些觀念會在人的頭腦中扮演敵對的內部存在。也就是說，自殺行為或自殺傾向可能是因為自殺者感受到家庭中有人想要他死。他的感覺可能是準確的，所以他的自殺行為可能是為了滿足這個願望。

　　溫尼考特（1960）認為，虛假自體（False Self），亦即一個人為了應付家庭而不得不展現出的個性，於是總是在尋找某種條件，使真實自體（True Self）得以表達。找不到這樣的條件時，虛假自體必須找到新的防禦來反抗對真實自體的剝削。為了防止真實自體被毀滅，虛假自體唯一能夠組織起來的防禦，就是自殺，只有自殺才能避免違背真實自體。寇哈特（Kohut, 1977）認為，如果人到中年，仍然沒有實現抱負和個人理想，會感受到強烈的羞恥，也許導致絕望和自殺。如果人們感覺自己失敗了，並且沒有時間補救，那麼自殺其實也是一種補救的嘗試。對於自體感脆弱的人來說，與重要的自體客體關係破裂所帶來的嚴重自戀受損，可能會使他們產生自殺念頭，也許是為了

重新喚醒與喪失自體客體的連結，也許是為了在一定程度上體驗到自我效能或自我調節。

哈特曼（Hartmann, 2000）指出一些與患者動機相關的反傳移線索，暗示著自殺風險。他指出，有自殺傾向的人常常感覺失去了動力，感到絕望和無助。自體感脆弱的人常常與治療關係產生矛盾，他們對治療師的傳移常常會以攻擊治療師或治療環境的方式呈現出來。因為患者內在的分裂，表達攻擊的方式可能非常隱晦，也許口氣友好，但還是會讓治療師感覺無助或無力，或者自我價值受到了威脅。然後，治療師可能會開始防禦，希望擺脫患者，甚至可能希望患者死亡。然而，哈特曼相信，患者這樣的攻擊並不是為了摧毀治療師，實際上反而是一種與治療師建立聯繫的努力，或是透過影響治療師來感受自己仍有影響力，這個過程能夠加強患者的自體客體聯繫、感受到更多的自體統整感，從而減少自殺意念。邊緣型人格患者的自我傷害有時是為了調節難以忍受的情感，或他們認為這是表達難以言喻的痛苦唯一的方式。許多邊緣型人格患者在某一時刻嘗試自殺，是因為他們感受到治療師的拒絕，或者察覺到治療師反傳移中的恨意。

一些有自殺傾向的人有宏偉的幻想，他們拚命地嘗試，企圖控制生命和死亡（Maltsberger 等，1980）。他們透過擺脫身體，就好像身體並不是自體的一部分，使自己感覺能夠從難以忍受的處境或痛苦中逃脫。馬茨伯格（Maltsberger, 1997）指出，躁症患者有時會在出神狀態下自殺，他列出一些宗教殉道者在出神狀態下自殺的例子，比如在基督教早期遭到羅馬人迫害的基督徒。雖然大多數宗教傳統禁止自殺，但也有某些武士文化鼓勵自殺，比如日本武士，戰敗的武士會透過自殺重獲他們的榮譽。二戰中，日本神風敢死隊崇尚的正是日本武士精神。西元七三年，一群遭羅馬人打敗的猶太士兵，在馬察達集體自殺。現代也有許多戰士自殺的例子，比如斯里蘭卡的泰米爾猛虎組

織（Lakatos, 2010）。第三章將詳細討論了關於現代的自殺炸彈事件究竟該定義為殉道還是自殺。

自殺可以是合理的嗎？

關於自殺行為一直有很多爭論，其中一個重要的辯論集中在是否可以對自殺行為進行道德評判，以及自殺可不可能是合理的，至今這仍是個見仁見智的問題。有些人看起來很理性，也沒有情感疾病的痛苦，但還是會在特定情況下自殺。如果一個人的生活品質因為疾病而嚴重受損，沒有嚴重的情感疾病（如憂鬱症），他的判斷能力並沒有因為任何情緒問題而削弱，這種情況下自殺被認為是合理的。自殺必須是主動選擇，而不是被迫選擇。然而，這是一個複雜的問題，有人指出，如果合理的自殺是一個人的權利，可能會增加一些患者的壓力，他們感覺自己是家庭的負擔，選擇自殺就像是一種義務。家庭成員有時會從絕症患者身邊撤出，而這會增加患者的痛苦和孤立感，這樣看來，合理的自殺可能是因應被拋棄感的一種方式。

治療自殺傾向患者的注意事項

所有心理治療培訓課程都會涉及有自殺傾向患者的評估和管理問題，這裡不再詳述，我只提及一些可能被忽略的要點。與有自殺傾向的患者工作主要的困難之一是：治療師必須能夠涵容患者想死的願望而不被焦慮所壓倒。治療師感到焦慮，不僅是因為感覺自己要對另一個人的生命負責，這個人還是他或她所關心的人，甚至因為可能存在的法律後果。治療師自身的死亡焦慮可能會受到有自殺傾向的患者激發，自身有意識或無意識的自殺傾向也可能因而觸發，從而影響到反

傳移。這些因素可能導致治療師厭惡有自殺傾向的患者，偏偏這只會讓患者的情況變得更糟。一個人必須能夠意識到自己對死亡的恐懼，才不會因為焦慮而失去能力，也才能真正幫助有自殺傾向的人。

　　治療師還會面臨的一個問題是，儘管大多數有自殺傾向的患者不會自殺、相互信任的治療關係往往能讓他們活下去，但其實我們無法做出可靠的預測，不知道誰會真正自殺，也無法幫助每一個有自殺傾向的人。為了預防自殺，治療師能做的就是幫助患者詳細地探究痛苦的原因。因為對於某些有自殺傾向的人來說，即使痛苦有解決的可能性，他們也找不到擺脫痛苦的方法。當一個人感覺生活似乎毫無意義時，幫助他找到生活的意義和目的就非常重要。我們可以問一個有自殺傾向的人是什麼讓他至今沒有自殺，這通常會給治療師一個線索，瞭解對患者來說最重要的是什麼，也許會開啟一場關於生命是否值得活下去的對話。最重要的是，我們能夠聽到患者的呼救聲。治療師必須理解患者的想法，避免過度堅持自己的觀點。與其試圖說服患者放棄自殺，不如花時間詳細探索患者的自殺意願，這樣患者就不會感到孤獨了。也許在這個過程中，我們發現一些無意識的失落和悲傷。探索患者關於死亡的幻想以及家屬對患者死亡可能的反應，也許會對患者有所幫助。

　　如果治療師能夠意識到患者正承受難以忍受的痛苦，她必須傳達給患者。治療師與患者這種同理連結通常足以防止自殺。同時，有自殺傾向的人對治療師的行為非常敏感，他們會透過對治療師的觀察和傾聽，尋找能否獲得關心和情感的信號。作為反傳移的一部分，治療師冷漠或憤怒的跡象可能會是致命的。患者也許無意識地接收到這些跡象，那些體現在治療師臉上的微表情或說話口氣中的訊號。而且如果患者拒絕了治療師所提供的東西，治療師會不可避免地對患者產生防禦或生氣，也就有可能對這樣的患者表現出報復的行為或拒絕的態

度。如果有這樣一個人存在，他相信身處痛苦之中的人是重要的——真的有人不想放棄他或她，沒有他或她真的不行；這會是阻止人們自殺的關鍵因素。患者會尋找治療師真正在意他的點，但如果治療師找不到任何患者值得喜歡的地方，就會成為問題。所以治療師必須努力發現有自殺傾向的患者身上有沒有他真正欣賞的地方，如果找不到任何有價值的東西，那也許是患者的正面特質在某種程度上被分裂出去了，這種情況需要治療師很巧妙地探索。

有時，治療師只是因為考慮醫療的法律風險，而建議患者住院治療，但患者可能把這個建議看作是一種拋棄或拒絕，而且我們並不清楚住院治療是否真的能降低慢性自殺患者的長期風險。關於自殺預防的傳統爭論一直圍繞著這樣做會不會干涉個人的自主性和自由。基於這些理由，二十世紀八〇年代，精神科醫師湯瑪士・薩茲（Thomas Szasz）反對強制性的自殺預防。如今，大多數人認為，如果一個人因為明顯的精神疾病或障礙而無法自由選擇生命時，那麼介入就是合理的。然而，如前文所述，也有一種觀點認為自殺在特定情況下是合理的。

利特曼（Litman, 1980）在對自殺邊緣者的夢境研究中發現，有自殺傾向的人夢境中會受到地震、爆炸和其他災難的影響，這反映了他們對自體瓦解的恐慌。有時，在嘗試自殺之前，人們會夢到美麗的環境，或一種與更強大的力量融合的平靜體驗——榮格學派把這樣的夢看作是對經驗人格之痛苦的補償，也可能視為死亡的預兆。

除了我們的法律和道德義務以及我們對患者福祉的關心之外，心理治療師對患者自殺危機的反應也取決於個人對於自殺的態度，也許還受到更深層世界觀的影響。傳統的猶太教、伊斯蘭教和基督教都禁止自殺，而許多存在主義者認為自殺可能是人類的意識與自由選擇的結果。卡繆在《薛西弗斯的神話》（*The Myth of Sisyphus*）中指出，自

殺是一個真正的哲學問題，因為它問的是生命是否真的值得活下去。他指出，許多人認為生命是荒謬的（上帝已死，人類失去了永恆的價值），但卡繆認為自殺是錯誤的，部分原因是自殺否定了存在的荒謬。我們必須選擇活著，反抗存在的無意義，未來可能出現新的可能性。然而，我們許多人否認生命的無意義，即使它確實有一些毫無意義的方面，即使它的意義確實很模糊，仍然有很短暫的時刻，我們感覺生命並非毫無意義。

大衛・羅森（David Rosen, 1975）採訪了跳下金門大橋的倖存者，他發現，自殺的衝動意味著舊的自我意識需要死亡──自殺的願望同時也是一種對心理上的重生、「殺死自我」（egocide）或某種根本上的人格轉變等的渴望。治療的任務就是幫助人們區分這種自我死亡和身體死亡。

患者自殺常常會給心理治療師帶來非常痛苦的影響，尤其是正在受訓的心理治療師更容易受到患者死亡的影響。簡・帝爾曼（Jane Tillman, 2006）在一項針對這種處境中的心理治療師的研究中發現，可預期的震驚和悲傷常常伴隨著恥辱感和職業傷害，這是一種持久的自戀損傷，有時甚至會帶來毀滅性的後果。這樣的事件對治療師來說通常非常創傷，會帶來一些關於逝者的可怕的闖入性思維和夢。治療師會經常仔細檢查與已故患者的治療聯盟（therapeutic alliance）品質，尋找自己可能漏掉了什麼。如果治療師因此感到痛苦，與患者家屬聯繫可能有幫助，儘管常常會成為家庭憤怒的標靶。這種情況下，同事、督導和個人治療是很有幫助的支持性來源。此外，對法律訴訟的恐懼也會成為痛苦的重要來源，尤其是當治療師對治療非常投入的時候，遭到起訴似乎破壞了對這種投入的所有認可。隨後可能會出現專業危機，使治療師懷疑是否要繼續從事這一職業，也會擔憂個人的專業能力，懷疑心理治療價值，或者可能在日後拒絕與有自殺傾向的

　　受苦的靈魂：從深度心理學看痛苦的經驗與轉化

患者一起工作。有些治療師害怕同事的評價，或將他們的心理治療方式與精神藥理學，或其他治療方式進行不利的比較。

最後，值得注意的是一個非常常見的誤解：人們很早就注意到了這一點，許多人往往是在病情開始好轉時自殺，而不是在情緒非常低落的時候。傳統上，這被理解為是患者其實仍處於憂鬱狀態，只是部分精力恢復的結果。但更有可能的解釋是，憂鬱的人在決定自殺後感覺更好，因為他們知道痛苦即將結束了。

對悲劇故事的享受：為什麼我們喜歡看別人受苦？

現在的媒體經常報導可怕的痛苦景象。大眾總是想在媒體、文學、攝影和藝術中讀到或聽到關於痛苦的事件，為什麼我們如此著迷於他人的痛苦？這種興趣有點像我們對邪惡的迷戀：觀看可怕的事件，如戰爭和地震等，同時希望能夠阻止。對於這種迷戀有多種解釋，比如有人認為這是一種對他人的痛苦施虐般的享受，或是一種自動地同理或同情，甚至可能只是出於對那些故事純粹的審美享受。我們在看他人痛苦的同時慶幸自己的優越地位，安全地瞭解到自己無能為力。如果聽到的是暴行，也可以慶幸自己的無辜。因此，觀看媒體傳述的痛苦可以使我們瞭解一些關於自己的事情。

透過媒體呈現痛苦是一件利弊並存的事：我們必須隨時瞭解人類的痛苦，同時又不將痛苦娛樂化 [1]。然而，如何面對他人的痛苦，是

1　原註 1：關於這個問題，我支持阿多諾的觀點（1962），他擔心當痛苦變成一種藝術形式（如戲劇），就會成為沒有經歷過類似痛苦的人的娛樂，而這會再一次侵犯受害者。他的意思並不是藝術不應該表現痛苦，他想強調的是：要真正表現強烈的痛苦是多麼的困難。問題是，如果我們把可怕的創傷轉化為審美作品（如小說或藝術），可能會減少我們對這些事件的恐懼程度。阿多諾指的是猶太人大屠殺，我認為這個原則也適用於其他一般情況。許多人認為重大創傷基本上是無法描述的。

一個需要回答的道德倫理問題。蘇珊・桑塔格（Susan Sontag）在論文集《旁觀他人之痛苦》（*Regarding the Pain of Others*）一書中指出，雖然我們需要知道世界上發生了什麼，但身為被動的旁觀者也有內在的危險：同情心使我們感覺自己並不是幫凶，也會讓我們確信自己真的無能為力。雖然我們的出發點是好的，但桑塔格認為同情是不禮貌的（她所說的同情更像是居高臨下的同情）。另外，還有一件真正危險的事情，那就是當我們面對他人的痛苦時，常常會不由自主地感到寬慰，甚至會為自己現在擁有遠離痛苦的安全和舒適感到高興。

當我們在舞臺上或電影中看到悲劇時，悲傷的情緒被喚起，這種基於同理的共振式情感使我們特別投入故事中，增強了旁觀者對於故事的真實感（Ahn, 2012）。可是悲傷並不是愉快的情感，為什麼我們會被這種類型的電影所吸引呢？像莎士比亞的《奧賽羅》（*Othello*）這樣的悲劇、《鐵達尼號》（*Titanic*）這樣的電影，都對我們的情感產生強烈的影響。我們看到的悲傷似乎與內心的某些東西共鳴，同時產生了一種愉悅的感受，因此我們經常把令人悲傷的媒體內容當作娛樂。

為什麼我們會喜歡看別人悲傷？沒有人能完全解釋這種悖論，但人們為此做了很多嘗試（Ahn, 2012）。亞里斯多德在他的《詩學》（*Poetics*）中提出，悲劇使憐憫和恐懼的情緒得以宣洩和表達，這樣的宣洩能對這些情緒產生淨化作用，從而降低它們的強度，或者使情緒改善或改變。然而，是否真的能起到淨化作用？如何起作用？一直沒有明確的答案。亞里斯多德之後，出現了許多新理論來解釋人們為什麼喜歡看悲劇。無論其機制如何，從本質上來說，悲劇確實使觀眾產生情感反應或使其情感得以宣洩，而我們在觀看悲劇時所體驗到的宣洩，在某種程度上與我們在心理治療中所得到的宣洩類似。一八九五年，在《歇斯底里症研究》（*Studies on Hysteria*）一書中，

布洛伊爾（Breuer）和佛洛伊德首先注意到使創傷性記憶意識化的重要性，進而發現了宣洩的重要性。佛洛伊德認為，當創傷性記憶發生時，用語言來表達所體驗到的痛苦情緒是很重要的，因為他認為這能恢復記憶和洞察力有治療效果。但他沒有完全認識到現在我們所理解的事情，那就是同理性同調的存在，以及治療師的涵容對治療過程的成功也很重要。傳統的理論認為，對痛苦記憶的重複宣洩可以促進修通的過程，也就是說，一個人需要花時間重複宣洩，來吸收痛苦帶來的影響，同時克服對表達痛苦的阻抗。最終，在持續的治療關係中，隨著結合認知的宣洩過程不斷重複，人們對創傷性記憶的表達就會變得不那麼敏感，對記憶的看法也會發生改變。然而，宣洩現在已經變成一個有爭議的話題：有些人認為宣洩是沒有用的，甚至會適得其反，因為一旦情緒被激發，就會加強，而不是消失，所以宣洩可能會惡化某種情緒，如攻擊性的情緒。因此，宣洩在當代心理治療的文獻中並不多見。儘管如此，它仍然是某些創傷治療技術的組成部分。另外，我們也知道一些其他的重要因素，比如要修復創傷患者的低自尊和羞恥感，是無法通過宣洩來完成的。

佛洛伊德在《夢的解析》（*The Interpretation of Dreams*, 1900）中寫道，於是我們享受悲劇，是因為它滿足了被壓抑的願望。觀眾想要成為英雄，於是他們認同了悲劇中的英雄。也就是說，這些故事激勵了我們，使我們接觸到無意識的某些東西——悲劇觸及我們的傷口，幫助我們理解這些傷口。後來，佛洛伊德（1915）把對悲劇的享受歸因於施虐受虐狂的認同：觀眾受虐般地想像自己在英雄的位置上被懲罰，或是觀眾施虐般地想像自己在懲罰英雄。這種描述似乎只適用於有限的少數人，更普遍的觀點是，當我們觀看悲傷的故事時，我們會對悲劇人物產生某種認同感、感同身受地體驗悲劇人物的情感經歷，甚至想像它就發生在自己身上，同時又保持著安全的距離。當英雄有

一個悲劇性的缺點（比如傲慢），我們也可以在自己身上看到這個缺點時，或是當螢幕上的悲傷場景與生活中的某個主題相吻合，或是當我們害怕它可能發生在自己身上時，關於認同的觀點可能非常正確。如果我們能感同身受地認同電影或戲劇中的主角、他或她的困境使我們在情感上產生共鳴，那麼我們就更有可能沉浸其中。我們可能會被英雄面對悲劇時的勇敢所鼓舞，或者享受對悲劇英雄的憐憫之情，特別是當他或她特別淒婉或在某個方面特別出眾，或是他或她在承受不應得的痛苦時。這裡需要注意的是：有些人喜歡看恐怖電影，可能是因為喜歡電影帶來的生理上的不安，而那些危險和可怕的事件並不會真的威脅到他們。也許是電影中不斷出現的死亡畫面讓我們找到了與死亡的安全距離——彷彿我們可以從一個置身事外的地方目擊它；它看起來很真實，但我們知道它並不是真的。也許，當我們在電影中看到死亡時，我們的好奇心或對死亡的焦慮感間接地得到滿足。當我們在小說中經歷創傷性事件時，創傷是高度可控的，所以我們感到自己所有的感覺都是安全的，而且可以耐受。但是我們在情感上能夠參與其中，是因為戲劇在我們的過渡性或遊戲性空間（Winnicott, 1974）中進行。故事所激起的愉悅情緒可能讓我們覺得生活是有意義的，故事也可能在我們內心激起存在的焦慮（比如對死亡的恐懼等）；在故事中進行修通比在現實生活中也許更容易。也許我們觀看悲劇的媒體內容是因為當我們看到別人遭受更多痛苦時，自己會感覺好一些。或者悲傷故事能讓我們更珍惜自己擁有的生活，或者讓我們感覺自己對生活有了總體的瞭解。我們可以用悲劇的電影或戲劇來思考生命的意義，如此一來，即使我們並不是真的享受生命，也能欣賞生命。由此可見，像伊底帕斯這樣的神話故事就特別震撼，因為這樣的神話說明了原型的模式，這對人類來說非常重要，而發現規則秩序和模式總是令人感到愉悅。

頻繁地暴露在媒體報導的痛苦中也許存在的問題是，這種暴露可能把問題帶回到我們身邊後，也許會使痛苦逐漸失去個體意義，或者使人們逐漸習慣痛苦，然後我們就會把痛苦視為理所當然。從積極方面來說，透過媒體見證痛苦可以讓人們與痛苦中的人交流、在民族的悲劇中加強民族間的聯繫，並宣導愛心援助。此外，電影和文學等文化產品讓我們看到惡行以故事的形式出現。雖然這可能激發有犯罪傾向的人犯下惡行，但對大多數看到這樣的故事的人來說，他們能夠透過想像參與邪惡的象徵性表達，這也許就足以防止邪惡以破壞性的方式上演。

幫助受苦者

利他主義

我們幫助受苦者的動機是什麼呢？人類的利他主義僅僅是因為同理或慈悲嗎？還是說我們幫助他人的動機其實更自私，只是一種增強自尊的方式？

「利他主義」一詞來源於拉丁語「alter」，意為「他人」，也就是關心他人。貝特森（Batson, 1991, p. 6）將利他主義定義為「以增加他人福祉為最終目標的動機狀態」。一些作者在這個定義中添加了附加條件，即這種幫助是在不考慮助人者自身利益的情況下進行的（Hoffman, 1978），但另一些人認為不存在這種純粹的利他主義，因為每一個利他行為的本質都是以自我為中心的——助人行為使助人者感到自我滿足，或是助人行為會帶來社會贊許，並提高社會地位。當然，我們也沒有理由不允許一個人在無私地幫助他人的同時，又增強自己的自體感，或在這個過程中獲得一些個人利益。

因此，克里斯汀・門羅（Kristen Monroe, 1996）認為人類的行為是一種連續的統一體，會在利己主義和利他主義的兩極之間來回擺盪。她還比較了純粹的利他主義和特定的利他主義之間的差別，前者是即使冒著自己有所損失的風險也要幫助別人，後者只幫助那些對他們來說有某些價值的特定群體，比如親密的家庭成員等。關於這場爭論的另一個關注點在於，一個行為是否必須包含一定程度的自我犧牲才是利他的？還是，如果雙方都獲益，那麼這種行為可能只是某種形式的合作，並不是利他主義（Sigmund 等，2002）。相反，貝特森（1991）指出，如果我們把自我犧牲作為利他主義的定義中一個重要成分，我們關注的就是行為的結果，而不是助人者的動機。

大多數成為心理治療師的人都對幫助他人很感興趣，因此探究人類為什麼是利他主義的這個問題對我們自身來說很重要。有關利他

主義的文獻都超出了專業範疇之外，吸引了社會心理學家和發展心理學家，以及一些精神分析師的關注。許多發展心理學家認為利他主義是社會化的產物。如果兒童在家庭中觀察到頻繁的利他行為，就會更傾向於成為利他主義者；經歷過安全早期依戀關係的人更容易對他人的痛苦出現同情性反應（Mikulincer, 2005），兒童也會表現出一種與生俱來的幫助他人的願望。因此，對他人的冷漠可能是後天習得的反應，這種反應源於家庭和文化中的一些行為，使得成長中的兒童對他人的痛苦無動於衷。

佛洛伊德在《文明及其不滿》一書中，提出為個人幸福而奮鬥與為社會需要而奮鬥之間存在衝突。對他而言，利他主義是由自私的內疚所導致的結果，或是對社會標準的內攝所導致的結果。自從佛洛伊德提出利他主義與我們天生追求快樂的欲望相衝突的理論之後，精神分析學家一直對利他主義或任何看似是出於關心他人的親社會行為抱持懷疑態度。甚至在極端情況下，一些精神分析學家認為，那些無私地為他人付出而不期望任何回報的形式帶有受虐傾向或神經質特質。安娜・佛洛伊德（Anna Freud, 1946）用「利他性屈從」（altruistic surrender）一詞來描述某位患者，這位患者的超我非常嚴苛，不允許自己意識到自己的願望，而是把精力投注到照顧別人的過程中。她會為別人的成就感到非常滿意，實際上她是希望自己能取得這些成就。瓦利恩特（Vaillant, 1977）認為利他主義是一種成熟的防禦機制，一個無法因為滿足自己而獲得快樂人，可以透過幫助他人來體驗替代的快樂。有些人是強迫性的照顧者，表面上的利他主義實際上掩蓋了受虐的需要，他們以自我犧牲的行為為榮[1]；或者通過照顧的方式來控

1　原註 1：學過九型人格的人會識別出第二種類型，也就是助人者。助人者指的是那些不顧一切去幫助他人的人，他們通常會覺得這是自己被愛的唯一方式。在極端情況下，他們甚至會在照顧他人時過度自我犧牲。

制他人。問題是，即使是那些以同理他人的痛苦為基礎的健康利他主義形式，也可以用來增強自尊，尤其是當我們需要受助者的感激和讚賞的時候。因此，利他行為可以強化自體感就不足為奇了。我們很享受利他主義帶給我們自我滿足的感覺。

就像利他主義可以支援脆弱的自尊一樣，好的自尊也會讓我們覺得自己有東西可以給予。有時候人們把自己看作是弱者強有力的保護傘或守護者，某種程度上，這是一種自戀的滿足，對我們的自體意象至關重要。不過，這是對利他主義抱持懷疑態度的觀點。因為利他主義也可能僅僅是因為對受苦之人的同理而產生，不一定是因為自戀（Dovidio 等，2006）。當然，我們不可能把所有關心他人的努力都看作是為了滿足自己的需要。用這樣的方式來指責別人可能是指責者自身自私的投射。有沒有人是真心利他的呢？也許他們只是期待一句感謝為回報。這裡有個問題是，我們利他主義的動機其實可能是自私的，但被壓抑了，所以我們把自己看作是無私的利他主義者。有些理論認為，幫助他人實際上是一種自我滿足，但這些理論並沒有考慮到諸如將猶太人從納粹的迫害中解救出來的情況。這些行為中似乎沒有什麼私利，救援人員中有許多人是祕密地工作，也不希望被當作英雄，甚至是冒著被納粹和鄰居發現的風險、犯著生命危險拯救猶太人。許多他們救出或藏在家中的人都是純粹的陌生人。相較之下，在納粹佔領歐洲時，許多沒有救助過他人的人聲稱自己並不知道猶太人發生了什麼事，事實上他們也不想知道。在此基礎上，克里斯汀・門羅（1996）得出結論，真正的利他主義者是以某種方式與他人連結，這種方式能夠鼓勵利他行為和自我犧牲；我們很難把這種行為看作自我中心或自私自利。

南茜・麥克威廉斯（Nancy McWilliams, 1984）在針對二十個健康的利他主義個體的研究中發現，這些人都具有樂於助人、善於社交

以及真實溫暖等特質。她的研究對象都具有強迫性特徵——透過做事情來維持自尊、犧牲自己幫助別人。他們在別人的需求中看到了自己的無意識需求，所以為他人付出也是處理自己需求的一種方式，這是一種逆轉（reversal）的防禦機制，將自己的依賴需要投射到其他人身上，並透過這些人得到幫助和照顧，來滿足自己希望獲得幫助和照顧的無意識願望。麥克威廉斯還發現，這些人的利他主義可能是消除無意識敵意的一種方式。他們很難對不合理的要求說「不」，無法忍受看到自己苛刻或貪婪的樣子。麥克威廉斯認為，一部分人道主義行為是由自私的無意識內疚所驅動。她的每個研究對象在生命早期都有過被愛和被關懷的體驗，也有過重大失去或被剝奪的經歷。因此她假設，他們在早年經歷失去時，身邊一定有一個強有力的利他主義榜樣，他們因為認同了榜樣而具有救世主的特質。她所有的研究對象都是宗教人士，也發現像史懷哲（Albert Schweitzer）或馬丁‧路德‧金（Martin Luther King）這樣的宗教榜樣是很重要的。麥克威廉斯認為他們將早年成長性壓力的痛苦轉化成長期的人道主義信仰。

關於人類動機的理論，一定程度上會受到我們對人性的看法所影響。如果我們持懷疑論態度，就會認為利他行為僅僅是為了助人者的個人利益，不論是直接還是間接利益、當前還是未來利益，總歸是出於個人利益（Khalil, 2004）。因為目睹他人的痛苦時，我們自己也會痛苦，所以，我們想要幫助他人的願望可以理解成為了緩解自己的壓力和責任。幫助痛苦之人的衝動常常像本能反應一樣，並沒有經過思考，甚至有時還會冒著生命危險。考慮這樣的事實，我們可以肯定的是，只是有意識或無意識地期望得到回報，並不能完全解釋人類的同理心和同情心。一些經濟學家認為，人類的行為都是以理性的、私人的成本收益分析為依據，這樣的分析能使自身的福祉和利益最大化，但並不能解釋許多專業人士為公共服務所做的公益工作。蒂特馬斯

（Titmuss, 1970）在他對捐血者的研究中提出，我們不僅需要他人，也需要為他人付出。

利他主義和社會生物學

　　社會生物學家相信，人類的行為在很大程度上是演化的結果，他們試圖以我們的遺傳演化為基礎來解釋人性。社會生物學家[2]從物種生存和基因的角度來解釋利他主義，不涉及利他主義的道德或心理層面。然而，社會生物學家和演化生物學家很難理解為什麼動物會有自我犧牲的行為，因為從演化論的角度看，自私可能更受到演化的青睞。即使如此，一些作者認為，以犧牲他人為代價的生存本能，以及與他人團結一致的生存本能是平衡的。俄羅斯動物學家和演化理論家彼得・克羅波特金（Petr Kropotkin）認為，相互幫助是所有生物的基本特徵，而這種特徵比利己主義更強烈，並且不受文化影響。然而，利他主義行為似乎對基因繁殖並沒有幫助，所以從嚴格的演化論觀點來看，應該會避免掉，尤其是關乎個體生命安全的時候。許多社會生物學家認為，如果一個有機體與它試圖拯救的那個有機體有著相同的基因，它會為了這個有機體冒生命危險——這樣一來，施助者也為自己基因的存活有所貢獻（這就是「親緣選擇」理論，最初由達爾文提出，以解釋為什麼同一個部落的成員會互相幫助。關係對演化具有重

2　原註2：如果人類的行為在很大程度上由演化所決定，以至於社會因素無法輕易改變，那麼人性很多方面最多只能修正，但不能透過教育或培訓根除。有人聲稱，社會生物學可以促成基於生物學的倫理準則，相較之下，一些宗教、道德和倫理觀念反倒不實務或難以實踐。從這個角度來看，攻擊性就無法根除；一些人受到他人的操控也是自然的事，因為不平等也是一種生物現象。普遍的社會秩序在某種程度上是必要的。許多社會生物學家都是生物決定論者。社會生物學中一種微弱的聲音認為，生物學和遺傳學就像是利他主義或自私行為的限定條件，但不是最終決定因素。

要意義）。

　　另一種引起激烈爭論的理論認為，利他主義是群體選擇的結果。這個理論指出，與自私的個體相比，那些在團體中合作的個體更有可能提高他們在團體中的生存能力。群體選擇理論認為，人類有一種相互溝通、建立連結與合作的遺傳傾向，這種傾向促進了社交智力的發展。社會生物學家還提出了「互惠利他主義」的假設，亦即我們更傾向於幫助那些可能給予回報的人。人類就是這種行為的典型代表（Trivers, 1971）。但是人們有時也會幫助那些在家庭或社會關係之外的人，而他們並不知道會否得到回報。因此，利他主義看起來似乎只是一種人類的核心價值，人類利他的能力並不完全是基因和演化歷史的選擇。儘管利他主義「源於」基因，並在正常的環境中發展，但是因為利他主義存在所有的文化中，所以文化和心理因素可能也有影響。就算有遺傳的成分，也一定有高度的可變性，因為有些人似乎沒有利他主義的能力。艾瑞克森（Erikson, 1997）關於繁衍的觀點也是一種利他主義，他認為我們透過為後代謀福祉來獲得滿足感，而這有助於物種的存活。

社會心理學與利他主義

　　大多數社會心理學家認為，親社會行為是個體從文化規範、文化價值觀（如對他人的仁慈和責任），以及人際關係中習得的（Bierhoff 等，2004）。有些人具有強烈的集體意識，認為自己屬於集體；人與人之間的互惠互利源於集體，所以很可能表現出異乎尋常的利他主義。在這方面，情境因素很重要，人們在大規模災難發生後，比在日常情況下更願意提供伸出援手（Piliavin 等，1990）。社會心理學中有一些證據（歸因理論）表明，環境因素可能比個人特徵

更能預測某種特定行為。因此，正如第五章所討論的內容，當一個人在街上遇到困難時，旁觀者的數量越少，得到幫助的可能性就會越大（Ross, 1991）。在這種情況下，有人可能會認為，圍觀的人數與道德因素無關，但很顯然圍觀的人數影響了人們的利他動機。有些人認為對環境因素的研究忽略了利他主義的哲學解釋，因為這些研究試圖確定哪些道德良好的行為使得利他行為更有價值（Beardman, 2012）。

是否存在利他主義人格？

有人認為，某些人天生就是利他主義者，比如在納粹佔領歐洲時幫助受迫害的猶太人的那些人（Oliner 等，1988）。門羅（1996）研究了在第二次世界大戰中冒著生命危險營救猶太人的那些人，但結果表明那些提供救援的人與沒有提供援救的人，在宗教、家庭背景或社會因素上並沒有什麼不同。因此，她反對針對利他主義的社會文化解釋，認為有些人只是單純地從利他主義或道德的角度來生活，這是我們共有的人性。他們的利他主義也許是一種本能反應，知道這種情況下必須這樣做。本質上來說，利他主義的人是「以他人為中心」，有同理心、慷慨大方；具有強烈的自體感、內控性（an internal locus of control），對社會認同的需求極少。不過，是否存在天生的利他主義或親社會型人格（pro-social personality），還存在著爭議；而從自我中心的觀點來看待利他主義仍然受到歡迎，也許正反映了社會的態度。

順便提一句，艾茵·蘭德（Ayn Rand）關於自私的理論也值得一提，她認為利他主義毫無意義，只有利己主義才會激發人們冒險的動力。對她來說，利他主義就是浪費精力，而最終的道德價值是個人的

幸福；但這一觀點忽略了門羅等人的實證研究。

他人的痛苦需要我們回應，但有些人把自己置於有危險的境地（如酒後駕駛），似乎是自找痛苦，或者是不負責任，這種時候我們也會質疑應該提供多少幫助。我們更傾向於幫助那些並沒有做錯什麼但卻要承受痛苦的人。然而，這些人都很痛苦，我們無法區分哪些人的痛苦是自己活該，哪些人不是。我們無法評判，畢竟我們不瞭解別人的生活。痛苦需要的不是評判，而是同理，而同理可以激發利他主義（關於同理產生利他動機的研究論述，詳見貝特森，2010）。有一個學派的觀點我很贊同，這一學派認為我們的內心可以自發地表現出慷慨，或者至少是想要滿足他人的需要，而我們的利他主義或為他人負責，是這種人性中的一部分。關於這一點，列維納斯的哲學觀點對一些心理治療師產生了很重要的影響。

列維納斯對心理治療的重要性

列維納斯是一位很重要的思想家，他的觀點對於任何關心人類痛苦的人來說都非常重要。他認為，我們有絕對、無限的道德責任參與他人的痛苦，無論這對我們自身的資源帶來多大的挑戰（1998a）。對他而言，倫理是一切哲學的基礎、倫理意味著對他人的脆弱和痛苦的同情回應，而同情心是最重要的倫理原則。列維納斯強調了他人痛苦的首要地位，這一點使他的哲學有別於西方主流思想。自我與他人的關係是他思想的核心，事實上，他認為我們只有在認識自我與他人關係的時候，才能將自己理解為道德的存在。我們的自由受到我們對他人負責的倫理要求所限制。

列維納斯（1998a）關於痛苦的觀點，與榮格、法蘭可等人的觀點截然不同，榮格和法蘭可等人認為應該從痛苦中尋找意義。對列維

納斯來說，痛苦是對意義的否定，只有一個例外，就是當我們為他人的痛苦承擔責任時，痛苦才是有意義的——如果痛苦有任何意義的話，那就是它賦予我們機會去幫助受苦之人。除此之外，列維納斯認為那些無辜的痛苦（innocent suffering）在本質上是無用的——用他的話說，這是「不為什麼」（for nothing）的（p. 93），他的意思是無辜的痛苦不是為了任何目的。任何方式都無法證明痛苦的正當性和合理性。他認為，我的痛苦本身是無用的，但如果我為另一個人受苦，它就有了意義。列維納斯將同情描述為「絕非無用」（non-useless）的痛苦或愛，是有意義的。與無用的痛苦不同，同情並非毫無意義。

對列維納斯而言，痛苦限制了我們的自由，傷害了我們的人性。痛苦是承受難以承受之重的過程，可以表達為哀嚎或求助的呼喊，但無法真正地交流。痛苦無法轉移，那是一種原初感受，無法削減，也無法回絕。正是因為他人的痛苦沒有任何用處，才使得我們有責任幫助他人。「求救」使道德責任更加明確，也許不期望得到什麼回應。有人認為，等待基督教意義上的救世主來承擔他人痛苦的責任，是逃避自己的責任。因此，列維納斯認為，任何神義論（theodicy）的嘗試（在邪惡和痛苦面前為上帝辯護的嘗試，第六章會進一步討論），或從社會福祉的角度來為痛苦辯護的企圖，都是不道德的嘗試，無非是試圖為毫無意義的痛苦賦予某種意義。在奧斯維辛集中營之後，神義論便不再可能存在，我們需要為痛苦承擔起自己的責任。痛苦本質上是沒有來由、難以理解、荒謬又霸道，而對痛苦任何形式的辯護，都可能使我們忘記痛苦對於那些受苦者來說是多麼一無是處。或者，對痛苦的「解釋」可能會使我們覺得他人的痛苦理所應當，或是使我們理所當然地忽略他人的痛苦。對列維納斯來說，為他人的痛苦提出正當性的辯護是「一切不道德行為的根源」（1998a, p. 99）。不僅痛苦是罪惡，事實上所有的罪惡也都會帶來痛苦；也因為痛苦是罪惡

　　　　　　　受苦的靈魂：從深度心理學看痛苦的經驗與轉化

的，所以如果我們用神義論來為痛苦辯護，那就是在為罪惡辯護。

根據列維納斯的說法，他人的痛苦會使我們對自己的安排，以及自己的確定性和安全感產生懷疑。事實上，我們對安全的追求常常會導致他人的痛苦。用他的話來說，「為他人的痛苦辯護確實是所有不道德行為的根源」（1998a, p. 9）。對列維納斯來說，無論我們為了照顧自己而做了什麼，都可能與他人的需要衝突，或造成他人的痛苦。列維納斯提出了這樣的質疑：有些個體的特權是以他人的痛苦為代價的，任何這樣的特權都不應該被合理化。對他來說，他人是無限超越的，遠遠超越了我們的理解能力，當然也超越了我們的掌控能力。

在列維納斯的作品中，我們似乎只有通過與他人接觸、對他人的絕對責任感，甚至是對他人需要的服從，才能真正認識到自己的主體性。就好像只有面對他人時，我們的自我才被允許以自我的形式出現。自我身份是基於我們對他人的責任而存在。我想對一些心理治療師來說，這種對自我身份的描述可能顯得有點偏離重心或太過消極，就好像自我本身並沒有核心認同感，或者只有在與他人的關係中才有意義。不管怎樣，我們最好把列維納斯的觀點看作一種召喚，要我們為他人的需要提供服務。

西方心理學和哲學都有一種以自我以及個人自由為中心的傾向，在某種程度上列維納斯是針對這種傾向回應，他認為這種關注過於以自我為中心，使得整個社會充滿衝突。對他而言，我們生活在一個存在著他人的世界裡，這使我們超越了自己，所以他試圖以自我與世界的連結為基礎來建構人的主體性。不過，他並不認為自我的身份認同會在與他人的融合中完全喪失（Peperzak, 1993）。他認為，對他人的欣賞「只有從『我』開始才有可能」（1969, p. 40）；也就是說，只有擁有了自主的自我意識（sense of self），才能與他人建立真正的關

係。與此同時，我們必須承認，與當代關係心理治療相較，列維納斯並沒有為關係的複雜性提供太多指導。

列維納斯的思想挑戰了強調與他人競爭和支配他人的思想模型。支配他人是指一種權力的行使，但對列維納斯（1969）來說「他者的面容對我訴說，從而邀請我進入一種與權力行使的不對等關係中。」他還對功利主義的倫理觀提出了挑戰。功利主義的倫理觀認為，能為大多數人帶來最大好處的事情就是正確的事情。這一概念的問題在於，它也認為，為了大多數人的利益而忽略、甚至犧牲少數人的利益也是合理的。我們可以清楚地看到，極權主義政權正是用這種方式合理化自己的壓迫行為。列維納斯批評任何形式的「整體化」（totalizing）思想（一種試圖將所有事情都歸類或賦予固定意義的主流意識形態），因為這種思想不關注他人的痛苦，這樣的忽略使其變得暴力。

很明顯，衡量行為對錯的傳統標準（所謂的倫理規範）並不能制止那些有意對人施加的痛苦，放眼我們國家還是世界皆然。這些標準也不能阻止人們廣泛漠視痛苦，正如我們在納粹大屠殺中所看到的那樣，有些德國人與納粹沆瀣一氣，大多數歐洲基督徒對猶太鄰居所遭遇的事情視而不見；他們的道德系統並沒有阻止暴行，就像許多當代的宗教人士也會忽視我們社會中的巨大痛苦一樣[3]。當前的社會和政治結構有時會使我們不把人當人看，好像可以犧牲這些人。我們並沒有一直努力避免無辜的痛苦。對列維納斯而言，這種對他人痛苦的漠不關心不僅否定了他們的脆弱，還加重了他們的痛苦，是非常邪惡的。他所說的我們「人與人之間的責任」存在於任何社會契約之前。

3　原註3：列維納斯認為，那些保護猶太人的基督徒，是在對他人負責的行為中成為他們自己。在他看來，自我身份並不取決於存在的本體論上的首要地位（the ontological primacy of being），而是取決於我們對他人責任的實際行動。

在《存在之外》（*Otherwise Than Being*）一書中，列維納斯甚至說，他者的需要優於我自身的追求；我成為他者需求與痛苦的人質。他者脆弱的面容揭示了一種非互惠、不對等，且不受任何法律或第一原則所規範的責任。他者之臉顯露了他者的脆弱，我無法漠視。他者之臉遠遠不僅是肉眼所見的簡單物體；他者之臉告訴我，他者是超越思想的，超越一切可以瞭解它的事物，接近無限。它「彰顯了上帝啟示的巔峰」（1969, p. 79）。列維納斯要我們明白，普通人類的層面和無限的層面是同時存在的。或者說，我們透過他者來接近無限。對他而言，這種關係的倫理層面比本體論層面，或者說比全世界的日常生活層面都更為基礎。」

列維納斯相信，我們對他者的痛苦所負的責任如此之大，必要的話，我們應該把自己嘴裡的麵包送給受苦之人（1998b, p. 74）——可以說，我們被他者的痛苦所挾持；但這種關係並不是互惠的。心理治療師可以合理地質疑這種態度；這可能需要過度或受虐的自我犧牲，但受苦者可能不希望治療師或其他人承擔這種義務——我們通常希望關係是互惠的。一些倫理學家可能會指出，我們不應該以違背其他道德原則或傷害他人或自己的方式來照顧受苦者。也有人認為，我們有義務優先照顧自己的家人或朋友，而不是陌生人。列維納斯自己也指出，我們對他人的責任必須有所限制。自我可以「接受召喚去關心自己」（1998b, p. 128），而我也是別人的他者。但是，痛苦的他者面容可能比這些理性論點更重要。很明顯，列維納斯的論證並非「以證據為基礎」或是實徵心理學。列維納斯的思想碰觸到的是根本的人性，不需要在實驗室裡測試驗證。而且，列維納斯對照顧提出的作法，與保險公司所容許的治療方法存在著巨大的差異，保險公司做決策的管理人員並沒有看到患者臉上的痛苦（Huett 等，2012）。

旁觀者效應

「旁觀者效應」是社會心理學家經常使用的一個術語，描述的是當一個人在公共場遭受痛苦或處於危險之中時，旁觀者卻不提供任何幫助的情況。一九六四年，凱蒂‧吉諾維斯（Kitty Genovese）在紐約被刺死，引起了公眾注意。具體細節尚不清楚，但一些報紙對襲擊事件的報導表明，鄰居無視她呼救，甚至沒有任何介入，只是目睹悲劇發生[4]。隨後的研究表明，當一個人遭遇危急情況時，周圍有一群旁觀者而不是只有一個人時，他或她獲得幫助的可能性更低。人群中沒有人伸出援手，是因為他們認為別人會有所行動。因此，這種效應是我們在回顧為受苦者提供幫助的過程中，需要理解的重要現象，因為我們並不清楚是什麼阻止了我們幫助他人。當然，有時候旁觀者也會英勇地介入，提供幫助。

研究人員最初假設，當有人在街上遇到麻煩時，如果想要旁觀者介入幫忙，必須讓旁觀者注意到情況非常危及或很緊急，他們感覺有責任幫助他人，也必須覺得有能力幫助，然後還必須下定決心幫忙（Latanéet 等，1970、1981）。研究發現了三種可能對助人行為產生阻礙的心理過程，首先是一種將責任分散給旁觀者的趨勢：旁觀者越多，個體越不覺得自己有責任介入，也越不會覺得自己要為受害者的負面後果承擔責任；第二個因素是害怕在公共場合被別人評價或評判；第三個因素是在模棱兩可的情況下，我們根據他人的行為判斷。如果每個人都認為其他人並沒有把當前情境視為緊急情況，這時旁觀者效應是最大的。隨後的研究（Fischer 等，2011）表明，這種效應適

4　原註4：攻擊她的人在半小時內襲擊了她三次。襲擊的新聞引起社會極大憤慨，因為沒有人幫助她，但媒體可能錯誤地報導了這一事件。刺殺發生在午夜，顯然周圍建築物沒有人能清楚地看到發生了什麼，聽到呼喊聲的人也可能以為那不過是一場爭吵。

用於男性、女性以及所有年齡層的人。如果需要幫助的人是旁觀者的朋友，尤其是當需要幫助的人與旁觀者屬於某個團體時，旁觀者會介入的可能性更大，然而面對陌生人，我們就不太願意插手。最近一些研究表明，旁觀者效應在極端危險的情況下並不太明顯，即便是助人者會因為提供幫助而付出很高的個人代價。也許是因為緊急情況能夠更快地識別出來；旁觀者的痛苦在危險情境中增加，並且在幫助受害者的過程中減少。在某些緊急情境中，很明顯只有透過幾個人的合作才能解決問題。

預防痛苦所造成的人格受損

心理治療師有很多種方法可以預防痛苦對人格造成的損害。我們可以告誡患者，不要在原有基礎上增加更多問題，但這種反應可能會增加他們的痛苦，比如過度自怨自艾或自我責備、不合理地指責別人、長期反覆思考「要是……就好了」，或是不必要地把當下處境災難化，幻想可能出現的最壞結果等等。憤怒、嫉羨和仇恨等反應是對難以忍受的脆弱感的保護，但對那些總是否認情緒或涵容與調節情緒有問題的人來說，透過治療來軟化這些保護機制是很艱難的過程。對個人體驗長時間的同理反應有助於消除這種消極的外殼，有時超個人或超自然的體驗也很有幫助。

患者和治療師都需要有分辨痛苦的智慧，辨別哪些痛苦的原因是可改變的，而哪些痛苦則必須接納。不能改變的痛苦也不一定要採取聽天由命的態度。我們可以研究這些痛苦的意義，有時也可能徹底接納（詳見第十章）。接納那些無可奈何的痛苦需要特殊態度。如果我們相信自己所經歷的是一趟超個人歷程，也許有所幫助，比如認為自己正處於靈魂的黑夜之中，超越了我們理解的範圍。一個人必然會受

到環境的影響，無法抵抗，因為抵抗通常會使事情變得更糟。但是，心理治療師必須小心，不要與受虐狂的服從態度共謀。正如我們瞭解的一些神學理論一樣，這些把痛苦看成是對罪惡的懲罰的，將親子關係的心理過程投射到痛苦情境之中。

也可能發生這樣的情況：我們幫助受苦之人，實際上卻維持或強化了這個人的痛苦。有時候我們嘗試幫助他人卻無果，除了單純不知道對方需要什麼之外，還可能出於以下幾個原因：首先，我們對痛苦的反應妨礙了受苦者利用自己的資源，或面對自我破壞的行為。例如，當伴侶一方長期陷入憂鬱和無助之中，而另一方承擔的責任越來越多時，這種情況就會發生。這個過程強化了受助者的無助感，常常也使助人者更怨恨、受助者更憂鬱。類似這樣過度保護的協助可能是由於助人者自己害怕被拋棄，或有受虐傾向，或是助人者將自己渴望被照顧的需要投射給他人。有時，助人者需要痛苦的家庭成員依賴自己，所以很可能延長受苦者的無助感。助人者可能覺得，如果不提供幫助就會失去愛或認同，或是因為難以說不，或是很難從真正的困境中辨別出什麼是適當程度的幫助。助人者可能出於敵意的反向作用而伸出援手；助人者憎恨提供幫助，有意識或無意識地以一種被動攻擊的方式幫助受苦者。薩爾瓦多・米紐慶（Salvador Minuchin, 1978）描述了一種「身心症（psychosomatic）的家庭」，這種家庭是圍繞著幫助一個遭受痛苦的家庭成員而組織起來，這個家庭成員的痛苦對家庭的穩定至關重要。這種動力可能使人很難從心理治療中獲益。

心理治療師也可能透過使用心理治療理論來延長患者的痛苦，而迴避患者現實生活中的問題，他們致力於按照特定的技巧工作。我們偶爾會在古典榮格派學者中看到這一點，他們只專注於夢境，而患者的生活狀況卻在惡化，或者古典佛洛伊德派學者試圖用伊底帕斯情結來解釋一切。在這些個案中，自戀的問題，如自體的誇大性或脆弱

的自體感遭到忽視或誤解，也會對患者現實世界中的人際關係造成損害。嚴格使用任何一種心理治療技巧都有可能加重患者的痛苦，包括傳移這樣的核心概念。湯瑪士‧薩茲（1963）認為，傳移是真實存在的現象，佛洛伊德也擴展了這一概念，這樣他就可以在現實的關係中處理患者對他的情欲性或攻擊性的感覺，不需要把他們當成獨立的個體。假設這些感覺純粹基於傳移，治療師就能夠受到保護，免於受患者性格的全面影響，包括現實生活的影響。因此，如果患者不喜歡治療師，治療師可以讓自己相信，這種態度實際上是指向患者的早期客體，而不是治療師的行為所導致的結果。然而，有時治療師的行為確實可能使者再次受到創傷，並產生相應的負面反應，而治療師卻將其歸因於傳移。幸運的是，現今心理動力學理論的發展使得這種批判對實務應用的影響不再那麼重要了，現在我們可以好好地理解治療師的實際行為，而不僅瑾認為是傳移影響了患者對治療師的體驗。

與受苦者的照顧者進行心理治療

眾所周知，照顧生理和認知功能受損的患者會使家庭成員常常承受生理和情感上的痛苦（Monin et al., 2009）。當照顧者無法盡可能減輕所愛之人的痛苦時，情況會變得尤其困難，從而導致照顧者的無助和痛苦。如果照顧者能夠提供某些幫助，他或她的痛苦就會在一定程度上減輕。事實上，如果能夠減輕患者的痛苦，對照顧者就會產生積極影響。然而，當所愛之人無法擁有健康，或者至少無法保持自己的情緒平穩時，我們很難持續地面對所愛之人的痛苦，並很容易受到對方負面的影響，有時甚至是嚴重的影響（Schulz et al., 2008; Beach, et al., 2000）。尤其是我們難以面對所愛之人處於持續的痛苦之中，或目睹家庭成員在精神和存在層面痛苦不已，例如，一個人看到所愛

之人因疾病無法實現生活願望或目標（Coyle, 1996）。如果痛苦對人格產生影響，可能會從根本上影響個人的身份認同，以至於我們原以為夠瞭解的人可能變得面目全非。如果預見受苦摯愛可能離開，照顧者的痛苦也會增加。照顧一個以上家庭成員的經驗，無論是同時間還是過去的經驗，對照顧者來說都大有影響。當你所愛的人被送進收容機構時，隨之而來的內疚和可能關於經濟的憂慮也許會給家庭成員帶來巨大的痛苦。有時富有同理心的照顧者會體驗到與受苦者相同的痛苦情緒，比如焦慮或憂鬱，但如果受苦者的痛苦太強，強到讓人無法承受時，照顧者可能會產生防禦性反應，如憤怒或沮喪，甚至指責受苦者，彷彿問題是受苦者自己造成的。如果在照顧之前接受照顧的人和照顧者之間是矛盾或敵對的關係，那就可能出現對受苦者的負面反應，例如不承認受苦者有多麼痛苦。照顧者的一些焦慮情緒可能是投射性認同的結果，因而導致照顧者體驗到受苦者分裂出的情緒。

　　心理治療師與照顧者一起工作時，可以透過澄清照顧者在現實層面可以做什麼和不可以做什麼，來幫助照顧者確定當下的情境中哪些方面確實超出了她的掌控。也可以藉由正念提供幫助，以減少照顧者的情緒反應，不用壓抑痛苦的感覺。在更深的層次上，心理治療師也可以幫助照顧者觀察他或她與被照顧的受苦者之間的關係動力，特別是對於那些未表達的內疚或憤怒的修通。在心理治療中，「照料」（caring for）和「關心」（caring about）是有區別的（Jecker et al., 1991）。照料意味著我們要回應一個人的需求，有時可以相對不帶感情地回應。而關心涉及對人的情感反應，也會成為反傳移的一部分。我們幾乎不可能在沒有任何情緒反應的情況下，深入地參與照顧受苦者的工作。因此，一些作者認為，這兩種關懷不能完全分開。「關心」是「照料」不可避免的一部分，如果我們不關心一個人，那照料這個人就會成為痛苦的事（Boleyn-Fitzgerald, 2003）。

慈悲、同情、同理心、可憐和安慰

慈悲、同理心和同情等這幾個詞逐漸口語化了，好像彼此之間可以相互替代一樣。其實這些詞彙的意思是不一樣的，但不同領域的研究人員對於如何定義這幾個詞彙仍大有爭議。[5]

同理心

出於心理治療的目的，同理心（empathy）意味著我們從不同程度上感受到受苦者的感受——有時甚至是肉體上的疼痛。寇哈特（1984）將同理稱為「替代性內省」，或「讓自己的思考和感受進入另一個人的內心世界」的能力，是一種對相同感覺的共同內在感知（p. 82）。（德語中的同理是 Einfühlung，字面意思就是情感移入）。克萊恩學派的作者把同理看作一種良性的投射性認同[6]。同理讓我們在情感上與他人同調。同理是一種感知模式，一種理解他人的重要方式。在心理治療中，同理的過程是雙向的，是治療師和患者之間的相互理解。我們透過同理體驗感知到之後，就可以從認知層面闡述。

重要的是，正如寇哈特所說，同理是價值中立的，所伴隨的對受苦者的態度可能有益、也可能有害。我們可能會利用同理來傷害或操縱他人，因為當我們知道有人痛苦時，可能會感到愉悅。我們可以同理，同時卻不會對受苦者感到抱歉、不會對他的痛苦出現任何道德上

5　原註 5：有關這些術語在精神分析中使用的歷史性回顧，請參見布雷克（Black, 2004）與皮格南（Pigman, 1995）。關於發展心理學家和社會心理學家之間的爭論，詳見納寇（Nakao, 2008）。有關同理在哲學而非心理治療的重要性綜述，請參見史都柏（Stueber, 2008）和阿戈斯塔（Agosta, 2010）。

6　原註 6：同理通常是一種非語言交流，可從對方的面部表情、聲調和肢體語言來感知，但也有證據表明，可能存在超感知覺，而這是被「可敬的」唯物主義科學家所忽視的。

的反應、不承認我們自己所體驗到的感受，也沒有幫助他人的欲望。一小部分人無法利用治療師的同理或可以感受到治療師的同理但並不覺得愉快，這可能是因為他們的童年經歷中缺乏感受到有益同理的體驗，或是因為治療師的同理使他們感覺自己很弱小、被同情，又或者是因為治療師的同理迫使他們面對某個寧願否認的感覺。

沒有同理，其他人就變成了物體，而不是人。貝特森（2010）認為，同理在高等哺乳動物的演化過程中，成為養育本能的一部分，因為養育過程中，需要同理地推理孩子的願望和感受。同理是我們人性非常必要的部分，會激發親社會行為以及與道德有關的行為，是人與人之間交流的主要方式，可以有效減少甚至是消除我們與受苦者的情感距離。同理的結果是，參與者之間會產生共同的情感場域。同理之花會在人類正常發展過程自然綻放，除非受到環境因素的影響，例如在精神疾病潛伏的家庭中對同理心的抑制。也許正如功能性核磁共振造影研究所證實的那樣，同理似乎被內建在人類的神經系統中（Jackson et al., 2005）。但將同理歸結為鏡像神經元的啟動也許又太過簡單[7]，這種方式試圖將心靈簡單地歸納為大腦的一部分。功能性核磁共振造影對人類大腦的研究是測量大腦大片區域，這些區域包含許多神經元，而這些神經元與大腦的其他區域相互連結。對鏡像神經元的研究大多是透過猴子大腦的單個細胞來進行，無法在人類身上

---

[7]　原註7：鏡像神經元是一種能夠複製他人神經元活動的神經元，在觀察他人執行某個動作時，鏡像神經元能在觀察者的大腦中複製同樣的神經元活動，就像觀察者也在執行某個動作一樣。當我們觀察到某人諸如厭惡等情緒感受時，我們的大腦皮層通路也會鏡像地發生神經元放電。這一觀察得出的結論是：我們可以理解他人的情緒，因為在觀察者大腦中會啟動相同的神經元，就好像觀察者本人確實在這種情緒之中一樣。」然而，試圖將大腦活動與心理過程聯繫起來仍存在各種困難。首先是測量工具的性質：不同類型的腦部掃描對特定精神狀態下的大腦活動定位有不同的結論。功能性核磁共振造影研究的侷限性在於，它們測量的是神經元啟動後幾秒鐘內的神經活動，因此可能不清楚心理過程涉及的精確解剖區域。還有一個問題是，理解某個心理事件大概的底層大腦機制，並不能說明該事件在社會文化背景下對人的意義（Gergen, 2010）。

複製，而且猴子也沒有像人類那樣複雜的文化或語言。鏡像神經元讓我們能夠感同身受地理解他人的行為，但這一概念還存在一些無法說明的情況，例如，我們可以理解一些自己無法做到的別人的行為，或是有時可以理解別人的情緒，而不需要真正同理地感受。情感對每個人來說都具有複雜的個人意義，而這個現象會使問題進一步複雜化，因此，同理不僅僅是一種特定類型的局部神經元的放電（有關鏡像神經元當前知識的綜述，請參見基爾納〔Kilner〕等人二〇一三年的文章）。

一些很小的孩子似乎天生就具有同理心。兒童早在兩歲時就可能表現出理解他人情緒狀態的能力，並希望幫助他人減輕痛苦。因此，在某種程度上，人類的基因決定了他們是否是天生的助人者。然而，這些孩子可能要再花幾年的時間才能學會如何安慰他人。同理心在多大程度上可以被教導，這一點尚不清楚；許多教育理論家對如何做到這一點很感興趣，但這個想法存在爭議（Schertz, 2007）。

與我們的理性對道德行為的影響相較，同理對道德行為甚至具有更大的影響，因此，一個邪惡的人可以很理性，但卻對他人的痛苦漠不關心。可能是同理能力決定了一個人能否成為關心他人的人；關心他人和同理能力的結合從根本上決定了一個人能否符合道德行為，簡單來說就是能否成為正直的人。同理也影響我們對與錯、善與惡的觀念，因此在政治體系和整個社會中都非常重要（Slote, 2010）。缺乏同理會使社會忽視貧窮、無家可歸和其他社會弊病所造成的痛苦，同時助長種族和宗教偏見以及衝突。

同情

與同理不同，同情（sympathy）可能會出現在我們感覺不到受苦者真實感受的情況下，並非價值中立；同情會增加我們的關切之情、

關心受苦者的感覺，因此，同情被稱為「對……的感覺」（feeling for），而同理是指「同他一起感覺……」（feeling with）（Snow, 2000）。也就是說，一個人可以在情感上與他人保持距離、為他人感到難過，而不用同理地感受對方的感覺（Chismar, 1988）。與另一個人感受同樣的痛苦和為另一個人感到難過卻沒有感覺到任何痛苦，這兩者是有區別的。同情可以帶有說教的意味，甚至可能帶有對他人痛苦的恐懼或反感，所以一個人可以在沒有任何同理心的情況下對他人表示同情。正因為如此，當一個受苦之人意識到另一個人試圖同情他，但並不真正理解他所處的情況時，這樣的同情可能會適得其反，也會增加受苦者的疏離感。承受痛苦的人常常會隱藏最深的絕望，因為這樣的絕望太痛苦而無法表露出來，也可能覺得只有相同經歷的人才能真正理解這種絕望。

　　對於受過傳統精神分析訓練的心理動力學治療師來說，「同情」這個詞一直帶著一層陰影，而且一般不會出現在精神分析文獻中，因為它暗含了直接幫助他人的願望，同時，許多受訓者在訓練中往往被教導「不能這樣做」。這可能是因為佛洛伊德（1912）告訴他的追隨者，他們必須像外科醫生一樣，拋開同情等情感。然而，如今大多數當代心理治療師已經拋棄了「外科手術模式」，將心理治療視為一段探索和相互理解的旅程，而治療師是合作的夥伴。

慈悲

　　慈悲（Compassion）是對他人痛苦的一種情感反應，特徵是仁慈，是一種我們對受苦者的感覺，希望能夠減輕他的痛苦而沒有期望得到任何回報（Gelhaus, 21012）。慈悲需要我們不害怕他人的痛苦，不與之保持距離。事實上，慈悲的精神價值部分在於將我們與他人聯繫在一起。波利‧揚-艾森卓（Polly Young- Eisendrath, 1996）認

　　　　　　受苦的靈魂：從深度心理學看痛苦的經驗與轉化 |

為慈悲是我們自身痛苦的解毒劑，因為它抵消了痛苦產生的疏離感。痛苦可以作為與另一個人建立深厚聯繫的橋樑，也會因為慈悲而帶來一種觸及神聖之地的感覺。

對心理治療師來說，慈悲具有明顯的價值屬性，但慈悲不是我們可以隨意調用的東西，因為我們無法控制心理治療中所產生的情緒。慈悲可能在反傳移中自發產生，也許我們對一些患者的慈悲比另一些患者更多。然而，如果期待治療師一直都滿懷慈悲，就會帶來耗竭的風險，或者至少是一種對治療師要求過高的風險。當治療師同理地感受痛苦，同時筋疲力盡、無法提供幫助，往往就會感到耗竭。關於這點，眾所周知，在衛生服務系統中，醫學生和其他受訓者在接受教育的過程中不斷取得進步的同時，對他人的同理心也會減少。顯然，不斷暴露於他人的痛苦所激起的強烈情緒之中，可能會導致對這些感覺的壓抑或否認，因為無法忍受這些情緒，個人變得習慣於痛苦。在臨床實務中，同理心、同情和慈悲三者之間也無法明確的區分，一個人如果沒有某種程度的同理心，無法感到同情或慈悲他人。關心和慈悲是人類對痛苦的正常反應，但這些正常反應對治療師來說也許不太可能做到。與受苦之人工作可能會讓人感覺難以承受，所以治療師會避免投入過多的情感、過度沉浸在患者的內心世界中，這也很正常。在認同的過程中，當我們想像自己處在患者的處境中時，也許會透過否認自己的情感強度來保護自己，或者對由此產生的恐懼有所反應。幫助他人可以令人振奮，但同理讓人變得脆弱不堪。如果我們感覺自己的同理心正在消失，我們能做的最好的事情就是保持專注和臨在，這樣受苦之人就不會感到被拋棄，而那是他們常常有的感覺。

擁有重要社會地位的人在面對他人痛苦時的情感反應較少或不明顯，這種情況有時候與同理心和慈悲之心的減少有關（van Kleef et al., 2008）。握有權力的人有時不太願意回應沒什麼權力的人，或者會選

擇性地回應只有小小權力的人，特別是當這樣做更有助於達成目標的時候。對於照顧那些有需要的人來說，這些發現有著顯而易見的社會和政治影響。

安慰

安慰（Consolation）一直是人際關係的重要部分。試圖安慰似乎是我們對他人痛苦的天生反應。很明顯，安慰有時有幫助，但不清楚究竟如何奏效。安慰受苦之人的先決條件是要有同理的能力。一個人必須能夠感受，或者至少能夠想像他人的感受、他人正經歷的事情，才可能安慰。安慰和慰藉還有附加作用，能夠給人力量，減輕人的痛苦，這些力量能夠滲透到痛苦的黑暗之中（Morse et al, 1995; Alfredsson et al., 1995）。然而，對痛苦的安慰並沒有那麼容易：我們無法用言語表達安慰，或者言語似乎不夠充分，尤其是當一個人無法提供希望的時候。這種情況下，請記住，即使我們所說的話沒有任何用處，安慰也是很有用的，當那些受苦之人知道治療師試圖提供幫助，這一點就可能有幫助。

看到另一個人遭受強烈的痛苦、感到無助，卻不能做任何有用的事情，非常令人痛苦。心理治療師個人的脆弱經常在這種情況下激發出來，當你傾聽別人的悲傷時，發現你也正在處理自己的悲傷。因此，心理治療師需要有足夠的勇氣以及對自己的信念，才能真正進入另一個人的痛苦之中。一個人必須能夠暫時把自己的擔憂放在一邊，知道什麼時候該說話，什麼時候該以無聲的方式交流，因為另一個人的痛苦也許無法用言語來表達。在這裡，我使用的「交融」（communion）一詞，是用馬賽爾（Gabriel Marcell）（Glenn, 1984）所表達的意思，他把交融描述為一種合一或是「包裹住」的感覺。這種交融帶來一種一同承受痛苦的共感，有時也帶來一種共享神聖維度

受苦的靈魂：從深度心理學看痛苦的經驗與轉化

的感覺。

　　有時，安慰可能難以接受。一個受苦之人可能很難表達情感，或者為了保護他人而掩飾自己的感情。許多人不希望自己顯示出生活貧困，這使他們在尋求幫助時猶豫不決。用榮格的類型學來理解會比較清楚：內傾型的人不容易表達感覺，而內傾情感型的心理治療師可能會感到深深的同理，但很難用語言表達出來，這可能導致患者指責心理治療師冷漠、無情。然而，感覺型的人即使在沉默中也能感受到他人的關心。通常情況下，當無法用言語表達時，也就不需要任何言語了。

　　可能出於投射，也可能出於準確的感知，受苦之人會感受到心理治療師在情感上沒有準備好處理患者的問題。實際上，心理治療師確實可能無意識地暗示他或她不想聽到太多患者的痛苦——這是一種反阻抗。當治療師面對一個正在痛苦之中的人時，會在心裡默默承諾，但如果需要經常接觸這個人，可能就很難兌現承諾。當鄰居或朋友處在危急時刻，衝上前提供幫助是很正常的，但人們通常會衝上前幫助朋友或鄰居，幾周之後，這些想幫忙的人就沒辦法持續關注需要幫助的人。

　　雖然安慰確實可以減輕痛苦的感覺，但受苦之人也會有不願意接受安慰的時候；他們可能覺得安慰是一種侵擾。當向受苦者提供的安慰是一些陳詞濫調，就可能發生這種情況；或者當受苦者感覺這個安慰其實是安慰者自己的防禦，因為他無法忍受發生在受苦者身上的事情。

　　安慰一直是醫療保健工作的一部分（Norberg et al., 2001），安慰過程的相關研究對於社區護理非常重要，因為撫慰和安慰是護理的核心，但對護士來說，也隨時存在耗竭的危險（Glasberg et al., 2007）。重要的是，耗竭的表現可能與憂鬱相似，也可能確實是一種憂鬱形

式，是疲憊、高期望值、對工作缺乏認可、不友好的工作環境等因素共同作用的結果。在不友好的工作環境中，關心經濟收入比關心人似乎更有意義。最終可能導致退出組織、離職，感到無助，甚至對自己原本關心的人漠不關心。

心理治療師也許可以以詢問和觀察等方式，瞭解哪些事情能安慰到患者。除此之外，我們能做的也許只有同理傾聽、表現出興趣、接納、見證悲傷和脆弱等了，而這些事也的確非常有用（Langegard et al., 2009）。心理治療師試圖深入理解患者的經歷本身可能也有幫助、共同探索這些經歷所帶來的意義也具有治療效果。真正安慰的給予和接受，對安慰者和受苦者都會有所助益。重要的是，心理治療師不應該只停留在這樣的觀念上：發揮作用的只是傳移的功能。當我們與受苦之人一起工作時，相互坦誠和直接的、心與心的接觸是非常必要的。任何聽起來像書本或技術性的東西都會簡化和減弱人類痛苦的真實性，然而，真實的關係最重要。換句話說，安慰的能力不是一個可以學習的技巧，而是人類面對痛苦時的一種潛在能力。真正的見證者不可能只關注理論，而是允許自己被他人的痛苦所影響，而治療師對患者苦痛的回應可能（也可能不是）是從無意識自發地湧現。

關心

有時候，心理治療師最好的心理狀態在於關心（concern）他人的福祉，而不是同理、慈悲或同情。但在心理治療中，關心的重要性往往不及心理治療對同理的興趣，儘管這兩種狀態經常重疊，但也可以彼此獨立。一個人可以知道另一個人的感受，但不關心他，一個人也可以沒有同理地關心他人。這裡我想提一下伊恩‧薩蒂（Ian Suttie, 1935）（相當被忽視）的著作，他認為對他人的關心是人類與生俱來的特質，而不是發展的結果。現今的這個理論傳統中，關係理論相

受苦的靈魂：從深度心理學看痛苦的經驗與轉化

信，我們天生就對他人有所反應，尤其是對面孔和聲音敏感。對他人的關心可能已經演變成人性的一部分，因為它具有生存價值。不過關心也像是一種發展成就，意味著我們必須認識他人是獨立的主體，擁有自己的內心世界。毫無疑問，安全的依戀類型會增加我們對他人的關心。

溫尼考特（1963）是為數不多的直接關注「關心」相關問題的精神分析作家之一。對他而言，關心意味著我們既關懷他人，又能感受並接受對他人的責任。在他的早期觀點中，他認為當嬰兒意識到母親與自己是分開的、母親可以擁有自己的感情時，嬰兒就會發展出對母親的關心，而這時嬰兒會因為傷害母親而產生內疚。然後關心會發展成一種「修補對母親的傷害」的願望。後來，溫尼考特提出，嬰兒可以透過他感受到的任何方式來對待母親（包括敵意），母親都能從中存活下來，於是嬰兒會產生感恩之情。所以，關心的動機可以是快樂和愛，也可以是焦慮和內疚。

可憐和自憐

當心理治療師與受苦之人一起工作時，產生的感覺可能是可憐（pity），而不是同理，瞭解兩者的區別很重要。一般來說，「可憐」這個詞意味著一個人對另一個人的痛苦感到悲傷，並且因為動容而提供幫助。然而，仔細觀察就會發現，可憐是一種更複雜的情感（Solomon, 1993; Geller, 2006）。關於可憐有些爭論：可憐是否像關心或慈悲一樣，是一種值得讚賞的人類情感？或者，可憐並沒有那麼高尚，因為可憐也許包含了一絲輕蔑或者優越感，所以尼采甚至指責可憐他人的人很傲慢。而真正的慈悲並不包含這種帶有優越感的成分，所以這是我們區分可憐與慈悲的一種方式。然而，從積極面來說，可憐可以促進寬恕和寬容、激發慈悲，而且肯定有一些可憐他人

的行為沒有傲慢的成分。另一方面，可憐有時會讓人感到羞辱或被貶低，所以有時候我也會聽到受苦之人說：「我不需要你的可憐。」這種態度可能被誇大，有些人聽到治療師任何表達關心的嘗試，都當做是一種貶低和可憐，彷彿治療師的關懷意味著他或她認為患者很軟弱。還有一些人可能覺得自己不配得到治療師的關心。

本澤夫（Ben-Ze'ev, 2000, p. 328）指出：「我們可以可憐他人，同時與他人保持安全的情感距離。」人們可以對媒體所描述的饑荒受害者感到可憐，同時因為自己沒有處於如此危險的境地而感到寬慰。此外，當一個人覺得某個故事故意試圖喚起他可憐的感覺時，他可能會感到自己被可憐的感覺所操縱，從而憎恨這種感覺。卡倫・荷妮（Karen Horney, 1937）注意到，有些人在治療中使自己顯得需要被可憐，以此迴避為自己的行為擔起責任，或作為一種操縱手段，並獲得某種情感。通常這種動力會激起怨恨的反傳移感受，但治療師在面對因為真正的痛苦而自發產生的同理或慈悲時，並不會產生怨恨。這種差別部分源於個人的判斷，即有些人的處境確實很悲慘，值得悲憫；有些人的不幸是自找的，不值得悲憫，即便如此，我們可能也會在某種程度上為他感到可憐。當我們認為受苦之人應該對發生在他身上的事負責時，一開始可能會責怪他，但如果他正處於巨大的痛苦中，我們可能會覺得慈悲，當然程度有所不同。有些人的心腸就是比其他人更軟。如果一個人誇大自己的困難、表現得過於無助和依賴，其他人可能就會生氣，同時產生可憐甚至厭惡的感覺。從一些諷刺的言論中可以看出，我們會蔑視社會上那些過於自憐的人（self-pitying），比如：「從十字架上下來吧，我們需要那塊木頭。」（Get off the cross; we need the wood.）因此，可憐比真正的慈悲更遙遠——一個人可以可憐別人，同時感到冷漠甚至厭惡，因此有人形容可憐是一種旁觀者的運動。佛教徒認為可憐是慈悲的「近敵」，也就是人們很容易把可

憐誤認為是慈悲。可憐意味著我們為某人感到遺憾，而慈悲則是在我們與某人一起難過時產生，換句話說，有種痛苦是因為他人的痛苦而產生。佛教徒史蒂芬‧雷凡（Steven Levine, 1982）將可憐與慈悲對比，他說可憐意味著我們面對他人的痛苦時，會對他人所處的困境感到恐懼或厭惡，但又想要減輕受苦者的痛苦，以減輕自己的痛苦；慈悲則意味著用愛觸及對方的痛苦。

　　有時，在試圖幫助他人時，治療師會覺得受苦者太過自憐、太過依賴他人或太過操縱他人。操縱，指一個人試圖引誘他人來幫助自己，他認為如果直接請求幫助，他的需求就不會得到滿足；或者是指精神變態者的策略，他們為了贏不惜一切代價。如果悲劇之後的自憐過於誇張或者持續太久，就會導致他人的疏遠，而這種自憐在我們的文化中名聲並不好。過度自憐意味著這個人可能有受虐傾向，或者是道德殉道者，或者無法為自己負責，或者只是單純的能力不夠。這種自憐可能是由於發展因素所導致，為了能同理對待他們，治療師必須理解這些人的心理動力。通常情況下，當個體在發展過程中無法從照顧者那裡得到適當的回應、不得不尋找其他生存方式時，就會出現這種應對方式。如果童年經歷經常發生自體客體同理失敗，以及安慰性的回應失敗，就會導致自憐（Wilson, 1985），因此這個人只能獲得虛弱的自體，且在面對壓力時缺乏彈性。於是，在任何令人痛苦的事件或傷害之後，這個人都會感覺自己孤獨無助，他只能試著安慰自己，同理自己，最終導致自憐。當一個自體感脆弱的人自尊受到傷害時，自憐可能是他試圖自我安慰和自我慰藉的方式，也可能是自我修復的嘗試，是一種受傷後讓自己重新振作起來的方法。在被拒絕或忽視之後，我們都會有自憐的時候。然而，當自憐成為一種過於突出的個性特徵時，個體往往感覺自己經常是命運或不公平的受害者，他感覺自己完全被外部事件所控制，因為他人提供的幫助不夠而感到憤

怒。這些人傾向於認為自己是情感孤立的，即使他們在社交上並不孤獨（Stöber, 2003）。這種防禦機制會成為對改變的一種強有力的阻抗。當試圖幫助一個自憐的受苦者時，治療師可能會感受到針對自己的憤怒，就好像在某種程度上要對這個人的痛苦負責一樣。這種情況會在傳移過程中發生，治療師彷彿變成讓受苦者失望的原初自體客體的新版本。使情況更加複雜的是，自憐有時會伴隨著對其他更幸運的人的嫉羨，有時則包含在憂鬱狀態中。

在某些情況下，當某人處於非常悲慘的境地時，幾乎不可避免地升起某種程度的自憐。這種自憐是基於對自己現實的同理。然而，心理治療師也會見到一些無法同理自己的人，因此缺乏適當的自憐能力。有些人由於原生家庭中的冷漠態度，他們會盡量不讓自己感受到痛苦，並將任何痛苦的表達視為軟弱和自我放縱。另一些孩子在凌虐的家庭中長大，當他們認為自己應該受虐時，便長期感覺內疚、無法對自己產生同理心。治療師可能需要幫助這樣的人認識他的悲慘處境並不是他造成的，適度同情自己是合情合理的。

見證

在許多心理治療中，治療師只能見證他人的痛苦，卻無法改變造成痛苦的情境。在這種情況下，心理治療師的一個重要功能就是成為見證者。人們經常需要有人見證他們的經驗。確實，馬蘇德・汗（Masud Khan, 1981）認為，人類的精神痛苦需要獲得另一個人靜靜地、無聲地見證，這非常重要，因此世界各地的宗教都創造了一個無所不在的上帝。雖然這是誇張的說法，但它指出了解決痛苦所造成的孤獨感的重要性。這種孤獨，可能是因為倖存者感覺他們無法表達所經歷的事情，甚至可能無法讓人相信，我們在集中營的倖存者身上可以看到這一點，他們不願談論自己的經歷。這種有人見證、有人相信

受苦的靈魂：從深度心理學看痛苦的經驗與轉化

的感覺，能夠防止患者以沉默順從的態度帶著痛苦持續一生。需要特別補充的一點是，默默見證另一個人的痛苦，對治療師和患者都有益處，因為會增強治療師的同理能力、加強治療師對人類處境的理解。見證是治療產生有益效果的重要因素，但是，如果沒有同時共同體驗，心理治療師就無法見證。見證不是一個被動的過程，它意味著，我們同理地理解所講內容的情感意義、我們會受到這些內容擾動，但並不干涉，不加評判地觀察事物。這種沉默是一種積極臨在、積極傾聽，這種沉默允許靈魂被聽見，這表示我們不僅要聽所講內容的表層含義，還要聽到未明確表達出的深層含義。要做到這一點有個好辦法，就是鼓勵患者說故事，因為故事總是有很多層含義。在講故事的過程中，會出現之前從未出現過的意義，溫和地鼓勵可以使這些意義進一步展現。說故事的做法可以將事件綁定一個敘事線索中，也許會使這些經歷變得更有意義，而不是把這些經歷看作是彼此沒有聯繫的孤立事件。講述自己的故事也可以澄清一個人的身份認同，並揭示人格的發展。洛林・賴特（Lorraine Wright, 2005）認為患者是「受傷的說書人」（p. 157），他們需要通過說故事來使痛苦變得有意義，這個過程有治療效果。[8] 見證的行為似乎催化了患者的體驗，或者使更多層次的體驗成為可能。有時，在別人面前說出自己的感受之前，人們很可能不瞭解，或無法理解關於自己的一些事情。見證使患者真正相信她所說的內容可以獲得認可，而這不僅僅是提供了安慰。有人能夠深刻理解我們的感受、承認我們的遭遇，是非常重要的事，即便他們對於發生的事情無能為力。這既不是簡單的鏡映傳移現象，也不只是鏡映的自體客體（儘管可能與這些功能密不可分）。當治療師默默

8　原註 8：敘事治療是後現代建構主義理論的一部分，該理論認為個體是共同創造其經驗世界意義的積極行動者。

地見證患者的痛苦時，治療師是作為一個真實的人而存在的。

　　如果患者曾是邪惡的受害者，那麼在治療師的工作中，見證尤為重要。在這種情況下，心理治療師代表了整個社會向患者承認邪惡不應該發生。如果見證的治療師能幫助涵容這些痛苦的記憶，這些記憶可能可以更好地整合。有時，我們有幸見證他人靈魂，也許是很久以前消失的靈魂；有時我們見證他人最真實的一面，是他們自己都看不到的一面。不突兀的保持沉默、加上治療師的情感投入，才能見證靈魂真正想表達的內容。「抱持」（holding）在這裡的意思是：以一種讓人感覺包容和安全的方式給予情感表達的空間。見證者一定不能有祕密計畫、不能有評判，也不能追求特定結果。見證需要治療師帶著接受的心、沉默聆聽，也就是治療師必須捨棄想要說些什麼的願望或需要。

　　見證的行為使治療師面對著未知，這需要勇氣和信念，因為在見證的過程中，我們不知道接下來會發生什麼。心理治療師同理地感知恐懼、憤怒或無助等感受，而且回應的方式必須表明自己受到這些感受所影響，但並沒有被淹沒。看到一個人痛苦是很難受的事，但絕對不能迴避這種不舒服的感覺。如果要成為照顧者的人無法忍受在見證他人痛苦時給自己帶來的刺激，他可能會進入疏離的狀態。與他人的痛苦在一起意味著自己也在承受痛苦，痛苦常常喚起我們的脆弱和困難。與此同時，治療師作為見證者必須小心地管理自己的情感，不要誘導患者，使患者認為自己有義務照顧見證者（治療師），而加重患者的負擔。即便如此，治療師還是不得不想像自己處於類似的處境之中，即使他不可能真正知道另一個人經歷什麼。有時候，我們能做的最好的事情，就是在別人遭受痛苦的時候陪伴在他身邊，而不是讓他覺得我們試圖消除他或她的痛苦。

　　真實的見證並非不帶情感，而是盡可能充分地接受發生在他人

身上的事情，並成為正在發生的事情的一部分，這是一種仁慈、愛和犧牲的行為（Helin, 2003）。見證的行為以某種方式表達了重要的人類價值。當我們默默見證時，我們承擔了風險、面臨巨大的不確定性，但可能會發現一些非常重要的東西，對生活新的理解和新的價值可能會出現。作為一個見證者，會真正看到他人的所有脆弱，而這會喚起我們對他人的責任，因此也會喚起我們自己的脆弱。根據列維納斯（1985）所言，他人的面容喚醒了我們的道德責任和照顧他人的願望。對列維納斯來說，先照顧他人的痛苦，再照顧自己的痛苦，這是一個人最高尚的人性、最崇高的人類形式，也是一種倫理上的必然要求。對他而言，無論其他人是否也這樣做，我們有責任適當地回應他人的痛苦。列維納斯認為，當一個人站在他人面前說「我在這裡」時，他成為善、無限和上帝的見證者；而當某人盡全力幫助他人時，他就是「某個超越性存在」（something beyond）的見證者。他認為，如果見證者與自己的靈性保持聯繫，見證就會具有靈性特質。列維納斯描述了一種深刻的靈性形式，也許能使人在他者的面容之中認識到無限；他者的面容代表著「超越」，因為他者的絕對他者性是無法被把握或理解的，所以打開了通往無限的大門。與此同時，他者的面容又使他者的他者性具體化，這是見證的必要條件。凝視他者的面容和對他者的關心和理解是一樣的。治療師的默默關心是一種愛的行為，這也許是我們所能做的緩解痛苦的最適當舉措。這種愛可以透過一個人的面部表情、聲調和眼神無聲地傳遞。即使治療師保持沉默，患者也能有意識或無意識地感覺到治療師臉上微妙的情緒變化，這些都會讓患者意識到：他正在影響治療師。

　　心理治療中的無聲見證過程有一個有趣的悖論：既反映患者將自己與治療師區分開來的能力，以及個體化的能力，同時又需要患者體驗深層的連結。這些部分不應該是對立的，而是統一發展過程的一部

分。我們獨自面對困難，同時也與他人同在。

　　當然，見證的過程中也有黑暗的一面——不是每個人都能傾聽沉重的情感痛苦或重大創傷，有時見證者感覺自己必須說些什麼、無法保持沉默，且必須提出建議。然而，當見證者所說的話以某種方式貶低或扭曲受苦者的痛苦時，受苦者會感覺更加孤立和絕望，這當然是無益的。換句話說，在沒有獲得適當接納和見證的情況下談論創傷，本身就是一種創傷。重要的是，身為見證者的心理治療師需要牢記：強烈的痛苦可能會使受苦者很難同理或照顧別人，所以見證者自己會成為遭遇無辜怨恨和憤怒的對象，好像要為受苦者的痛苦負責似的。見證者只能簡單地接受這些投射；對相對健康的患者來說，也許可以透過某種有用的方式來詮釋這些投射。

　　這裡需要提到的是，我們可以運用藝術，如音樂、戲劇、詩歌、電影或繪畫等來見證或表達悲傷、找一些方法來緩解悲傷。我們用音樂來緩解痛苦，因為音樂有一種獨特的能力，可以在非語言層面傳遞和表達情感，這就是為什麼音樂經常用來表達哀悼、悲傷或記憶，如葬禮上的安魂曲、聖歌、輓歌等等。音樂也可以提供希望和安慰，似乎為痛苦提供了安全的涵容和鏡映。音樂的稍縱即逝正好可以映襯失去的無常。當我們播放對所愛之人特別重要的音樂時，能讓我們與所愛之人產生連結，這也是為什麼在失去親人後，有些音樂聽起來備感傷懷。

治療的臨在與心理治療中的超個人自性

　　患者會預約下次治療時間，是因為他們在治療中得到了一些重要的東西、一些需要的東西，但可能不是語言所能表達的。沉默的臨在（presence）是一劑良藥。治療的臨在是治療產生意義的必備因

素，但真正的臨在難以捉摸、難以描述。真正的臨在不是被動的，可以是靈性上的關注，即使沉默不語，仍強烈存在，就像表面上與他人說話，但內心並未全神貫注或投入。治療的臨在在強度上有高有低，可以通過語調、面部表情、肢體語言、手勢和房間裡微妙的氣氛來傳遞和識別。「臨在」是指我們如何與他人相處、我們對正發生的事情有多大的接受度和開放度，以及持續關注的能力。雖然魅力超凡的人確實更有存在感，但是臨在並不等於個人魅力。一個人可以沒有魅力，但仍然有存在感，比如有時顯得自戀、令人厭煩。有些人似乎有一種療癒性臨在的能力，讓受苦者體驗到一種平靜和安慰。目前還沒有針對療癒性臨在的充足研究；有人認為這是安慰劑效應的一部分，榮格學派可能稱之為一群內在療癒者（the constellation of the inner healer）。此外，大多數的治療傳統也會假設療癒中存在靈性成分，而且是獨立於主體的認知過程。如果有人問治療師療癒的成分有哪些，他們通常會列出比如：愛、慈悲、專注的意識、對治療開放的態度、創造力、想像力、關係、目標、信念、能量的引導、傾聽，以及調和（reconciliation）的能力等（Jonas, 2004）。據說愛能提供療癒的能量，而目標則提供方向。

　　治療性臨在是心理治療的一個重要面向，也是所有學派的共同因素之一。臨在本身就有療癒作用，而且可能對治療關係是否有效至關重要（Geller et al., 2002）。有一種定義認為，治療性臨在是指治療師以完整的自體狀態與患者不同層次的相遇，包括身體、認知、情感和靈性等層面，如此一來，治療師能夠做到同頻、有回應，同時具備「從動覺（kinesthetic）和情緒去覺察他人的情感和經驗，以及自己直覺和技能，並覺察兩者之間的關係。」（Geller et al., 2012, p. 7）。矛盾的是，要完全臨在，我們必須倒空自我對當前情景結果的涉入，為他人的臨在騰出自己的內在空間。放棄自我也意味著必須放棄自

己的理論、預設、診斷等等。臨在比治療師的理論取向更重要。事實上，治療師的完全臨在與使用某種特定技巧是相反的兩種過程。一個人必須全神貫注，心中沒有目標、只有興趣地完全沉浸當下。因此，當一個人真正臨在時，儘管我們之間有著物理上的距離，仍然會在心理上覺得和對方非常親近。

這裡所指的臨在比身體的臨在更重要。臨在的含義似乎遠不止於身體臨在，就像是身體一種細微但真實的延伸。治療師可以利用身體保持臨在，比如通過專注於呼吸、關注肌肉緊張程度，或者專注於對內在平靜的感覺和身體的覺察等。這種做法對焦慮的患者也可能有鎮靜作用。完全臨在需要完全開放的傾聽、全神貫注地傾聽、不評判、不試圖使某件事發生、不格外注意任何特別的事情，也不解釋或需要某些東西，同時允許自己完全接收正在發生的事情的影響。然後就會產生一種不受時間影響、沒有空間界限的感覺。這是一種無條件的傾聽。無條件的傾聽會使人意識到我們是多麼地需要說話——事實上，說話時就很難完全臨在，因為說話會分散注意力。

對於有靈性傾向的人來說，我們可以想像心理治療中存在著三方：患者、治療師、超個人自性（the transpersonal Self）或原型或靈性層面。透過啟動的情結所帶來的強烈情感的臨在，表明了身體所體驗到的原型的存在，因為原型是通過情結的情感基調來體現。情結是原型的內核，透過大腦和自主神經系統的中介來調節。通常來說，如果被分析者的情緒過於強烈，那唯一有意義的回應就是沉默，這是自性（the Self）經驗的重要模式（Corbett, 2013）。語言往往無法公正地描述正發生的痛苦，我們常常感覺自己是某個更大的過程的一部分、無法完全理解這個過程。當我們意識到自我（the ego）什麼也說不了、什麼也做不了時，就會出現沉默，這時，治療師能做的也只有投身其中，專注當下時刻。

在極度痛苦和無助的時刻，如果心理治療師認為患者在宗教議題上的立場對個人很重要，就必須考慮患者的立場。一個有宗教信仰的人可能會因為痛苦而感到遭上帝拋棄或與上帝更親近。值得一問的是，這個人會不會覺得他或她的痛苦是上帝的旨意、是神的懲罰等等。治療師個人可能認為宗教態度是一種對痛苦的防禦，但治療師必須在受苦者的參照系統中工作。如果受苦者信奉既定的宗教傳統，他所經歷的痛苦的靈性意義可以由神職人員來處理，如果宗教傳統的解決方案符合受苦者的個人心理，神職人員可以在他或她的宗教傳統中找到關於痛苦的智慧。這些可能性將在第六章中討論。如果一個人有宗教信仰，但沒有遵循特定的傳統，治療師可能會成為實際上的靈性導師（Corbett, 2011）。

當代精神分析學家丹尼爾・斯特恩（Daniel Stern, 2004）的著作描述了臨在的重要性；他描寫心理治療過程的「相遇時刻」，在這種時刻會體驗到一種富有生命力的感情，是自體感的動力變化，並隨著情感強度上升和下降，如突然的暴怒或喜悅或「音樂喚起的感覺」（p. 64）。這些影響大多是無意識的，除了在某些緊張的時刻，如臉紅或發脾氣時會讓人意識到。斯特恩相信，這些時刻提供了最大的真實性和改變的潛能，這就是「治療過程或親密關係中的魔力所在」（p. 67）。這些存在的時刻被體驗為一種活力感，有時幾乎難以察覺，當治療師突然意外地領悟了一些特別重要的東西時，也許就出現了。這種情感同頻的時刻有著無法用語言表達的感受性核心，通常都是沉默的時刻，也許僅僅基於眼神的交流，治療師可以直接接觸到另一個靈魂的核心，然後關係的場域會突然變化。在這些時刻，我們都同樣脆弱。在這樣的相遇時刻之後也許會出現很重要的夢境。在這種臨在的時刻，理論變得非常遙遠，彼此間直接的連結才是最重要的。重點是情感上的體驗，而不是認知層面的意義。在這裡我們可以注意

到，古典精神分析更重視的是過去和生活敘事，現在則是這種對於細微瞬間的關注，這是截然不同的重大改變。

助人的心理面向

心理治療師想要提供幫助的意願，加上患者認為心理治療師試圖提供幫助的感覺，是治療痛苦的重要因素。因此，重要的是，心理治療師需要觀察他或她自己想要幫助他人的動機，以避免利用患者來滿足個人需要。這些動力的某些元素早已為人們所熟知。一般來說，治療師都有遭受痛苦的父母，或是患有生理或心理問題的父母，所以這些未來會成為治療師的人其實很早就被訓練成照顧者。或者，根據克萊恩學派的理論，一個人成為治療師，是在無意識試圖修復我們幻想中對早期客體所造成的傷害。我們會成為治療師，是因為無意識的願望，想理解、癒癒自己。許多心理治療師在孩童時期曾遭受虐待，或經歷過孤獨、艱難的童年，他們從事這項工作是為了滿足自己對關注和親密的需要。治療師通常是有心理學意識、有強烈求知欲的人，他們渴望瞭解別人（更完整的綜述請參閱 Farber et al., 2005）。

除非治療師理解自己成為治療師的某些動機，否則某些類型的反傳移反應就會變得特別麻煩。助人的需要本身可能就扮演著阻礙治療的角色，因為助人的渴望有很大部分是治療師的個人議題。想要提供幫助的任何形式的神經性強迫症（neurotic compulsion）都會扭曲治療過程。例如，治療師可能覺得他必須幫得上忙，才能感受到被愛、或者他需要有人欣賞和重視、或者他需要感受到優越感或掌控感、或者他對成為療癒者有著誇大的幻想。有些心理治療師會為了滿足他人的需要受虐般地自我犧牲，這往往會導致他們很難與高要求的患者保持界限。

心理治療師個人的痛苦也會使自己發展出內在的能力，來幫助涵容他人的痛苦，重要的是，心理治療師不應該利用對他人的照顧來代替必要的（治療師的）個人治療。人們早就認識到，有時候幫助他人是一種防禦自己痛苦的方式，就好像我們透過治療他人的痛苦來治療自己的痛苦。儘管一些從事助人工作的人，把一生都奉獻給他人、給予別人自己想要的幫助，但在自己需要幫助的時候卻很難接受他人伸出的援手。

作為社會認可的助人者，比如神職人員、社會工作者、心理治療師或醫生面臨的危險之一，是這些角色會使助人者變得過於僵化和正式。出於某種神經症的原因，比如感覺自己很重要、自尊所需、避免孤獨或緩解內疚感等，我們可能會過度沉迷於這樣的角色。這樣的人會過於投入工作、過於認同自己的人格，他從事這項工作並不是僅僅為了幫助他人（這當然不意味在幫助他人的過程中獲得正面的滿足感有什麼不對）。對於訓練有素的專業助人者來說，另一個危險是因為考慮技巧甚於關注幫助關係本身。於是患者變成只是一種診斷；自發的慈悲被淹沒、知識取代了理解。因此，重要的是要參與「幫助的角色」中，而不是認同角色，並失去我們的人性。

治療師對痛苦的消極反應：耗竭和慈悲疲憊

當心理治療師同理地感受到他人痛苦的全部影響，意味著他們有所犧牲，而這需要對心理治療過程有信心，因為對照顧者來說，照顧他人時會大量消耗情感能量。過度暴露於他人的痛苦中可能給治療師帶來各種各樣的反應。眾所周知，耗竭的現象經常出現在心理治療師之中。在醫院、臨終關懷中心和療養院等醫護人員之中，耗竭的現象也很常見，他們因為重病患者日復一日的需求而身心疲憊，因此可

能對他們的痛苦變得麻木不仁。耗竭是指一個人感覺自己沒有剩餘的情感資源可以給予他人（Schaufeli, 1996）。醫護人員必須處理患者的負面情緒、問題行為，而且往往感覺無能為力。在這些情況下，為了防禦無能等感覺，或者僅僅是因為不堪重負，醫護人員常常會不把患者當人對待，或者對患者漠不關心。耗竭會導致人們對受苦者產生消極態度，照顧者也會覺得自己的工作沒有價值，同時又對這種消極態度感到內疚。我們的內心開始封閉、變得冷漠，因為我們覺得自己沒有什麼可以給予別人的了。諷刺的是，我們最初的目的是為了緩解痛苦，最終卻增加了自己的痛苦。這種現象也可能發生在照顧患有慢性、嚴重疾病，如失智、癌症或多發性硬化症的家庭成員的過程中。大家期待照顧者能支持生病的家庭成員，卻沒有給照顧者足夠的情感支持以為回報，照顧者可能因此心生怨恨，特別是在婚姻關係不好的夫妻之間（Ybema, 2002）。另一方面，如果照顧者覺得他或她是在幫助受苦之人，照顧可能會變為一種積極的經驗。

當我們已經感到耗竭時，承認自己的狀態是有幫助的，我們不需要努力堅持下去，也不用責怪自己不夠有同情心。不斷地處理痛苦是一件很難的事，心理治療師必須對自己溫柔一點，承認自己的侷限和需要。心理治療師和護理人員通常會因為不夠照顧自我而遭受「慈悲疲憊」（compassion fatigue）之苦。這種現象會減少我們涵容他人痛苦的能力。費格力（Figley, 2002）針對慈悲疲憊的病因，列出了一系列因素：治療師同理地感受到患者的痛苦，受到激勵去幫助別人，但在直接面對受苦者和試圖幫他們緩解痛苦的過程中，治療師需要承受持續的壓力。另一個影響的因素是助人者的無意識助人動機，比如被需要的需要；當這些需要受挫時，助人者就會感到失望。感到極度疲勞和自我懷疑時，可能是需要內省的重要訊號。雖然某種程度上，可以走進他人的內心世界看似是一種榮幸，但如果自己的情緒繃得太

受苦的靈魂：從深度心理學看痛苦的經驗與轉化

緊，也可能會對受苦之人和他的處境產生非理性的憤怒。

在心理治療中，治療師對痛苦患者的憤怒通常是對於患者父母一種互補性認同，因為患者的父母可能會覺得孩子讓他們負擔沉重，而治療師的無助感可能是對患者童年感受的一致性認同。這些反傳移的感覺可以在治療中有效地探索。如果患者的痛苦持續了很長一段時間，而且沒有任何減輕的跡象，治療師可能會對自己感到憤怒和沮喪，這通常是因為患者在挫敗治療師成為助人者的需要。由於這些原因，心理治療師常常對利用酒精或藥物來破壞自我的患者感到憤怒，而那些難以接受自身侷限的心理治療師，很容易拒絕那些看起來會提出難以處理的要求的患者。所有這些因素，再加上內疚和自責，更容易使人心神耗竭。

治療創傷倖存者的醫生也會深受工作影響，他們需要敞開自己面對深刻的個人轉化。經常與創傷個體工作的心理治療師可能會陷入極端的痛苦，這種現象稱為「替代性創傷」（vicarious traumatization（Pearlman et al . 1995a）或「次級創傷壓力」（Secondary Traumatic Stress, Figley, 2002），和創傷後壓力症候群有些類似，區別僅在於前者是由於長期暴露於他人所遭受的創傷而引發的創傷，同時還要承擔照顧的責任。這種現象可能會導致治療師的世界觀、靈性、人際關係以及對世界的核心信念發生改變。皮爾曼（Pearlman, 1995b）指出，這些影響並非不成熟或未解決的反傳移的結果，而是當我們不斷沉浸在人類的痛苦中時，需要面臨的職業風險。

需要的時候，接受好的督導和個人治療、良好的專業培訓；療程之外與患者的痛苦保持距離的能力；療程之間的喘息和休息、社會支持、與同事的關係、工作的成就感和滿足感、承認自己的侷限、減少與創傷患者一起工作，並關注個人的壓力管理等，這些方法都能緩解「慈悲疲憊」。不幸的是，心理治療培訓項目往往不會強調治療師

的自我照顧技能，而一些官僚主義的機構也會忽略心理治療師的個人需要。然而，未解決的替代性創傷會引發治療師的絕望，導致精神創傷。如果這種創傷繼續延伸，可能會侵蝕治療師的情感生活，因為這些創傷也沒有別的歸處了。如果我們能培養一種「不需要準確地知道如何處理每一種情境」的態度，也會有所幫助——這就是濟慈所說的「消極能力」。幫助他人會給心理治療師帶來潛在的變化，使我們接觸到自己的痛苦、更認識自我。這是受苦之人為幫助他們的人帶來的禮物。

他人的痛苦似乎喚醒了我們幫助他人的本能需求。正如上面所提到的，當我們感受到心靈自然開放的同時，也會發現自己想要成為有用的人，想要成為一個被人需要、被人稱讚、充滿智慧、充滿力量的人。因此，心理治療師可能會選擇某些特定類型的受苦者，這類患者的痛苦能夠滿足治療師的個人需要，讓他以需要的方式釋放光芒，而這很可能只是因為治療師接受過某些領域的特殊訓練。與此同時，我們也可能害怕某種類型的受苦者，因為他們可能對我們有太多要求，導致我們抗拒提供幫助。這種不同動機的混合可能會在某種程度上導致治療師的內在衝突。我們可以通過設定「我們能做什麼」的條件，和建立專業邊界的方式來達到妥協；建立邊界通常是保護患者的倫理必備、邊界對保護心理治療師不被壓垮也很重要。邊界能夠幫助治療師確定自己忍耐的程度。不過，患者會感覺到治療師的自我保護或距離，好像他們知道治療師這時候的關懷只是專業行為，並不是真正發自內心。這種感覺經常會喚起冷漠或疲憊的父母造成的早期創傷。有時候，承認我們自己對於被壓垮的恐懼和距離的需要會更有幫助，用過分疏遠的方式來保護自己並不會有什麼效果。如果我們不能認識自己的脆弱，就很難處理他人的脆弱。

助人者給予別人的幫助，通常是自己所需要的。我們不會為自

己求助，而是為別人提供幫助。同樣的，我們期待他人對待我們痛苦的方式像自己一樣，或者我們會像對待自己的痛苦那樣，來對待他人的痛苦。這些態度可能是有意識，也可能是無意識的。我們可能認為我們所遭受的痛苦是偶然的不幸或者罪有應得，因此批判自己或感到羞辱。我們可能羞於尋求幫助、也可能堅持要求幫助；我們可能感到生氣、可能備受折磨，或者平和地接受幫助。這些方式或個人對痛苦的態度都可能影響治療師的反傳移。當我們面對受苦之人時，如果有正常的同理能力，就會不自覺地想像自己在那種處境中的感受。因此，我們必須知道我們對自己的痛苦會作何反應，因為如果治療師設身處地地想像自己可能有的反應，並根據自己的想像來假定患者的需求，就會出現問題。或者，如果我們無意識地過度認同受苦之人，可能會增加對方的負擔，然後出現患者不得不照顧治療師的情況。重要的是，治療師的情緒反應不能侵擾受苦者。治療師必須樂意允許受苦者以自己的方式經歷痛苦，而這個經歷痛苦的過程與助人者的喜好無關。即使當治療師感覺自己就要被患者極度的痛苦壓垮，不放棄患者仍是最重要的，因為即使只有一點點這樣的跡象，也可能使患者產生無望，並且加重他的絕望感。

通常，如果治療師（也許是無意識地）感覺無法忍受患者所處的情境，或是患者的故事與自己的故事太相似，治療師就會試圖透過給患者一個客觀的診斷來處理自己的痛苦，並與患者的痛苦保持一些距離。或者，與極度痛苦的人一起工作時，我們會否認自己因此而產生的痛苦，可能會將自己無法忍受患者痛苦這件事歸咎為患者的問題，找一些很表面的技術原因，比如認為患者有太多阻抗、太依賴，或者治療動機不足，或者與我們提供的治療類型不匹配。

治療作用

　　心理治療剛開始的時候，我們通常不知道會發生什麼事，也不知道患者到底需要什麼。即使治療成功結束之後，也會發現真正起作用的或許不是治療師最初認為的有效因素。很多發揮作用的因素都是非特定的過程，是所有流派的共同因素（Jørgensen, 2014）。

　　我們可以從減輕痛苦的角度來探討關於治療作用的理論，這是它們的主要目標。常見的治療機制包括自體客體傳移、內在結構的修復與發展、新的聯想網絡的發展、情緒管理、新視角的提供等，這些已經廣為人知，不需要進一步闡述。關於心理治療的過程中到底發生了什麼，治療師的意見廣泛分歧，這種差異源自治療師對自體本質的基本觀點的不同。一些心理治療師認為，人有一種內在本質，會努力表達自己。這個部分可以看作一種先天的靈性本質，或是先天的、由基因決定的核心程式。當環境不允許它表達時，就會產生痛苦，這時候的靈性本質處於冷藏狀態，心理治療可以將其識別並釋放出來。與此相反，一些後現代取向的心理治療師認為，人沒有這種本質，我們的自體感完全是由與他人及社會的關係所構建。因此，心理治療師對待受苦者的方式就會受到以下因素影響：我們能否感覺自己試圖發現或修復某些一直存在的東西，一些關於人的基本真理，或者我們是否嘗試建立某種尚未充分發展的東西，或者這些因素的結合。心理治療中的關係或相互影響表明，治療師和患者雙方共同構建了治療過程的內容。反對觀點認為，人有一種內在本性，但思想並不完全由治療的相互作用所決定。無論我們持何種立場，從患者的角度來理解患者的痛苦，永遠是最有幫助的，這一點不應該受治療師理論觀點太多影響。過分堅持任何特定的觀點都不利於我們深刻理解患者。

　　治療過程中會逐漸變得清楚：患者的痛苦已經損害了他人格某個

重要面向，比如他對人性的信念，或者對未來的希望，而這些曾經都幫助支撐著患者。這種情況下，治療師可能需要幫助患者修復這些人格特質。還有一些時候，為了瞭解一個人為什麼深陷痛苦，需要治療師嘗試理解患者某些方面，比如患者對自己的感覺或信念尚未成熟，又這種感覺或信念從未明確，甚至從未意識到。這通常是直覺性或同理性的過程。當痛苦的原因逐漸清楚，但患者還不肯放手時，就有了進一步治療的可能性。

對痛苦的執著：菲洛克特底神話

有些人會因為一些複雜的原因執著於痛苦，即便有機會可以逃離痛苦。悲劇作家索福克勒斯（Sophocles，生於公元前四〇九年）對菲洛克特底（Philoctetes）神話的敘述是很好的例子。這個神話故事涉及政治和靈性等很多層面，我們先聚焦心理層面，談談為什麼菲洛克特底會忍痛拒絕緩解痛苦的可能性，因為心理治療師仍然會遇到這樣的心理動力。

菲洛克特底的痛苦有部分原因是他沒有主動做任何事情處理傷口。在與奧德修斯（Odysseus）和希臘軍隊對抗特洛伊人（Trojans）的途中，他無意中走進了女神克莉絲（Chryse）的聖殿，被守護聖殿的毒蛇咬了一口。他痛苦的哭聲讓人難以消受，讓他的戰友無法向神靈獻祭，而戰鬥前不向神靈獻祭是很危險的。他滿是蛆蟲的傷口化膿了，散發出可怕的惡臭，也讓戰友們無法忍受。因此，奧德修斯接到命令要放棄菲洛克特底，將他獨自留在萊姆諾斯（Lemnos）荒島九年，同時特洛伊戰爭也在沒有他的情況下開戰了（按當時的標準來看，這種行為或許可以理解）。菲洛克特底幾乎不能走路，陣陣劇痛使他失去知覺，衣服上也滿是傷口的分泌物。他對自己的窘境感到無

助和羞愧。每當有水手在萊姆諾斯島登陸時，他都懇求他們帶他回希臘，但沒有人能忍受接近他，他傷口的惡臭令人可怕。因為英雄海克力斯（Heracles/Hercules）在彌留之際將自己的魔力之弓送給他，所以他活了下來。這把弓永遠不會射偏，所以菲洛克特底靠狩獵存活下來。海克力斯把自己的弓送給菲洛克特底，是對他點燃火葬柴堆的回報。當時海克力斯中了毒，痛苦不堪、非常想死。後來，海克力斯死後成為神，受到整個古希臘人民的崇拜。

一個預言家說，除非菲洛克特底帶著他的弓箭自願回到希臘軍隊，否則特洛伊城將永遠不會淪陷，於是奧德修斯和一個名叫奈奧普托勒姆斯（Neoptolemus）的年輕人被派往萊姆諾斯島，把菲洛克特底帶回特洛伊。奧德修斯用詭計和武力威脅，引誘菲洛克特底去到特洛伊。一開始，奈奧普托勒姆斯與奧德修斯串通一氣，企圖欺騙菲洛克特底，但後來良心發現，意識到自己試圖欺騙菲洛克特底，出賣自己的正直時，他改變了主意。經過一場道德危機，奈奧普托勒姆斯開始可憐菲洛克特底，並把神諭告訴了他，跟他說回到特洛伊之後，希臘醫神阿斯克勒庇俄斯（Aesculapius）可以治癒他，而他會成為一個英雄。但是菲洛克特底對奧德修斯充滿了怨恨與憤怒，自戀暴怒讓他想要復仇，即使這意味著痛苦會持續下去，希臘人也無法佔領特洛伊，他還是想要復仇。唯一能讓他感覺好一點的，就是看到敵人像他一樣遭受痛苦。他憎恨奧德修斯、詛咒他，希望背叛自己的人全都去死。沒有什麼能說服菲洛克特底原諒奧德修斯，或讓菲洛克特底與奧德修斯一起去特洛伊。菲洛克特底說他寧願自殺。歌隊異口同聲批評他抱怨命運，選擇痛苦而不是英雄般的生活，他們說，畢竟奧德修斯拋棄菲洛克特底也是奉命行事。

菲洛克特底拒絕去特洛伊可能還有其他動機，其中最重要的是奧德修斯對他缺乏慈悲——奧德修斯想要的只是弓，而不是人。也許

菲洛克特底認為他的痛苦是罪有應得，因為他同意殺死海克力斯，而海克力斯對他來說是父親的象徵。他拒絕去特洛伊是絕望的嘗試，是為了行使個人權力，以處理對無助強烈的羞恥感和對背叛者強烈的憎恨。戈特利布（Gottlieb, 2004）認為，奈奧普托勒姆斯對菲洛克特底充滿善意、能同理，願意檢討自己試圖欺騙他的錯誤，這些特質引發了菲洛克特底又看到了海克力斯的幻象，看起來就好像是奈奧普托勒姆斯要帶菲洛克特底回希臘，而不是去特洛伊城打仗。海克力斯堅持讓菲洛克特底自願回到戰場，菲洛克特底同意了，也許是因為海克力斯的幻象（這位他心目中的英雄和導師）允許他做無意識想做的事情，還有一部分原因是奈奧普托勒姆斯的同理，以及神的幻象是如此的莊嚴神聖。然而不幸的是，這些神的干預妨礙了菲洛克特底與奧德修斯任何個人層面的和解。

這個故事與心理治療師的關聯在於，有些患者拒絕改變，也許是為了刁難治療師，有時是出於嫉羨或其他某種形式的傳移性憎恨，這些可能會導致治療師產生反傳移性敵意和報復的需要（Gottlieb, 2004）。梅爾文·蘭斯基（Melvin Lansky, 2003）認為，菲洛克特底的仇恨、憤怒和無法原諒，源於他遭到同伴拋棄時難以忍受的羞恥感。這對他的自尊造成了巨大的傷害，所以當他的狀態與理想自我之間產生差異時，他感覺莫大恥辱；他那令人作嘔的傷口使別人無法靠近，也讓他倍感羞辱。持續的憎恨將他的注意力從羞恥轉移到對背叛者罪行的譴責，這種憎恨也阻礙了寬恕的發生。蘭斯基認為，菲洛克特底認為他的戰友因為輕視而故意拋棄他，這是一種偏執的幻想，在他的幻想中，其他人似乎都對他的不幸幸災樂禍。這種偏執的羞恥感使他在感情上更難以釋懷，如果他想和戰友們重新團結在一起，就必須解決這個問題。然而，菲洛克特底無法原諒那些傷害過他的人。他從不思考自己痛苦所具有的意義，他不斷抗議和哀歎自己的命運。他

的故事展現一個很典型的發展順序：從無意義且無法痊癒的痛苦，到疏離、憤怒，再到對傷害他的人的憤恨；由處境不公所帶來的痛苦，以及被朋友們拒絕（因為沒人可以忍受他的痛苦），最終這些人會因為自己的目的而需要他。

而身在當代心理治療中的菲洛克特底，若是想要原諒他的戰友，就必須放下對那些傷害他的人的敵意。我在其他書裡也談過一些涉及寬恕的動力學和治療過程（Corbett, 2011, pp. 95-102）。簡而言之，治療師必須提醒菲洛克特底：寬恕不必是完全原諒，也無須立刻放下；寬恕可以以自己不再受到傷害為前提，同時心理上的寬恕並不等同法律意義上的寬恕。如果他能同理戰友們拋棄他的理由、如果他能想像自己在類似的情況下也會做同樣的事情、如果他的自尊和羞恥感能在治療中得到修復，那麼寬恕就可能發生。最後，如果他願意敞開心扉，接受真誠的道歉，就更有可能釋懷。

靈性與宗教的解方

引言

　　當心理治療師與信仰傳統宗教的受苦者工作時，瞭解其宗教處理痛苦的方式很重要，因為宗教常常會影響人們面對困境的態度。有時，這些態度可以追溯到主日學校和個人家庭出身等在童年早期所帶來的影響。即便是在受到壓制或否認的時候，這些宗教教義依然可能產生影響。這一章中，我描述各種宗教對痛苦的反應，包括主要的傳統宗教，以及一些非常重要、但無宗教信仰的思想家，如克里希那穆提和西蒙娜·韋伊（Simone Weil）等。

　　面對痛苦，宗教人士通常會使用超個人或靈性的力量來解釋問題或祈求幫助。有時人們會用傳統的上帝形象或者像佛陀這樣的人物來解釋那些無形的力量，有時只是從獨特的個人視角來解釋。無論哪種情況，某種形式的精神信仰對許多人來說都非常重要。在二〇一〇年的一次民意調查中，百分之八十的美國人認為宗教對他們來說「相當」或「非常」重要[1]。心理健康從業者越來越清楚宗教的重要性，大量的研究表明，宗教信仰有利於個人的身心健康（Lee 等，2005）。人們常常在悲痛時求助於宗教，部分原因是宗教為人們提供了一種使痛苦變得有意義的方式，並且幫助他們應對痛苦。宗教為痛苦提供了安慰和解釋。事實上，如果宗教傳統無法安慰個體，那就失去了它最重要的功能之一。正如榮格（CW 18, p. 162）所指出的，宗教可以看作一種心理治療體系或處理痛苦的方式。宗教也回應了諸如「我是誰？」和「我為什麼在這裡？」等重大問題，痛苦會促使人們思考這些問題。當然，痛苦帶來的問題使人們完全放棄宗教信仰，這

1　原註 1：資料出自 2010 年的 Gallup Poll 網站（連結：http://www.gallup.com/poll/1690/Religion.aspx）

　　　　　　　　　　受苦的靈魂：從深度心理學看痛苦的經驗與轉化

也是事實（Ehrman, 2008）。

　　人們常說痛苦是宗教發展的主要動力有一定的道理，不僅是因為所有的宗教都會處理與痛苦有關的問題，也因為宗教給了我們一種方式理解和處理那些無法解釋的事情（Bowker, 1970）。因此，關於痛苦的問題是宗教人士和無神論者之間產生巨大分歧的根源之一。宗教人士認為他們在宗教傳統中找到了痛苦的答案，但無神論者則認為這種答案只不過是虛無縹緲的安慰劑。例如，佛洛伊德在他的《一種幻覺的未來》（*Future of an Illusion*）一書中指出，宗教的產生是為了應對我們的死亡恐懼，保護我們在面對自然時的無助感，並讓我們在參與文明的過程中，與所經歷的困難和解。因此，宗教無非是一種防禦或應對生活的方式。然而，即使人們把宗教當成一種防禦、使信仰成為應對存在主義的焦慮，這些動力也無法反駁宗教在現實精神層面的真實性。我們都試圖找到一種世界觀，在面對痛苦和存在困境時，能為我們提供方向和慰藉。對一些人來說，指的就是宗教，對另一些人來說，則是對金錢或權力的追求等等。這裡值得注意的是貝克（Beck, 2004）的觀點，他認為有兩種方式的宗教：一種是用來處理死亡焦慮的防禦性宗教，為痛苦提供安慰；另一種他稱為存在主義宗教，是一種不具防禦性的信仰模式。這種模式承認了死亡的必然性，並有意識地應對伴隨信仰而來的懷疑和焦慮。當這種基於現實的宗教信仰者出現在治療室時，即使心理治療師是無神論者，也必須把它視為患者的現實，而不僅僅是一種防禦。

　　關於痛苦的問題，沒有一個回答能讓所有人滿意，但或許糾結於這個問題也是解決的方式之一。不同取向的哲學家對人類的痛苦提出不同的解釋。古代的思想家傾向於透過提供好建議來解決這個問題，例如指出死亡是普遍的，可以將我們從生活的困境中解脫出來。但是這樣的安慰並不是特別管用，至少對我們來說。其中經典的代表

著作便是六世紀波伊提烏（Boethiu）的《哲學的慰藉》（*Consolation of Philosophy*），這本書就是依靠理性的思維方式來解決問題。波伊提烏被誣陷叛國罪，在等待處決的過程中寫了這本書。他在書中指出，一切事物的發生都遵循著宇宙神聖的支配，因此必須從普遍、永恆的視角來看待，並把所發生的事物視為客觀宇宙秩序的一部分，而不是從世俗的角度來面對問題（Duclow, 1979）。基督教和猶太教的思想家提出了復活的承諾、來世的永生，以及所發生的一切都是上帝的意志。然而，這種透過靈性觀照痛苦的嘗試，雖然可以滿足虔誠的宗教信徒，但也有危險：當他們無法提供幫助時，就會引發懷疑，同時他們否認痛苦現實的殘酷性也冒著一定的風險。此外，宗教的解釋並沒有緩解痛苦，因此，承諾未來天堂的福祉，對此時此地的痛苦可能並沒有什麼幫助。有一些程度的痛苦，比如我們在猶太人大屠殺、廣島轟炸或日本海嘯中看到的，似乎任何宗教都無法解釋，但對於真正的信徒來說，解釋並沒有那麼必要。不過，所有的宗教傳統都試圖根據自己的信仰來理解痛苦。讀到下面這些處理痛苦的傳統方式時，治療師們可能會發現，其中有一些比較可信。當然，當心理治療師與受苦者工作時，他或她必須保留個人信仰。

這種情況下，我們有必要記住威廉・詹姆斯（William James）對病態和健全心態的宗教信仰者之間的區分，這是一種宗教氣質的類型或分類方法。這種區分在文獻中並不多見，但我認為這確實與我們在心理治療中見到的人一致，而且這種區分可能會改變我們對待受苦之人的方式。詹姆斯相信，無論他們的生活條件或出生時的宗教信仰是什麼，健全心態（healthy-minded）或一度降生（once-born）的個體（意味這些人不需要透過一次宗教信仰的皈依體驗來找到意義）天生就是快樂和熱情的。他認為，忽視生活消極方面的傾向是「健全心態者」的宗教本質，他們拒絕「過度關注」「宇宙邪惡的一方」

受苦的靈魂：從深度心理學看痛苦的經驗與轉化

（1902/1958, p. 125）。健全心態者傾向於認為所有事情都是好的。詹姆斯把愛默生和惠特曼等作家，以及那些認為我們可以透過關注生活中的積極面來保持健康的人，都歸為這一類。詹姆斯指出，這種思想取向其實並不完整，「因為這一取向拒絕正面解釋現實的邪惡，但這些其實都是現實中真實存在的部分。畢竟，它們也許是開啟我們生命意義的最好鑰匙，也可能是幫助我們打開眼界、看到最深層真理的唯一途徑」（出處同上，p. 160）。健全心態者無法合宜地應對悲傷、痛苦和死亡，這樣的取向在經歷劇烈的痛苦時可能毫無幫助。相反地，詹姆斯指出，他所說的病態氣質者（morbid-minded），眼裡除了痛苦和罪惡之外，很難看到別的。病態氣質者或「二度降生」（twice-born）的人格（即有過宗教信仰皈依經歷的人）會痛苦地意識到世界上有多少罪惡和痛苦，他們認為我們生活在一個「每個人的存在都會在孤獨而無助的痛苦掙扎中死去」的世界裡（p. 142）。詹姆斯舉了幾個歷史上病態氣質者的例子，包括馬丁‧路德、聖奧古斯丁和托爾斯泰等。詹姆斯指出，病態氣質者的宗教充滿了自我輕視、恐懼和憂鬱。就像健全心態的宗教狂熱者會將邪惡最小化、認為邪惡並不是這個世界的基本組成成分一樣，病態氣質者會強迫性地忽視良善。根據詹姆斯的說法，雖然健全心態的人會因他們處理邪惡和痛苦的方式而更快樂，但病態氣質的人對人類的體驗有更強的洞察力。鮑威斯基（Pawelski, 2003）指出，現代正向心理學領域是基於詹姆斯對健康心態研究的進一步研究發展而來的，但目前還不清楚積極心理學是否會對病態氣質者有幫助。

神義論

對於傳統的一神論信徒來說，與痛苦和邪惡有關的經歷（尤其

那些無辜的人），可能會造成他們信仰危機或意義的崩塌。一些宗教人士相信痛苦和邪惡是神聖的奧祕，不能理解，必須在信仰中接受。另一些人則發展了神義論——試圖解釋為什麼全能、公正、博愛的上帝會允許表面上毫無意義的痛苦和邪惡的存在（Furnham 等，1995；Hall 等，2002）。因此當與宗教人士進行心理治療時，可能會涉及這個問題。

那些相信上帝是仁慈、慈愛、全能的人，很難理解為什麼這樣的上帝會允許那些很顯然是無辜的人遭受痛苦。《聖經》中有很多內容都在努力解決這個問題（Laato 等，2003），但依舊存在很多爭議（Davis, 2001）。這個問題帶來典型的兩難困境：如果上帝不能阻止痛苦和邪惡，祂就不是無所不能的，因此對我們沒有任何真正幫助；如果上帝是無所不能的，可以阻止邪惡和痛苦，但卻不這樣做，那祂怎麼可能是全然善的呢？對心理治療師來說，當這些問題在心理治療的過程中出現時，瞭解神義論的領域可能有所幫助，因為有些時候，神義論可以滿足某些個體的需要。不過，神義論的內容也有弱點，其中一些內容太過抽象，對真正痛苦的人來說並沒有太大用處。神義論所提供的某些世界觀太過古老，而我們的思維方式受現代科學影響很大，所以那些內容會與我們現在看待世界的方式相衝突。

典型的神義論（theodicy）指出，儘管有痛苦與邪惡，但整體而言，世界仍是美好的。問題在於人類的思維有其局限，無法看到全觀。這一論點的問題在於，首先我們並不清楚世界上善的數量是否大於惡的數量，即使是這樣，也無法解釋那些痛苦和邪惡的個別例子。對一個受苦的人來說，告訴他世界整體上是好的，並沒有任何幫助。此外，有些觀點堅持邪惡實際上是為了更高層次的善，但如果我們看不到更高層次的善，這樣的堅持就毫無用處，而且這一論點也可以反過來看，看起來是善的實際上可能是惡。

一些傳統的宗教人士認為，痛苦是對罪惡的懲罰，說明上帝的行事是以獎賞和懲罰機制為基礎。這種明顯擬人化的觀點無法解釋兒童和動物的痛苦，也有很多無辜的人遭受毫無來由或不成比例的痛苦。如果說上帝是為了懲罰人們而讓他們餓死或死於瘧疾，聽起來就很荒謬。傳統上，上帝被刻畫為慈愛的父親，如果一個慈愛的父親為了讓孩子們遵守他的戒律或測試他們的忠誠，就時不時折磨和虐待孩子，好像也說不通。對我們許多人來說，把影響數百萬人的大規模饑荒、疾病或戰爭看作是對罪惡的懲罰，似乎毫無意義，甚至非常可惡。然而，痛苦是罪惡的後果這一觀點幾乎充斥在希伯來聖經，例如摩西告訴以色列人，如果他們不服從上帝，就會遭到上帝詛咒：「耶和華將會用肺癆、發燒、炎症、炎熱和乾旱等來毀滅你們……這些痛苦會糾纏著你，直到你毀滅。」（《申命記》28：22）希伯來先知不斷威脅要懲罰罪惡，這也是一個經典的基督教觀點。新約中也有幾處可以看到這一觀點，比如聖保羅說我們都有罪惡，但基督為我們承擔了所有懲罰（《羅馬書》3：23-25）。許多宗教傳統的信徒試圖以神學的解釋來淡化痛苦的嚴重性。因此，有時人們認為痛苦是靈性發展的必要條件——痛苦使我們更接近上帝，具有教育意義，能夠使我們更瞭解自己的生活，例如，《詩篇》119 章 71 節中寫道：「我受苦是與我有益，為要使我學習你的律例。」另一個流行的神義論觀點認為，邪惡和痛苦必須存在，這樣我們才能自由選擇如何行事；沒有邪惡和痛苦，自由意志和道德就不可能存在。然而，這個論點沒有考慮到我們可以在不同程度的善中間選擇，也沒有解釋世界上為什麼會有大量的邪惡和痛苦，行使自由意志也無法解釋地震和海嘯帶來的痛苦。從心理學的角度來看，自由意志的運用忽略了一個事實，即許多行為是由無意識、完全不受個人控制的發展性因素所驅動。

　　毫不意外地，一些神學家會反對神義論的整個認識體系，他們認

為神義論在錯誤的層面上探討問題，應該是從個人如何面對痛苦來回應（Tilley, 2000）。這一觀點表明，宗教的功能不一定是提供對於痛苦的解釋，或是承諾神對苦痛的干預，而是給我們情感力量來應對痛苦，即便痛苦，也可以欣賞生活的美好。

有些神學家支援一種過程神學（process theology）的思想流派，猶太教拉比哈洛德・庫希納（Rabbi Harold Kushne）非常有影響力的作品《當好人遇上壞事》（*When Bad Things Happen to Good People*）就是受到這一思想流派的影響。這一流派認為，神有兩種本質，一種是超然的、永恆的、完美的，另一種是內在的。從內在的層面來看，上帝不一定是無所不能，不一定是世界上一切事物的根源，而只是影響事件的眾多因素之一。世界上有一種創造的力量，跟上帝沒有關係。宇宙中一些原則是事物的本質所固有的，即使是上帝也不能改變它們，所以事物一定是它們原本的樣貌。上帝和人類一樣，也在不斷地變化，善的能力越強，惡的能力也就越強。根據庫希納的說法，痛苦發生在好人身上是因為自然法則無法區分好人和壞人，因此，認為痛苦都是因為上帝，是錯誤的。有些混亂的隨機事件和自然災害，是上帝不會也不能控制的，因為這些是世界上與神無關的方面；在與道德無關的命運面前，我們基本上只能依靠自己。上帝給我們智慧和自由做好事或壞事，但不干涉我們的選擇。面對痛苦，我們能做的最好的事就是努力尋找意義，並決定如何應對。因此，庫希納保留了傳統的「上帝是全然善」，但拒絕了「上帝是無所不能」的觀點。這種做法引起傳統宗教人士的抗議，他們認為上帝抑制了自己的力量，是為了讓人類擁有自由意志。庫希納認為上帝不可能在不剝奪人類自由的情況下阻止人類作惡；他承認自然法則的自主性，透過持續觀察經驗所呈現的證據，他企圖融合傳統的有神論與現代科學。

這裡我想提一下列維納斯的作品中關於神義論的討論，這一部

分在第五章中有更詳細的描述。簡而言之，他認為神義論的時代隨著奧斯維辛結束就已經畫上句點了；對他來說，大屠殺和二十世紀的其他恐怖事件遠遠超出所有的理性、難以理喻，根本不可能從神學的角度為這些罪惡和痛苦找到合理的解釋。大屠殺無形中證實了尼采關於上帝（至少是傳統的上帝形象）已死的觀點。對列維納斯而言，大屠殺不可能同化到任何有意義的概念系統之中。這種看法與基督教神學家的觀點相矛盾，他們認為能夠在大屠殺中倖存，正是面對極端虐待的精神勝利。其他大屠殺之後（post-Holocaust）的作者也認為，大屠殺無法用任何概念解釋，傳統看待邪惡的方式都不再適用。正如科恩（Cohen, 1981, p. 4）所說，大屠殺「沒有意義，因為它否定了意義，嘲弄了意義。」

列維納斯認為他人的痛苦是「對我的懇求與呼喚」，並且「對他人痛苦的關注……可以說是人類主體性的核心，這是至高的倫理原則，唯一不容質疑的……」（1998a, p. 81）。列維納斯接著說，對受苦者的關注是我們義不容辭的責任，若我們不能「放低自己」，要等待全能上帝採取行動是不可能的。對他來說，神義論是古老的誘惑，引用「超呼情理」的觀點，如上帝的偉大設計等，試圖在痛苦中發現意義，而痛苦實際上是毫無來由且極度荒謬的（p. 82）。神義論的誘人之處在於試圖使上帝無罪，但是奧斯維辛因犯所受的痛苦顯示了痛苦與各種神義論並不相稱。試圖用「罪」來解釋這些痛苦（一些極端正統猶太人的態度）是「不可能的，令人憎惡的」。對列維納斯而言，大屠殺意味著神義論的終結，用這種方式為痛苦辯護令人髮指。

另一種解決邪惡和痛苦問題的方法，是認為上帝並非全然善，人們可能把痛苦和邪惡歸因於上帝的黑暗面。希伯來聖經中提到了上帝也可能帶來邪惡和痛苦；上帝承認祂創造了和平，也創造了邪惡（《以賽亞書》45：7）。聖經中的上帝製造（或至少允許）了大量

的痛苦，例如，先知阿摩司（Amos）（3:6）承認：「若不是耶和華所為，災禍會降臨到一座城嗎？」相反地，在基督教神學中，上帝通常被描述為只有光明和愛的形象，黑暗則投射到魔鬼身上。不過也有一些例外，有一些基督教作者相信上帝在廣島這樣的事件中發揮了作用（Garrison, 1983）；在《啟示錄》中，復仇天使將上帝的憤怒傾瀉了出來。榮格堅持我們的上帝意象（自性）必須包括光明和黑暗兩方面，因為神性必須包含所有的對立面。畢竟，上帝在伊甸園中創造了蛇，而且允許撒旦讓聖經中的約伯遭受可怕的折磨，顯然也沒有什麼好理由。

與宗教人士討論心理治療時，有一些初步的重要說明。首先，重要的是，靈性可以納入各種心理治療方法之中，包括精神分析、榮格學派、認知行為、人本主義等（Sperry 等，2005）。但精神病理學與宗教背景和宗教信仰之間沒有什麼連結，事實上，那些屬於宗教社群的人往往會發現，社群的社會支援、禱告以及與神的關係都對心理層面有幫助（Larson 等，1992）。不過，有些人因為擔心心理治療師可能不認同他們的價值觀，所以當面對情感上的痛苦時，虔誠的宗教人士最初諮詢的往往是神職人員，也只有當這種方法失敗時，他們才會尋求心理治療的幫助。一個人的靈性價值與信念往往會成為治療的一部分，所以心理治療師必須意識到自己對宗教內容的反傳移，這可能會受到治療師自己在宗教學校或宗教父母的童年經歷所影響。與有宗教信仰的患者一起工作，可能需要心理治療師探索自己個人的宗教信仰。

與基本教義主義者進行心理治療

所有傳統的基本教義主義者（fundamentalists）都很難接受心理

治療工作。在這章節中，我會描述一些基本教義主義者共有的心理結構與心理動力。這一現象通常被看作是世界宗教的現代化或衰退，以及日益全球化等所引發的反應（Armstrong, 2001），但是這些社會層面的解釋並沒有考慮到基本教義主義者的內在世界。一般來說，基本教義主義者認為他們的宗教傳統是唯一的正統宗教，必須嚴格遵守，那些不贊同基本教義主義者的人就是邪惡勢力。矛盾的是，大多數宗教傳統都教導謙卑，但基本教義主義者卻往往自以為是，並以他們對神的旨意的獨特理解而自豪。他們的傳統教義，尤其是神聖的文本（sacred text），被視為絕對正確的神聖啟示。因此，對他們來說，教義優先於世俗觀念和科學。經常有人試圖使一個傳統回歸它最初的創立原則，彷彿當代的做法背離了最初的原始純粹狀態。一般來說，基本教義主義者似乎非常需要避免不確定性和複雜性，因此拒絕任何對他們的神聖文本的解讀，除了它的字面意義以外，不接受任何隱喻和象徵的解讀。他們不能容忍任何對他們信仰的質疑，所以也不接受真理可能並非單一的這種觀念。他們只支持一種簡單的絕對主義、拒絕現代性，因為現代性更加支持道德相對主義、對其他生活方式也更加寬容。當自體感比較脆弱時，不確定性會引起焦慮，而堅守傳統則有助於增強自體凝聚力。融入一群志同道合的群體之中，能使人感到安心，這個群體既能鏡映一人的價值觀，又能滿足他孿生傳移的需要 [2]。對非信仰者的仇恨可能會引發暴力，部分原因是信仰者將自己對宗教傳統的無意識懷疑投射到非信仰者身上。信仰者也會將自己拒絕接受的部分和內化的有毒客體投射到非信仰者身上。為了保持宗教傳統的純粹性，基本教義主義者把人類分為「我們」和「他們」——

2　原註 2：連帶感（twinship）或另我（alter-ego）需求是需要感覺到自己與他人一樣，從他人那裡映射出自己。

我們的善良和他們的邪惡。這種分裂減少了自體破碎的焦慮，也能作為對抗現代文明不確定性的護盾屏蔽，但也使基本教義主義者感覺他們與其他宗教傳統的人分隔開來。許多基本教義主義者對這個不信神的世界非常恐懼，甚至感到絕望。極端情況下，他們可能會建立自己的安全範圍，盡量減少與更多群體接觸。

確定性能夠減少複雜性，使生活看起來更簡單，但是一定要付出的代價是喪失個性、喪失自我表達和創新。這樣的生活所能提供的就只是狹隘的觀念，而且可能帶來太多個人選擇所引發的焦慮，想像力也因此受到限制。努力維持認知的簡單可能是為了防禦混亂的情感，自我憎恨或低自尊也許只被體驗為一種罪惡的感覺。基本教義主義者常常認為人性本身（不僅僅是他們自己的人性）在某些方面存在著致命的缺陷。

嚴格遵守一套宗教行為規範使得基本教義主義者能夠保持一種無所不能和掌控焦慮的感覺。這種需求可能源於脆弱的自體感，或者脆弱的內在心理結構，比如忍受痛苦的能力有限等。從這種脈絡來看，我們注意到他們對男女不平等的堅持。一些傳統的基本教義主義者禁止女性接受教育、擁有公共權力，甚至固著執迷地控制女性的性權（sexuality）。薩默斯（Summers, 2006）認為，女性的性權對許多傳統的基本教義主義者來說是一種威脅，因為女性喚起的欲望可能會揭露他們的弱點。女性的性欲會給予她力量，而這會威脅到男性無所不能的防禦。由此產生的羞恥感，使他們對暴露他們脆弱的所有女性產生憤怒。對女性性行為的攻擊使基本教義主義者更加確信自己的力量。一般來說，動力取向的心理治療師會懷疑那些為了追求靈性而將性欲和其他欲望轉化昇華的嘗試。通常的假設是，當這些欲望遭到壓抑、否定或分裂時，就會以神經症的形式表現出來。一些研究表明，一個宗教體系越保守，就越繁榮，而那些更進步、更適應現代生活的

　　　　　受苦的靈魂：從深度心理學看痛苦的經驗與轉化

宗教往往不那麼成功（Berger, 1999）。對現代世界的恐懼也許可以解釋為什麼許多基本教義主義者都感覺世界末日就要來到，因此為末日降臨準備著（Almond 等，2003）。基本教義主義者似乎常常感到恐懼，他們需要確定感來對抗恐懼。我們只能推測這是基本教義主義者將內在的危險客體和個人的陰影材料投射到了外部世界，所以世界才會看起來很危險。他們內心的任何邪惡，以及對信仰的任何懷疑，很容易轉移到非信仰者身上，必要時可能會引發戰爭，而不是在他們自體內部進行。如果需要理由，他們很容易就可以引用上帝的旨意，覺得自己與上帝有特殊的聯繫。

當遭受情緒困擾時，基本教義主義者通常會在考慮心理治療之前向神職人員尋求幫助（Wamser 等，2011）。他們可能會從宗教的角度來看待他們的情感痛苦，例如，把痛苦看作是來自上帝的懲罰，或者在極端的情況下，認為是惡魔附身的結果。一些宗教人士認為，憂鬱症是一種缺乏信心的表現，因此可能會否認憂鬱症。或者他們可能覺得，如果他們有信仰，上帝就會為了保護他們的福祉而介入，所以他們會先尋求靈性導師或神職人員的幫助，這些人可以協助他們。另一些人對於心理治療能否發揮作用的態度更加靈活，因為他們相信上帝賦予了人類解決自身問題的能力（Phillips 等，2004）。一般來說，基本教義主義者可能擔心一個擁有世俗價值觀的心理治療師會貶低或至少不理解他們的信仰，所以更傾向選擇屬於自己宗教的治療者。與他們對神職人員的態度相比，有時他們對心理衛生專業人員的態度完全是負面的（Schindler 等，1987），這在一定程度上是因為心理學家對宗教也持有一些傳統上的負面看法。

宗教應對痛苦的方法

　　以下內容是對不同宗教處理痛苦的概括性描述。對心理治療師而言，當患者信仰某宗教傳統時，瞭解這些信仰非常有幫助，因為這些信仰很可能是治療中一個很重要的存在背景，即使他本人從未提到這一點。即便是童年時期同化了的無意識宗教信仰，也會對一個人當前的心理狀態產生影響。例如，一神論的宗教傳統常常把痛苦看作是對罪惡的懲罰，受苦之人經常會把自己的痛苦當作某種處罰，就像我們經常聽到一些憂傷的抱怨：「我究竟做了什麼，要受這樣的懲處？」

　　一般來說，那些強調上帝是造物主的宗教，如猶太教、基督教和伊斯蘭教等，都相信最初的人間天堂是沒有痛苦的，而經過特殊事件之後就墮落了——即亞當的「墮落」。痛苦和邪惡是人類自己選擇的結果。佛教傳統只是簡單地把痛苦視為現實本質不可或缺的一部分，並沒有從造物主的角度來解釋。和佛教一樣，印度教傳統把痛苦視為前幾世業力累積的結果，同時也承認神聖的現實。

猶太教應對痛苦的方式

　　如今的猶太教有幾個分支，從非常開放自由到極端正統（orthodox），而猶太人應對痛苦的方式也是如此。一般來說，這個傳統堅信上帝在歷史中顯現自己，如創造的過程、啟示的方式等等，都可以在《摩西五經》（*Torah*）這本上帝所賜予的律法和指導之書中找到。上帝也會在獨特個體的生活與教導中顯現自己，在宗教儀式或研究神聖文本的過程中顯現。某些重大的歷史事件，如古以色列人離開埃及，即被認為是神的旨意的結果。在希伯來聖經的早期，以色列的上帝很明確會參與人們的生活。於是，神與人立下契約，神為人

類提供保護；作為回報，人類必須忠誠地遵守神的律法。這是一種協議，有點類似於國家之間的某種協議。痛苦是神的介入所直接導致的結果，有時是對違背律法的懲罰，許多極端正統派人士仍認同這種看法。痛苦也被看作一種訓誡、審判，或是對信仰的考驗。痛苦是為了提升、淨化或滌罪，也可以是對自身行為的反省和懺悔。正統派猶太患者可能會接受《塔木德經》（Talmudic）（巴比倫的猶太法典，祝禱書〔Berachoth〕5a）中的觀念，他們認為，只要當事人接受，那麼痛苦和折磨就是上帝表達對某些人的愛的方式之一。殉道就是以痛苦來證明這種愛的極端例子。

還有一種猶太教觀點認為，痛苦可以帶來救贖，帶來更好的結果；一開始看起來很糟糕的事情，如果從長遠來看，其實是好事。因此，不能僅憑個體的痛苦就判斷，因為人類無法看到上帝創造天地過程中的全部圖景。還有一種思想認為，即便有些時候痛苦看起來對我們毫無意義，重要的是要記住，人類無法輕而易舉地理解神的旨意。希伯來聖經中有好幾處都提到，痛苦最終會帶來救贖，從長遠來看，總會有好事情發生。耶路撒冷在西元前五八六年遭到巴比倫人攻陷，這是猶太人歷史和他們對上帝的信仰的嚴重危機。《以賽亞書》（The book of Isaiah）預言，以色列人最終將重獲領土，證明他們的上帝是至高無上的。因此，國家的痛苦是一種救贖，是更偉大事業的基礎。然而，痛苦的先知耶利米（Jeremiah）、哈巴穀（Habakkuk）和《傳道書》（Book of Ecclesiastes）的作者都曾對無辜者的痛苦和惡人的成就提出過質疑，但卻沒有找到真正的答案。他們只是堅持上帝控制一切，並有某種目的。無法解釋的苦難問題在聖經中隨處可見，直到今天，人們仍然需要以某種方式來挽救上帝的美好形象。《約伯記》（Job）和《路得記》（Ruth）中都有相似的主題，一個虔誠的人在沒有明顯原因的情況下承受痛苦的折磨，很顯然否定了痛苦是因為罪

惡而受到懲罰的觀點。然而，這個觀點在與猶太教律法有關的文獻中仍然存在，同時還有這樣一種觀點：痛苦可以淨化或贖罪，痛苦是我們與上帝更親近的一種方式。

痛苦的分配似乎既不平衡也不公平。為了解決這個問題，死後重生的信念出現在後來的聖經文學中，在後聖經時代也繼續存在。當時猶太拉比假定，在這個世界上任何明顯的不公正現象都會在來世解決。猶太教也有關於輪迴或靈魂轉世的教義，但並沒有被傳統普遍接受。相信輪迴轉世的人，認為輪迴也包含痛苦，這樣靈魂才能在前世淨化罪孽。

在猶太教內部，大屠殺當然是關於苦難和邪惡的討論的試金石，以下是一系列觀點：一些極端正統的群體認為大屠殺是因為人類不夠遵守法律而受到神的懲罰，但是這個群體中的一些人並不接受這種可能性，他們認為大屠殺完全超出了人類所能解釋的範疇。一些作者認為大屠殺是以色列建國的必要前提，另一些人則認為大屠殺意味著上帝不再與人類有任何的牽扯。還有一些人把大屠殺完全歸咎於人類的邪惡——因為上帝的允許，所以人類擁有了自由意志。大屠殺也被認為是對罪惡世界的替代性贖罪，所以大屠殺的受害者就是《以賽亞書》中提到的「苦難的僕人」。另一種有爭議的觀點是，上帝不是萬能的，因此不能阻止大屠殺。對一些作者來說，大屠殺意味著根本沒有上帝，另一種觀點則認為，大屠殺意味與上帝最初的契約不再有效了。總的來說，儘管在猶太歷史上發生過災難，猶太傳統仍然堅持上帝確實存在於人們的生活中。

猶太基本教義主義者認為，律法的書面和口傳形式都是神直接授予因此，聖經之地（the biblical lands）是不可協商的。基本教義主義者或極端正統的猶太教往往認為動力取向心理治療與他們的信仰衝突，因此不願接受心理治療。有時不願意接受心理治療也可能是人

們對古典精神分析的一種反應，認為古典精神分析總是把所有宗教信仰都歸結為嬰兒式的依賴或強迫性神經症，就像佛洛伊德在論文裡針對強迫行為和宗教行為所描述的那樣（1907; Strean, 1994）。正統猶太教對精神分析的懷疑無可厚非，比如說，一些精神分析學家把割禮理解為一種殺人衝動的昇華，或象徵性的閹割或殺嬰（Rubenstein, 1968）。如果這種解釋運用到一般的心理治療情境中，很可能會帶來災難性的結果。奧斯特（Ostow, 1959）指出，猶太教的宗教實踐和精神分析都與無意識的控制和人類的非理性行為有關，但與宗教不同的是，精神分析並沒有規定哪些衝動應該或不應該表達。

奉行猶太神祕傳統的正統猶太教成員指出，其他形式的心理分析是他們的信仰和實踐的化約。奧斯特（1988, p. 40）將一些神祕經驗，如與神合一的體驗，化約為「幻覺的天堂」，是基於人們想要重回子宮或重獲父母安慰等嬰兒式願望。他認為神祕主義是對殘酷現實的一種防禦或逃避。奧斯特還把神祕體驗看作是嚴重情緒困擾的一種表現，他希望這些人能以更傳統的方式與現實建立聯繫——對正統猶太教來說，這就意味著重新獲得社群和傳統拉比教義的支持。

由於古典精神分析存在將宗教體驗理解為神經症的傾向，正統猶太教有時覺得心理治療可能使人們離傳統猶太習俗越來越遠，也許是將不當行為歸咎於無意識驅力而藉此免除個人的責任（Klein, 1979）。（這種態度忽略了一個事實，即心理治療的目的，其實際上是為了控制這種衝動）此外，如果行為是由我們的無意識和基因所驅動，那麼神所賦予的自由意志的重要性就被削弱了（Schimmel, 1977）。極端正統的猶太教可能會因為需要接受心理治療而感到羞恥，部分原因是這個社群對情緒失調仍有一定程度的污名化，而需要心理治療就是達不到社群標準的失敗象徵。因此，正統猶太教通常更喜歡用傳統的拉比教義來解決情緒問題。例如，阿姆澤爾（Amsel,

1976）認為，拉比教義中關於善惡衝動的概念代表了人性的兩面，一面是理性，另一面是非理性，人們可以藉由理性的行為和傳統宗教儀式來處理自己的邪惡。在對抗邪惡衝動的過程中，人們可以透過學習《摩西五經》，並從中獲得幫助、專注於自己的性格發展，在拉比的指導下正確的使用道德教義。正如瑪麗亞姆·科恩等人（Mariam Cohen,2004）所指出的，本質上這些作者是在提倡一種行為主義模式的心理治療。摩西·斯佩羅（Moshe Spero, 1992）在一系列書中闡述了一種簡單的思維模式，即動力心理治療與傳統猶太教是相容的，這兩者都是在各自的話語領域中觀察世界的有效方式。他指出，心理治療可能類似於懺悔和悔改的過程，而猶太教非常重視懺悔和悔改，因此心理治療師扮演的就是道德導師的角色。斯佩羅還提出了一個重要的觀點：一個人與神的現實關係不能完全化約為對父母的投射，那是必須用其自身的話來說明的現實。

除非治療師也是傳統猶太教社群的一員，否則在與猶太教患者開始心理治療之前，需要保持文化敏感性。霍華德·馬格利斯（Howard Margolese, 1998）的論文值得一讀，其中詳細介紹了這些人的文化和宗教信仰，與心理治療特別相關。

基督教應對痛苦的方式

對於信仰耶穌的基督徒來說，看似完全失敗的耶穌受難，實際上是一個新的開始和勝利。基督教的整個體系就是建立在這種信仰之上。事實上，耶穌受難是苦難的縮影，被視為一種榮耀。基督教神學認為，由於受難和復活，耶穌出於對人類的愛，讓自己被殺害，從而戰勝了痛苦和死亡。據說，他修復了上帝和人類之間因罪孽而遭破壞的關係。再多的苦難也無法磨滅基督復活的重要性，即便無法解釋為

　　　受苦的靈魂：從深度心理學看痛苦的經驗與轉化

何痛苦是必要的。這一論點是基督徒應對痛苦的核心，但值得注意的是，在歷史的進程中，基督受難往往比他復活更受重視。

當痛苦發生時，這些信念對有信仰的基督徒是至關重要的，因為痛苦可能會導致信仰危機，並使她懷疑與上帝的關係。受苦的基督徒可能會問：「讓我感到痛苦的上帝怎麼可能是那應許救我的上帝呢？」身處絕望深處的基督徒必須調和他的痛苦與感覺上帝缺席之間的關係。針對這個問題有各種各樣的回答，例如，基督教教導說，上帝總是為善工作、上帝與受苦者同在。受苦的人可能會遇見基督，或者上帝以某種方式透過我們的痛苦來工作。傳說中，基督出於對人類的愛自願承擔了人類苦難的重擔；上帝透過承擔人類的罪孽，償還了這罪孽，救贖了人類，因此他的痛苦帶來了戰勝邪惡的勝利；也就是說，痛苦可以帶來救贖。

就像在猶太傳統中一樣，在福音書 [3]（Gospels）中，痛苦是一種對忍耐或信仰的考驗、對罪惡的懲罰，或者是塑造性格的訓練或考驗。然而，桃樂茜・索爾（Dorothy Sölle, 1975）對家長式的上帝形象和上帝為了懲罰、試探或教導服從而造成痛苦提出了批評，她認為這種學說是一種神學的施虐—受虐主義，這種鎮壓式的有神論和社會壓迫之間是有關連的。她還指出，上帝出於教育目的而故意製造痛苦這一學說，可能可以解釋為什麼基督徒會迴避對痛苦的關注，並且對他人的痛苦麻木不仁和漠不關心。

福音書中有一種觀念，即使我們不理解痛苦的必要性，也不明白痛苦為什麼不平等分配，我們依然可以相信上帝。從福音書的故事中可以清楚地看到，耶穌知道他的生命可能會痛苦地結束，他也祈禱事情不會這樣，但是因為他與上帝之間有著不可動搖的連結，所以他

3　譯註 1：指《聖經新約》中的馬太、馬可、路加、約翰四福音書。

能夠接受將要發生的事情。也許這就是為什麼（至少對一些人來說是這樣）基督的苦難是一個榜樣，因此成為基督徒也不可避免地要經歷痛苦。對許多虔誠的基督徒來說，強調立即緩解痛苦的文化太過膚淺了，他們的生命可能因痛苦而富有意義。事實上，基督徒可能會認同基督，尤其是在受苦的時候，因為成為門徒需要耐心地忍受痛苦。受苦就是與基督一同受苦，並享受基督所帶來的安慰。當一個新時代即將到來時，痛苦有望光榮地結束，因此儘管痛苦是真實的，但並不是終點，我們的痛苦終將得到彌補。下一個世界會更好，如果沒有痛苦，我們就沒有動力為它做好準備。福音書中還有一種觀念，即痛苦可能是由魔鬼造成的，所以當耶穌治癒患者時，有時會把患者的痛苦形容為是不潔靈魂的影響。他能夠以非凡的權威、力量和慈悲之心治癒患者。真心追隨他的基督徒會學習這些品質，並以他為榜樣，慈悲那些受苦的人。

顯然，傳統基督教處理痛苦的方式是在安慰教徒。然而，擅長深思的基督徒常常對心理治療過程中可能出現的各種問題感到困惑。為什麼上帝要創造一個如此痛苦的世界？如果上帝選擇為人類而自願受苦，完美的上帝如何在他的完美中受苦呢？為什麼善良的上帝會允許苦難發生？儘管很多人嘗試解答，這些問題仍然沒有答案。但是對許多基督徒來說，慈悲的行動要比這些問題重要得多。

基督教內部曾經有一種將苦難理想化的歷史趨勢，但我們並沒有從基督教會中聽到太多關於痛苦的重要性，如今的教會更傾向於強調道德、慈善、信仰，有時還強調富裕是上帝的恩典。一些傳教士將耶穌故事裡的痛苦最小化，只關注復活，彷彿痛苦本身並不重要。此外，強調天父對他的兒子施加的痛苦，可能會無意識地將其與虐待兒童的意象聯繫在一起，而如今我們對這樣的事情非常敏感。不足為奇的，女性主義批判者認為基督教神學的某些方面是在讚美苦難。女性

主義者指出，基督教認可並延續了對婦女的壓迫，而基督教的聖父形象使上帝最終成為嗜血的虐童者——要求殺死自己的兒子（Brown等，1989）。另一個問題是，罪惡是痛苦的根源這種傳統強調，對許多人來說都是過於說教的老調。詹姆斯・希爾曼（James Hillman, 1997）指出，基督受難的形象主導了我們與痛苦的文化關係，彷彿這是面對痛苦的唯一模式，事實上，處理痛苦還有其他的方式：「除了基督教的模式，我們還需要許多其他的模式來安置我們的心理體驗。」（p. 97）我們應該記住，成為主流的基督教觀點並不是唯一的觀點。在諾斯替教（Gnostic Christianity）中，有一篇名為〈約翰行傳〉（The Acts of John）的經文，提到基督說他沒有在十字架上受苦，十字架上的只是耶穌的幻影（Barnstone, 1984）。

基督教基本教義主義者往往生活在封閉的系統中，對其他人保持懷疑。（參見 Thurston，2000）。他們相信《聖經》中的文字絕對正確、《聖經》中的歷史絕對準確，把《聖經》視為神的指引。他們相信基督的神性、他會復活，終將歸來，其中許多人認為自己有責任向世界其他地方傳遞福音，甚至包括心理治療師，因為基督總有一天會回來，並審判每一個人。無信仰者將永遠與上帝分離，這是當務之急。許多基本教義主義者為了保持自己的純潔而努力，所以會避免參加諸如跳舞和賭博之類的活動，而且經常認為大眾文化是「非基督教」的，所以會把自己與非信徒隔離開來，比如讓孩子在家接受教育等。基本教義主義基督徒可能會問心理治療師是不是基督徒。這通常是一個試探，試圖發現自己是否會為他人所理解、他們的宗教觀點是否會受到尊重。明智的做法是直接回答這個問題，直截了當地討論患者的擔憂，也許他們擔心治療師會試圖說服他們放棄自己的信仰。如果雙方能找到共同的價值觀，如關係、愛和寬恕等，那麼即使治療師是無神論者，也能與基督徒發展出治療關係。

基督教基本教義主義者傾向於向宗教權威或教會長老尋求生活的指導，他們可能會把憂鬱或成癮等心理問題視為罪惡的結果。基本教義主義的神職人員不鼓勵人們服用抗憂鬱藥，這是很正常的現象，因為服藥就表明他缺乏信仰。他們往往認為性是負罪感的來源，性別角色有時也是僵硬刻板的。許多基本教義主義者相信神創論，寧願相信聖經的話，也不願相信演化論的科學解釋，彷彿認真考慮演化論就會破壞他們的信仰。值得思考的是，儘管基督教基本教義主義者宣稱聖經中的文字都是真理，但他們也會選擇性地忽略許多聖經戒律，比如聖經對奴隸制度的容忍，以及把在安息日工作的人處死的誡命，同時又特別關注聖經對同性戀的態度。有時，基本教義主義神職人員可能會以聖經為依據鼓勵虐待兒童等行為，這種情況下，心理治療師可能需要支援他們尋找其他的靈性指導。考慮到這些觀念，心理治療師會對基本教義主義者有過度病態化的態度也就不足為奇了（Gerson等，2000）。當心理治療師聽到一些離譜的說法時，諸如《聖經》中說女人應該服從男人，他們的反應往往是對基本教義主義者的世界觀表示抗議或困惑。然而，對心理治療師來說，問題在於公開挑戰這樣的想法可能會使患者感覺整個信仰系統都受到了挑戰，甚至是對一個人自我認同感的挑戰。因此，通常情況下治療師只能等到治療關係發展得夠穩定時，才能巧妙地質疑或面質這樣的觀點，否則治療很可能過早終止。

　　從基本教義主義中回復的過程往往非常困難且漫長，會導致所謂的「信仰破碎症候群」（shattered faith syndrome），這種症候群會導致憂鬱、與家人和朋友疏離、自我懷疑，以及沒有方向的迷失感（Yao, 1987）。當一個人處於這種狀態時，治療師必須小心，不要批評他過去的信仰，因為那往往是羞恥感的來源。相反地，可以探索這些信仰的心理意義。最好的立場是，認可這些信仰出現在發展過程中

是可以理解的，但現在不再有幫助了。心理治療通常需要修復受損的自尊，而這些受損的自尊曾經依賴基本教義主義社群成員的支持；有些感受（比如憤怒）已經分裂出去了，因為這些感受被看作是「非基督」的感受，所以必須重新認識這些感受。對性的負罪感可能仍然是問題，如果一個人曾經將自己的權力上交給宗教領袖，治療師必須幫助患者將其收回。涉及到神學問題時，向自由主義的神職人員諮詢也許有幫助，同時，一些社區有像基本教義主義者匿名組織這樣的自助團體，對前基本教義主義者可以提供有效的支援。

基督教教義提供了一個很好的例子，說明宗教方法可能無法處理痛苦的問題，因為即使宗教傳統給出高層次靈性層面的建議，人類層面的問題可能仍然沒有解決。耶穌的忠告是不要抵抗邪惡，而是把另一邊臉轉過來（《馬太福音》5：39），這至少是對謙遜和非暴力的呼籲，這樣的建議只對那些能夠堅實地控制其自戀的人才有幫助。這潛藏的訊息是，當我們遭受侵犯時，受到傷害的只是自我，而我們人格的靈性本質，即自性，不會受到任何的影響。這是非常高深的教義，但我們大多數人在靈性層面的發展還不足以從中受益。如果對自體感很脆弱的自戀型人格或無法容忍憤怒的邊緣型人格提出這樣的建議，不會有任何幫助，只是浪費時間而已。只針對意識而忽視無意識的靈性層面的建議往往沒什麼用處，即便是很好的建議。

對許多人來說，基督教失去吸引力的原因之一是，它的承諾似乎沒有實現，治療師與曾經的基督徒一起工作時，時常聽到失望的聲音。因此，《新約》（the New Testament）告訴我們，世界將屬於謙恭的人（《馬太福音》5：5）。在目前的政治制度下，這似乎不太可能，而且如果我們因為信仰被社會討厭或排斥，除非有強烈的信仰，否則即便明白在天堂中會獲得更多回報，也不會有任何安慰作用（《路加福音》6：22-23）。當工人遭到無情冷酷的雇主剝削時，

告訴工人「僕人就應該聽從主人的一切安排」，是沒有任何幫助的（Col. 3:22-24）；尤其是這樣的教義可能用以防禦，作為一種逃避責任的方式。馬克思（Marx）的評論值得記住：宗教可以使被壓迫的人民平靜下來，這樣他們就不會因為受到剝削而抗議。

伊斯蘭教應對痛苦的方式

古蘭經（Qur'an）是伊斯蘭教生活和思想的基礎。穆斯林教徒認為《古蘭經》是上帝最後的、最純粹的啟示，是經由先知穆罕默德而來的。上帝分別向亞伯拉罕、摩西、耶穌和其他先知顯現，這是基督教的傳統，而《古蘭經》是這一傳統的巔峰。但是穆斯林對於聖經故事（如耶穌受難等）的解讀與基督徒非常不同，而《古蘭經》對希伯來聖經故事的解讀也是不同的。伊斯蘭教認為，既然猶太教和基督教的神聖文本在資訊上有所不同，那一定是猶太人和基督教徒破壞了上帝給他們的啟示，他們的聖經不可能是上帝的最終啟示，因為上帝是統一的。

在伊斯蘭教的傳統中，《古蘭經》的教義適用於所有的痛苦。痛苦一直被認為是上帝旨意的一部分，因為上帝有能力掌管所發生的每一件事。伊斯蘭教特別強調上帝的無所不能，因此，有必要解釋苦難，因為上帝也被認為是有愛和慈悲的。痛苦可以是針對罪和惡的懲罰，但並不一定都是這樣；有時痛苦是對信仰的考驗。在可能的情況下，痛苦會減輕，否則就必須接受並耐心地忍耐。為服務上帝而遭受的痛苦是值得讚揚的，因為它能塑造人的性格、提升人的靈性發展，在今世或來世都會得到獎賞；而對痛苦的恐懼則是對上帝不夠信任的表現。上帝是絕對公正的，因此明顯分配不公的痛苦將在未來的世界中達到平衡。有時，痛苦被看作是靈性發展的標誌，所以一個人越聖

潔，他或她所遭受的痛苦就越多。為上帝服務而遭受的痛苦是值得讚揚的——這種態度在蘇非派（Sufi）的傳統中尤為明顯，蘇非派是伊斯蘭教的神祕分支，強調為上帝而自願受苦，因為痛苦和苦難會讓人意識到上帝的存在。

穆斯林基本教義主義者認為，他們應該從字面上解釋《古蘭經》，並用伊斯蘭法取代世俗法（secular law）。他們認為，向西方的世俗民主和政權妥協會傷害伊斯蘭教。像所有傳統的基本教義主義者一樣，他們選擇性地忽略了神聖文本的某些部分，而只專注於反映他們自己心理理解的部分文本。

佛教應對痛苦的方式

痛苦的問題是佛教的核心。英文單詞「痛苦」（suffering）並沒有完全翻譯出佛陀實際使用的巴利語，dukkha 這個詞並不是指任何一種特定的痛苦，而是包含我們發現自己處在一種普遍不令人滿意的狀態中，這種狀態具有更廣泛的內涵。佛陀試圖展示出痛苦的原因以及處理的方式。佛教徒認為，痛苦可以很明顯，也可以隱藏在令人愉悅的體驗之下，而愉悅的體驗可能引發後來的痛苦。一次愉快的經歷所帶來的滿足感可能不會持久，或者我們可能一直擔心失去這種滿足感，因此可能變得過於依戀或依賴某種經歷，因此，我們的欲望是痛苦的主要原因，還可能導致他人的痛苦。

佛教認為，痛苦發生在許多層面：人生苦短、世事無常、時過境遷和萬物凋敝，因此我們的本性就是痛苦。即使我們得到了想要的東西，也不能永久地依賴任何事物。我們的自我意識、我們對自己是誰的認識，也會受到這個變化過程的影響。痛苦的根源在於我們渴望或依附於一些東西，彷彿它們是永恆的實體，而沒有意識到世間萬物

的存在都依賴其他萬物，而萬物都在變化。同樣地，我們也依附於我們的自我意識，就好像它是我們所擁有的一個實體一樣。佛陀所參悟的一個基本要素就是，這個「我」其實並不是事物發生的獨立本質因素，「我」是由各種不同的組成部分結合在一起，造成一種作為實體或永恆個體的幻覺，但自我感是產生自我意識經驗的物質、感覺、精神狀態和意識的集合。這種集合似乎構成了一個「人」，但事實上它們並不固定，也不是持久的實體，它不能從逐漸衰退的身體中分離出來，也不能從我們所處的更大環境中分離出來。它是變化和流動的萬物的一部分。因此，對佛教徒而言，雖然存在著痛苦，但卻沒有明確的受苦者。我們的存在不是堅實的實體，而是一系列瞬息萬變的事件，是從一個時刻移動到下一個時刻，就像電影中獨立的畫面，在快速的放映中予人連續的感覺。

根據業力法則（the law of karma）或者因果關係法則（在一連串事件中，發生的事情取決於之前發生的事情），某個痛苦的實例可以看做是存在之鏈中先前原因所導致的結果。每一次生命都與前一次生命相關，就像一根新蠟燭是從另一根蠟燭上點燃的一樣。「持續的輪迴」（re-birth）之所以發生，是因為我們對事物和存在有著強烈的渴望，使我們試圖緊緊抓住變化之流中的某樣東西，彷彿真有某種實體之物可以抓住不放。自私的執著或渴望會導致痛苦和輪迴。

當執著和渴望停止時，痛苦就會結束——這種狀態稱為涅槃（nirvana），沒有激情、厭惡、渴望或困惑，這種狀態是無法描述的。佛教認為，既然佛陀和其他人已經達到了這種境界，表示是那可以透過實踐達到。佛陀教導，停止痛苦的方法是做到「八聖道」（又叫八正道）（Noble Eightfold Path），包括正見、正思維、正語、正業、正命、正精進、正念和正定；簡單的說，也就是正確的道德或倫理行為、冥想或精神訓練以及智慧。佛教徒相信，一個人必須知道或

受苦的靈魂：從深度心理學看痛苦的經驗與轉化

意識到這些真理，才能從痛苦中解脫出來——「不執」是一種心理態度。傳統佛教似乎不太強調來源於社會或政治的痛苦，但近年來，也有人認識實踐比認識理論更重要，一種強調社會參與的佛教已經發展起來了，這些佛教徒試圖改善當地的生活條件，並為了當地的和平而努力。對一些人而言，一些久負盛名應對痛苦的方式可能是有價值的，如宗教傳統中偉大的教義故事，如果這些故事有助於他們重新定義自己的處境。佛教中有一個故事，有個女人請求佛陀讓她死去的兒子起死回生。佛陀同意了，條件是她能找到一所從來沒有人死亡的房子，她無法找到，女人因此意識到，死亡是不可避免的。當然，這種類型的故事也許在今天就不太適用。

印度教對待痛苦的方式

印度教有許多不同的宗教傳統、哲學以及神學觀點，因此不可能全都概括出來，但其中有幾個觀點是印度教普遍認同的。印度教普遍信仰是：人會不斷地重生，直到達到至高目標，即與至高實相（Supreme Reality），也就是與梵（Brahman）融合或認同。達到這種解脫或從輪迴中解脫需要漫長的發展、成熟和淨化心靈的過程，這需要多次重生才能實現。痛苦是一個人前世所做所為的結果，是一個人的「業」（karma）的結果；「業」是梵語單詞，指的是不可改變的因果法則。行動就會帶來結果，無論是今生還是來世，都會以幸福或不幸、快樂或痛苦的形式展現出來。每一次重生，我們都帶著前世所有行為的果，而我們在今生積累了更多的業。每個人都有自己的法，即一個人自己存在的法則，這意味著一個人必須以適合他所處環境的方式行事。一個人在面對痛苦和幸福時，必須發展出平和的性情和一定程度的超然，在不執著於結果的情況下完成今生的業，並認識到真

正的梵我（true Self）（靈魂〔the Atman〕）不會痛苦或受到傷害。有各種各樣的途徑或修行方法，藉由這些方法，可以實現超脫和接近神性，每一種方法都適合於不同的氣質。一是行為之路，即行為上不考慮結果地為他人服務；二是思辨之路，即透過思考；第三條是虔信之路，獻身於神；最後一條則是靜心冥想之路。

在印度教傳統的神聖文本《奧義書》（Upanishad）中，痛苦是對二元性誤解的結果，它實際上是非二元性的現實。存在是一種統一，一切存在都是梵的顯現或存在本身的表現。這種統一性存在於世界上所有明顯的顯化形式的背後，無論發生什麼，包括痛苦，都是梵的顯現。身體會受苦，但住在身體裡的大我（the Self）卻不會。當我們執著於外物、執著於享樂或生活，彷彿這些才是終極現實時，痛苦就發生了。我們能看到的人其實是梵的顯現；我們的痛苦必須從更宏大的視角來看待；痛苦是真實的，但並非現實的終極真理。這種觀點可能使人在一定程度上遠離痛苦，但絕不能把痛苦僅僅視為一個人的業而不予理會，並且以此為由消極地接受現狀或冷漠地對待他人。

克里希那穆提

克里希那穆提是許多人心中二十世紀最重要的靈性導師之一，但他刻意不認同任何特定的宗教傳統。事實上，他認為人為的宗教組織和意識形態是有害的，因為會分裂人民、導致衝突。他經常指出：在最深層次，我們只是人類，而不是基督徒、猶太人或穆斯林，我們在遭受痛苦時的心理是相同的，因此，他努力地推廣普及自己的教義。這些教義是他自己洞察人類境況的結果，而關於痛苦的問題是他主要的關注點之一。在他的演講和文章中，有數百處提到了痛苦。雖然我試圖總結他對待痛苦的看法，但他很可能反對任何從概念上談論痛苦

的嘗試，因為他相信人只能透過直接的經驗才能與苦難和解。

　　這個世界上存在著無窮無盡的痛苦，因此克里希那穆提想找到普遍有益的方法。他試圖理解痛苦的本質，而不是專注於個別痛苦的實例。他（1981）認為，本質上，痛苦和衝突是二元性的結果——我們沒有看到存在的統一性，而是認為我們與現實的其餘部分以及其他人是分離的。因為這種（錯誤的）分離感來自於我們的自我，為了理解痛苦，我們必須理解自我的本質或者是這種分離的「我」的感覺。自我是由過去所構成，由記憶、思想和其他精神內容構成——所有這些克里希那穆提都用一個簡稱「思想」（thought）來指稱。所有的思想都是有條件的，當我們認同了有條件的心識時，痛苦就會發生，這種心識有偏好、有喜好和厭惡。當現實（reality）——克里希那穆提稱之為「實相」（what-is）——以一種引起痛苦或與我們的偏好相違背的方式，威脅或挑戰我們的自我時，我們就會變得痛苦。我們試圖盡量避免痛苦、保持快樂，但「現實」不斷侵入自我所創造的關於世界是什麼樣的意象之中。痛苦的關鍵不是「現實」本身，因為「現實」是宇宙的本性，他認為宇宙的本性建立在智慧（Intelligence）和一個更大的先驗秩序的基礎上。（他沒有用「上帝」〔God〕這個詞）痛苦的關鍵來自於我們對「現實」的反應、對「現實」的抗拒，或者是對「現實」的解釋，這就是我們受到條件限制的結果，例如，痛苦是「現實」的一部分、是自然秩序的一部分、是出現故障的訊號。當我們抗拒痛苦，而不是把它視為一個訊號並試圖理解時，苦難就發生了。因此，對他來說，痛苦的本質是以自我為中心（self-centered），是帶有希望、恐懼、欲望和衝突的有限的自我。當我們能鎮定地對待「現實」時，我們會感到平靜。沒有自我的抗拒，就沒有痛苦（1983）。當某個情境需要我們的理解和洞察時，自我可能會因為偏好或恐懼使情境晦澀難懂。當現實引起自我的不適時，自我就

會傾向於想要逃離「現實」，但克里希那穆提堅持，與「現實」待在一起，並全神貫注地觀察它非常重要——他相信必要的行動會從清晰的覺知中產生。這個過程就是無選擇的覺知（choiceless awareness），需要時時刻刻的正念，不加判斷地觀察心識的活動。只有完全地接受和清晰的覺知，我們才能改變所處的形勢（1954）。我要在這裡補充一句克里希那穆提沒有說過，但對心理治療師來說非常熟悉的一句話，即這種態度需要對痛苦的情感有相當大的忍耐力，當然這並非永遠都是可能的。克里希那穆提似乎是思考型的人，能夠用他的智性來應對他的情感生活。所以對他的教義有一個批評是：他太智性了。

克里希那穆提並不認為找出一個人痛苦的原因就足以減輕他的痛苦。他認為，努力尋找原因，甚至是尋求解決辦法，可能本身就是在逃避痛苦。他相信，與痛苦同行、看看痛苦的方向，也就是瞭解自己的過程，而這也許是更好的選擇。克里希那穆提建議我們與痛苦同在、密切觀察它，並給予它全然的關注，而不是試圖去壓制或逃避，也不是從先前的知識和經驗的角度去思考；也就是說，撇開自我的干擾。否則，如果我們根據過去的制約，根據我們的欲望、偏好、已有的想法和理想對痛苦有所反應，就只是對痛苦有所反應，而沒有從中得到任何東西。他指出，許多宗教信仰、欲望、野心等等，都是為了逃避痛苦，但逃避是行不通的，或者只是暫時的。朝這些方向的努力往往只會導致更多的衝突和痛苦。事實上，思想本身，也就是從我們過去所學的知識中有所反應，從這個層面上來說，思想常常是造成痛苦的原因。對他而言，痛苦的本質是自我中心的，痛苦是「我執」（the me）的表現（1981, p. 181）。

這個觀點的推論讓克里希那穆提對痛苦與愛的關係有了獨特的理解。他認為只要我們感覺自己與他人是分離的，並基於我們自己受到被制約的心識來回應他人，就不會有他所說的愛。愛是一種超越

受苦的靈魂：從深度心理學看痛苦的經驗與轉化

個人品質的存在——類似神祕主義傳統中的神聖之愛。愛本質上是非二元的，這意味著在愛中自我是不存在的。被制約的心識感受到分離的狀態，無法用這種方式去愛，因為它以自我為中心。痛苦是思想的結果，也就是自我或有條件心識運作的結果，而超越個人的愛與思想或有條件心識無關。因為痛苦總是意味著自我的存在，痛苦與愛沒有關係，因此克里希那穆提提出了驚人的觀點：「哪裡有痛苦，哪裡就不可能有愛。」（1981, p. 181）他的意思是，痛苦是一種自我的現象。在他看來，有自我的地方就沒有真正的愛。他還認為，從痛苦中產生的行為是基於思想、是自私的，但從愛中產生的行為則完全不同。

西蒙娜·韋伊

西蒙娜·韋伊是一位法國哲學家，公認的獨立宗教思想家。儘管她深受基督教的影響，但她仍然不屬於任何正式的宗教機構。韋伊認為，即使在最痛苦的時候，上帝也是存在的，因此，如果接受了痛苦，就意味著完全認同了上帝的存在（1951）。她把苦難（affliction）和痛苦（suffering）區分開來。對她來說，苦難比痛苦要廣泛得多，苦難包括一個人生理上、情感和社會層面的痛苦，以及社會降格（social degradation）或對它的恐懼而帶來的痛苦。她認為如果只有生理上的疼痛，並不會影響靈魂，而苦難卻會影響身體和靈魂。它「剝奪了受害者的人格，使他們成為事物」（p. 125），並可能使上帝看似缺席。「一種淹沒了全部靈魂的恐懼。在這種存在狀態下沒有任何愛的可能性。」（p. 120-121）真正的苦難無法用言語形容，就像「一個人在地上掙扎著，如同一隻被打得半死的蟲子」（p. 120）。那些從未有過這種經歷的人不知道那是什麼，因為無法描述

真正的苦難，就像聲音之於聾人一樣。苦難是「將生命連根拔起，或多或少相當於死亡」（p. 118）。對她而言，《約伯記》是苦難的真實寫照。因為我們憎恨苦難，也厭惡苦難，所以人人都會藐視遭受苦難的人，不過很可能我們並沒有意識到這一點。[4] 然而，按照韋伊的說法，儘管人類受到折磨，但依然存在自由的可能性，並且苦難者（the afflicted）可以從苦難的深處聽到上帝的話語。因為，對韋伊而言，愛是朝向上帝的指引，或是以開放的靈魂面向上帝；這不僅僅是靈魂的一種狀態，苦難者可以透過向上帝敞開來持續愛上帝。事實上，只有這樣，才能達到對上帝的愛的最高境界。這正是因為，對上帝無條件的愛，只有在感到被上帝全然拋棄時才得以可能。這是韋伊的神學，她解決了一個問題，即為什麼一個有愛的上帝會允許苦難的存在，或許這是「神造就的奇蹟」（p. 135）。

許多人認為韋伊對痛苦的看法過於極端，例如，她在《重負與神恩》（*Gravity and Grace*, 2002）一書中提出驚人的論斷：悲慘、困苦、極度貧窮、令人筋疲力盡的勞動、殘忍、折磨、暴力死亡、恐怖和疾病都是神聖之愛的表現。她相信上帝因為愛我們而遠離我們，這樣我們才可以愛祂，因為我們無法承受祂直接的愛的光輝，如果沒有必要的空間、時間和物質的保護，這種直接的愛就會摧毀我們。因此，我們必須不加選擇地接受一切存在的事物。的確，我們必須熱愛這種必然的嚴酷，因為它是上帝所給予的。她認為「為什麼」會痛苦這個問題根本沒有答案，因為世界是建立在必然性之上，而不是目的性之上——沒有終極原因（1968）。這個世界是非人的（impersonal），物質的運作按照盲目的必然性。但是我們可以透過

4　原註 3：如果韋伊的觀點是正確的，即受苦的人遭到人憎恨，那麼可能有助於解釋為什麼像無家可歸的人這樣的邊緣群體會受到虐待。這個想法讓人想起維克多・特納（Victor Turner）的觀點，即經歷過渡階段（liminality）的人被視為受到了污染。

愛上帝表面的缺席來賦予這個世界意義，因為上帝其實存在於隱祕之處。痛苦本身沒有任何意義，但如果我們不接受痛苦，就無法愛上帝（1976）。也就是說，如果我們認為上帝是宇宙的主宰，我們就不是在愛上帝。

從深度心理學家的視角來看，韋伊對痛苦與上帝的關係必要的堅持，再加上她個人的禁欲主義和對舒適的冷漠[5]，可能暗示了她性格中潛在的受虐成分。特別說明一下，這並不是對她思想的否定。懷疑論者認為她試圖透過將痛苦轉化為一種精神上的美德而將這個棘手的問題合理化。然而，韋伊代表了一種發展個人神話的模式；一個人可以將自己的痛苦轉化為對個體有意義的事情。她一生飽受頭痛的折磨之苦，日常生活變得困難，但她的痛苦幫助她理解和認同了他人的痛苦，並使她與耶穌的受難產生了連結。事實上，她在極度痛苦的時候曾有過一次關於基督的神祕經驗（Helsel, 2009）。對於具有宗教情感的人來說，韋伊對於神人關係的思考非常感人。

從非二元的視角看待痛苦

像道教、吠檀多（Advaita Vedanta）和佛教等非二元（non-dual）宗教傳統，都是以獨特的方式處理痛苦、悲傷以及失落。非二元論告訴我們，現實是一個統一體，沒有獨立的實體或人可以與現實的整體分離。非二元思維不會將現實劃分為對立，如好與壞、疾病與健康、神聖與世俗，或精神與物質，這些劃分方式就好像這種明顯的對立是其固定的本質。主體與客體，或自我與他者，是不可分離的。雖然我

5　原註4：韋伊辭去教師的工作，在一家法國工廠當工人，度過了一年貧困、無技能的生活，經常挨餓；她希望親身體驗痛苦。生活在倫敦時，她經常拒絕食物，只吃德國佔領下法國官方規定的口糧，營養不良和過度勞累導致她健康狀況漸走下坡。

們表面上有個獨立的自體，但實際上並不存在這樣的實體。我們的真實本性通常是超個人的意識或認知，它是絕對的、無限的、無所不在的、無盡的、不可分割的，獨立於任何事物，也獨立於時間。語言讓我們感受到侷限的地方是：這種絕對的存在無法用「它」指稱，因為它並不是一個實體。「它」不是有神論意義上的存在、不是一個事物，也沒有任何從屬部分。它與任何事物都沒有關係，因為它本身就是總體。按照這種觀點，能出生、會死亡的獨立「我」其實是一個感知錯誤——一個由強烈的條件作用而產生的故事。因此，對現實的非二元性感知需要從根本上轉變視角，但這似乎又與日常經驗和常識自相矛盾。

對於現實的非二元經驗或存在統一體（the unit of Being）的經驗，可能會短暫地出現在每個人的生活中，但只有開悟的人才能長時間維持這種意識水準。然而，大多數人無法獲得對於現實的非二元、統一的經驗證據。此外，這種經驗無法用概念來描述，因為它超越了思維和語言的所有範疇，也不能與任何事物比較。然而，人們可以從直覺來理解、可以從心靈傳遞到另一心靈。這種理解使人感覺解脫，因為減少了恐懼、弱化了對「事物」或對有一個獨立自我這一概念的執著。

非二元宗教通常不會信仰懲罰或獎勵、需要人服從和安撫的造物神，因為這些都是二元觀念，也就是認為神和人是兩個不同的東西。非二元宗教並不強調禁欲主義，因為自我造成的饑餓、寒冷、痛苦或放棄自我意志並不一定會消除自我中心和欲望——事實上，這些做法往往是自我的偽裝。只有理解現實的本質，才能得到必要的效果。

虔誠的宗教，如傳統的猶太教、伊斯蘭教和基督教，本質上是二元的。這些宗教告訴我們，人類和上帝截然不同，而對於非二元宗教來說，開悟意味著意識到神（或絕對現實）和人類之間沒有明確界

限。猶太教和基督教都承認上帝是超越思想的，他們認為上帝的形象是一種不同於人類的存在。然而，基督教和猶太教的思想都隱藏著非二元性，儘管渲染非二元性的方式不同。溫蒂‧法利（Wendy Farley, 2011, p. 140）引用了五世紀隱士偽狄奧尼修斯（Pseudo Dionysius）的觀點，試圖消除人們對名字和概念的二元性執著，聲稱神聖的本性「不是靈魂、不是思想，也不具有想像力、信念、語言或理解力……它不是智慧，既不是一，也不是單一的，既不是神性，不是善性，也不是靈性……黑暗與光明、錯誤與真理——都不是，它超越了所有的論斷和否認。」法利還引用了十四世紀瑪格麗特‧波芮特（Marguerite Porete）的《純潔靈魂之鏡》（*Mirror of Simple Souls*），認為上帝超越了概念思維，主張上帝是完全不可言說的，「上帝比我們所曾經說過的更偉大，人們可以說出或寫下的關於上帝的一切，或者思考他的一切，但都更像謊言，而不是真話。」（p. 141）但這種方法並不常見。正如法利所說，因為對於制度權威的服從，所以「基督徒很少會冒險說出智慧的一神論真相：制度無法提供轉化；終極的現實也不會受到任何歷史傳統觀點的約束。神性和人性的二元區分是一種幻覺，真理不會以暴力來簽署名字」（p. 144）。同樣的，卡巴拉學派（Kabbalistic）的《光明篇》（*Zohar*）中，認為生命的源頭（the Ein Sof），或上帝在顯化之前，才是我們真正的現實，而哈西迪（Chassidic）猶太教的教義說，上帝充滿了整個世界。

從非二元的視角來看，我們感覺自己是自我的存在，但既然自我並不是獨立的實體，即便痛苦正發生，卻沒有一個獨立的「個體」正在受苦。為了應對痛苦，非二元開始於徹底接受、放棄掙扎（第十章進一步探討徹底接受）。這並不是一個讓你順從或消極的方法。當你為了減輕痛苦，嘗試了所有必要和明智的辦法之後，還是到了什麼也做不了的地步，這時就必須不加評判或不加拒絕地充分體驗當前的處

境。在被迫臣服（surrender）的那一刻，一個人可能體驗到超越痛苦本身的境界。布萊恩・瑟瑞特（Brian Theriault, 2012）描述了妻子瀕臨死亡的時刻：

所以突然，在那個完全停止的瞬間，我感到一股能量湧上心頭，在胸腔中央蔓延開來。我覺得自己從裡到外打開了。這完全不是一次創傷體驗，更確切地說，就像一股深層能量流流過我的全身，讓我感到難以置信的清爽。我很清醒，也很警覺。當我不帶任何逃避想法地接受這一刻的全部經歷，我體驗到平時的自我感逐漸消失，取而代之的是我從未經歷過的開闊感。我震驚不已。我意識到，過去痛苦的本質正是我想要擺脫它的渴望。奇怪的是，我對治癒的追求卻不知不覺地使痛苦永遠存在。（p. 355）

從非二元的視角來看，我們的自我，或個人的自我感，是一種被家庭和社會教導高度制約的意識水準，但這個自我不是一個實體，也不是我們的真實本性。我們真實本性的本質的問題在不同的宗教傳統中備受爭議。有些宗教描繪一種靈性本質，通常稱之為超個人自我，另一些人則發現了一種空、虛無或純粹的意識。不過這些差異是學術問題的討論，並不屬於心理治療的範疇。非二元哲學家指出，一些自我提升的嘗試，如心理治療，可以幫助我們面對痛苦的現實，但並不是解決痛苦的最終方案。順便說一下，創巴仁波切（Chögyam Trungpa, 1973）描述了各種形式的「精神唯物主義」，將靈性實踐變成建立自我的活動，包括參與傳統的宗教實踐、追求特殊的精神狀態，或積累教義等，所有這些可能只會使自我更加穩固。當發現患者正以這種方式使用靈性時，治療師有必要做出治療性判斷，思考一下是否需要對此進行面質，以及何時面質。

受苦的靈魂：從深度心理學看痛苦的經驗與轉化

從非二元視角來看，我們對死亡的恐懼正是對自我或個人自我感喪失的恐懼、是對失去控制的恐懼、是對不存在的恐懼。很多導師認為，應對這種恐懼的唯一方法是完全屈從於它，在那樣的時刻，人們處於無聲、空虛的充實或平靜的狀態，那是無法以概念來形容的。相反地，許多宗教教義（如轉世）和許多靈性實踐，不管是否有效，都被認為是應對這種恐懼的一種防禦性操作。

非二元的心理治療方法正在出現（Prendergast et al., 2007）。傳統的心理治療是基於對自我感的強化或重構，而非二元心理治療挑戰了獨立自我的存在。非二元心理治療假設超個人覺察層次的存在，如果能安在那個層面，就不會有恐懼，也不會影響我們的存在狀態。非二元心理治療的任務和處理痛苦的方法就是促進這種無條件層次（unconditional level）的無我意識覺醒。非二元心理治療認為治療師和患者之間沒有絕對的界限。固守於治療角色或治療技術會破壞非二元意識體驗，因為它們會強化自我。非二元心理治療需要徹底接受當下出現的任何事物、保持開放和自發性反應，對於改變不抱有期待或希望。毫無疑問，懷疑和任何自戀投注（narcissistic investment）的跡象都是這個過程的障礙。最後，就像所有的靈性方法一樣，這種方法也可以用來否認痛苦。

無神論和西方世俗文化對待痛苦的方式

在傳統宗教用自己的教義來解釋痛苦的同時，心理治療師很可能也與公開承認的無神論患者一起工作。無神論者的世界觀中沒有造物主。宇宙的起源仍是未知、自然對人類冷漠無情、人類的存在只是一系列隨機事件的偶然結果，這些事件在數十億年的化學和物理組合中產生了生命。演化解釋了人類的出現，而我們的目標是盡可能地控制

自然。痛苦是生活中沒有必然意義、與道德無關的事實，是隨機的物理事件、自然力量、生存鬥爭、我們對威脅的反應、人類的錯誤等等的結果。死亡是肉體的終結，而大腦是意識的來源，以及沒有來生。痛苦是隨機分佈的，是自然規律的結果——這是人類處境的一部分，我們的任務便是盡力應對。對於有這種傾向的無神論者來說，痛苦只能用自然主義的術語來解釋，無法援引任何超自然的事物。

　　無神論的存在主義者認為生命的意義並不是與生俱來的，所以我們必須努力尋找屬於我們自己的意義。道德上的價值源於人類的經驗，不需要經過神學裁定。我們有獨一無二的自由、我們定義我們自己、根據自己的選擇成為我們自己，我們也有選擇的責任。卡繆（Albert Camus）等作家認為，痛苦純粹是隨機的，痛苦和邪惡的問題是對全能且仁慈的上帝的信仰不可逾越的障礙。這些作家可以理解宗教在人們面對痛苦時的吸引力，但他們不認為宗教是可接受的解決方案。卡繆擔心基督的苦難會被用來寬恕甚至為痛苦辯護，他認為基督徒太過於認同基督了。卡繆不能接受任何為無辜者的痛苦辯護的世界觀——他認為兒童的痛苦是無法解釋的。宗教也可以用來逃避個人對奧斯維辛集中營等暴行的責任。像沙特（Sartre）這樣的無神論存在主義者認為，「人類和上帝都是自由的」這說法是矛盾的。沙特認為，人類可以完全自由地決定他們將成為什麼樣的人，所以不可能有上帝。如果一個人堅持完全自由地選擇，那麼他的宗教信仰就是有問題的。在強調人類自由的著作中，沙特沒有考慮到現代社會生物學，現代社會生物學認為人類是演化的產物，而演化帶來了生物學所決定的行為模式；他也忽略了無意識對我們的行為和選擇的影響。

　　　受苦的靈魂：從深度心理學看痛苦的經驗與轉化

痛苦經歷中的聖祕體驗

聖祕（numinous）經驗經常出現在強烈的痛苦、創傷或絕望的環境中（Hardy, 1979; Corbett, 1996, 2007）。

顯然，痛苦施加在自我及其防禦上的持續壓力，會使原型或超個人維度得以暴露在意識之中。就好像劇烈的痛苦使得自我邊界產生裂縫，靈性可以透過這個裂縫進入意識。

這可能就是為什麼強烈的靈性實踐，如修行、齋戒，或各種形式的禁欲主義更容易使人經歷靈性經驗——痛苦降低了自我功能，使得意識的其他維度得以浮現。有時這種狀態會出現在長期的痛苦之後、有時發生在非常危險的時刻。一名男子的汽車失控地疾馳，就在即將撞毀的剎那，他經歷了如下可怕的景象：

時間慢了下來，我記得那時我想，我可能會死。在完全無意識的瞬間，我不由自主地把手舉了起來，大聲喊道：「上帝啊，救救我吧！」我立刻被包圍在最和平、最溫暖、最安全的繭中，我只能這樣描述。不知怎地，我知道這個繭一直延伸到我身體周圍的空氣裡。繭上透著金色的光，所有的煩惱都消失了。我完全處於平靜和敬畏之中，因為我知道我被一些不知名的東西控制著。我只是覺得非常安全，感覺自己受到保護，就像在子宮裡一樣。沒有恐懼，沒有擔心，只有徹底的平靜……我身上沒有任何撞傷或擦傷……我完全沒有受傷，而我的車徹底撞毀。當車最終停下來時，繭消失了，但我仍然對這次經歷充滿敬畏之心。

對於受創傷的兒童來說，擁有天使幫助的經驗並不罕見，並且天使通常會以光的形象出現（Kalsched, 2013）。

匿名戒酒互助會的靈性面向

強烈的痛苦往往會刺激許多成癮者走向康復。事實上，一些治療師認為，成癮者越痛苦、越感受到生活失去控制，就越有可能接受治療。成癮者承受著強烈的心理痛苦，尤其是焦慮、憂鬱、敵意、空虛、無助和憤怒等，還會因為成癮帶來一系列社會、家庭和身體方面的後果而痛苦。即使成癮者能維持戒斷，這種痛苦可能也不會結束。

成癮和康復的過程中有一個重要的靈性成分。榮格（1975）寫給匿名戒酒互助會的合夥創始人比爾·威爾遜（Bill Wilson）的一封信中說，治療酗酒的藥方是 spiritus contra spiritum，或是以靈性對治靈性（spirit against spirit）。這種觀點認為，成癮是一種具體化的表達，意味著對靈性的渴望或對完滿感的渴求，因此只能用真正的靈性來治癒。事實上，參與任何種類的靈性實踐、信仰任何宗教都能減少使用酒精和毒品（Larson et al., 1998）。然而，這些作用的保護機制尚不明確。可能是由於某些宗教準則和社群的社會支持，或是像比爾·威爾遜所描述的那種神祕經驗[6]，也有一些酗酒者由於改變了信仰，因此出現戲劇性的轉變。然而，所有這些經驗或任何靈性上的覺醒都不是自發發生的，這就是為什麼幾十年前，研究人員在治療酗酒

6　原註5：一九三四年一次戒酒治療中，威爾遜看到了這畫面：我的憂鬱惡化到難以忍受的程度，最後我覺得自己好像落入深淵底部。一想到有一種比我更強大的力量存在，我仍然感到很不自在，但最後，就在這一刻，我那高傲的固執最後一點殘餘也被粉碎了。我忽然大喊：「如果真的存在上帝，就讓他出現吧。我準備好了、準備好了！」突然，房間裡亮起巨大的白色光線。我陷入了無法形容的狂喜之中。在我的腦海裡，我覺得自己彷彿在一座山上，吹來的不是風，而是靈性的風。然後我突然意識到我是一個自由的人。這種狂喜慢慢地消失了。我躺在床上，但我知道，有一段時間我在另一個世界、一個新的意識世界。在我周圍的一切，在我身上的一切，有一種奇妙的存在感，我對自己說：「原來這就是傳道者所說的上帝！」（《逐漸成熟的匿名戒酒互助會》〔*Alcoholics Anonymous comes of age*〕，頁63）。我要補充一點，人們對這一畫面的真實性仍存疑。

者時會使用 LSD[7] 製造宗教體驗。他們的理論是，短暫窺見宇宙意識可以逆轉主動酗酒的進程，有時候這一觀點證實是正確的。當代報導表明，死藤水（ayahuasca）也可以產生同樣的效果。

當酗酒者的痛苦變得難以忍受時，他們會實施十二步驟戒酒法，對許多遠離宗教傳統的人來說，這也是重要的靈性形式。實證研究發現，某種形式的靈性和對生活意義的發現，對於降低成癮者的負面情緒強度至關重要（Chen, 2001）。眾所周知，缺乏生活意義與酗酒和吸毒有關（Black, 1991）。

參加匿名戒酒互助會的人，必須承認他或她對酒精無能為力、必須臣服於「更高的力量」（Higher Power），不論那對他或她來說意味著什麼。因此，匿名戒酒互助會演示了一個重要的例外，即文化上對於「臣服」（surrender）的排斥，因為臣服是其治療哲學的核心。治療師不應低估自己對成癮者無能為力的程度。考慮到我們文化的個人主義和自我滿足，主動尋求幫助可能非常困難。對臣服過程的理解是徹底接受當下的處境，那不只是勉強和心不甘情不願的服從或順從、不僅是在頭腦裡接受，也是在內心真實接受（Tiebout, 1949）。能夠臣服的酗酒者往往不那麼自戀，也表現出較少的精神病態，並且能夠保持更長時間的清醒（Speer et al., 1998）。這是一個廣為人知的悖論：接受往往帶來改變，而試圖控制反而會阻止了變化（第十章將進一步討論）。

標準的臨床視角把酗酒看作一種疾病，或者，我們可以同時把酗酒視為一個邀請、邀請我們走上一段靈性和心理的轉化之旅。榮格學派作家將希臘神話中的酒神戴奧尼索斯（Dionysus）視為酗酒神話的

7　譯註 2：Lysergic acid diethylamide，麥角酸二乙胺，又名麥角二乙醯胺。麥角乙二胺是一種強烈的半人工致幻劑。

背景意象。在古代，他是葡萄之神，代表著狂喜、陶醉、對社會標準的破壞、自我毀滅，以及，變革。這位酒神被視為解救者或解放者；使他的信徒們時而狂喜，時而瘋狂。因此酗酒者的隱喻是對這位古老的神的忠誠。心理學觀點是，酗酒者被一種力量所控制了，或者說是被一種原型力量所束縛，這種力量具有神性的吸引力。

靈性與心理相結合的成癮治療方法是有效的。靈性是人類行為的重要動機，因此，心理治療師不應再將靈性與心理學分開。匿名戒酒互助會強調靈性品質的重要性，例如謙卑、接納和寬恕，而心理治療也會針對這些品質工作。

痛苦與深度心理學對於靈性的探究

與受苦者工作時，我們所使用的方法有很大的分歧，那就是現實是否具有靈性層面。一些接受心理治療的患者會遵循傳統的宗教方法；感到痛苦時，他們會將這些宗教傳統的教義應用到自己的情境之中，也就是在不同程度上把問題靈性化。心理治療師不需要關注患者生活的這個部分，除非患者可能以靈性為否認或迴避心理問題的手段。另一些人有個人靈性的追求，但不信仰任何特定的宗教傳統。這些人可以從深度心理學對靈性的探究中獲得幫助；這種方法不依賴任何形式的神學、教義或教條（詳見 Corbett, 2007, 2011），需要關注個體化過程、夢、共時性，以及超個人無意識或自性（the Self）的表現。

新時代思想

新時代的靈性信徒偶爾會進行心理治療，他們往往傾向於榮格

學派或超個人的治療師，認為這些治療師可以與他們的信仰產生共鳴。新時代思想是一種東西方智慧結合的宗教傳統，包括將薩滿文化（shamanism）、神祕主義、深度心理學、人類潛能運動以及生態學，與諸如現實統一性及所有宗教的潛在統一性等思想相結合。這些想法也經常與對量子物理學的特殊解釋結合在一起，但物理學家常常譴責這些解釋過於簡單化。大多數新時代思想是對主流文化的批判，並希望用一種新的行星文化（planetary culture）取而代之，這種新的行星文化注重和諧、自我實現以及更高層次意識的實現。其中一些想法雖然過於理想化，但卻很有價值。與此同時，新時代的方法論也存在重要的陰影面。我們有時會聽到新時代精神的宣導者堅持，我們要對自己的痛苦負責，就好像我們生病是因為自己錯誤的看法；這意味著如果能改變想法，痛苦就會消失。這種態度是有問題的，原因有幾個：首先，雖然我們的情緒可能導致疾病，但致病原因通常是完全無意識的。自我無法控制負面的無意識素材，也無法用意志行動來改變它。當我們問某人為什麼他或她「得了這個疾病」時，是一種將他或她無法控制的事情歸咎受害者的方式，也是毫無幫助的道德立場。雖然現在看起來，基因表達可能會受到我們的情緒和觀念的影響，但我們不能決定我們的基因。其次，我們的情緒、情感會受到一些不容易改變的心理結構的嚴重制約、健康也會受到環境因素的影響，如污染、種族主義和個人無法控制的社會經濟問題。如果我們認可新時代思想，就會認為人們對自己的痛苦負有某種責任，而這種態度會讓我們對他人的痛苦少一些同情，讓我們變得自以為是、武斷。的確，許多新時代思想的信徒依賴魔法思維[8]，而且治療師經常會產生這樣的

8　原註 6：精神分析認為，魔法思維（magical thinking）是一種假設，認為思想可以直接影響物質世界，因為某種力量或力可以將思想與物質聯繫起來，例如：交叉手指、觸摸木頭、相信護身符或類似的迷信。對於懷疑論者來說，魔法思維只是增加了人們對自己能力的信心。

印象：這些信徒使用這種心理機制來處理焦慮帶來的影響。梅爾・費伯（Mel Faber, 1996）的想法代表了對新時代思想的懷疑態度。他認為，新時代的信徒被一種與環境融合的退行、嬰兒般的全能以及膨脹的自戀所吸引。他指出，他們的魔法思維抹去了分離與喪失的現實。一種更富有同情心的觀點認為，對治療師而言，處理任何宗教信仰的問題本質上是一樣的，即使信仰用來當成防禦，也不代表它是無效的。治療師必須把他或她個人形而上的信仰放在一邊，並根據新時代信仰在人的心理經濟功能，來決定是正視該信仰還是忽視它。

是神造成了痛苦和邪惡嗎？宗教是否傾向於忽視神的黑暗面？

許多一神論宗教傳統的忠實信徒更傾向於認為神只有善良和愛，而道德上的邪惡（與地震這些自然的邪惡不同）只歸因於人類。這些傳統主義者往往拒絕承認榮格的觀點，即我們對神性的經驗應該包含它的黑暗面。

當一個人把聖經的應許當真，可能就會感到痛苦。因為聖經應許好的行為和好人會得到獎賞，而邪惡的人會受到懲罰。在許多這樣的描述中有個典型的例子，出自《箴言》（Proverbs）第 3 章 33 節：「耶和華咒詛邪惡者的家，而賜福於正義者的家。」這顯然是不真的，當災難降臨到那些從小就相信這類箴言的好人身上時，他們的世界就不再有意義了。虔誠的信徒會懷疑他們是否真的受到了懲罰，或者是否被自己的宗教所誤導，又或者上帝其實不是公正的。治療師可能需要提醒患者聖經中關於約伯的故事；這個故事非常清楚地表明，一個人的行為與他在生活中是否受苦並沒有關係。這種情況下，有必要認識神性的新意象，一如同榮格所說的自性的陰影面。

應對痛苦的各種心理治療取向

心理治療理論基礎的假設和前提

　　所有心理治療學派都在試圖減輕痛苦，但不同學派依據的治療哲學完全不同。心理治療的理論都建立在特定人性觀和特定世界觀的基礎之上。採取任何特定取向的心理治療實務工作者，有意或無意地對其基本理念抱持著隱微的認同，無論是否意識到。我相信，如果心理治療專業的學生在選擇思想學派時能夠清楚其基本假設，就能更理解所選擇的學派，否則，學生可能不經意地投身於一種不符合自己價值觀的人性觀之中。心理治療師的人性觀及其意識形態往往已經根深蒂固，通常又未經檢驗，常常和理論技術交雜一起。例如，心理治療的理論往往有一種傾向，更強調人類本性的生物學觀點[1]（即生物決定論，認為人類本性主要是由基因和演化決定的），或是基於環境至上的觀點（即社會決定論）。很顯然，這兩者往往是相互作用的。經典精神分析學家認為，人類在努力控制自己的本能力量，因為他們所生活的社會環境需要限制其本能的表達。臨床治療師為了使這些生物本能受控於自我，不斷地試圖揭示患者的欲望和破壞性，因此治療過程也充滿了關於防禦甚至阻抗的假設。這種對人性的看法多少有些悲觀。更現代的觀點認為，人類天生就具有與他人連結、回應和依附的本能。對人性不同的態度通往截然不同的治療方法。

　　在這一章中，我們來校驗一下隱藏在兩種重要心理治療方法背後的假設基礎：認知行為療法和基於深度心理學或無意識心理學的心理療法。如今，大多數主流心理治療師遵行的都是某種形式的認知行為

1　原註 1：「人類本性」的概念模稜兩可，部分爭論圍繞著我們的本性是固定或可改變，又可改變多少。雖然我們的天性受到生物因素和演化的限制，但我們也會創造意義，以及創造性地利用我們的生物天賦。目前，有人擔心我們對人類基因組的認識將改變我們對人類本性的定義，並促進人類生物工程學的誕生——即所謂的「新優生學」。

療法，使用深度心理學療法的實務工作者相對較少了；深度心理學的歷史根源是佛洛德或榮格所建立的傳統。[2]

用認知行為療法治療痛苦

認知行為療法（cognitive behavioral therapies，以下簡稱 CBT）傾向於結構化、目標導向，並專注於解決問題。治療師幾乎扮演著專家的角色，知道哪些技巧可能提供幫助。CBT 治療師所依靠的技巧可廣泛應用於相同問題的人，因為 CBT 有實徵基礎，看起來合理、快速有效，所以對決策者和保險公司的支付者有很大吸引力。

大多數使用認知行為療法的主流心理學家所採用的，都是「以證據為基礎」的臨床實務或「實徵研究支持」治療。這些領域的大多數研究者更喜歡定量研究。定量研究的假設是我們能夠測量和客觀化人類心理生活的重要方面，而且能夠以某種方式將人類的主觀經驗轉化為可觀察的東西。這種假設認為，外部觀察和測量可以告訴我們人類經驗的主觀特質，但這其實是一個可疑的主張。史坦利・克萊因（Stanley Klein, 2014）對這一觀點提出了尖銳的批評，他指出：用生理學或當代心理學的詞彙來描述主觀現實「很可能會刪減（或消除）所描述的現象」（p. 46）。他說，能否「在不嚴重損失內容和意義的情況下」，用物理術語來描述例如痛苦、愛、恨、嫉妒和美等複雜的體驗狀態，這一點值得懷疑（p. 46）。正如克萊因所說，量化是以犧牲某些現象為代價的。

在心理學的歷史上，人類主觀性的一些方面，如夢、各種關係的

2　原註 2：考量篇幅大小，此處我省略混合使用心理動力學和認知行為治療的人際療法（Interpersonal Therapy）。

微妙差異、無意識──當然還有意識本身──因為無法觀察或測量，都教行為主義者忽略了。通常情況下，我們對所測量的經驗還不夠瞭解，不足以讓我們知道自己在測量什麼，或者至少可以說，這些測量僅僅只是提供問題一個視角。甚至這些心理現象是不是真的可以用經驗來測量，都值得懷疑，因為它們無法充分地管理或控制（Trendler, 2009）。然而，對於深度心理治療師來說，雖然這些心理狀態無法測量，但卻極其重要。深度心理學家不會把這些經驗客觀化，而是在心理治療所產生的心理場域之中，努力地參與到這些經驗之中。我們會試圖透過同理同頻、關注直覺、傾聽夢和幻想、關注阻抗和防禦、通過傳移－反傳移等方式，來理解他人的內在世界，而不是經由評定量表等測量工具。這些都是赤裸裸的主觀經驗，治療師和患者一樣沉浸其中。這些主觀經驗並不是可以量化的現象，但在許多心理治療的情境中，這些體驗卻是治療師所能掌握的一切。當然，這取決於治療師認為什麼是重要的，這些主觀現象對深度心理治療師很重要，但認知行為心理治療師就沒那麼在意。

　　針對特定臨床症狀，以特定治療方法來處理情感痛苦，不管是藥物治療還是 CBT，都是基於這樣的假設：我們的情感和存在主義難題可以像其他疾病一樣分門別類，這也導致了心理治療的醫學模式許多問題。許多心理學家不加批判地接受、使用精神疾病診斷分類，比如「重度憂鬱症」，就好像這些疾病是某種真實存在的實體，但這其實是有待商榷的假設（Pilgrim, 2009）。例如，一個人可能會因為種族偏見、失業和孤獨等因素而憂鬱，同時又符合 DSM 對重度憂鬱症的所有標準。在這種情況下，憂鬱症並非其主要的心理障礙。關注憂鬱情緒只能發揮部分作用，並不能在引發問題的真正原因上介入治療。

　　深度心理學家往往對診斷不太感興趣，而是對患者的問題在治療

關係中出現的方式感興趣。與單純的關注行為相比，深度心理治療師更關心的是，是什麼在無意識中激發了這些行為？因為相同的行為可能是由不同的無意識因素所驅動的。所以統計學事實或普遍有效的行為法則可能無法為個體提供實質幫助。

實徵主義治療的追隨者有時會譴責精神分析和榮格學派治療，理由是他們缺乏治療效果的實徵證據，但這種斷言並不正確（Shedler，2010；Leichsenring 等，2013；Roesler，2013）。深度心理學的批評者認為，用物質主義、理性思維和客觀性為基礎的科學知識來理解世界的方式，要比其他方式更優越。這種態度反映了我們社會中的主導權力結構。不過，大家也明白，任何特定的研究方法、研究課題的選擇和研究結果的使用，都受到社會精英權力集團的利益和價值觀等極大的影響。主流科學世界觀會將各種不確定的假設視為理所當然。許多人質疑形而上學的觀點，認為對現實的物理解釋已經足夠解決所有問題了。女性主義者提出，那些明顯價值中立的、客觀的科學往往對女性有偏見（Rossides, 1998）。在追求冷漠、客觀和精確的過程中，一些重要的價值觀受到忽視，如同情心和自我理解，以及一些認識世界的方式，如長期經驗、直覺和感覺所提供的默會（tacit）臨床知識。[3]默會知識是臨床實務藝術的一部分，但並不屬於「科學」的範疇，因此很少在文獻裡提及，也許是因為它看起來太主觀，自動取消了它進入文獻的資格。這意味著，似乎只有外部可證實的經驗才是知識的可靠來源，儘管所有觀察的背後情境也很複雜；所以哪些證據可以證實哪些理論，其背後的信念和假設有著至關重要的作用（Longino，1990）。「證據」往往受到經濟、政治利益和個人社會觀點的影響，

3　原註 3：波蘭尼（Polanyi）的默會知識概念的意思是，我們知道的比我們能夠表達或解釋的更多。即使臨床醫生不能明確解釋他們是如何診斷，他們準確的診斷通常都是正確的。

因為當代心理治療文獻不斷強調證據，我也從這個角度來討論一下那些主要的心理治療範式。

認知行為「以證據為基礎」中的證據問題

認知行為療法中有一系列針對痛苦情緒的治療。這些方法有各種各樣的理論基礎，但最終都是基於一種觀點：我們思考和加工資訊的方式（包括我們理解現實的錯誤方式）是導致適應不良行為和情緒困擾的原因。一些 CBT 的理論學者認為，思維和資訊加工的本質是大腦中的生物過程，還有一些人引用傳統學習理論來解釋認知的來源。這兩種觀點都認為：精神病理與錯誤的認知或錯誤的認知圖式有關，例如，憂鬱被認為是人對生活中所發生的事情持續消極思考的結果。因此認知行為治療師提出，用新的思維模式改變錯誤的認知，並希望以此來改變令人痛苦的行為和情感。人們總是不願意承認，這種認知偏差並不是精神病理學的主要因素，而是次要因素，例如在憂鬱症的案例中，憂鬱思維完全有可能是憂鬱症的結果，而不是其主要原因。憂鬱可能有其根源，但不會是思維本身，而且量表上的數字並不能真正描述憂鬱對個體的意義及其主觀體驗。一個人可能會因為生活環境而憂鬱，而他對困難的思考可能是完全正確和恰當的——也許他處於壓抑的社會環境中，而這與他的認知過程無關。並沒有太多的實驗證據表明，異常或歪曲的思維總是出現在憂鬱開始之前。有些憂鬱的人只是比一般人更悲傷、更聰明；這麼說來，憂鬱可能根本就不是一種疾病。

也許不會有人告訴正在學習心理治療的人，CBT 像任何其他心理學理論一樣，充滿了意識形態和潛在假設，而所有的意識形態和潛在假設勢必包含了特定的價值觀和信仰。例如，CBT 偏重於用定量

受苦的靈魂：從深度心理學看痛苦的經驗與轉化

和實驗的方法來處理痛苦，但當我們假定這些方法是對人類最好的方法時，不知不覺中也接納了實徵主義哲學和客觀主義的知識理論。實徵主義是一種學說，認為只有能夠客觀觀察和測量的東西才是真正可知的，與生命的意義有關的問題是沒有意義的。客觀主義意味著人類和世界普遍都具有客觀的意義，而這些意義與我們對人類和世界的思考無關。因此，在這樣的視角下，一個身處痛苦的患者會被看作是他扭曲了對單一客觀現實的認知，而治療師必須幫助他更準確地覺察這些扭曲的認知。這些理論假定存在某種實徵、實驗方法，可以通往價值中立的普遍真理或行為規律，並且超越它們所存在的歷史和社會背景。但是，當我們試圖理解複雜的人格和主體性時，這些觀點並不是很有幫助，人類有些層面並不適合這種思考方式，比如愛、信仰、同情或人類的靈性維度。實徵主義往往忽視事件對人的主觀意義、忽視人不一定按照普遍的行為規律行事的事實，那就是我們以創造性的方式理解這個世界，我們的行為往往不可預測。此外，嚴格的實徵主義方法並不能決定對與錯，只能做出相對的判斷，或者僅僅是按照當代社會標準的一種判斷。傳統的實徵主義告訴我們，只有可觀察到的才是真實的，CBT 敦促我們理性地思考世界，彷彿世界是完全可知的；但我們的經驗是，這個世界非常神祕，有時還不符合邏輯。

實徵主義和客觀主義的現代哲學假設是認知行為療法的基礎，與後現代對人類現狀的觀點並不相容（Hammack, 2003）。菲力浦·哈馬克（Phillip Hammack）指出，由於後現代思想中的許多方面與現代心理學的實徵主義意識形態存在衝突，大多數心理學研究拒絕瞭解後現代思想的意義。在一系列的出版物中，格根（Gergen, 2001）總結了後現代主義的觀點，並指出①科學反映了文化中的社會進程；②語言構建了我們對現實的感知，而不僅僅是反映；③文化和環境構建了我們精神生活的某些屬性）；④所有的方法論都受主觀價值的影響

（沒有純粹的客觀性）；以及⑤認為科學的進步會逐漸積累確鑿的真理，只是一種幻想。我們所謂的「現實」只是一種視角，所以並沒有一個客觀可知的普遍現實；現實是主觀性和社會性的建構。此外，把患者的思維視為非理性的這個觀點，忽略了一個事實，即人類通常不會用理性、證據和邏輯來決定，例如吸煙的人都知道吸煙是危險的。除了 CBT 理論所假設的認知過程之外，還有其他的認知方式。有些人更憑直覺、更容易受到感情的影響，或者他們的思維呈螺旋形或非線性。總的來說，在 CBT 的認證專案中接受培訓的學生，會認同其潛在的哲學假設，CBT 治療師的患者們同樣如此。

基於以證據為基礎的實踐有著明顯的優點，但臨床倫理學家也指出了它的負面缺點；這種方式有些僵化，沒有在不同的患者之間留出變化調整的空間，而且用標準化照護來為企業服務、滿足企業對控制成本和提高效率的興趣（Mills 等，2003）。儘管如此，還是有很多人推薦學心理治療的學生學習以證據為基礎的認知行為治療，似乎這種方法已經理所當然地成為解決情緒痛苦的黃金準則了。然而，從深度心理學的角度來看，CBT 有很大的缺陷：太重視思考、不夠重視情感；自我感在發展過程中會從根本上受到情感互動的影響，因此需要時間和新的關係體驗來改變這些模式。CBT 忽略了無意識，所以從根本上過度簡化了內在世界的複雜性。傳統的認知行為治療師忽略了傳移，不過最近許多認知行為工作者開始承認無意識認知和工作過程中的關係動力。可以想像得到，這一發展也會促進動力心理治療和 CBT 逐漸融合，比如，也許負面認知模式起源於某些無意識的心理動力因素。

化約論者（Reductionist）對人的解釋會限制人們對待他人的方式。閱讀 CBT 文獻的時候，很可能把人理解得很狹隘，因為文獻中只是藉由症狀和行為來描述人；CBT 把症狀看作是主要問題，所以

治療師往往不會考慮患者的種族、性別、社會經濟地位和其他的生活處境。但人類的生活很複雜、人的情緒狀態也很複雜，有些還會受到無意識、文化或社會環境的影響。即便如此，患者得到的治療通常還是以固定的治療方案為指導，好像他或她需要的就是治療一樣，但實際上這種治療方案可能並不符合患者的生活背景。

使用明確的指導手冊來治療情緒障礙，也許是為了把心理治療強行套進一個「特定藥物只對特定症狀有效」的模型之中。然而，對於深度心理學家來說，患者表現出的症狀並非其主要問題，而是其人格對於解決某種問題的嘗試。除非患者可以從更廣泛的生活背景來看待自己的症狀，包括關係、家庭、職業和精神生活等，否則根本無法深入理解症狀。想要把人類的生命歸納為可測量的最小單位，治療師必須先放棄自己對人類的所有感覺。使用固定的治療方案或手冊裡詳載的治療方法，無法鼓勵患者在症狀或手冊所允許的範圍之外，從更廣泛的情境中談論他或她的生活。遵循手冊會使治療師忽視自己的想法、感受以及對患者的看法，限制治療師的創造力和自主性。遵循手冊也許會給治療師帶來一種確定感，但卻是以患者的真實性為代價，關係的性質也會因此發生變化，而對於迫切需要一段真誠關係的人來說，這也許是最糟糕的情況。

CBT 還有一個更大的問題是，它把文化的標準假定為健康的標準。這種有文化侷限的假設會偽裝得好像是價值中立一樣，但女性主義者指出，白人、中產階級男性的標準並不能當成每個人心理健康發展的標準。不過，有些認知行為理論認為，這些標準就是規範的標準，患者應該遵循。這是一種社會保守主義哲學，很可能會將治療師推到促進社會秩序一致性的位置上，彷彿適應了社會秩序就等同於心理健康。然而，有些人不願意或無法使自己適應主流文化的標準和價值觀。需要特別注意的是，還必須考慮到性別、種族，以及諸如貧窮

和歧視等因素。（女性主義對心理學理論和研究的批判，見 Unger，1984）。像自我實現和自主性等心理學價值觀也受到了批評，理由是這些是中產階級的概念，對那些沒有社會權力的人來說，根本沒有價值或是不可能的（Lerman, 1992）。雖然有些 CBT 方法也能認識到個人更廣泛的生活背景，但大多數方法都會忽略這些因素，他們假定行為應該完全在個體的控制範圍之內。重要的是，心理治療師不應該無意識地為佔據社會主導地位的權力團體服務，而忽略了個體或許希望反其道而行的個體化過程。解放心理學家（Liberation psychologists）指出，性別歧視和貶低女性等文化因素在邊緣型人格障礙的發展過程中扮演著重要角色。我還要補充一點，精神分析和人本主義心理學同樣因「忽視患者的社會背景、過於專注於適應現有條件」而受到批評。

心理治療「以證據為基礎」的方法之所以有問題，還有一些其他原因。菲力浦・庫什曼等人（Philip Cushman 等人，2000）指出，他們「厭惡治療中的模糊性、複雜性、不確定性、困惑、神祕、不完美和個體差異」（p. 993）。這些方法忽略了心理治療師和患者的獨特性、忽略了他們關係的本質、他們的創造力，以及他們複雜的生活環境。如果我們允許這些忽略，那麼在每次治療中也許都會出現完全不可預測的情況。這麼說並不表示基於證據基礎的理論沒有幫助，而是必須謹慎地使用，不主張心理治療師這一方擁有絕對的知識。在治療中，我們常常需要即興發揮提供說明，而程式化的治療會使即興發揮變得更加困難。有些時候，堅持標準化治療可能是治療師能做的最糟糕的事情，因為它削弱了治療師自發的人性反應。

常常有人說，有實徵支援的療法也有治療效果，可以證明它們的基礎理論。可是，人們康復的真正原因，可能與任何特定療法的基礎理論所列出的原因都不一樣。證明一種療法有效和知道它是如何發

揮效用，是兩件不同的事情。各個學派對於治療性改變都有各自的理論解釋，但因為有些非特定因素是各學派所共有的，所以治療性改變的實際過程，並不總是那麼清楚。共有的非特定性因素包括：患者和醫生的性格特質、治療關係的品質、對治療共同的期望、在他人的支持下面對情感痛苦的能力、克服意志消沉、提供掌控的經驗、刺激患者的希望和自癒能力等，這意味著我們無法把任何單一因素確定為促成改變的原因。認知行為治療師也許會認為發揮作用的是介入技巧，但從患者的角度來看，治療師的同理心、關心以及處理人際關係的能力可能更有價值。同樣，精神分析師也許會認為自己是透過處理無意識衝突或問題來幫助患者，但與此同時，治療師也在安全的關係中不斷地讓患者接觸引發焦慮的材料，從而使患者不再那麼敏感，同時加強患者對自己能力的信心。根據對心理治療實徵研究的文獻資料，邁克・藍伯特（Michael Lambert, 1992）指出，所有治療的共同因素，如情緒宣洩、對治療師的認同、緩解孤獨感、治療聯盟、治療師的溫暖、同理，以及對患者的接受度，約佔患者改善因素的百分之三十。他估計患者本身的因素，如自我力量和環境變化，約佔治療結果差異的百分之四十，期待和希望約佔百分之十五。也就是說，不同類型的治療方法之間的技術差異並不重要，僅對整體改善貢獻約百分之十五。這樣的結論，即所有形式的心理治療同樣有效，稱為「渡渡鳥效應」（源自《愛麗絲夢遊仙境》）——所有人都贏了，所有人都必須有獎勵。從直觀感覺上講，我們也許確實可以用不同的方法得到相同的結果，但使問題更加複雜的是，在針對不同類型心理治療的比較之中，很可能潛藏著未覺察的偏見；針對不同治療取向的研究結果顯示，這些研究與實驗觀察者所屬的團體及其忠誠度有關（Luborsky 等，1999）。

當實務工作者接受過某種取向的密集訓練之後，就會越來越難從

不同的角度看待患者。而另一些有經驗的心理治療師則逐漸不那麼堅持曾經受過的訓練內容，從而發展出自己的個性化治療方法。之後，這些實務工作者就會用他們的治療敏銳度來工作，但這會使臨床實務和學術研究之間的差距越來越遠。然而，雖然有大量證據表明，不同類型的心理治療所產生的結果是相似的，但保險公司為了既定利益，依然會限定可以賠付的心理治療類型（Asay, 1999）。有言論聲稱某些治療方式對特定疾病特別有效，也有研究反對這一言論。他們認為，對於大多數形式的精神病理而言，並沒有明確的證據支持哪一種特定方法更有效。所以，保險行業所謂的實徵證據概念根本就是花言巧語，他們的真實目的是控制成本。堅持某種特定的治療方法，意味著所有診斷標籤相同的患者（比如憂鬱症）都需要同樣的治療。考慮到個體的獨特性、憂鬱症的多種病因和類型，以及隨後針對治療靈活性的需要，這種觀點顯然是錯誤的。有相同 DSM 診斷的人可能處於非常不同的發展水準，人格結構可能也完全不同。

對證據的質疑

心理治療實踐需要某種證據，這是顯而易見的，因為我們需要確定我們所做的事情是有幫助的，但更重要且的問題是，我們所說的證據到底指的是什麼；眾所周知，「證據」是一個模棱兩可的詞。「什麼是有效證據」，這是一個哲學家們關於科學的長期討論，他們也在尋找一種方法，希望能夠支持（或反對）我們對假設的信念。證據必須是對某個理論的真偽有一定影響的資料，但重要的，「真相」的概念也很複雜，要判定證據是否有價值，需要不同類型的「真相」和

不同類型的「理由」。[4] 這個概念的挑戰是，如何決定什麼樣的資料或臨床發現所提供的證據比其他證據更有分量，能夠支持特定理論？以及，如果某種資料或證據更有分量，那麼是誰來決定？我們必須記住，原始資料並不是證據；資料必須有所解釋，而且只有在預先存在的範式、理論或形而上學的框架中才能成為證據。

有什麼樣的問題就要找什麼樣的證據；有些問題本身更適合定性，而非定量的方法。我們在自然科學中所需要的證據類型，與我們在深度心理學中所需要的證據類型是不同的，除了適用於所有生命系統的基本法則之外，深度心理學並沒有像物理或生物學中所發現的那種規律。許多研究型的心理學家只接受基於特定技術的隨機對照試驗證據，而嚴格的技術往往不適用於心理動力學心理治療。此外，隨機對照試驗預設了特定的概念類別（如診斷），可能不適用於特定的心理治療情境，也可能將主流範式之外的其他方法拒之門外。基於實徵的心理學需要可以獨立觀察和被驗證的證據，但對於大多數人類深層經驗來說，這是不可能的，比如人際關係的微妙差異、我們的感受，以及宗教信仰等價值觀。這些都是純粹的主觀體驗，而且無法客觀驗證，但卻能從根本上影響行為。CBT 一直傾向於量化的測量，但如果堅持只有可測量的才是可靠的證據，肯定是錯誤的；系統觀察和案例研究也是證據的形式，因為它們也能為當下的問題提供知識或資訊。在深度心理學中，心理治療師和患者之間的關係是另一個重要、可靠的證據來源；就像實務工作者的個人生活經驗、臨床經驗和她基於多年實踐的默會知識等一樣重要。這些類型的證據形成的是一種網狀結構，而不是層級結構（Bluhm, 2005），而且心理治療師

4　原註 4：一些當代哲學家認為，這些經驗的證據可以直接證明研究者所堅信的觀點，而且可以通過觀察、內省或直覺來獲得。但另一些人則聲稱，能證明觀點的證據必須透過可靠的、可觀察的方法獲得，也就是說，獲取證據的方法比獲取證據更為重要。

同行們可以清楚地、明確地辯論、驗證或懷疑這些證據。接受過某種心理治療的患者所提供的證詞也很重要。這些類型的證據是定性的方法，但卻經常被實徵主義者貶低，他們認為這些只是軼事趣聞，太過特殊，並且受個人偏見影響。可是在許多心理治療的情境下，我們所能掌握的也只有這些內容。在所有案例中，根據實徵得出的研究證據不可避免地會與實務工作者的知識和臨床經驗相結合，可是並非所有的知識和臨床經驗都基於實徵。即使是對最相信科學方法的實務工作者而言，患者的性別、職業、智力以及類似的因素也會與經驗資料一起影響臨床決策。因此，研究證據在實務的實際應用方式非常重要。另外，值得注意的是，在隨機對照試驗中，研究者的主觀性往往被忽視，彷彿研究者總是不受影響、純理性的，並認為任何其他研究者採用同樣的方法必然會得到同樣的結果，這完全忽略了受試者的生存環境，以及研究人員和受試者之間的相互傳移，更不用說由此產生的安慰劑效應了。

有些研究人員最感興趣的是發現治療過程中是什麼發揮作用了，但這在很大程度上取決於他所認定的「發揮作用」是什麼意思，以及對誰、在什麼情境下。當我們只考慮消除症狀，或治療某種特定的精神狀態，如憂鬱症，那麼用實徵檢驗就代表要證明某種治療形式比另一種治療效果更好。但對於深度心理學來說，情況則更為複雜。我們感興趣的不僅僅是改變行為或消除症狀，而是人格的發展，以及我們與無意識的關係，或我們與自性（the Self）的關係。對於榮格學派來說，憂鬱是來自無意識的信號，意味著需要關注某些東西；從這個角度來看，憂鬱是有目的的，可能會使一個人生活中重要的議題得到修正。因此，對於深度心理學家來說，只是消除憂鬱症狀、不關注其潛在意義的治療方式根本不會有效。

因為深度心理學部分基於治療師個人的心理治療經驗，部分基於

上述的定性證據，所以深度心理學家認為這種療法可以促進個人發展和自我理解，從而緩解症狀。由於這種療法對個體個體化過程的影響可能會在治療持續多年後才顯現，也會對患者的家庭成員帶來影響，那麼我們該在何時判斷其效果？以及如何找到匹配的對照樣本？如果我們把深度心理療法是否有效的問題放到接受過這種療法的大樣本人群中研究，最終發現的結果可能會是，這種療法只適用於特定個體，並不適用於其他人。不管從統計學上看結果是否對所有人有效，都與個體無關。從統計資料獲得的資訊必須根據患者的具體情況加以解釋；從統計上獲得的好結果不一定對某個特定個體有利，反之亦然。因為對資料的解釋受制於不同的政治、道德、經濟和文化力量，所以即便是基於研究的證據往往也是臨時的，而研究提供的資料可能只在一定程度上支援假設。實徵證據不僅建構在社會和歷史的基礎之上，還需要和心理治療師現有的知識互相整合，並且應用到個別患者的具體情境之中。即使在生物醫學中，有時也很難將統計得來的實徵資料結果應用於複雜個案。因此，嚴格遵守循證的醫學或心理治療並不等同於好的臨床能力。

　　為了舉例說明深度心理學領域研究存在的問題，我想概述一下關於精神分析的實徵基礎的爭議。多年來，精神分析更主要是基於臨床證實，而不是公開可測試和可重複的實徵資料。精神分析的價值常常被認為是來自信仰，而不是科學。精神分析師被認為是精英的，甚至是迷信的，脫離了心理學的主流，缺乏公認的臨床觀察標準解釋或統一的治療理論。考慮到早期文獻中缺乏實徵證據的情況，科學哲學家們會全面批判精神分析，也不足為奇。卡爾‧波普爾（Karl Popper, 1963）認為精神分析理論無法被否證，所以是不科學的；在他看來，精神分析是一種偽科學或神話，因為它似乎可以解釋一切，但又無法預測。一九八四年，阿道夫‧格林鮑姆（Adolf Grünbaum）宣稱，儘

管精神分析具有啟發的價值，但精神分析概念的本質無法透過實徵檢驗、不符合科學證據的標準，因為精神分析情境不具備必要的客觀性。比如說，精神分析師在治療過程中被指控以暗示的方式，或透過自己的回應來巧妙引導患者的聯想，而這些都是建立在理論的預期之上。對此，格林鮑姆（Edelson, 1984）的批評者指出，嚴格地研究治療關係中的細微差別是不可能的，也不可能設計足夠多的對照研究來控制每一個變數，不可能排除對治療變化的每一種可能的解釋。心理治療師的人格因素、期待、希望等非特定因素在心理治療過程中發揮著重要作用，但這些都很難控制。精神分析學家認為，仔細聆聽一個人的生命故事，至少可提供關於這個人的主觀真實性的實徵證據，這才是最重要的。他們對研究型心理學家所提供的實驗證據持懷疑態度，因為這些實驗得出的統計資料看起來很膚淺。

因為缺乏可檢驗的假設和實徵資料，精神分析常常被認為是偽科學而遭到摒棄；許多心理學家和精神病學家認為精神分析過時了、不可信、對其他心理學分支的發展不為所動、漠不關心。精神分析在精神病學和心理學的學術領域的影響現在幾乎不存在，已經被精神藥理學和認知行為方法所取代。不過，現在就說精神分析已經死亡還為時過早；近幾年，精神分析思想與神經科學、依附研究，以及認知和發展心理學等領域的觀點出現了融合的趨勢（Luyten et al., 2006）。

近年來，也有人試圖用實徵基礎來論證精神分析，但是存在很多方法上的問題，比如精神分析師不願使用標準化診斷，還有難以確定的患者變數、缺乏精確定義的程式、控制分析師經驗水準的難度、難以衡量治療互動中的微妙變化，以及難以尋找有意義的對照指標等等。儘管困難重重，仍然有許多研究展示了精神分析的有效性，許多假設已經證明是正確的（Fonagy, 2002）。有些理論家堅稱精神分析是一門純粹的詮釋學（詮解的）學門，應該強調意義和目的，專注於

個體的案例材料，另一些理論家則堅稱應該用自然科學和社會科學的方法去證明；雖然兩者存在持久的爭論，這些研究仍然提高了精神分析的科學地位（Luyten et al., 2006）。那些堅稱精神分析是純粹詮釋學的理論家非常強調個體的獨特性，他們認為精神分析應該屬於人文學科，與哲學、文學等學科一樣，都有自己的作法。精神分析靠的是一種詮釋學的方法，這種方法無法滿足像自然科學中所發現證據那樣的嚴格標準，不過，它提供的是一種不同類型的知識。

對這些作者來說，精神分析尋求的是一種連貫、敘事的真相，這個真相可能是客觀準確的，也可能不是。另一些精神分析師作者則認為，這種態度代表了一種理智的後撤（intellectual retreat），因為它應該要能讓患者對於自己的境況提出真實的表述，而這會帶領他走向心理健康。這些作者都在試圖尋找適用於大多數人的一般規律。[5]

這種爭論在很大程度上也適用榮格心理學（Jungian psychology）；榮格學派一直都是小眾學科，可謂獨立於學術圈子，也常常與其他思想流派完全隔絕。雖然最近有人試圖調和榮格思想、神經科學以及突生與混沌理論（emergence and chaos theory）（Tresan, 1996; Knox, 2004），但許多榮格學派學者仍然相當保守。像一般的精神分析學家一樣，榮格學派學者經常抵制研究，因為他們認為實徵研究無法捕捉分析過程的微妙之處，擔心研究會影響分析過程。然而，羅斯勒（Roesler, 2013）認為事實並非如此，他指出就倫理而言有必要研究

5　原註5：將精神分析視為一種詮釋學方法的人使用了「詮釋學迴圈」的概念。這裡指的是，我們需要理解部分才能理解整體，但是要理解任何部分的意義，都只能將其作為整體的一方面，因為是整體賦予了部分意義。根據呂格爾（Ricoeur, 1977）的理論，精神分析的驗證和證明是來自其連貫性、內部一致性和敘述的可理解性。獨立的部分與整體不斷地辯證運動著。傳統詮釋學中的一些人已經放棄了早期的觀點，即認為精神分析是為某種概念尋找絕對真理或證據；相反地，精神分析是在尋找最具可能性的描述，亦即能夠涵蓋個人症狀和行為的描述。這種方法是否意味著精神分析放棄了作為一門嚴格的學術學科的責任，還有待商榷。

分析工作的有效性。

科奇（Kotsch, 2000）認為，榮格心理學的發展可以從威廉·詹姆斯所建立的傳統來看。榮格的心理學發展受到威廉·詹姆斯很大的影響，因為榮格的方法具有實用主義、多元和基進經驗主義的特徵。科奇還認為，榮格的心理學與當代科學哲學以及認知科學中的許多觀點是一致的。這些學科正以多年前榮格所闡述的那樣方式來理解人類經驗。科奇指出，榮格不接受我們可以從絕對客觀的阿基米德支點來研究人類的經驗（阿基米德支點指的是一個能夠把事實與理論統籌起來的關鍵點）。榮格相信心靈是我們對世界的經驗及世界本身之間不變的連結，他反對兩種極端：一種是認為我們所感知到的一切都存在於我們的外部，獨立於我們的思想之外；另一種純粹的唯心主義，即認為我們所看到的一切只不過是一種精神意象。榮格的認識論調和了這兩個極端，他認為我們對世界的形象不是直接複製世界，而是部分受到心靈活動的制約。對於科奇來說，榮格的元心理學立場類似於被許多認知科學家所接受的內在實在論（the doctrine of internal realism）。這種觀點認為，我們對世界的經驗以及對世界的分類是人類心靈的功能。秩序和意義對人類來說並不完全是外在的，也不獨立於人類經驗之外。人類的心理和生理過程與外部的現實世界之間存在著一種相互作用，而我們是其中不可分割的一部分。

對於大多數榮格學派學者來說，實徵主義和物質主義的研究並不適用於他們的臨床工作，所以大多數榮格學派文獻都是質性、現象學以及詮釋學的取向，很少是實徵、定量或統計學的；現有的研究集中於個案研究、心理治療過程、原型意象、類型學、神話、宗教和人文學科等。正如我在其他地方所討論的：

這一領域實徵研究的缺乏也可能歸因於榮格心理學所吸引的人格

　　　　　　　　　　受苦的靈魂：從深度心理學看痛苦的經驗與轉化

類型。大多數榮格學派學者都是內傾直覺型，用浪漫主義和宗教式的觀點看待生活，並專注於自己的個體化過程，不會受到定量研究所吸引。這些因素導致了榮格心理學與主流學術心理學的疏離；主流學術心理學認為榮格學派腦袋過於不清楚，榮格學派則認為學術派太沒有靈魂，對超個人的精神層面太無知。（Corbett, 2013）

這種態度所面臨的風險是，認知科學或神經科學等相關領域所發現的新證據可能會修正一些長久以來深信不疑的觀點。但是，目前大多數作者都把注意力集中在榮格心理學的發現如何與神經科學的最新發展保持一致。例如，威爾金森（Wilkinson, 2003）澄清了當代神經科學對創傷的理解與榮格心理學之間的聯繫。麥克倫南（MacLennan, 2006）提出了榮格心理學和演化心理學的相容性。有人試圖用神經生物學術語解釋原型的概念，甚且引發了約化論者的恐慌。

榮格總是聲稱自己是個經驗主義者，他限制自己只觀察現象，聲稱自己關心的是可觀察到的事實。然而，他認識到經驗知識不能獨立於人類的思想、文化和人類的想像。深度心理學確實存在實徵證據，只要我們不把「實徵」這個詞限定在可量化的資料中。否則，像歷史這樣的學科也會被認為是非實徵主義。關於原型存在的實徵證據是，世界各地的神話和宗教中都有無數類似的例子，但是我們沒有可測量的證據來證明某個意象的背後存在原型過程；目前，這種過程似乎可觀察到，但卻無法測量。我們所能達成的，只有許多觀察者的共識。

事實和理論的關係是雙向的：理論是由觀察發展而來，但每一個「事實」都不可避免地承載著某種理論。只有受過特定學科訓練的人才會解讀數據，他們根據前人的理論，結合研究者的社會和個人因素，並選擇相關的資料。因此，觀察並不是一個中立的、沒有偏見的過程，也不能脫離先前的知識和概念。理論只有在某些特定框架內才

有效，而心理與社會生物因素的相互作用又過於複雜，使得過分簡化的實徵主義解釋並不可靠或只有部分正確。理論的價值在於將一系列現象整合起來，否則這些現象看起來就好像彼此毫無關聯。理論假定所有現象都有共同的基本原理（通常是隱藏的），而這個原理幫助我們解釋這些現象。因此，任何領域都有自己的理論，必須找到適合檢驗這些理論的方法。堅持認為可測量和可證偽性才是心理治療的最佳方法，是一種觀念上的嘗試，試圖迫使心理治療進入自然科學、物理主義模式。深度心理學有自己的理論和問題，需要自己的方法論、自己的評價和證明標準，以及自己的語言。我們描述並試圖闡明人際關係中發生了什麼，試著從同理的角度去理解他人；在這個過程中，我們試圖建立或修復自我意識，試圖辨別那些對患者來說不顯著、不明確，卻影響著他行為的東西；我們尋找經驗的意義。我們依賴波蘭尼（1964）所說的默會知識，那是一種我們對自己主體的非言語感覺，一種只有深深沉浸其中才會產生的感覺。這些方法遭到的批評是：這不是科學，因為科學只研究可以觀察到的東西。但這也只是科學的一個具體定義，適用深度心理學的大部分內容。我們沒有絕對的真理，而且很有可能的是，我們所取得的任何好的結果，實際上只是我們認為自己正在做的事的附帶結果，並不是人們改善的真正原因。

痛苦與發現意義

意義的重要性

當痛苦來襲時，我們會發現自己正站在人生新狀態的門檻上，而最終結果又非常不確定。這時，人們便會開始思考痛苦的意義，甚至思考整個人生的意義和目的。這些問題會在痛苦來襲時出現，有時也會在心理治療的過程中浮現出來。患者常常在心理治療中提問：「為什麼會發生在我身上？」或「我到底做了什麼才會這樣？」，正是這些問題刺激了心理治療過程中對意義的探索。強烈的痛苦會使我們對現實的基本假設產生懷疑，這並不罕見。杰諾夫・布曼（Janoff-Bulman, 1992）指出，許多人都保有對道德體系的底層信念：我們傾向於將世界假定為美好的地方；人多數時候是仁慈的、我們得到的都是應的的、我們應得的也都會得到。因此，預料之外的痛苦會使我們對這種信念產生懷疑，甚至刺激我們徹底重新評價生命的意義感，也就毫不意外了。有時，在痛苦中發現的意義與我們一直以來賦予生命的意義緊密相連，也有些時候，可能出現全新的意義，因此，痛苦或生活危機可以為發展提供重要的可能性。

意義心理學已經成為一個重要的研究領域，相關文獻數量不斷增加（關於現代心理學思想的全面概述，詳見 Markman 等人，2013和 Wong，2012；關於哲學方法，見 Wolf，2010）。當人們的生活處境受壓力所困擾時，發現意義會有所幫助，但即便如此，要準確定義「意義」到底是什麼卻相當困難（Park, 2010）。有一種方法（Baumeister, 1991）把意義看作是「對事物、事件和關係之間可能的聯繫的心理表徵。因此，意義連接著事物」（p. 15）。也就是說，意義指的是看到生活中那些看似不相關事件之間的模式，或者建立它們之間的聯繫。一個人可能看到自己的現狀、發展因素和長期的心理結構之間的聯繫。找到意義可能不僅意味著我們理解處境的意義，也包

括我們要覺察為什麼事情必須如此。通常，生活危機對未來的影響會變得與問題本身一樣重要。「意義」也是從更大的背景下理解痛苦的一種嘗試，比如靈性傳統中所描述的，我們與比自己更偉大的東西相連結的感覺。我們可以在職業中找到意義，在保護環境、投身於社會公平、幫助貧困人口等努力中找到意義。因此，很顯然，一個人的生活可以是有意義的，但不一定是快樂的，只要我們覺得生活有目的、有價值，就足夠。有時，尋找意義可能僅僅意味著：儘管一個人身處痛苦之中，他仍然可以找到令人愉快的活動和關係。尋找意義意味著生活對我們很重要。最終，情感的存在會讓我們知道某物、某人或某事件是有意義的。

我們要如何判斷生命是否有意義？有客觀的評價標準嗎（比如說是否快樂）？或者，有沒有可能「生活是否有意義」這個問題本身就是沒有意義的？一些作者認為，問「生活是否有意義」其實是在問「我們應該追求什麼」，或者「我們的生活目標應該是什麼」。道德哲學家蘇珊・沃爾夫（Susan Wolf, 2010）提出，有意義（這裡指有活下去的理由）並不能簡單理解為幸福或道德。她認為，做我們關心的事情可以使生活有意義，但這種行動可能與我們的道德義務或使個人快樂的事情無關。我們可能會為所愛的人犧牲，而這種犧牲並不能促進自己的利益。她指出，我們所追求的超脫個人情感的活動，如藝術、音樂或園藝等，都是出於愛，我們被所愛事物的感知價值所驅動。沃爾夫（1997）承認，這種愛可能是錯置的，我們可能對某件事物的關注程度與它的價值不相稱，但她覺得，「當主觀的關注點與客觀的吸引力相遇時，意義就產生了」（p. 211）。沃爾夫也坦誠，意義和快樂之間有一些聯繫，因為一個發現生活沒有意義的人不會快樂，而快樂的人則從事為生活賦予意義的活動。然而，她認為，快樂本身既不是必要的，也不足以為生命帶來意義。一個人可以在毫無意

義的生活中感到快樂，也可以在有意義的生活中感到不快樂。她指出，思考生活的意義既不是必要的，也不足以實現意義，許多人過著有意義的生活，但從未思考過這個問題。

我們的主觀性很重要，因為如果我們感到無聊或沮喪，那麼即使是客觀上有價值的活動也不會使生活有意義。不過沃爾夫也認為，客觀性很重要：如果我們積極主動地做一件沒有價值的事情（如背誦字典或整天抽大麻），生活不會有意義。沃爾夫認為，雖然沒能最終裁定「哪些事情是有價值的」，但這是個很重要的問題。同時她認為，「有些事情比其他事情更有價值」這一點是可以達成共識的。對她來說，有意義的生活包括「藉由幫助自己所愛之人和有需要的人，藉由提高技能水準和追求卓越、克服阻礙，藉由對某事達成理解等方式來創造、促進、保護（有價值的）事物」（同上，p. 212）。沃爾夫認為，我們對某件事情的價值判斷會因為他人的主觀而生偏差，某些事情之所以有意義，部分原因是它們的價值不由我們決定——有些有意義的項目雖然很難找到所有人都認可的客觀價值，但其價值還是會受到他人所認可。說到這裡，我們遇到了難題：我們評判什麼樣的事情、什麼樣的生活是有意義的，但是評判卻又非常主觀臆斷，並且有濃重的個人喜好。因此，有些作家喜歡純粹從主觀利益的角度來定義意義，另一些人則堅持，有意義的生活必須努力達到客觀的價值和目的，如美、善、真和愛等。

宗教人士可能會認為，如果他們與超個人或靈性層面的存在產生連結，不管是與人格化的上帝，還是其他形式的連結，都會使他們的生活有意義。傳統的一神論者認為，如果他們遵照上帝的戒律行事，生活就是有意義的。這些人可能會覺得如果死後什麼都不發生，生活就沒有意義了。相反地，自然主義哲學認為人們並不需要援引上帝或靈魂使生活有意義。如果我們實現了個人目標，就能發現生活的意

義，因為我們的主觀意義最重要。我們也有這樣的生活典範，比如甘地（Gandhi）或愛因斯坦（Einstein），他們的生活從客觀上來說就是有意義的，不需要依賴上帝或靈魂。

無聊或令人沮喪的生活往往是沒有意義的。哲學家理查・泰勒（Richard Taylor, 1991）指出，薛西弗斯（Sisyphus）不可能滿足於無休止地把石頭滾上山，除非他的工作有所收穫，比如利用石頭來建造什麼，或者除非他喜歡把石頭滾上山。有些人到了晚年，回顧自己的人生，可能因為養育了健康的孩子，或為他人服務而感到主觀上的自豪，覺得這樣的人生似乎是有意義的。其他作者認為，使生活有意義是有客觀標準的，所以不斷地把石頭滾上山，永遠不能提供生活的意義。

痛苦可能使我們意識到，我們一直過著不適合自己的生活，也許這種生活並不能呈現真實的我們，或者這種生活似乎沒有目的和價值。這種心理狀態可能會在一個相對健康的人經歷憂鬱或其他心理危機的時候出現，而且往往是暫時的。然而，即便是精神狀態良好的人，也不能理所當然的認為他們沒有關於意義的問題。如今，生命是否有意義這個問題，存在著大量的集體不確定性，尤其是對那些不再相信傳統宗教力量的人。由於越來越多的人不再相信傳統的宗教教義，我們正經歷文化轉型。傳統宗教曾經提供了可以解決所有生活問題的答案，現在也不再適用了。在這樣的情況下，人們不得不單獨尋找個人的意義，而在尋找的過程中往往會產生動盪或出現危機。對一些人來說，這種可能性太可怕了，他們會緊緊抓住預先形成的一套解決生活難題的答案，成為基本教義主義者，也許是宗教上、也許是政治上。教條主義者往往不會尋找意義，因為他們認為自己已經擁有了意義。但是對於思想開放的人來說，尋找意義可能會成為艱難的海上

夜行[1]。不過我還是要提醒一下，對於一些人來說，尋找意義其實是沒有必要的，因為人類的神經系統會自然地產生意義，這是內置於我們大腦結構中的功能。

尋求意義可以看作是健康的過程，也可能表明存在一些心理困擾，如信仰危機，甚至是憂鬱症（Steger 等，2006）。身處信仰危機之中的人，也許可以繼續維持日常的活動，同時又會感覺生活和追求變得空洞和毫無目標。他們也許會繼續從事某個職業或維持某段關係，但又覺得這個事業或關係毫無意義，彷彿大部分的生命都浪費了，從而導致遺憾、無法感受愉悅或痛苦，並迫切地需要新的東西。這種無意義感可能是由個人危機引發，如疾病或失去等，會擾亂個人的價值觀或使其目標無法實現，也會破壞他或她「人生值得」的感覺。這樣一來，即使在沒有憂鬱症的情況下，一切都可能顯得毫無意義。心理治療師也會遇到悲觀主義者，他們沒有任何特別的危機，但一直覺得生活毫無意義、生活中的痛苦多於快樂、生活的價值標準是人為臆斷的、人性的本質是邪惡的等等。

一些哲學家認為，如果我們把宇宙看作一個整體，就其所包含的巨大時間和空間跨度而言，或者從永恆的視角來看，人類是如此渺小，以至於我們的生活毫無意義。從這個角度來看，我們所能找到的意義也只是有限的生活中屬於我們個人的意義（Rescher, 1990; Blackburn, 2003）。湯瑪斯・內格爾（Thomas Nagel, 1986）認為，當我們從這個更廣闊的視角看待生活，誰的存在似乎都不重要，即便是像莫札特（Mozart）或愛因斯坦這樣的人。他將這種非個人的客觀視角和個人的主觀視角進行對比，指明兩者之間的差異可以緩和，但卻

1　原註1：海上夜行是許多神話和童話中的典型主題：主角是一個必須踏上艱難旅行的英雄，通常是進入怪物的肚子裡，如果成功的話，英雄會重生或痊癒歸來。

　　　　受苦的靈魂：從深度心理學看痛苦的經驗與轉化

無法消除。同樣，卡繆（Albert Camus, 1969）認為，從恆星的角度來看，一萬年後，歌德（Goethe）的作品將成為灰塵，他的名字也會為世人遺忘，所以我們應該關注眼前的事情。無神論者通常將生命視為偶然，認為人類不過是太空無盡黑暗之中的短暫火花。

也許你不認可這種宏大的視角，就算認可，也可以先暫時放到一邊。如果我們只從普通人的角度出發，毫無疑問，我們的生活是可以有所意義的。宗教信仰者從永恆真理（eternal truth）的角度看待生活並不困難，無神論者也可以按照自己的意願在日常生活中找到重要的意義。我們沒有必要拿自己與莫札特或愛因斯坦等相提並論，也許這樣才能感覺自己也能給身邊的人帶來有意義的改變。在人生的任何時候，我們都可以形成自己的意義標準，尤其是深處痛苦之中。意義的發現可以使我們在原本感覺混亂或隨機的情況下找到連貫性和秩序感。探索新的意義常常可以幫助我們適應那些會威脅到我們生活價值的痛苦事件，比如失落或疾病等（Neimeyer, 2001）。

意義的問題非常重要，各種類型的慢性病，如癌症、憂鬱症、自體免疫性疾病和各種社會病症，都可稱為「意義的疾病」（Jobst 等人，1999）。一些理論家認為，疾病可能是擺脫「生活困境」（life trap）的方式，是一種無意識的選擇。生活困境指的是人們身處某種處境，無法忍受，但又無法擺脫，充滿暴力的婚姻、毫無意義的工作或者類似的困境都可能導致這種情況發生。

意義的發現可以使身陷痛苦之中的人繼續關心生活，但追求意義和重要性的過程並不總是能成功。人們可能會在親人、配偶或子女去世後的數年裡嘗試尋找意義，但可能永遠無法理解這樣的處境到底有什麼意義。當人們無法成功找到意義時，隨之而來的結果可能就沒那麼愉快了，比如酗酒或者自殺（Heisel 等人，2004）。有沒有找到答案遠比找到什麼樣的答案重要得多。

發現生活的意義會有許多積極的影響，比如提高生活滿意度、減少焦慮，並改善總體健康水準（Steger, 2012）。相比之下，長期的無意義狀態會讓人喪失鬥志，而嚴重的喪失鬥志本身似乎會對疾病的恢復產生不利影響。長期的負面情緒狀態，如絕望、無助和怨恨等，可能會導致疾病復發，並對惡性腫瘤和心臟病患者的預後造成負面影響（Frasure-Smith 等人，1995）。相反地，希望、目標、感激和愉悅的狀態似乎可以預防許多疾病復發（Lamers 等人，2012）。相較那些比較無法找到生命有意義或目標的癌症患者，認為生活有更多意義的癌症患者，能夠忍受更嚴重的身體症狀，也更滿足生活的品質，儘管他們同樣遭受了痛苦（Brady 等人，1998）。像癌症這樣的嚴重疾病有時會激發積極的心理變化，更能體會生活的意義（Andrykowski 等人，1993）。

痛苦的消極意義和積極意義

我們必須承認，在痛苦之中發現的意義可能是消極的，也可能是積極的。廣義上講，有積極意義的事件就是那些能夠促進幸福的事件。積極意義的發現使我們能夠肯定生命的價值，可以給我們一個目標，確定什麼是重要的，使我們感覺生活至少在某種程度上是可預測和連貫的。然而，成長並不是唯一可能的結果。人們也可能在痛苦之中發現負面的意義，比如苦悶、對生活的憤世嫉俗，或者無法信任別人。有時人們會感覺他們的痛苦是來自錯誤行為的懲罰，甚至到不合理的程度，有時他們也覺得完全是因為自己的草率所導致的結果。消極的意義可能會妨礙正常的成長和創造性，並導致無力感和無望感等焦慮情緒，進而增加罹病的風險。

戰鬥就是一種可能對人格產生積極或消極影響的痛苦情境。克里

受苦的靈魂：從深度心理學看痛苦的經驗與轉化

斯・赫奇斯（Chris Hedges, 2003）在《戰爭：暴力的意義》（*War Is a Force that Give Us Meaning*）一書中提出，戰爭賦予人們目的、意義和生活的理由，與士兵在戰鬥中的經歷相比，他其他的生活顯得平淡無奇。在戰爭中發現的某些意義，與戰鬥中產生的活力感和親密的戰友關係有關。然而，即使戰爭具有強烈的意義，一些上過戰場的老兵最終會意識到他們是在殺戮中找到意義，這樣的想法會困擾他們，甚至因此難以回歸普通的平民生活。即使他們對戰爭感到內疚和羞恥，對他們來說，要找到一個像戰爭一樣有意義的事情也會變得很難。如果一個人真想在戰爭中尋找積極的意義，那戰爭能帶來的價值就是自我意識的提升和老兵對生活態度的改變。

這裡我要提一句，戰爭對某些人來說是有意義的，因為戰爭代表有效的靈性通道，這是戰士原型的道路，他們願意為重要的事業犧牲自己，無論是家庭、國家，或是為了對抗邪惡的善良之道。成為士兵的過程，可以看作是在精神上自我犧牲的過程：戰士必須掩蓋自己的個性，直面死亡的神祕，成為更大的整體的一部分。世界上大多數宗教傳統都承認神聖的戰士之路，如武士（Samurai）或聖殿騎士團（Knights Templar）。東方的武術傳統是用來培養精神品質，有時甚至用來培養對敵人的同情心。聖經中的耶和華、希臘羅馬戰神、海克力士（Hercules）、邱比特（Jupiter）、密特拉（Mithra）等等，許多宗教傳統中的神靈經常在戰爭中被援引。古時候，雅典娜（Athena）支持希臘人，赫拉（Hera）支持特洛伊人，十字軍相信他們是在與基督的敵人作戰。直到蒙斯（Mons）天使於一九一四年出現在盟軍部隊（Allied troops）時，這一傳統仍繼續著。

意義的來源

對許多人而言，他們的意義感來自於友誼，來自適合自己能力和增強身份認同的工作，來自於業餘愛好，來自於家庭，來自致力一生的事業。對有些人來說，意義是由所得、地位、權力或金錢所賦予的，因為這些東西可以支撐他們脆弱的自體感。對其他人來說，意義來自於我們有真正的重要的事情要做，有一些重要的工作、有一些對我們來說很重要的人、有一些存在的理由，而不是平庸地過著虛度光陰的生活。人們可能會發現痛苦使他們能夠幫助那些有類似困難的人，就好像痛苦創造了一個內部空間，可以容納別人的痛苦。利他主義行為，如德蕾莎修女（Mother Teresa）的行為，似乎總有內在的意義（關於利他主義的進一步討論，見第五章）。

某次深深觸動的體驗可以賦予人意義，比如強有力的夢、藝術的體驗，或者神聖或超個人的體驗，如瀕死體驗等，這些體驗使人們意識到自己生命的目的。痛苦可以使一向非常理性的人對靈性體驗的現實更加開放。恩典（grace）之下，受苦者可能經歷超個人的心靈體驗，比如超自然的夢或幻象，這種體驗可能是非常正統的神聖表現，也可能很獨特，需要透過情感特徵來識別（Corbett, 1997）。與超個人維度的連結，似乎可以自動地賦予意義感，我們感覺自己是某個整體的一部分，感覺幕後有個超然的秩序在運作，感覺生命有自己的模式；我們並非孤立的意識。有時，意義就像啟示一樣自發地出現，一種讓人絕對信服的內在認識。我們無法確定，在痛苦之中發現的意義是否來自靈性之源，或者只是受苦的人們面對痛苦的一種應對方式。無神論心理治療師也許會認為，在宗教或靈性的情境中尋找意義純粹是防禦性。因此，這類心理治療師在與宗教人士工作時，必須要尊重他們、謹慎與尊重。

有一類重要的意義可以透過共時性事件而發現。榮格將這種現象描述為共時性（synchronicity），即當內在的心理狀態與外在的事件有意義地吻合時，例如，我們夢到飛機失事，而真的有飛機在我們做夢的時候失事。心理狀態和物理事件並不互相影響，但內在和外在的事件卻為共同的意義所聯繫。我們需要思考一個問題：共時性事件的意義是否純粹源自於主觀？榮格（CW8, para. 915）的立場是，除了主觀意義之外，在這種事件中還有一層客觀或固有的意義，一種先驗的、不受人控制的意義，我們能發現這類事件，是因為這類事件有超個人的背景。從因果來解釋事件往往是不足的，或者會陷入無窮循環之中。榮格希望我們思考的是目的論的重要性，或者說事件的未來目標是什麼。共時性事件常常帶給我們的印象是，有些不可能發生的事情真的發生了，而且不可能是偶然發生的，一定是因為我們生活中更大的背景過程所導致，就好像這件事情「註定要發生」。共時性的體驗和宿命決定一切的感覺，兩者之間顯然有著某種聯繫。

這樣的情況下，關於「轉捩點」的文獻就很值得關注。轉捩點指的是在某個時刻突然發生了無法控制的、改變生活的事件（McAdams等人，2001）。這種事件可能是積極的，也可能是消極的。轉捩點通常是共時性的事件，可能會帶來「反事實思考」（counterfactual reflection），即如果事件沒有發生，可能會怎樣（Kray 等人，2013）。這樣的事件可能會讓我們覺得生活充滿意義，彷彿它是我們的命運。這件事也許會成為我們生命敘事的重要組成部分，成為我們個人神話的一部分，為生活賦予意義。

意義與靈性

有些人在傳統宗教中找到了意義，宗教為信徒們提供了理解痛苦

的方式，也指導他們如何使生活變得有意義。[2]宗教提供的意義常常可以減少焦慮，例如，將痛苦解釋為上帝的意志或我們必要的業力。宗教傳統常常教導人們，為他人奉獻生命是有意義的，也提供了如何超越日常生活的關切，以尋求更深遠生活意義的可能性，有時在尋找的過程中甚至會過度貶低肉身和人間領域。也許心理治療師會認為這種從宗教中獲得的意義是虛幻的，是一種防禦性的合理化，是應對死亡焦慮的一種方式，或者是對結構的需求的結果，不管是哪種觀點，這都是見仁見智的問題。可以確定的是，對意義的渴望會使人們更需要找到痛苦的靈性解釋，無法視為隨機或毫無目的的痛苦。

目前可以明確的是，高度參與與實踐宗教信仰，可以使人們免受憂鬱症的影響，並且增強人們面對絕症的能力（Nelson 等人，2002）。但需要注意的是，對於那些終生致力於宗教事業的人來說，如果祈禱無法減輕疾病或痛苦的影響，他們也許會極度失望。無論如何，總體來說，相信有更大的力量掌握局面，即使自己無法控制，也會覺得有幫助。即使是那些並不認為自己是嚴格意義上某個宗教信徒的人，也會承認他們相信發生在他們身上的事情是命運的結果，無論是否有所意識，這表明了他們的生活有一些超個人的背景。理性主義者認為用命運來解釋痛苦是迷信，或者僅僅是因為他們迫切地需要一個結論。

很多榮格學派的人都在他們與自性（the Self）、與內在心靈的上帝意象，或者與超個人無意識的關係中找到了意義，這意味著人類的意識有著無法忽略的超自然背景。按照榮格學派的慣例，「無意識」這個詞實際上指的是超意識（super-consciousness）或靈性層面

2　原註 2：我應該在這裡指出，在不同的教派中，宗教對情緒困擾的緩解程度不同。也許是因為傳統之間的神學差異；與羅馬天主教徒相比，新教徒的宗教因應似乎更能降低壓力。這在很大程度上取決於個人與他的宗教傳統是否有衝突，以及個人是注重寬恕和恩典，還是懺悔和罪孽。

的意識。榮格學派的人可能會把痛苦的發作看作是來自超個人自性（the transpersonal Self）的召喚，看作是進入閾限狀態的過程（見第九章），或是預示著新的意識水準的啟蒙過程。患者最終可能會將自己視為一個受過傷的療癒者，去幫助那些有類似經歷的人。

尋找意義

人們普遍認為，在痛苦中找到意義比讓痛苦折磨自己的生活要好，但要如何找到這種意義，答案並非總是顯而易見。一種方法是尋找或構建一個前後一致的故事，來解釋當下的情境。我說「尋找或構建」，是因為有些人認為情境的意義是固有的，就好像意義是由背後的靈性歷程所賦予，只能「尋找」。另一些人則認為意義是在人的內心創造的，因為我們通常是透過令人欣慰的故事，來讀懂情境的意義，或將意義投射到情境之中。面對這種明顯一分為二的觀點，我們不能過於僵化，考慮極端情況，這兩種觀點都有問題。如果我們相信意義存在於人之外，由神靈所賦予，那麼可能只有一個真正的意義，這會導致人們無法靈活地看待意義，或是無法確信自己是否真的找到了意義。另一方面，如果意義只存在於人的身上，那麼不同的人就會為同一事件賦予不同的意義，因為我們都在創造自己的現實，沒有絕對的標準，道德也就變成相對的；而道德立場會出現爭議，部分原因就是它無法在很多衝突的觀點之間做出決定。

患者的故事是否可信、歷史是否真實，並沒有那麼重要。雖然我們知道記憶可能是不可靠的，混合了患者的希望、恐懼、幻想等渲染之後建構出來的，但這些故事為心理治療工作提供了即時的材料，可能發生變化。

如果人們認為意義是由某個在背景中運作的靈性智慧客觀賦予

的，如超個人自性（the transpersonal Self），那麼意義可能隱含在痛苦的情境之中，必須透過辨別的過程來發現意義。不少榮格學派的學者都持有這種觀點，這意味著人格有特定的使命或終極目的，而痛苦就指向這個目的（第十一章會討論宿命和命運的問題），因此痛苦的意義和痛苦對未來的目的有關。心理治療師的作用就是幫助患者找到痛苦所指向的意義——我們要思考的是，痛苦會將他／她帶往何處？也許是一個他／她自己無論如何也不會去往的地方。如果心理治療師對目的論持懷疑態度，他會把這樣的過程看作是嘗試清楚隨機性，或者是為了增加個人的掌控感。至於這種解釋是否對臨床實務有幫助，端看每個人的價值判斷。對於無神論者來說，沒有必要牽扯出痛苦的超個人層面，在他們看來，就只是巧合或者運氣比較差而已。

無論是從宗教還是無神論的立場出發，許多心理治療師認為，我們（心理治療師和患者）最多只能共同為個人的痛苦構建一個令人滿意的故事。治療師和患者一起選定一個貼進患者獨特人格動力的敘述方式，建構一個使患者的人生變得完整的故事（Shafer, 1982）[3]。許多當代心理治療師認為，我們對一個人童年的理解從來都只是一種敘事的創造，也是治療關係的部分功能。我們從這個敘事中得到的任何意義只能是相對的，而不是絕對的真相——這與經典精神分析所宣稱可以找到「真相」形成對比。故事的真相必須保持暫時性，並且可以接受修改。

不過，我們發展的故事也許只是為了抹平生活中的模棱兩可，實現其連貫性，既便如此，它所賦予的意義可能是有用的。

3　原註3：謝弗（Shafer, 1982）提出，「每一個關於過去的敘述都是一種重建，受到某種敘事策略控制。」（p. 77）。他認為，故事的發展不像超心理學（metapsychology）的語言那麼抽象。很多作者認為，我們無法確定我們對童年重構的真實性，我們只能找到敘事的真實性（narrative truth）。

心理治療師的工作是幫助患者發展自己的故事，而不是將理論取向中衍生出的意義強加給患者，雖然有時候心理治療（或者哲學）的理論對痛苦的理解是能賦予意義的唯一方式。這裡的問題是（如果這算是問題），我們總是能發現人類行為的多重意義，以及多種動機。這幾乎是無法避免的，因為意義的發現通常需要解釋，而解釋總有很多偏差。在心理治療中尋找意義會面臨的風險是，我們會用一些在理論上說得通的詞語和概念，但與生活經驗相去甚遠。同樣的，心理治療師對個人處境所賦予的任何意義，都可能被治療師的主觀性和理論取向所渲染。不同的心理學理論所強調的意義也有所不同，比如關於一個人行為的主要動機，佛洛伊德學派認為是性和攻擊性，寇哈特學派認為是有助於維持自體凝聚感的自體客體需要，依附學派則認為依附才是根本等等。關係學派認為，意義是由參與雙方在心理治療所提供的交互場域中共同創造而成的功能，意義並不是單靠患者的材料發現的。

　　向他人講述自己的故事是與他人連結的重要方式。意義的發現可以使一個人的痛苦納入他生活的整體故事之中，形成他的「敘事認同」（narrative identity）[4]，這樣痛苦在某種程度上似乎就說得通了，甚至還有一些價值，為進一步發展提供了機會。我不想因為這種發展的意義就輕視生存的挑戰，但心理治療師的確會看到一些人的生活因為痛苦而有了全新的重要方向，這種轉變不會在其他情境中發生。痛苦會改變一個人看待世界和理解世界的方式。凱・傑米森（Kay Jamison, 1997）就是一個很好的例子，她是一位飽受嚴重精神疾病折磨的精神病學家，她在描述自己的疾病時寫道，如果可以選擇，她還

4　原註 4：敘事認同（Narrative identity）的意思是我們透過將生活中的所有經歷整合成一個故事，以解釋我們如何達到目前的狀態以及可能的去向，從而形成對自己的感覺。這樣的個人敘事可以增加生命的意義和目的。

是會選擇自己的病，「因為我真的相信，因為疾病，我感受到了更多的東西，感受也更加深刻；有了更多的體驗，體驗更加強烈；愛得更多，也被愛得更多……我意識到自己發現了思想和內心深處的新角落。」（pp. 218-219），她似乎在說疾病是她自我感發展的關鍵。

對尋找意義的忠告

通常我們要經歷一段長時間或強烈的自我懷疑，才能發現痛苦的意義。自我懷疑的結果是，痛苦以一種其他過程無法實現的方式，讓我們認識自己。這對老年人來說可能特別困難，因為意味著他們必須審視自己想要的生活方式和實際發展方式之間的差異。毫無疑問，這需要很大的勇氣，因為這表示必須認真審視自己的幻想，也要直面那些需要哀悼的失望和永遠無法實現的目標。另一方面，有時候某件事發生時造成痛苦，但是直到很久以後，人們才能理解其意義和重要性，或者為什麼在當時是必要的。在這樣的尋找過程中，沒什麼特別的治療技巧是有用的。也許一些開放式的提問，如他從經驗中學到了什麼、對他來說有什麼意義、目前為止他是如何應對等等，是最有幫助的。

還有一些需要注意的事項，是關於心理治療對意義的探尋。這樣的問題可能會出現：心理治療師試圖將某個認知框架強行套在嚴重的痛苦或困擾之上，從而防禦性地迴避受苦者所處的殘酷現實。有些形式的痛苦，例如集中營的監禁，似乎是毫無意義的，即便是嘗試合理化這些痛苦，也沒有任何辯解的可能性。如果是這種情況，心理治療師還在他人強烈的痛苦中尋找意義，就會顯得非常冒昧。這樣的嘗試會讓受苦者覺得心理治療師並沒有真正理解他或她所承受的痛苦有多強烈，或者只是簡化問題，又或者心理治療師自以為高人一等，或

受苦的靈魂：從深度心理學看痛苦的經驗與轉化

者心理治療師試圖迴避真正的問題。就算討論意義問題的時機是適當的，治療師也只能透過開放和接納的方式，為尋找意義創造條件，而不是以一種事先知道會浮現什麼意義的態度、也不是藉由一些技巧，這些方法往往是受自我驅動（ego-driven），並且要求患者服從治療師對治療過程演進的安排。手冊化的指南特別容易抑制治療的創造性，並阻斷意料之外的事情在治療中出現。對治療師來說，最好的辦法就是等待痛苦情境的意義自動浮現。

在心理治療中，與患者開啟關於意義的對話之前，治療師可能會問：是什麼支撐你走過最困難的時期？是什麼給了你希望和安慰？也可以問問患者：讓你心存感激的是什麼？你生活中真正重要的是什麼？你感到生活擁有明確的目的嗎？或者你覺得生活是為了什麼？對於追求靈性成長體驗的人來說，痛苦可以是來自超個人維度的邀請，邀請他們開啟對這些問題的探索。對於無神論者，特別是那些存在主義取向的人來說，雖然沒有任何超個人背景，痛苦仍然可以激發他們對個人意義的探索。[5]

通常，意義的發現需要的是想像力，而不是邏輯思維。經驗的意義可能不會在認知層面、透過語言浮現。相反地，它可能以幻想的意象出現，改變我們的觀點。想像力是創造力的重要來源，使我們能夠以意想不到的方式來解釋處境，從而使我們免於受困。例如，在西方思想中，憂鬱症（melancholia）、靈感和想像力之間的關係源遠流長。雖然憂鬱症可能使人麻痺，但也可能帶來獨特的創造性見解。彷彿人們需要憂鬱症帶來的強迫性內省，來接近關於自己和世界的深刻

5　原註5：正如無神論的心理治療師必須尊重追求靈性成長體驗的患者的觀點一樣，靈性取向的心理治療師也必須牢記，許多無神論者在不相信神的權威的情況下，也會為了尋找意義在生活中好好表現。或者有時候沒有特別的理由，只是為了做正確的事情而好好生活。在道德哲學和倫理人文主義方面我們有悠久的傳統，這些傳統可以指導我們。

真理。正如憂鬱症可能是對想像力的刺激，想像力也可能是處理憂鬱症的一種方式，這就是為什麼創造力是憂鬱症藝術家和作家的寶貴資源，以及為什麼榮格敦促我們將我們的情緒鑄成意象並與之對話。

評估的重要性

我們對痛苦意義的評估越是挑戰我們的核心態度和整體生活目標，就會令我們越難以忍受。如果我們對痛苦的新評估與原本對自己和對世界運作方式的通常假設相衝突，就會面臨意義危機，這通常會伴隨著情緒上的痛苦，我們必須找到一種方法來恢復生命有意義和有價值的感覺（Park, 2010）。因為在痛苦中發現的意義可能與我們賦予日常生活的意義有關，發現意義可能需要重新評估一個人完整的生命故事，從而將新處境融入到有意義的背景中。

作為評估過程的一部分，我們可能會回顧過去，看看是否能找到讓我們對事件有所瞭解的原因或前兆，或者我們可能會轉向某個傳統的宗教解釋。如果無法將該事件與我們迄今為止看待世界的方式相協調，可能不得不改變我們的生活哲學，來適應所發生的事情，所以我們必須修改我們的目標、價值觀和信仰體系。或者，如果現實處境無法抵抗，又不能以任何形式同化或吸收，那麼可能不會發現真實的意義，而是發展出防禦，以防禦性的樂觀主義、否認、虛假的希望、合理化，或自我欺騙的、虛幻的信念等來看待處境。因此，一個人尋找意義的方式可以成為心理健康或心理問題的指標。當痛苦看起來確實有意義時，就要問一問他獲得的意義是否真實；這個問題很重要，因為這很可能是一種合理化或對無法忍受的處境的防禦。一個人可以以病態的方式找到意義：精神病患者找到妄想的意義，用來支撐起支離破碎的自我感，但他們的妄想觀念與公認的現實沒有關係。如

果一個人的自尊與對自己對生活的控制感綁在一起，為了要應對痛苦的情境，他可能會僵硬地改變自己的生活方式。處理（無法避免的）痛苦更成熟的方法就是徹底的接受（見第十章），為我們生活中的人和那些仍然可以享受的日常瑣事而心存感激；這種態度也許至少足以軟化痛苦所產生的難以忍受的影響。這裡有必要提一下，拉丁語詞根 passio 既有受苦的意思，也有忍耐的意思，在英語中生出的反義詞是「apathy」意思是冷淡。經歷過痛苦、最終並在其中找到意義的人，比那些沒能從逆境中獲得益處的人，表現出更好的恢復狀態。強調在痛苦中尋找意義的重要性有兩位最重要的作者：榮格和法蘭可（Frankl）。

榮格

榮格非常強調在痛苦中尋找意義的重要。他一直希望我們能夠探索痛苦想要告訴我們什麼。在他看來，症狀是有目的的。如果沒有情緒障礙所帶來的痛苦，人們就不會發現一些關於自己的重要東西。正如榮格所說，「隱藏在神經症中的是一小塊尚未發展的人格，是心靈的一個寶貴片段……（CW 10, p. 167），還有，「我們不應該試圖『擺脫』神經症，而是要體驗它的意義，它要教我們什麼，它的目的是什麼……不是我們治癒它，而是它治癒我們。」（同上，p. 170）他的意思是，人格中有一些分裂的方面需要整合，所以症狀不是敵人，而是信號，或是治療過程中的第一步。榮格的意思是，要嘗試超越自我的有限參照系，以便我們能從更廣闊的視角來看待事物。他認為，焦慮或憂鬱等症狀是來自超個人自性或無意識的資訊，表明有什麼東西需要注意。如果我們採納這種觀點，就能夠信任自己的痛苦，否則症狀就只是我們需要擺脫的東西。這種思想指出了那些只試圖消

除症狀的心理治療的主要問題：這樣做就像試圖把發燒當作疾病本身來治療一樣，也許會抹除心靈試圖告訴我們的資訊。榮格認為，單純地試圖擺脫症狀會忽視我們與心靈超個人維度的關係。此外，他還寫道，情感上的痛苦不能僅僅歸結為童年的困境，「因為我們現在知道，每個人都有童年困境……」我們更應該問的是：「患者不想完成的任務是什麼？他想迴避的難題是什麼？」（CW 5, p. 100）也就是說，當我們不能應對某項重要的生活任務，或無法完成必要的發展步驟時，我們就會痛苦。

　　榮格（CW11, pp. 121-122）認為，一些找他諮詢的人「沒有明顯的臨床神經症」，他們的困境涉及到基本的存在問題：因為宗教、倫理或哲學信仰等問題而痛苦，因此，心理治療必須「延伸到以前屬於牧師和哲學家的工作領域」。他指出，找他諮詢的人中約有三分之一是因為「生活的無意義和無目的性」而痛苦（同上，p. 41）。他認為，當靈魂在精神上停滯不前時，就會受到傷害，而心理治療師必須找到「能使人振作的意義」（CW 11, p. 331）。他還提到「無意義感抑制了生命走向完滿，因此等同於疾病。意義使許多事情，也許是所有事情，可以忍受。」（1965, p. 340）。安妮拉・亞菲（Aniela Jaffé, 1971）認為，榮格對意義的強調已經上升到了神話的高度，因為他認為人類之存在本質的任務是意識的不斷擴展，這將使生活變得有意義。對於沒有任何意義感的人來說，重要的是，心理治療師所做的事情，「與其說是治療的問題，不如說是開發潛藏在患者本身的創造可能性。」（CW 11, p. 41）。

　　榮格（*Letters*, vol. 1 p. 236 and p. 247）明確指出，痛苦是人類生活的內在組成部分，沒有痛苦，我們永遠不會做任何事情；幸福和痛苦是一組對立面，是生命不可缺少的部分，不可能只有其一沒有其二。我們必須能夠忍受痛苦，而心理治療的主要目的是說明患者「在

面對痛苦時獲得毅力、展現出思想上的冷靜和耐心的態度。生命需要完滿，並在快樂和悲傷之間取得平衡」（CW16, p. 81）。他認為，個體化的過程，即透過實現我們的全部潛能而成為一個註定要成為的人的過程，無一例外地涉及到痛苦，並且需要一系列的啟蒙經驗和磨難。

需要特別注意的是，榮格在這個語境裡提到的個體化（或者說人格的充分發展），指的是一個超個人自性在個人自我中化身的過程。自性（the Self）充當人格發展的藍圖腳本[6]；也就是說，自性是經驗人格的基礎，在一個人的生命過程中不斷顯現，變得越來越有意識。然而，這種化身過程無一例外地帶來痛苦。例如，當我們經歷由情結導致的令人苦惱的情緒時，痛苦就發生了，而情結都有一個原型或靈性核心（關於這個問題更全面的討論，見 Corbett，1995，頁 128-139）。

榮格區分了神經症痛苦（neurotic suffering）和意識痛苦（conscious suffering）（CW 17, p. 78）。例如，歇斯底里的轉化症（hysterical conversion disorder），即無法忍受的情緒痛苦轉換為身體症狀，實際上是一種避免更深層次更真實的痛苦的方式，而身體症狀則掩蓋了這種痛苦。或者，憂鬱症可能是一種避免更痛苦的悲傷的方式，因此，神經症痛苦掩蓋了「患者不願意承受的自然和必要的痛苦」（CW 16, p. 81）。這意味著，如果心理治療師停留在消除症狀的層面上，就會剝奪患者人格中未實現面向發展的機會（CW 10, p. 167）。

6　原註 6：榮格的這一想法與寇哈特（1984）關於自我發展的「核心過程」（nuclear program）的概念相吻合。榮格的「自性」（the Self）概念意味著一種先驗的本質，這個概念在今天的學術界已經不流行了。許多精神分析師認為，自我只由互為主體的經驗塑造。

維克多・法蘭可

在維克多・法蘭可（Viktor Frankl）看來，努力尋找意義是人類最重要的動機。在納粹死亡集中營期間，法蘭可注意到，如果囚徒活下去是有意義的，如幫助其他囚徒，或抱有目的，如與親人重新團聚或其他一些生活目標，他們更有可能生存下來。能夠抱持一定程度的希望、活下去的理由或對未來有所憧憬的囚徒，往往比那些完全喪失希望的囚徒有更多的生存機會。他認為，即使在集中營的可怕環境下，人們也有一定程度的選擇權，可以選擇如何應對自己的痛苦，即使在這種情況下，人們也有創造意義的自由。對法蘭可來說，危機可以是一個發現自己生命中新意義的機會。生活在任何情況下都有意義，在痛苦中發現意義可以使我們創造性地利用痛苦，在痛苦中發現意義可以防止絕望。這個觀點與榮格非常相似，法蘭可甚至說，痛苦「在找到意義的那一刻就不再是痛苦了」（1959, p. 135）。在他看來，絕望源於對人類痛苦是否有意義的懷疑。「只要人能夠看到痛苦的意義，他就準備並願意承擔任何痛苦。」（1967, p. 56）他認為我們可以選擇面對痛苦的態度，因為人是完全自由和自主的。我們可以在我們的工作和行為中找到意義，並透過生活中一些重要目標、愛，或者在與另一個人的邂逅中找到意義。這種尋找是靈性層面的尋找，不一定指的是傳統意義上對上帝的尋找。法蘭可認為，如果我們因為痛苦而創造了一些東西，或者有了對善或美的體驗，也許在以前沒有注意到的日常事件中，就可以發現意義。意想不到的勇氣或超越的態度也許就會應運而生。

最終法蘭可發展了意義療法，認為我們有一種與生俱來的追求意義的意志。許多形式的心理病理性問題都是由於生活中缺乏意義所造成的。法蘭可將許多成癮和自殺行為視作逃避無意義生活的嘗試。對

受苦的靈魂：從深度心理學看痛苦的經驗與轉化

於意義取向治療師來說，治療目標應該是幫助當事人發現他或她可以接受的意義（Lukas, 1986）。

　　法蘭可的方法用於癌症晚期的住院患者，透過以意義為中心的團體治療方式（Breitbart 等人，2003；Greenstein 等人，2000），來幫助患者發展或增強他們生命中的意義和目的感。許多存在主義取向的心理治療師也認同這種對痛苦的看法。羅洛・梅（Rollo May, 1969）將痛苦描述為一種無法忍受的無力感，一種無法承擔重要責任的無能感。歐文・亞隆（Irving Yalom, 1980）認為，在選擇鍛造意義與價值之際，全心投入生活、以意志許下承諾、選擇鍛造意義和價值，是唯一能真正治癒痛苦的方法，也是在痛苦中產生真實意義的唯一途徑。

　　一些批評法蘭可的人指出，人們必須將「生命是有意義的」這個想法當作信仰，因為這一點無法在經驗上或科學上得到證明（彷彿這是使想法變得重要的唯一標準），因此，他們批評意義療法與宗教過於相似，甚至是世俗宗教的一種形式，因為「意義」這個詞本身就有靈性含義。甚至 Logo therapy 這個名字中的「Logo」一詞在詞源學上也與《約翰福音》中的 Logos 有關，意思是上帝之言。不過，雖然法蘭可強調了存在的靈性維度，但他並沒有回頭強調對猶太基督教上帝或來世的信仰。他更像是一個存在主義者；他說，受苦之人「在宇宙中是孤獨的」（1959, p. 99），這種態度偏離了猶太基督教對待痛苦的觀念。法蘭可堅持認為意義療法不是一種說教或傳道的形式，他鼓勵患者尋找自己的意義，這種態度是宗教人士無法接受的，他們追尋的是符合聖經標準的意義。很多心理治療師認為，法蘭可的相容並蓄其實更是一種優勢，而不是問題。

　　也有人批評法蘭可的想法，說這只是他個人的因應方式，不一定能推廣到像集中營這種情境中的其他人身上（Pytell, 2006, 2007）。有些人無法在痛苦中找到意義，有些人會在痛苦中找到消極的意義，

所以這種嘗試不總是有幫助。也有一些非常嚴肅的批評指出，把意義的喪失作為情緒障礙的根本原因，這一點並不能確定情緒障礙很可能有其他的來源，而意義的喪失是次要困擾。心理治療中有一部分患者無法找到意義，但他們仍然需要心理治療，這也是事實。其他批評者指出，法蘭可把「追尋意義的意志」（will to meaning）作為支配行為的驅動力過於本質主義（essentialist）了，他假設人類有種必要的本質或屬性，有點類似佛洛伊德的追求快樂的意志。

對於在宗教傳統之外尋找意義的一個重要批判是：任何事情或任何行為，甚至是邪惡行為，對一個人來說都是有意義的。存在主義者堅持，我們可以自由地創造我們自己的意義。例如，沙特（Sartre）在一九四三年的《存在與虛無》（Being and Nothingness）中斷言，「不管是孤獨的醉漢還是國家領導人，意義對他們來說都是一樣的。」（p. 9）這種觀點認為，善良和其他的價值都是純粹主觀的東西。許多存在主義者認為，生命沒有終極意義，特別是在考慮世界上的邪惡和痛苦之後，所以我們最多只能假裝生命好像有意義。有些心理學家認為，意義和目的的問題不適合進行科學研究，因為它們本質上是哲學的問題，本質上就是主觀的。然而，所有的心理治療學派都對人的本質和現實的本質提出了隱晦或明確的哲學假設，無論這些假設是否被承認。所以，從某種意義來說，所有心理治療師都是實用主義哲學家。這種觀點認為，一個人關於意義的想法可以反映他的意識形態，但對此也找不到客觀證據。然而，我不相信在心理治療的臨床實務中尋求意義，可以簡單概括無法得出明確結論的哲學過程，只是不斷地咀嚼、討論、思考。榮格和法蘭可等人的作品對意義的強調，在痛苦議題上增添了重要的心理治療維度。

意義與慢性疼痛

慢性疼痛是指那些沒有生命危險的情況所導致的，持續超過六個月的疼痛。這是一種很複雜的現象，涉及情緒、身體、社會、存在和靈性等多個維度，只有綜合考慮所有這些維度，才能夠理解這種現象。這種疼痛的影響不僅限於身體的某個區域，整個人都會受到影響。慢性疼痛在兒童和成人之中都非常普遍，[7] 強度各有不同，從令人討厭的小麻煩到難以忍受的大痛苦，有時甚至讓人想自殺或者安樂死。[8] 疼痛是一種很個人化的現象，很難描述其特徵和強度，儘管有時候需要描述。慢性疼痛似乎毫無意義，或者說它消除了生命可以有意義的任何感覺。這種疼痛將患者隔絕開來，對日常生活的諸多方面造成影響，還可能使人無法享受生活，因為所有可用的時間和精力都用來對抗疼痛了。疼痛可能會削弱患者的工作能力，因此造成經濟壓力。越來越多的慢性疼痛患者依賴麻醉性鎮痛劑、酒精或苯二氮卓類藥物或是上癮，導致一系列其他的問題，使原有的疼痛問題更加複雜。許多慢性疼痛患者看過許多內科醫生、外科醫生、物理治療師、精神科醫生和心理治療師等，卻得到相互矛盾的意見，使他們變得困惑和憤怒。出於幾個原因，這些患者可能得不到醫務人員的重視，或者至少對他們沒有太多同理心。疼痛患者往往會使人受挫，部分原因是疼痛是主觀的，難以客觀評估；部分原因是疼痛患者常常使照顧者

7　原註 7：據估計，在美國大約百分之三十的人口受到慢性疼痛的影響，約 九千五百萬人，這消耗了巨大的經濟和人力成本。（Institute of Medicine of the National Academies Report〔2011〕. Relieving Pain in America: A Blueprint for Transforming Prevention, Care, Education, and Research. Washington DC: The National Academies Press.）

8　原註 8：有時，人們為了免於遭受頑強疼痛，寧願選擇安樂死。值得關注的是邁克‧海德（Michael Hyde）的觀點，他認為反對安樂死的受苦者仍能找到生活的意義，而那些自願選擇死亡的人，則不願意在無意義的痛苦之中繼續絕望的衰退下去。（2001）

感覺很挫敗。毫無疑問，指責患者發牢騷或不斷抱怨會使他們更痛苦，尤其是患者對疼痛的抱怨和疾病的嚴重程度不一致，或者因為無法客觀辨識疼痛的生理來源，從而把疼痛確定為心因性的時候。然而，疼痛是一種心身聯合的體驗，最有用的方法是接受患者對疼痛的主觀體驗，同時考慮存在議題、焦慮或憂鬱等，這些問題可能會降低患者對疼痛的閾值或以疼痛的形式表達出來。我們必須牢記，疼痛對醫生的意義與對患者的意義完全不同。

與急性疼痛不同，慢性疼痛並不是組織損傷的提醒，似乎沒有什麼生物學的目的，而且常常找不到明確的原因。慢性疼痛患者身上會出現大量的情緒困擾，包括憂鬱、易激惹、憤怒、內疚、焦慮、關係問題、受虐傾向和疑病症等等。顯然，這些問題可能在沒有疼痛的情況下發生，也可能是疼痛的結果，很難評估情緒與疼痛的關係。家庭衝突、童年時期的虐待和忽視是慢性疼痛常見的伴隨因素，但在慢性疼痛患者中沒有發現特定的人格特徵（Gamsa, 1994）。人們在感受疼痛的閾值和對疼痛的反應方面確實有很大的差異，情緒困擾似乎會降低人們對疼痛的耐受性和反應性。

照顧的復原力模型（resilience model of care）成為最近研究的焦點，更關注患者的優勢和資源，而不是弱點，盡可能發揮這些優勢和資源在個人生活中的作用，以支持其福祉。具有韌力的人能夠保持積極的態度，儘管痛苦，仍明白他們的生活是有意義的。他們發展應對策略，保持樂觀心態，並且接受疼痛是生活的一部分。他們相信自己能夠控制疼痛，學著在疼痛的情況下發揮功能，能夠調節主觀情緒狀態，保持積極，因此較少受到疼痛的控制（Strurgeon 等人，2010）。

慢性疼痛的大部分心理治療文獻用的都是認知行為治療，也許會有幫助（儘管有些患者未能從中受益）（Turner, 2007），其中最

有價值的部分也許就是說明人們帶著疼痛生活，消除對未來的災難化想像。如果應用不當，行為療法很可能會變成對受害者的指責。行為療法認為，因為獲得了家人的關注、可以不用工作等回饋，所以對疼痛的抱怨進一步受到強化，似乎把這些回應當作是造成疼痛的主要因素。最近，認知行為治療與正念結合，正念指導人們仔細觀察疼痛，對疼痛保持接納、非評判和好奇的態度，而不是對抗疼痛。這種方法對慢性疼痛和身心症的治療來說，非常有價值（Lakhan, 2013）。如果能夠成功使用正念，可以減少反覆思考疼痛、讓情況不再惡化。

依附理論的學者認為，早期的安全依附一旦遭到破壞會造成創傷，慢性疼痛就是對這種創傷的求助（Anderson 等人，1994）。大多數關於疼痛的精神分析文獻是在驅動力理論的全盛時期寫就，現在看來已經過時了。佛洛伊德表明，疼痛也許是癔症的轉換症狀，但現代的疼痛患者並沒有表現出他所描述的對症狀漠不關心（belle indifference）[9]。恩格爾（Engel, 1959）的一篇經典論文提出一種疼痛易感型人格（pain-prone personality），這種人格的心理動力學因素可能包括對痛苦的無意識需要，疼痛是對於真實或幻想喪失的反應。恩格爾認為慢性疼痛與兒童早期的剝奪、父母酗酒或早期虐待和創傷有關係，有時候這種觀察是正確的，但我們不知道哪個階段的兒童期虐待會導致成人開始出現慢性疼痛。泰勒（Taylor, 2002）描述恩格爾的方法，恩格爾將疼痛視為一種主觀體驗，一旦在心理上得到體現，就不再需要週邊的刺激來引發了。疼痛被投射到身體的某個部位，如同疼痛就是在那個部位一樣。總的來說，早期精神分析試圖用無意識的象徵意義來解釋具體的身體症狀，雖然疼痛的確是一種重要的交

9　原註 9：La belle indifference（美麗的冷漠）是一個術語，用來描述對嚴重損傷明顯缺乏關注的狀態。

流形式，但這種解釋似乎是無效的。一些臨床醫生仍然認為，疼痛的部位可能具有象徵意義，因此，背部疼痛常常被認為是由於負擔過重等等。近年來，心因性疼痛的概念已經淡化，因為臨床醫生意識到沒有很好的方法來區分「器質性」和「心因性」疼痛。不管疼痛是如何開始的，最終都會變成一種心理現象。即便是在沒有組織病變的情況下，情緒困擾也可能會引發疼痛，而那些明顯是軀體的疼痛也會引發情緒上的問題。最後，一個人對痛苦的體驗比診斷更重要。

當代精神分析師會從幾個面向來看待疼痛：身體的症狀可以被視為是對需要的依附所產生的情感的表達方式；當受苦者的自體客體需要未得到滿足時所發出的吶喊；或者是儲存在身體中未處理的創傷記憶的結果。在無法理清疼痛的情感成分和身體成分的情況下，與其優先考慮心理或者身體，不如將心理問題和疼痛視為不可分割的同一身心的兩種不同表達方式，反而更有助於理解。

榮格學派對慢性疼痛的處理方法不會只關注疼痛，因為他們將疼痛看作是更大問題的症狀表達。疼痛是來自心理的資訊，或者來自無意識的資訊，吸引自我持續關注它所忽略的東西。因此，疼痛是來自靈魂的呼喚，是個體最深層的主體性。身體疼痛和相應的心理痛苦是同時表達同一個問題的兩種方式。並不是說因為心理問題導致了身體疼痛，因為這種共時性的聯繫並非因果關係，身體的疼痛和心理的狀況表達的是同一含義。我們可以從與之相關的夢中瞭解到這一點，或者鼓勵患者進行積極想像（Cwik, 1995）。在這個過程中，疼痛被人格化，或者使疼痛以意象的形式存在，人們就可以與疼痛進行對話，如此一來疼痛有了自己的聲音。主體有意識地參與對話之中，但不試圖以任何方式指導意象，因此，出現的就是自發地來自無意識的內容。與之相關的一個過程叫做引導想像（guided imagery），在這個過程中，主體積極參與引導意象的行為；這個技巧在疼痛管理中非常有

用（Pincus et al, 2009）。

疼痛引出了心身問題的哲學困境，因為我們還不瞭解感覺的生理學（例如，沿著神經纖維啟動大腦活動的傳導）和疼痛的主觀體驗之間的關係。周圍神經疼痛感受器的活動與主觀疼痛體驗之間沒有固定的關係，疼痛強度和性質可能不會反映疼痛刺激的強度（Moseley, 2007）。組織損傷的程度和疼痛的嚴重程度不一致的情況也很常見。[10] 在沒有主觀報告的情況下，要檢查和測量疼痛相當困難，而無法測量疼痛又會帶來嚴重的後果，尤其是對動物或那些無法描述感覺的人來說。疼痛的感覺成分很容易覺察，感覺成分同時受到疼痛發生的環境和受試者的情感狀態所影響，所以在一場戰鬥或重要的比賽中，疼痛的感覺可能在受傷一段時間之後才會產生——受傷與疼痛之間沒有明確的關係。

如果可以從不同學科的角度來看待疼痛，接受其中所涉及的神經學和哲學問題以及心理狀況，就能擴展心理治療師對疼痛的理解。把疼痛看作是對身體客觀損傷的感知，表明身體正發生一些變化，這些變化不受疼痛的主觀體驗所影響。這種觀點認為，當我們感受疼痛，我們正感知客觀存在的事物，也就是說，疼痛類似於視覺和聽覺等其他知覺，被感知物件是獨立於感知本身而存在的。像其他知覺一樣，對疼痛的知覺可能準確也可能不準確。因此，根據威頓斯基和惠特曼於二〇〇六年發表的文章（Witonsky & Whitman, 2006），幻肢痛（被截肢的肢體所產生的疼痛體驗）是一種不準確的感知，類似於視覺錯覺，在這種情況下是由截肢的殘肢的末稍神經受到刺激而產生的。相反地，大腦中的變化可能導致幻覺性疼痛，神經性藥物可以有

10　原註 10：一九六五年，疼痛的門控理論（Gate Control theory of pain）提出，疼痛信號在傳到大腦之前就可以被思想和感情所改變，從而調節疼痛的傳遞。因為對疼痛的解釋會對疼痛產生重要的影響，疼痛在心理和生理方面並沒有明確區分，或者說這兩個成分都包含在疼痛之中。

效對治這種疼痛。這些作者認為，如果慢性疼痛的患者可以明白，雖然感覺上好像組織有所損傷，實際上並沒有嚴重的損傷，會有助於減少患者的焦慮。與此同時，即使患者對疼痛的感知不準確，我們也必須認真對待患者的抱怨。這種外在的客觀的對待疼痛的方式與國際疼痛研究協會對疼痛的定義是一致的，該協會認為疼痛是對組織損傷的感知。支持這一觀點的臨床醫生在決定如何治療疼痛時，會優先考慮對組織損傷的客觀評估，其次才是治療伴隨而來的焦慮和憂鬱症狀。

把疼痛看成是與視覺和聽覺等同的感知經驗會有一個問題——疼痛具有比普通感知更重要的情感、認知和動機成分；疼痛受到我們的關注程度、情緒和過去對疼痛的經驗所影響。此外，疼痛沒有特殊環境因素作為刺激（如視覺的光或聽覺的聲音），因此，可以認為疼痛與普通的感覺、知覺有很大的不同。如上所述，一個人在受傷的同時並不一定感覺疼痛，也有一些疼痛與受傷無關。

一種相反的觀點認為，我們體驗到的痛苦，其實是在體驗腦中一種意識狀態（這是一種解釋知覺的特殊方式）。舉個例子，如果光照條件改變，物體表面的顏色也會變化，也就是說我們感受到的是物體在我們腦中形成的顏色，而不是物體實際的顏色。在這種觀點中，疼痛是一種整體體驗，其中心理、存在和生理等組成成分都密不可分；疼痛就是患者所描述的那樣。這種觀點沒有把患者的疼痛體驗和他的焦慮或憂鬱分開，而是把患者對疼痛的主觀體驗看作一個整體。

醫學診斷固然重要，但沒有提及疼痛對人的意義，以及疼痛對患者生活和自體感的影響。顯然，人格和純粹的生物因素一樣，都大大地影響了個人對疼痛的情緒反應和行為反應。描述疼痛需要結合特定的性格結構，疼痛在不同個體的生活中具有不同的意義。患者對疼痛有意識或無意識的信念，為疼痛增加了意義，這些信念體系會在心理治療的過程中浮現出來，因此，慢性疼痛的心理治療工作為患者提

供了理解自我的機會。治療師可能需要幫助患者表達未經處理的虐待和創傷記憶，那些記憶會存儲在身體之中。許多有類似經歷的人都壓抑或否認痛苦的情緒。舉個例子，在經歷喪親之痛後未好好哀悼，之後出現疼痛的情況並不罕見。就好像疼痛是被埋藏在身體中的情感，如今以疼痛的形式表達出來，由此而論，分離或其他誘發疼痛的心理因素就很值得探討。比如說，心理治療師可能會發現，患者將自己的疼痛看作是對過去行為的懲罰，就像薛西弗斯或普羅米修士的神話一樣，遭受永無休止的懲罰。這樣的聯想並不稀奇，因為在我們的文化和宗教傳統中，疼痛、內疚和懲罰的主題往往是互相聯繫的。

這裡需要提一下列維納斯（1998a）的觀點，列維納斯認為劇烈的疼痛與普通的感覺不同，患者感受到世界的連貫性和意義的可能性會在劇烈疼痛中消耗殆盡。疼痛破壞了我們思考和整合經驗的能力，使我們變得被動，並逐漸削弱我們的主體性，從根本上剝奪了我們的自主性。不過列維納斯並不支持我在本章所提出的立場，他不認為疼痛是有意義的。他認為，如果我們試圖賦予疼痛意義，就會加劇疼痛所帶來的痛苦。

疼痛患者往往很急切地想理解和解釋疼痛的體驗，因此，精神層面的關注點，如接納、希望和意義，在痛苦研究中佔有重要地位。像許多形式的痛苦一樣，慢性疼痛常常迫使人們反思他們的生活。人們可能會因為自己的信仰，將疼痛視為需要戰勝的敵人或者需要克服的挑戰，戰勝疼痛使人變得強大。不同的作者都認為，在疼痛患者中，表達對他人的愛和寬恕是精神健康的標誌，而孤立、內疚和憤怒是精神痛苦的標誌（Newshan, 1998）。無法給疼痛注入意義也被看作是精神痛苦的標誌（Burnard, 1987），但慢性疼痛所直接導致的情感和身體上的疲憊，也可能使人陷入無意義的狀態（Harrison & Burnard, 1993）。他們可能認為不可能在痛苦中找到意義，因為生活根本沒有

意義。

恐懼管理理論及其意義

恐懼管理理論（Terror Management Theory, Greenberg 等，1986）認為，即使找到了生命的意義，人類也非常清楚我們最終會死亡。這一覺察可能讓人恐懼，必須加以管理，以避免持續的焦慮。我們緩衝這種焦慮的方法之一就是保持信仰，堅信某種共同的文化世界觀能夠賦予生命意義，例如，信仰一種教導死後生活的宗教。或者，以滿足自己或文化的價值觀和標準的感覺為基礎，來發展我們的自尊。根據這一理論，任何有意義的活動，或任何對生命意義的探索，都可能是為了減輕死亡焦慮。

用哲學諮商的方法處理痛苦

哲學諮商是透過運用世界上最偉大的思想家對人類問題的洞察來緩解痛苦的一種嘗試（Louw, 2013; Sivil, 2009; Marinoff, 1999）。該領域基於一個古老的想法，即我們生活面臨的困難具有哲學性質，哲學家對痛苦的生活環境和倫理困境所產生的痛苦有很多話要說。哲學家們一直對生活的藝術以及生與死的意義很感興趣。事實上，我們現在所說的心理學與哲學，在十九世紀後半葉之前是沒有區別的，但是兩門學科分開之後，哲學就變成了一門純學術學科，其中一些分支已經脫離了人們日常關注的事物。[11]

11　原註 11：分析性哲學，或試圖精確地分析概念、語言、數學和邏輯，對於普通人所遭受的生活問題，或對於非理性的主題（如靈性）並沒有特別的幫助。相反地，回溯柏拉圖和亞里斯多德時代，存在主義和現象學也都包含在內，那個時候的哲學歷史傳統對經驗、想像力和主體性都特別

哲學諮商運動（The philosophical counseling movement）通過將偉大的哲學家的見解，應用於生活中的實際問題，為哲學和心理學提供了一定程度的再整合。哲學諮商實務只有幾十年的歷史[12]，但根源可以追溯到古希臘、中國和印度的哲學流派，這些流派都將哲學視為減少人類痛苦和增加個體自由的方法。在現代，哲學家維根斯坦（Wittgenstein）認為，哲學本身就是治療，「哲學家對問題的治療就像對疾病的治療。」（引自 Louw，2013，p. 63）。

所有形式的心理治療都隱晦或明確地提出了對生活的哲學態度，但哲學諮商並不符合任何心理治療學派的標準理論框架。許多哲學諮商師認為沒有哪種方法是必要的，所以以實務工作者之間缺乏一致性。關於這是否真的是一種心理治療的形式，以及實務工作者扮演教師或問題解決者的角色，仍存在一些爭議。一般來說，哲學諮商不涉及診斷，也沒有暗含任何「正常」的定義。哲學諮商師的工作過程僅限於系統地探索個人思維、感知、世界觀和價值觀，有時也會用到哲學文獻，看看其他人是如何處理個人問題的。哲學諮商師經常使用蘇格拉底的方法，並透過提問來幫助個體發掘他們自己的見解和解決問題的方案。有時，哲學諮商師會為了鼓勵當事人批判性地審視他或她的信仰、提高自我意識，而加入一些個人見解，引導對話進行。哲學諮商師通常認為，我們的問題和行為是我們個人哲學的功能，是關於我們如何看待自己和世界的說明。經由對我們真實想法的批判性覺察，我們可能會發現問題或未經審查的假設、價值或信仰等，並找到自己的真相和內心的安寧。因此，哲學諮商師常常鼓勵人們思考諸如「我是誰？」或「我想從生活中得到什麼？」這樣的問題，並協助當事人進

感興趣。

12　原註 12：這一領域源自德國，始於一九八一年，由格爾德·阿藤巴赫（Gerd B. Achenbach）的工作開始。

行必要的批判性分析，使他能夠發現自己的立場。在發現的過程中，我們可能會對自己的處境產生非常不同的理解，修正我們的思維和感知，並發展出應對困難處境的方式，減少因而產生的痛苦。例如，如果一個人是種族或性別歧視的受害者，他可以審視偏見的本質：是什麼原因導致偏見、為什麼偏見是錯誤的，並透過審視偏見好好地處理偏見，同時在這個過程中獲得智慧。

　　哲學諮商師也許會認為，暫停評判事物可以獲得內心的安寧，因為我們很難客觀地認識現實。關於事物究竟是好是壞的結論總是有相反的觀點和結論，而且同樣可信。所以說，如果我不能確定某事物是好是壞，那我對失去它的恐懼和獲得它的喜悅一樣不理性。亞蘭‧德‧波頓（Alain De Botton, 2000）提供了幾個用哲學諮商處理各種不快樂的例子。當我們擔心別人的看法時，他會以蘇格拉底（一個被審判為邪惡的好人）為例，來說明即使受到大多數人所憎恨，一個人仍然可以是正確的。如果一個人擔心沒有足夠的錢，哲學家伊比鳩魯（Epicurus）教導說，真正的友誼和自由比金錢重要得多，極其富有也不能保證一個人的幸福。尼采指出，痛苦對於充實的生活是必不可少的，如果沒有一定程度的「痛苦、焦慮、嫉妒和羞辱」，我們不可能生產出藝術或任何有價值的東西（同上，p. 215）。重要的是我們在面對困難時如何回應，同時仍保持對我們認為重要之事的承諾。

　　這裡需要提到的是，有意識地檢視一個人對現實或對自己的假設，是哲學和認知行為治療的主要方法之一。認知行為治療主要是尋找那些導致患者對自己得出病態結論的認知扭曲或自動推論。不過，認知治療師運用的是基於實徵的知識，哲學諮商並不是，如果說哲學諮商也基於一些什麼，那應該是哲學文獻和哲學論證。哲學諮商師通過定義重要術語、糾正思維中的問題、質疑隱藏的預設、指出矛盾等來解決當事人的問題。如果我們受到關係的困擾，哲學諮商師可以詢

　　　　　受苦的靈魂：從深度心理學看痛苦的經驗與轉化

問「幸福的婚姻意味著什麼？」或「什麼是成功的婚姻？」等，幫助我們審查我們對關係的理解。在對這些問題的哲學討論中，我們可能會發現是我們對關係的觀念引發了問題。如果我們處於道德困境，可能需要重新評估我們的價值觀或是非觀念。如果生活已經變得毫無意義，我們可以探究從存在之中尋找意義的可能性。

哲學諮商的問題

如果在自殺危機中出現了關於生命意義的問題，那麼哲學諮商是否像傳統心理治療那麼有用，似乎是個問題。憂鬱症患者往往對邏輯或常識沒有反應，或者，表面上看起來是關係問題，實際上可能是人格障礙的一個重要表現，用心理治療的方法會更好。情感問題有哲學成分，並不意味著主要問題就是哲學問題，就像哲學本身不能治療頭痛一樣。生活中有些情況是無法從邏輯或透過解釋某人的非理性之處來解決的。一個人可以很理性但又非常不快樂，一個人可能在兩個對立的立場之間遭受內在衝突，而這兩個立場都是合理的。從不同的角度來看，一個人想要的東西可能是不一樣的，所以面對生活困境，沒有哪種反應是必要或符合邏輯的，也不可能透過清晰的思考來達成。人不是邏輯的機器，我們有許多內在矛盾或對立的感覺。即使一個人能夠理解他所處困境的哲學含義，他也可能沒有「心理肌力」或情感資源得以從這種分析中受益。因發展性的早期情感問題而痛苦的人，如邊緣型人格患者，他們的一生都在遭受內在的、痛苦的空虛感與情感的動盪，這樣的心理狀態並不適合理性討論。我們的基因有時候不允許我們遵循理性的支配。嚴重的焦慮症和存在主義者所說的存在「焦慮」之間有很大的區別，存在「焦慮」是指對人類自由的體驗或生命無意義的可能性所產生的焦慮。驚恐發作可能有遺傳成分，而存

在焦慮則沒有，所以驚恐發作是無法進行哲學分析的。誠然，一些古典希臘哲學家認為理性可以使我們控制激情和食欲，但現在看來似乎過於樂觀了。傳統的認知行為治療認為，認知是最主要的，情感源自於認知，但這也不是絕對的，因為當代研究表明，情感和認知是高度相互依賴或不可分割的。情感反應也許是由情境所引發的主要反應，獨立於認知，或者說想法的產生次於情感，情感會影響認知。

　　當我們讀到哲學治療的成功案例時，我們並不確定當事人的改善是由於哲學諮商本身，還是對哲學家發展出理想化傳移所導致的。這種傳移往往會產生「傳移治癒」（transference cures），而且只能在與治療師的關係完好的情況下才能持續改善。案例報告並不會告訴我們哲學家是否特別有同理心、支持他人、善於傾聽者，或者是全心投入，這些都是治療過程的技巧，也可以用在哲學諮商的過程中，並且對任何變化的發生都起到一定的作用（治療中發生的討論內容除外）。據我所知，目前還沒有研究試圖理清這些變數。因此，在我看來，哲學諮商對於相對健康的人來說是最有價值的，這些人正面臨的困境可以從哲學上解決，因為這些問題不會對於個人的情感平衡造成嚴重損害。然而，我們應該牢記喬普林（Jopling, 1998）的警告，人們的問題可能被帶到「過度哲學化」的狀態，甚至創造出原本不存在的問題。不難發現，同樣背景的哲學家對最好的生活方式也有截然不同的觀點。

受苦的靈魂：從深度心理學看痛苦的經驗與轉化

痛苦即閾限

閾限

　　在這一章中，我們來討論一個思考痛苦的實用模型，那就是把痛苦看作是生命不同階段之間的過渡時期或閾限階段（liminal period），新的存在狀態或新的意識會隨著這個階段應運而生。人類學家使用「閾限」（Liminality）這個詞來描述部落文化中人的過渡階段，同時意味著他們開始進入一種新的狀態。英文「liminal」一詞來自拉丁語「limen」，意為門檻，如房屋的門檻。閾限的概念是理解重大轉變和徹底改變的原型範式。這個模型認為痛苦是有目的的，而不是隨機的，是一種啟蒙的形式。

　　阿諾・范・傑納普（Arnold van Gennep, 1908/2010）認為，在前現代社會（pre-modern）中，進入新的社群或靈性狀態會經歷三個階段，即分離、過渡或閾限，以及再結合。個體首先被帶離他或她的一貫情境，接著進入過渡階段；在這段時間裡，他既沒有完全脫離舊的生活也沒有完全進入新的生活，直到最後以新的身份重新融入社群中。這個過程中的中間或閾限階段是最困難的時期，因為這位新人（initiate）還不知道何去何從，或有何結果，所以這是一個充滿痛苦的時期。部落文化認為啟蒙儀式（rites of initiation）對於個體的發展、進入新的社會或宗教身份（如成年或婚姻）、靈性的重生以及文化的延續都是必不可少的。榮格學派認為，研究人類學對這些儀式的描述可以幫助我們瞭解過渡的過程。這些描述揭示了其中涉及的原型動力，部分與我們對痛苦患者的心理治療工作有關。心理治療師可以將患者的痛苦視為進入一種新狀態的閾限階段，進入之後，個體的身份認同將徹底改變。這種方法為個體所處的情境提供了神話或原型的框架，而不是把痛苦僅僅視為隨機的不幸。許多宗教傳統認為痛苦是轉化的必要條件，因此在這些傳統中，痛苦被視為一種「神聖傷口」

的形式。

在部落社會中，成年禮的分離階段包括個體完全離開日常習慣的環境，並且受限在一個神聖的空間之中、遠離一般社會，通常是在森林或洞穴中；在這個階段中，個體從象徵和現實層面與之前的生活分離，也與先前的生活信念和作為分離開來。接著，個體被推入過渡時期或閾限階段，體驗到最強烈的痛苦。在前現代社會中，不論男性還是女性的成年禮都非常殘忍，充滿了羞辱、令人恐懼，通常包含非常痛苦的身體損傷（比如割禮等），以及其他磨練或是對意志力的考驗。這個儀式往往由長者來執行，他們也曾經經歷這道啟蒙，瞭解整個過程，能夠守護聖地的邊界。這個儀式通常有一個象徵性的死亡—重生主題，好像這些新人必須從之前的生活中死去，才能在新的生活中重生，所以這些新人可能會被告知自己將被部落之神殺死，並且可能會被活埋在一個類似墳墓的地方。

在儀式的過程中，處於閾限階段的個體通常都身體赤裸，以此象徵他們沒有任何社會角色，或者把他們當作嬰兒，或既不是男性也不是女性，又或是被塗成白色，就像死了一樣（Eliade, 1965; Turner, 1995）。由於這些儀式具有如此強大的情感力量，這些新人會處於一種脆弱的、易於接受的心理狀態，這可能更有利於這些文化意識形態和價值觀的傳遞。重要的是，閾限階段被認為是神聖的時間，而舉行儀式的地點被認為是神聖的空間，超個人維度就在這樣的時間和地點之中顯現出來。[1] 在這種儀式中，長者會向新人們展示社群的神聖故事和神聖物件，並告訴他們人生新階段的特權和責任，鼓勵他們思考

1　原註1：有個觀點認為儀式的目的是促進靈性層面重生，但現代人類學家們頗不以為然。現在人們認為，儀式是使初入者符合社會期望的一種方式。儀式是一種教導形式、一種自然發生的成熟過程的社會演繹。部落啟蒙儀式所存在的問題是，它們會將某些有殘缺的人邊緣化，狹隘地定義男人或女人應該是什麼樣的，並阻止社會的發展變化。

自己所在的群落和維持社群的力量。隨後，這些新人便以他或她的新身份重新融入社群中。

在我們的文化中，閾限的形式多種多樣，常常會對我們的身份認同發生複雜的變化，讓我們感覺迷失了方向。生活中的重大轉折，如失落、離婚、災難或創傷等，會將我們從日常生活的秩序和情感狀態中分離出來，使我們陷入過渡性的混亂和痛苦之中，隨後，人們看到的世界和對世界的感覺也會發生變化。嚴重疾病會將個體推入這種閾限階段，不僅導致痛苦和傷殘，還會威脅到我們以往處理壓力的方式，如與他人的關係、保持希望的能力、對個人身體和生活的控制力，以及目標感等等。當一個人病得很嚴重時，他或她的自我感可能會徹底的改變或遭破壞，他或她會感覺自己被粗暴地扔進了這種閾限狀態。在器官移植之後，閾限發生的形式可能是體驗到身份認同改變；在器官接受者的幻想中，可能會覺得這個移植的器官既屬於提供者又屬於接受者，甚至就好像提供者活在接受者體內。在溫尼考特看來，被移植的器官似乎是一個過渡性的客體（Goetzmann, 2004）。另一種重要的閾限經驗是走向死亡的準備過程：許多宗教傳統都有儀式流程來說明人們走過這一階段，如羅馬天主教的病人傅油聖事（the Roman Catholic Anointing of the Sick）。如今，醫學治療延緩了死亡，死亡過程的閾限階段也有所延長。還有一種閾限是移民者及其子女會經歷的，生活在雙文化家庭中的他們很可能發展出身份認同的閾限。

閾限階段有一個非常重要的例子，就是中年期，通常是從三十歲後半或四十歲初開始，這個階段通常很動亂。有的人已經經歷明顯的成功人生，還是會聽到內心的召喚要求他改變，於是踏上了尋求轉化之旅。這段時期可能會給人格組織帶來變化，甚至開始產生自我懷疑，疑惑自己究竟是誰。處於這個階段的人，可能經常感到無聊、幻

受苦的靈魂：從深度心理學看痛苦的經驗與轉化

想幻滅，或是沮喪、遺憾或懷舊，感覺生命短暫。也可能對個人的事業失去興趣，常常感覺挫敗。舊的自我意識已經消失，但新的自我意識尚未形成。在這一閾限的階段，也就是一到兩年的時間裡，個體感到迷失或飄忽不定，甚至有些不真實。在中年時期，我們會質疑自己到目前為止所取得的成就，我們的能量想要以不同的方式流動。在這種情況下，人們經常夢想搬進新房子，推倒舊房子，或是更換傢俱，所有這些都代表著內部的變化。然而，這種變化並沒有得到多少文化上的支援。對一些人來說，心理治療是一種有效的方法，可以幫助我們涵容痛苦的情感狀態，探索新的想法和新的意象，所以是一種現代版的啟蒙過程。成功渡過這段時期之後，人們會變得更加穩固，因為他們重新構建了一個新的自我組織，並融入了新的環境，他們會回到學校繼續學習或開展新的職業。

閾限階段具有潛在的轉化性，憂鬱狀態就是其中一個例子。任何情緒障礙的發作，如焦慮或憂鬱，都可以視為短暫的閾限階段。對榮格而言，這些都是來自無意識的信號，意味著需要注意某些東西，或者是無意識為了刺激人格中被忽視的部分發展所做的嘗試。要使這些真正發生，就必須減少活動、進行一段時間的內省，但這在我們的文化中可能很難實現，因為我們的文化對必要的後撤幾乎沒有任何容忍度。埃斯特·哈丁（Esther Harding, 1970）將憂鬱描述為潛在的創造性，艾米·格特（Emmy Gut, 1989）也指出憂鬱可以是有益的，也可以是無益的。有益的憂鬱會產生有價值的學習或成熟，而無益的憂鬱會導致發展的停滯。因此，認為治療憂鬱症就是用積極思維來代替憂鬱，可能是錯誤的，因為積極思維雖然可以恢復自我的舒適感，但卻對靈魂的發展毫無幫助。

我們可以透過許多不同的視角來理解憂鬱，它可以是由遺傳傾向引起的生物性紊亂，也可以是一種對失去的正常反應。另外，我們也

可以把憂鬱看作是一種閾限階段；在這個過程中，心靈會有目的地推動人格進入新的意識狀態。人生的重大轉折往往需要從人格的各個方面進行解構和重構，憂鬱就是一個很好的例子。羅森（Rosen, 1976）認為朝向自殺的動力是一種「自我死亡」（ego-death）的需要，也就是我們徹底改變某種態度的需要，或是全新自我意識的需要。不幸的是，這種需要經常被錯誤地經驗為希望身體的死亡。換句話說，只把憂鬱看作是一種疾病，就太過於簡化了；憂鬱是一種潛在的重生。

沉入閾限階段的過程既可以從靈性角度來看，也可以從純世俗的角度來看。如果心理治療師對心理治療的靈性維度感興趣，就可以把這個階段看作是由超個人自性所驅動、是個人命運的必要部分、是靈性或原型過程的一部分，就像聖十字若望（John of the Cross）所描述的靈魂黑夜一樣，所以心理治療師需要牢記：新意識的覺醒啟蒙通常需要經歷痛苦，也需要患者服從高於自己的力量。事實上，靈性取向的治療師可能把痛苦看作是超個人維度要求我們關注的一種方式，這就為我們提供了除日常自我之外的另一種視角。對於具有純粹世俗觀的心理治療師來說，閾限的概念僅僅是談論過渡階段的一種有用的方式。

毫無疑問，大家一定會提出這樣合理的質疑：我們文化中的社會過程和部落的社會之間是如此不同，如何比較這兩種文化？實際情況是，人類在啟蒙方面的需要以及轉化過程中需要的幫助，似乎有一些驚人的相似之處。在我們的社會中，大家都知道人們在發展的過渡階段很容易情緒崩潰，比如進入青春期、中年期或老年期，或者因為喪親或失去而被迫進入轉化時期。這些情況都會製造一種閾限階段，置身其中的人還沒有完全脫離先前的狀態，也沒有適應新的狀態。這種懸而未決或模棱兩可的時候讓人們感到焦慮和不確定，他們可能發現自己被困住了，無法在必要的發展過程中邁出下一步。我們對自己是

誰的認識正在發生重大的變化，但還不知道將走向何方。維克多·特納（1995）認為處於這種狀態的人是一種「過渡性存在」（transition-being）。閾限是指個體處於不確定狀態的階段，這就是為什麼一些部落儀式將閾限類比為瀕死狀態或是在子宮中還未出生。

特納（1967）指出，有些部落文化會把處於閾限狀態的人看作有某種程度的污染性，所有跟他們接觸的人可能會受到污染，這就是為什麼新人需要與部落其他成員隔絕，或者戴上面具或穿上特定的服裝，也許是同樣的道理。因為我們的文化不承認痛苦的價值，我們傾向孤立貧窮的人、老年人以及瀕死者，這樣我們就不必頻繁地面對他們了。害怕痛苦具有傳染性，再加上害怕發生在受苦者身上的事也可能發生在自己身上，這種無意識的恐懼也許可以解釋為什麼某些人或某些政治觀點會看不起那些痛苦的人，就好像痛苦就是壞的，或者就是被上帝厭棄的標誌。與此同時，那些飽受折磨的人可能會憎恨自己，並且使他人也產生同樣的感覺。如果你嫉妒幸福的人，那你與痛苦的人相處時也會感到不舒服。因為一些政治性原因，我們缺乏足夠的社會結構來說明那些遭受痛苦的人，而這些政治性原因很可能是由上述心理因素促成的。

特納（1987）認為閾限是一種「純粹可能性」的狀態，「新的想法和關係都會由此產生」。他指出閾限可能產生新的想法，這與我們的觀察結果一致：痛苦可能幫助我們理解真正的自己。閾限階段可以作為通往生活新方向的橋樑，或者通向我們可能成為的人。「閾限在某種程度上可以描述為一種反思階段」（p. 14）。當然，這種反思過程對我們文化中的受苦者來說也很重要。

我們文化中的閾限過程

我們當今的文化比傳統的部落文化要複雜得多，而且進入成年期也沒有標準的形式。我們的儀式，如成年禮（Bar Mitzvah）、初領聖體（First Communion）或透過駕照考試，可能都是沒什麼靈性強度的儀式。大多數人找到屬於自己的「啟蒙」（initiation）形式，通常是基於那些帶來強烈痛苦的經驗。簡・鮑爾（Jan Bauer, 1993）認為「不可能的愛」的痛苦是一種啟蒙的形式，肇嘉（Zoja, 1989）則描述了上癮過程中的啟蒙狀態。過去的情況是，入伍對於男性來說是一種啟蒙的開始，但對大多數男人而言，這種情況已經不存在了，對他們來說，啟蒙的過程似乎開始以新的形式出現了。如今，男性的啟蒙需要學習正確地使用力量、學會親密，以及學習處理與女性的關係。

個體化，或者說是人格的發展，需要一系列的啟蒙過程。青少年受到原型驅使，渴望尋求啟蒙，但對有些人來說，我們的文化中可以接受的文化途徑卻很少。如此一來，尋求啟蒙的壓力會無意識地表現出來，心靈試圖尋找啟蒙。如果沒有合適的成年人充當宗教儀式的長者，青少年可能會透過一些危險的方式進行啟蒙儀式，如幫派行為、危險駕駛或冒險運動等（詳見 Corbett，2007，pp. 70-70 關於這個問題的更多討論）。一些人的啟蒙則是由於酗酒、離婚、嚴重疾病、事故或中年期的嚴重憂鬱所引發的，其關鍵點在於，個體因為生活的危機變得非常無助，甚至崩潰，而這些往往是心理轉化的必要條件。我們的文化強調表現、結果和成就，但在閾限階段，轉化本身才是重點，無論閾限過程的最終結果是否會將我們引向死亡、喪偶，或者由疾病而帶來的身體新體驗等等。危險在於，我們可能永遠無法完全擺脫閾限狀態所帶來的痛苦，那麼我們會陷入在閾限中停滯不前（liminal limbo）、長期的過渡狀態。如果在這個過程中沒有得到

受苦的靈魂：從深度心理學看痛苦的經驗與轉化

任何幫助，往往很難走出這種閾限空間，而這正是心理治療的價值所在。

把嚴重的疾病或痛苦看作一段啟蒙的時期可能會對治療有所幫助，在這種情況下，心理治療師扮演著類似部落文化中進行儀式的長者角色，把治療空間看作是神聖空間一樣護持著。在生命週期中的關鍵階段，如青春期、進入婚姻或步入老年時，心理治療師可能會在患者的夢中看到關於啟蒙的意象。如果沒有啟蒙的社會性歷程，自性會經由夢境提供一個啟蒙經驗，例如：

我在床上，仰躺著。我的雙手合十放在肚子上，好像在祈禱。我感覺眼睛轉回到一個任由我擺佈的內在意識空間。突然，我聽到巨大的電鑽的聲音，然後感覺第三隻眼睛震動了一下，就好像在那裡鑽了個洞。與此同時，我看到一系列強烈的顏色：很多有形狀的紅色，主要是線條和鑽石的形狀，靛藍的陰影後面是廣闊的宇宙，靠在黑色背景上的綠色線條像一種代碼語言，感覺像是其他生命正試圖聯絡我，我接受了他們，隨後明亮的金色白光越來越強烈，最終將我吞沒。我一直想把眼睛聚焦看得更清楚，但這只會讓我的視線變得更模糊，只有透過第三隻眼睛的小孔，才能體驗到這絢爛的色彩，伴隨著深切的平靜與狂喜。我意識到，我現在必須以某種方式改變了。

在祕傳的傳統（esoteric traditions）中，第三隻眼睛的開啟自古以來都與透視能力的發展有關，或者是與憑直覺感知精微能量的能力有關。這種類型的啟蒙夢可能發生在年輕的時候。榮格認為，他在《榮格自傳：回憶・夢・省思》（*Memories, Dreams, Reflections*）中所提到的地下陽具的夢，是進入無意識領域的開始，預示著他的畢生使命。有一位心理治療師一直懷疑自己是否適合這份工作，經過一段時間之

後，他做了下面這個啟蒙夢：

> 我躺在一個城市廣場的中心，廣場的路面是古老的鵝卵石，周圍
> 有幾個人。我們都在死去，當我們死去的時候，靈魂從我們的身體裡
> 脫出。我以靈魂的形式，意識到我周圍的靈魂不確定自己該做什麼或
> 該往哪個方向走。我意識到我必須為他們引路，或者指向遠處隧道裡
> 的一扇門，確保他們能進去。

這個夢描述了治療師作為冥府使者或靈魂嚮導的原型角色，對做
夢者產生了深遠的影響，他覺得自己所做的工作是他被賦予的權力。
這些例子說明了榮格的概念，即神聖或超個人的維度會用無意識的方
式（常常以夢的形式）顯現出來，而任何與神聖的接觸都有啟蒙的效
果。

在人生的過渡階段，我們可能會在尋找重生的過程中尋找閾限空
間，那麼我們尋找的其實是一個可能使我們重獲新生和重新定位的空
間。我們常常不知道自己在尋找什麼，而且我們的文化可能也沒有一
個顯而易見的地方可以找到所尋之物。很多看似難以理解的行為都無
意識地受到這種探索的驅使，這種探索並不總是由危機所觸發。有時
候，我們只是感覺內心的聲音說：需要改變了。

在這些過渡中，我們可能需要幫助，但我們的文化中缺少這種為
因應過渡或危機所準備的啟蒙。在這個過程中，原型可能變得活躍，
但由於缺乏儀式帶領者，我們沒辦法有意識地從中獲得新生。儘管我
們的專業文獻很少從閾限的角度來考慮痛苦，心理治療的儀式性維度
也只是在有限的範圍內得到承認，但心理治療確實可以透過涵容由閾
限產生的痛苦來滿足這種需求。

神話中的痛苦

神話對於深度心理治療師來說，是非常重要的，因為神話故事描繪了原型的情境及其心理和靈性的真相。我們會對這些故事產生共鳴，是因為它們所涉及的主題依然是存在的，比如，我們都會在某個時刻感覺自己像神話中的薛西弗斯。

我們有時可以把自己的故事放在神話中，或者把神話主題放進我們的生活中。當我們把自己的處境和人類的普遍經歷聯繫起來時，就不會感到全然的孤獨。墜入冥界（descent into the underworld）的神話主題，經常被用來比喻進入一段痛苦時期或是深入的個人探索[2]。這些故事隱喻了有意識的人格進入無意識未知領域的需要。如果這一過程進展順利，主角便會帶著一些寶藏或知識歸來；也就是說，雖然這種墜落很危險，但卻能夠帶來寶貴的發現。這種墜落可能沒有任何預兆。在古希臘的故事中，波瑟芬妮（Persephone）是一個天真的年輕女孩，冥界之王突然強行把她抓到了冥界，這種情況可能發生在任何被強姦、搶劫或被意外侵犯的人身上。從隱喻的角度來說，冥界代表了心靈的一個層面，其中包含了許多未發展或未知的東西，也包括深層的意義。如果一個人不能順利地完成這個旅程，他可能就無法返回，而那些最終回來的人也徹底地轉變了。

關於墜落有一個非常早期的神話，是伊南娜（Inann）的故事，這個故事寫在大約西元前三千年的陶土板上。伊南娜（也稱為伊什塔

2　原註 2：尤里西斯（Ulysses）下到冥界請教提瑞西阿斯（Tiresias）、但丁（Dante）是為維吉爾（Virgil）所引導、浮士德（Faust）則是由梅菲斯特（Mephistopheles）所引導。奧菲斯（Orpheus）出於對亡妻的悲痛，下到冥界試圖說服冥王哈迪斯（Hades）釋放尤麗狄絲（Eurydice）。歐西里斯（Osiris）、阿多尼斯（Adonis）、戴奧尼索斯（Dionysus），以及許多其他古代的神，在基督之前很久，都曾墜入冥界。

爾〔Ishtar〕，或是金星）是蘇美人的天地女神，也是掌管豐收、戰爭、愛情、生育和性的女神。在故事的開始，伊南娜聽到了來自「偉大的底層」（Great Below）的呼喚，想必是她自己內心深層的召喚。這種召喚就像是一種感覺，一種我們身上有什麼東西需要受到關注的感覺。一些看似非常穩定非常成功的中年人會意識到他們沒有為自己的使命而活，這時也許也會聽到這種召喚，然後他們會想要徹底改變一些事情，比如回到學校或者開始新的職業。

伊南娜聽到召喚之後，便宣佈要去參加姐姐丈夫的葬禮。冥界女神伊里伽爾（Ereshkigal）是伊南娜內心黑暗的陰影姐妹。從心理學的角度看，伊里伽爾和伊南娜可以看作是同一人格的兩個面向，其中一個生活在光明中，是光榮的女王，而另一個則遭到拒絕，被丟棄到黑暗中。伊里伽爾沒有親密關係，她很孤獨、沒有愛、也不被愛、被拋棄，心中充滿憤怒、貪婪和絕望的孤獨。為了彌補這些，她在性方面變得貪得無厭——有一個故事講的是她與一個進入冥界的男神持續交媾了六天六夜，第七天這個男神離開的時候，她仍然沒有滿足。也就是說，伊南娜的陰影中包含強迫性的性欲，以試圖彌補她的孤獨和被遺棄的恐懼。顯然，伊南娜感覺需要瞭解自己的這一部分。當我們墜入冥界時，我們會發現那些壓抑、被忽視或潛藏的方面。[3]

當伊南娜到達冥界的大門時，伊里伽爾並不歡迎這個「潔白無瑕」（all-white）的妹妹來訪，她因為曾經遭受的忽視感到憤怒，她嫉妒伊南娜的榮耀和輝煌，反觀自己卻不得不生活在黑暗的地方，吃泥土、喝髒水。作為一個內在客體，伊里伽爾代表了嫉妒伊南娜成功的角色。伊南娜是愛的女神，也是一顆閃亮的明星，而伊里伽爾想讓

3　原註3：有趣的是，哈迪斯／冥王星（Hades/Pluto）的另一個名字是財富之主（Lord of Riches）——他知道寶藏藏在哪裡。

她知道被拒絕是什麼滋味，她堅持要按照對待其他造訪者的方式來對待伊南娜，要她屈膝下拜。

冥界有七道門，「7」是一個傳統數字，代表一個迴圈的過程，是一個時期的結束，也是另一個時期的開始。因此，數字「7」經常與開啟新狀態的過程聯繫在一起。在每一道門門口，伊南娜必須以犧牲華服為代價才能進去，每次她都震驚又憤怒，問道：「這是在做什麼？」她得到的回應卻是：冥界的規則毋庸置疑，於是她把她華美的頭飾、項鍊、手鏈、胸甲、戒指、腰帶依次脫下。到了最後一道門，袍子也被脫去，她完全赤身裸體；換句話說，她所有權力和威望的象徵都移除了。從心理上來說，這提醒我們，痛苦是如何讓我們放棄我們的人格，放棄我們過去向世人展示自己的方式。伊里伽爾下令把伊南娜用鉤子掛起來，讓她慢慢死去，直到她的屍體變成腐爛肉塊；這是對極度痛苦的生動比喻。從故事的這一點來看，我們驚訝地發現伊里伽爾實際上正在分娩，所以可以把她想成是伊南娜的一部分，想要生出新的東西。這也許是伊南娜在天界時所聽說的痛苦，而正是這個部分誘使她墜入冥界。

在伊南娜進入冥界之前，她跟僕人寧舒布爾（Ninshubur）說，如果她三天內沒有回來，就去向父神們求助。第一個求助的父神是恩利爾（Enlil），他掌管理性，但在冥界的事情上，他不想和伊南娜有任何牽扯。第二個父神是南娜（Nanna），南娜也不明白她為什麼要進行這趟旅程，他們倆都對伊南娜很生氣，也不願幫忙。這種情況在父權體制中並不罕見，他們捍衛著那些所謂的常識，無法體會徹底改變的需要。但是，智慧和治癒之神恩基（Enki），認為伊南娜的旅程是非常有價值的，並意識到了它的重要性，於是他用指甲下的泥土創造了兩個無性生物，把他們變成專業的哀悼者，帶著同理鏡映伊里伽爾的痛苦。伊里伽爾呻吟，他們也呻吟，他們回應了她的疼痛和痛

苦，因而深深觸動了她，這一場景深刻地證明了同理心和見證的治癒作用。伊里伽爾想要給他們禮物，但他們只請求釋放伊南娜，只是沒有人能夠獲得離開冥界的許可。不過，伊南娜並不僅僅是造訪，她已經在冥界死去並且重生了，所以出現了新的規定。如果她可以找人代替她的位置，那她就可以離開冥界。於是，冥界的惡魔和她一起回到天界尋找代替她的人。這些惡魔非常殘忍，他們會拆散妻子和丈夫，孩子和父母。這代表無意識的需求是殘酷無情的。

伊南娜回來之後，發現兒子和僕人們都在為她哀悼，但她的丈夫杜木茨（Dumuzi）幾乎沒有注意到她不見了，他沒有為她哭泣，也沒有歡迎她回來，就好像丈夫並不關心她靈性的旅程，拒絕幫助她，沒有表現出絲毫憐憫之心。相反地，他在這段時間讓自己變得更強大。於是，伊南娜詛咒他，讓冥界的惡魔抓住他，從而迫使他面對伊南娜的黑暗面。杜木茨做了一個夢，他意識到自己必須進入冥界，他的姐妹也有同樣的命運，每個人都要在那裡待半年。

在面對部分遭受痛苦的自己的過程中，伊南娜不得不放下舊的自體死去，但最終還是活了過來，而且歷經靈性轉化。她現在瞭解了黑暗，回來時變得更強大，更堅定地維護自己的權利，並決心生存下去。伊南娜的故事在某種程度上預示了耶穌的故事，耶穌在墜入地獄之前也是受盡羞辱和折磨，最終被吊死，因此，伊南娜是一個早期的死亡和復活的神的意象。

伊里伽爾，冥界的女神，是對我們自己無意識部分的隱喻，只有透過墜落的方式才能艱難地接近。傳說她在生孩子的同時憤怒又悲傷。我們的無意識常常存在大量的悲傷，在遭受無法忍受的痛苦之前，我們會迴避這些悲傷，所以我們面對的方式往往是對錯過的機會、犯下的錯誤和必要的犧牲等的悔恨和痛苦。這個故事表明，面對這一切可能會帶來轉化。伊南娜在冥界的逗留轉化了她，因為她現在

受苦的靈魂：從深度心理學看痛苦的經驗與轉化

瞭解她的陰影姐妹，她可以更好地整合自己的另一面。

伊南娜的故事是用神話的方式來表現我們在遭受痛苦時所發生的事情。痛苦可能會削弱我們的權威和個人力量，經常讓我們失去尊嚴和人格。當我們在這個世界上的慣常存在方式不再起作用時，我們可能會陷入憂鬱之中，神話中冥界就是對這種狀態的隱喻。在那個時候，我們最喜歡的消遣方式，比如酒精、宗教、工作或娛樂，也都不再有用了。但是墜入冥界的靈魂是我們的一部分，一個我們迄今仍設法迴避的區域。通常情況下，強烈的痛苦表明我們在生活的其他方面出了問題，比如不值得的工作或需要關注的婚姻。如果是慢性疾病，可能需要持續數年時間才能墜入冥界。疾病會逐漸改變我們的身份認同和外貌——想想放療和化療帶來的變化。

大多數關於「墜落」的民間傳說和神話，如伊南娜的故事，都描述了啟蒙經驗所帶來的徹底改變。在磨難結束時，伊南娜被賦予力量，她意識到自己的黑暗，她看到了誰是真正關心她的人。伊南娜所經歷的那種墜落是進入靈魂深處奧祕的開始。要到達這一層次，就需要犧牲我們慣常的習性，重新找回我們未察覺到的某些價值。痛苦使自我面對它一直忽視的東西；痛苦也剝離人格面具，使我們關注那些從未有機會存在的部分自我。在經歷痛苦的階段，自我的主導權被削弱，因此痛苦的人常會經歷不同於尋常現實的聖祕體驗。

再結合（Reincorporation）

啟蒙過程的最終階段是在新的狀態下回歸社群。回歸個人新生活的時機各有不同，對有些人來說，這個過程很迅速，對有些人來說則是漸進式的，還有一些人則會在一段時間內在閾限狀態和新狀態之間來回搖擺。有時，由於家人或同事的不理解，以至於個體在改變時面

臨困境，特別是當他們需要個體按照舊有的方式思考和行為時。

心理治療和儀式過程

　　心理治療可以視為一種現代版的儀式過程，為正在經歷閾限階段的人們提供幫助。從廣義上講，儀式是一種象徵性地表達思想、情感、意識形態（如宗教信仰和社會規範）的行為。儀式能讓我們把注意力集中在重要的價值上。在宗教的背景下，儀式表達了與神聖的聯繫，並且經常會重述某個神話故事，比如在逾越節家宴上講述的出埃及記（the exodus from Egypt）。聖餐再現了新約中記載的最後的晚餐。儀式特別強調身體和手勢，所以會透過身體和手勢影響非理性或無意識的心靈層面。除了宗教中的多種儀式之外，還有許多其他類型的儀式，讓我們可以表達改變的經驗，標記生命的關鍵時刻。常見的類型是轉變（transition）儀式、問候儀式、團聚儀式、季節變化的儀式、康復儀式、出生儀式和死亡儀式。在婚禮或葬禮守靈等場合共進晚餐是一種聚集和建立關係的儀式，這些熟悉的社會儀式有時會有治療效果。我們會使用一些私人或公共儀式來緬懷和紀念某個重大事件。在九一一或大規模槍擊事件等悲劇發生後，我們會在災難現場看到鮮花、蠟燭、照片和其他紀念品。很多人的日常生活都有一些簡單的個人儀式來幫助自己緩解壓力，比如在一天中的某個時間泡杯茶或喝杯酒。

　　「觀眾」是儀式中很重要的一部分。如果身邊有一幫忠實可靠的人會很有幫助，也可以獲得支持。例如，匿名戒酒互助會（Alcoholics Anonymous）有一個儀式過程：一個介紹、一個故事、一場討論和十二步驟（像一種神聖箴言一樣）。參加匿名戒酒互助會的酗酒者在儀式上公開承認他對酒精無能為力，這種接納是在一個有幫助的團體

中進行，而團體就成了重要的懺悔見證者。在某種程度上，酗酒是一種終生的閾限，因為一個人總是在恢復中，卻從來沒有完全恢復。

　　人類需要經歷儀式，死亡就是最明確的證明。所有的文化中都有葬禮儀式，這可能是最常見的形式。一些宗教傳統教導，圍繞死亡的儀式有助於死者的靈魂繼續前進，即過渡進入新的維度。哀悼儀式也給倖存者標記出一個閾限階段：喪親之人的生活已不是過去的樣子了，但也還沒有變成未來的樣子。喪親之人對未來的生活少了些許確定感、他或她的情感變得很脆弱，情緒也非常複雜，悲傷、絕望，也許還會感到自由。哀悼儀式正是這些感受的容器。人們聚在一起，我們認識到共有的人性，意識到我們屬於某個特定群體，也認識到生命的有限性。

　　約瑟夫・坎伯（Joseph Campbell, 2008）根據英雄之旅的神話主題描述了啟蒙的過程。往往這些啟蒙的過程始於對轉化的召喚，這種召喚可能會被接受，也可能遭到拒絕。隨之而來的是一場嚴酷的考驗，有時會有貴人現身、給予指點；如果一切順利，你會發現價值連城的珍珠和寶藏。值得注意的是，這種啟蒙也可能失敗，即使成功，它也會是一個循環往復的過程。約瑟夫・漢德森（Joseph Henderson, 1967/2005）指出，雖然英雄神話一般是關於自我發展的，但也有超越自我的啟蒙形式。從發展的角度來說，一個人在英雄位置上不得不鬥爭的感覺，發展到要接受啟蒙、必須要服從的感覺，是一個從對個人力量的需要到對意義的追求的過程。漢德森認為，啟蒙是一段必經的過程，只有必要的痛苦才能讓個體打開眼界，看到他或她原來無法看到的東西。他指出，從歷史上來看，啟蒙的原型命運是「不斷被遺忘，必須重新被發現」（p. 9）。

　　在精神分析的發展早期，人們對儀式的態度很矛盾，因為大多數作者把它與傳統宗教聯繫在一起，而從佛洛伊德起，人們視傳統宗教

為迷信。然而，在我們的社會中，心理治療可能是儀式過程的一種世俗形式，雖然儀式在現代社會名聲也不怎麼正面，所以一個科學導向的治療師可能並不認可這個想法。儘管如此，治療性儀式已經用於夫妻治療、家庭治療以及部分哀傷工作之中了（Cole, 2003; Imber-Black, 1988, Kobak, 1984; Bewley, 1995; Moore, 2001）。心理治療有其儀式般的行為規範，只能發生在特定地點和特定時間，因此進入諮商室意味著進入了一種分離階段。閾限階段便是一種嘗試新行為、新想法、新身份、新資訊，以及產生心理變化的時期。一些分析的培訓計畫認為自己提供了通過儀式，而這些機構的把關人認為自己是在啟蒙學員。這種培訓方法的陰影面是，對候選人的虐待可能合理化為一種啟蒙的形式。心理治療的儀式性包含了治療的框架和抱持性的環境。當心理治療被視為一種啟蒙過程時，治療師就像主持儀式的長者，在危機時刻提供靈性的指導，並引導整個過程。心理治療師有專業知識，也曾親自經歷過；這是一個牧師的角色，受到傳移、個人經驗以及啟蒙的原型過程所影響。

榮格認為，透過心理治療探索無意識的過程是一種當代的啟蒙形式（*Letters*, vol. 1 p. 141）；對無意識進行分析是唯一一種至今仍在西方實踐的啟蒙過程（CW 11, p. 515）。他寫道，雖然心理治療是當代的啟蒙儀式，但不是集體儀式，因為從夢中無意識產生的符號和徵兆是個人的、自發的，而不是由傳統規定的（CW 11, p. 523）。根據榮格的思想，漢德森（1967/2005）描述了治療過程中反復出現的啟蒙有三個組成部分，分別是服從（submission）、涵容（containment）和解放（liberation），摩爾（Moore, 2001）則新增了實踐（enactment）。我們服從於一個具有自主性的心理治療過程，服從於一種契約、一個框架，以及時間和金錢上的犧牲。涵容使我們能夠在治療中面對艱難的真相；表達痛苦的感受，而不用擔心遭到報

復；帶著「治療師能夠涵容所呈現出的一切」的希望。實踐意味著嘗試新的思維方式和新的行為方式、發展新的自我觀念、嘗試新的自我意象。在心理劇、沙盤工作、行為治療或積極想像等治療中可能會有實際的實踐。

心理治療儀式通常用於幫助患者經歷過渡階段，如喪親之痛或離婚，或是紓解憤怒或原諒寬恕。要發展一種儀式，治療師和患者首先要共同選定一個象徵物，這個象徵物是當下情境和目標的具體表現。例如，一個處於離婚狀態的人找到過去在婚姻生活中所收藏的物品，如照片或信件等，然後儀式性的燒掉它們，這種事對離婚的人來說並不稀奇。這樣的個人儀式沒有宗教傳統和歷史根源，但卻在個人情感層面有著重大的意義。

有時治療性儀式包含靈性元素，如利用個人宗教傳統的祈禱或冥想，或者只是承認自我之外的超個人力量的存在。這種情況下，儀式需要信念的支援，即相信改變將得到超然力量的支援。與心理治療師一起工作時，儀式是基於所需要的改變來規劃和設計的：點燃蠟燭，用鹽和水畫一個神聖的圓圈；穿著特定的衣服，如儀式長袍；準備好祭壇。如果患者有這樣的傾向，就可以啟動超個人維度，也可以焚燒信件或照片、撒去灰燼；把消極的自我評價寫下來燒掉，同時播下種子代表積極的肯定；還可以讓患者畫一張兩種不同人生道路的地圖、畫出中途站，或是繪製一張地圖，代表她現在的人生，而另一張是她所希望的人生，患者可能會添加一些特徵，比如森林、山脈、河流或懸崖等。象徵物可以透過寫日記、冥想、集中注意力或討論自動浮現出來。原型或神話人物，如神或女神，也可以用來代表先前的狀態或新的狀態。科爾（2003）的一位患者使用了聖布麗姬（St. Brigid，與凱爾特〔Celtic〕神話中的布麗姬同名）作為象徵；聖布麗姬是治療和生育的女神。對這位患者來說，聖布麗姬體現了她想在自己身上培

養的力量和創造力。在這些儀式中，治療師擔任引導者或見證者的角色。最後還需要一些結束語和感謝的過程。

蘭多（Rando, 1985）列舉了心理治療哀悼儀式的例子：一個女性患者和她的治療師一起給女兒掃墓：她在墓前放上了鮮花，訴說著她的失去，談到她何時才能與孩子再次團聚。她把一半的花帶回家，一半留在墓前。這個簡單的儀式讓她認識到自己的失去，促進了哀悼的過程，並保留了對女兒的記憶。一個男性的兄弟自殺了，他回到事發地，在現場種了一棵樹。蘭多注意到這種儀式有一種將無形的東西具體化的能力，並且允許「見諸行動」、也允許透過行為來表達情感，包括那些可能很難定義的情感。儀式不僅標誌著轉化，還能幫助我們完成轉化。

徹底接受痛苦：
臣服的過程

接受的需要

生活中有些時候，痛苦會讓人完全失去因應的能力。也許曾嘗試過一切可能的方法，但都沒有效果，強烈的痛苦依然存在。因此，不論對無神論者，還是那些相信現實中存在靈性的人來說，直接接受這種不可避免的痛苦是一個可行的選擇。徹底接受或臣服，可能會促進人格的發展，也會深化對這種可能性抱持開放心態的人的靈性。對那些在任何時候都堅持獨立，並習慣於掌控自己處境的人而言，即使放棄控制是更明智的做法，他們也絕不會放棄，這表明了他們性格上的僵化，缺乏對他人的信任或與他人的連結。情感上的成熟要求我們學會辨別，在某些特定的情境中，究竟哪種方式更合適？是嘗試掌控還是臣服？

當與處於絕望困境中的個體一同工作時，心理治療師可能會看到各式各樣的反應。非宗教人士可能會簡單地認為所發生的事情只不過是偶然的不幸，是生活中無法解釋的悲劇之一。對這些受苦受難的人來說，當他們無能為力時，向現狀臣服似乎是一種必然的適應。當致力於傳統宗教的人經歷強烈的痛苦時，他們可能會臣服於他們所認為的神聖意志或超越現實（transcendent reality）。無論如何假設，在這種情況下，對他們而言，臣服就是靈性的實踐。臣服是有意建立或維持與超個人領域的連結，無論這是不是被理解為猶太教與基督教的上帝、自性、一個人的真實本性，或是威廉‧詹姆斯所說的更高層次的力量。不論一個人的臣服動機是否以靈性為導向，這個過程通常會產生有益心靈的效果，使人感到從衝突中解脫出來的釋放。華萊士（Wallace, 2001）將這種靈性和心理過程的結合稱為轉化臣服（transformative surrender）。如果一個人正遭受痛苦，那麼關注並對痛苦保持開放，同時對自己帶著悲憫，便是除了抵抗和恐懼痛苦之外

的另一個選擇。這種臣服過程讓我們能與痛苦和我們對它的反應保持距離。許多靈性教導都在教導我們如何在面對痛苦時，與本能或習慣性的抗拒斷然分離。

臣服可能會使人對他人產生成熟的依賴，或與他人以從未體驗過的方式建立某種程度的連結。在難以忍受的痛苦面前，臣服可能意味著放棄一個人從前的信仰和觀點，或放棄為了全能控制自己的生活或控制他人所做的畢生努力。強烈的痛苦會使我們認識到，我們未必是命運的主人，生活不會迎合我們的個人喜好，於是，人們可能會向自己的侷限、弱點和有限投降。然而，對於那些需要時刻保持警惕的人來說（比如缺乏基本信任的人，或者是需要藉由控制環境而獲得安全感的人），臣服或投降都很困難，因為他們從小就需要面對危險的照料者。如果一個人無法平靜地涵容痛苦的情感狀態，臣服也會很困難。對於具有自戀型人格結構的人來說，這個過程尤其困難，因為自大、權力、支配和控制正是他們用來防禦痛苦的空虛感和羞恥感的方式。放棄這些伴隨終身的防禦方式，其過程可能異常艱難；而且如果這些防禦曾用來支撐虛弱的自體感，一旦放棄可能會引發崩解焦慮。放棄自戀的防禦（如誇大）之後，也許會發展出成熟的人格適應（如平和或和諧一致感）等，但如果這些防禦機制瓦解了卻沒有任何替代物，那這個人可能會陷入憂鬱或焦慮。

徹底接受意味著全然接納自己所處的環境。當一個人在做了自己所能做的一切之後，意識到他已經無法掌控，再多掙扎也是徒勞的時候，他就不會再試圖控制局面，而是任由事情自然發展，不做任何反抗，甚至（在一些靈性傳統中）把體驗事情的本質視為必然。然而，「臣服」這個詞具有挫敗和失敗的文化內涵，所以在一個重視自主、掌握和控制的文化中，接受這個過程可能很困難。同時不幸的是，「臣服」這個詞的弦外之音還帶有軍國主義色彩。然而，我們不得不

接受不快樂的狀態，才能帶來改變。我們必須經歷特定心境或有意識地承受一段時間，直到理解它們的目的和意義。這種心態需要我們同意接受當下的處境，而這也是自憐（self-pity）的解藥。[1]

關於「徹底接受」最好的例子，便是那些患有慢性疼痛的人。他們可能需要接受自己不得不帶著疼痛生活，也許還需要從疼痛中學習，而不是不斷地抗拒疼痛。這種接受需要對痛苦敞開心扉，放下抵抗。接受痛苦並不意味著聽天由命，而是在不逃避或不控制痛苦的情況下繼續更重要的事情。如果我們可以接受痛苦，那麼它所帶來的與疼痛相關的結果將是積極的（McCracken et al., 2007）。如果我們生病了，疾病就成為我們的一部分；這並不表示我們只能消極、被動，不努力面對，而是嘗試接受無法避免的疾病。

關於臣服是應該刻意為之、故意引發（自願臣服）？還是自發發生？還存在一些爭議，這些爭議使得臣服看起來像是某種恩典的行動。認為臣服應該是自發發生的人指出，如果一個人為了重新控制局面而試圖臣服，那就不是真正的臣服。臣服當然是自發發生的，有時是靈性實踐的結果，如祈禱或冥想，有時是危機狀態下極度疲憊的結果。然後你會感受到，內心好像有什麼東西失去了控制，逐漸失控，抑或是瞬間崩塌。例如，當一個人放棄掙扎之後，感覺絕望那段時間可能就會皈依宗教。威廉·詹姆斯認為（1958, p. 121），臣服的過程「常常是突然且自動的，並給人留下一種印象，他已經過外在力量的歷練。」

有些人認為臣服是一種可以透過努力達成的內心狀態，他們特

1　原註 1：回顧一下單詞「suffer」的詞源很有用，它起源於拉丁語動詞「ferre」，意為「攜帶」，以及詞首「sub」或「under」；也就是說，痛苦意味著我們承受了一種負擔。相反地，「憂鬱」這個詞意味著被壓下去；也就是說，我們對負擔的感受可以是有意識地、有意義地忍受或承擔，也可以是毫無意義的壓迫。

別強調靈性實踐的事先準備與臣服願望的結合，這些因素對臣服有所幫助。在相信人們可以刻意誘發臣服的陣營中，羅斯奎斯特和她的合作者（Rosequist and her collaborators, 2010）描述了「主動臣服」的過程，這是一種有意識地接納、並向神聖臣服的靈性實踐。她描述了一些方法，以鼓勵癌症患者積極接受疾病帶來的生理、情感和心理變化，比如教導患者各種減壓和冥想技巧，鼓勵他們尋找自己的人生目標、可能阻礙實現人生目標的觀念。這種觀點認為，靈性臣服意味著，能夠認識一個表面看似負面的處境所蘊含的更高價值、體驗自己與超驗現實的關係，或是透過與神聖連結來因應疾病所帶來的存在挑戰。

宗教傳統中的臣服

對痛苦的徹底接受，或真正的臣服，並不依賴任何特定的宗教傳統或任何具體的有神論的上帝意象。一個人常常會在閾限階段被迫臣服（已在第九章中討論），在這個過程中，他對於結果一無所知，所以臣服往往需要在更大的過程中保持信任或信心。有研究表明，宗教人士的臣服可以降低個人的壓力水準（Clements 等，2012）。通常情況下，有神論宗教傳統建議人們為了促進靈性的發展而臣服；這個過程通常被描述為「放下」（letting go）（Cole et al., 1999）。威廉・詹姆斯指出，對於這些傳統的信徒來說，「要把事情變得輕鬆和幸福，任何情況下都少不了宗教。」（1958, p. 67）。向神臣服、臣服於神，是伊斯蘭教、基督教和猶太教的核心。在印度教的傳統中，《薄伽梵歌》（7:14）告訴我們，只有那些臣服於神的人才能得到啟示，才能超越幻象（maya）的錯覺，這些幻覺阻礙了我們認識現實本質的非二元性——認識自己與宇宙或自己與神之間並無差別的智

慧。道家教導無為的修行，是指行為上的不作為，意思是如果我們允許事情自然地發生，放棄控制事情發生的需要，宇宙就會自發地以它原本的方式展開。佛教教導我們，必須放下自我（也就是獨立的實體或長期的身份），放下對短暫事物的依戀。冥想和正念需要我們放棄意志，讓意志隨著當下的體驗流動。像佛教、吠檀多不二論和道教等非二元傳統宗教都教導現實非二元層面的存在，在這個層面上每一件事和每一個人都相互關聯。這種哲學理念主張，無論現實的外在表現如何，都要徹底接受它；不要因為現實令人不快，就抱怨現實出了差錯。這種哲學理念假設，現實本身是完美有序的，無論發生什麼都是宇宙智慧秩序的一部分，不需要人類的評斷，甚至不需要試圖在痛苦中尋找意義。從非二元的觀點來看，當我們因為某物可能引發痛苦，而斷言它是邪惡的，這個判斷是人類對現實之統一本質的投射，現實本身只是以它所是般存在。因此，對待痛苦的非二元方法認為，不管現實是什麼，都要徹底接受。我要補充一點，這並不意味著被動或不作為，因為人們會根據自己的狀況來因應不同情境；這也不意味著勉強容忍或順從。徹底接受意味著我們完全擁抱當下的情境，因為我們認識到「超驗背景」的存在，我們是其中的一部分，這是無法避免的。任何必要的行動都源自於接受的態度，而不是對處境的抵抗、痛苦或憤怒。「在某種程度上，如果我們對痛苦的反應是出於憤怒或恐懼，就會有造成更多痛苦的風險；相比之下，源自於接受的行動則會減少摩擦，使我們的內心得以平和」（Corbett, 2011, p. 256）。重要的是不能把臣服的概念當作一種防禦，以逃避必要的行動。（針對非二元性心理治療方法，科貝特〔Corbett〕在二〇一一年的文章中有更詳細的討論）

現今，心理治療師發現有一些人有自己的靈性形式，但並不認為自己是屬於任何宗教傳統的一部分。對這些人來說，遭受痛苦時，他

們可能的靈性反應也是回歸對超驗層面的信任，但不會以任何傳統有神論的方式將其概念化（不一定是某種人格化的神）。榮格學派處理靈性的方法也許對這些人來說有幫助，因為關注超個人心靈在夢境、幻象和共時性事件中的顯現，可以使個人的靈性得以發展（Corbett,2007）。

心理治療中的臣服

西方模式的心理學和心理治療聚焦於發展具有堅實邊界的強烈自我感或強大的自我。這裡所說的自我指的是經驗的主體，它決定了一個人的行為，如何抵禦焦慮、如何與他人相處、如何理解世界並使其具有意義。強大的自我能夠自由地選擇，能夠好好控制自己。在心理健康狀況良好的情況下，自我感或自我完全可以自我滿足或者自我覺察，但在面對衝突、失敗的親密或依戀關係，或者發展缺陷時，也可能表現出不同程度的脆弱。傳統的觀點認為，治療師和患者之間的關係是基於雙方各自獨特的自我位置，就好像治療關係中存在兩個獨立的主體中心。根據治療師所屬的不同學派，治療的目標也會有所不同，也許是增強自體、提高自我覺察、減少內在衝突、提高對痛苦情感的容受能力，或者改善與他人的關係等等。

有些心理治療強調發展穩固的自我，這是我們文化對於駕馭和控制的偏好所導致。這種偏好部分是受到機械主義、科學世界觀長期以來的主導影響，加上對於像是臣服這樣被視為軟弱特質的排斥。在心理治療師的群體中，這種對掌控和自我力量的偏愛似乎從佛洛伊德本人就開始了，他不喜歡任何形式的臣服，不論是對提出創新想法的同事，還是對整個世界。也許是因為他不喜歡臣服，他堅持把理性思維放在首位，貶低宗教，甚至無法欣賞音樂。但他認為，患者必須屈

服於傳移關係和自由聯想的過程。他在一九二二年出版的《團體心理學與自我分析》（*Group Psychology and the Analysis of the Ego*）一書中說到，人們透過與強大的領袖或團體融合的方式，放棄他們的自主權，以此來緩解無助感。同樣，他在一九二七年的《一種幻覺的未來》（*The Future of an Illusion*）一書中也提到，皈依宗教是因應無助的一種方式。而隨後發展的自我心理學則繼續強調自我的力量，認為自我的力量是掌握內部衝動和因應外部世界的能力。

近年來，尤其是在寇哈特和關係理論學家的著作中，我們逐漸瞭解，我們的思想內容和自體感源自於人與人之間的關係和交互場域。自體感並不是孤立的，而是有關係建構而成，並且依附於社會關係而存在，如果沒有關係，就不會有自體感。關係理論學家現在強調的是治療關係的相對平等和交互性，不再認為治療師應該處於特權位置、懂得更多知識。雙方都將自己的主體性帶入了治療場域，並且受到治療場域的影響。如今，許多精神分析師認為心理治療中發生改變的主要機制，是治療師和患者之間相互的情感參與。有時，心理治療不僅涉及患者的情感臣服，也涉及到治療師的情感臣服（Knight, 2007）。

伊曼紐爾·列維納斯的著作隱含一種心理治療取向，甚至比當代背離經典精神分析取向更加激進。列維納斯看待自我（self）的方式很極端。對他來說，其他人，或者他所謂的「他者」，無法用任何理論分類來強行概括——他者無法用概念來表徵。此外，自我（self）有遠遠超出自身的責任；自我不僅是由他者構成的，並且受到召喚全然為他者負責，包括那些我們不認識的人。這些責任比自我的存在更重要。正如他所言：「『我』這個詞意味著對每件事和每個人都負有責任。」（1996, p. 90）。事實上，自我誕生於對他者的道德責任；我們身份認同是以作為責任的人質而出現的，並非源於自我反思

受苦的靈魂：從深度心理學看痛苦的經驗與轉化

（self-reflexive）的能力。但是從傳統意義上來說，自我也可能是利他的，在照顧自己的同時也出於同情善待他人。列維納斯的想法更為激進，他認為，對他者負責的程度，應該要用自己來代替他者，如果有必要，甚至是為他者犧牲自己（Bernasconi, 2002）。

犧牲（已在第三章中詳細討論）是臣服的一種形式。在心理治療中，患者需要投入大量的時間、金錢、精力和情感，還要臣服於傳移，換言之，患者需要有所犧牲，但卻很少人提及治療師付出的時間、努力等犧牲。我們一直都知道，心理治療師不能以患者的利益為代價來滿足自己的需求，因此治療師必須犧牲這些個人需求。很少有其他職業能讓一個人每天承受痛苦、挫折、憤怒、拒絕、無助以及他人的誘惑。治療師必須臣服這一切，就像患者必須臣服無法預知結果的心理治療過程一樣。精神分析學家伊曼紐爾·根特（Emmanuel Ghent）認為，治療的轉化正是透過這個臣服過程出現，並且對於臣服「有一種類似普遍的需要、願望或渴望」（1999, p. 218），可能會表現為許多不同的形式。與溫尼考特、寇哈特一樣，根特也認為早期發展中有一個獨特的核心自體受到扭曲，他相信這樣的自體狀態會渴望一種超然（transcendence）；在這種狀態中，它可以卸下任何防禦的盔甲，徹底地臣服。真實自體渴望自由、渴望展現自己，但是當照顧者過於干涉或侵入時，真實自體放棄的本能在成長過程中遭到破壞，導致我們屈從（submit），而非臣服。屈從意味著我們簡單地順從另一個人，順從他擁有的所有權力和對自體的欺壓，屈從充其量只是一種權宜之計。根特認為，在真正的臣服中，我們發現了他人的真實，並以自身的真實來回應，我們發現了與其他生命的合一。真正的臣服所指的是找到自己的身份認同、實現自己的完滿。臣服是一個自我清空的過程，這個過程會帶來個人的成長和轉化。他認為，我們的內心深處埋藏著對環境的渴望，用溫尼考特的話來說，就是我們渴望

環境中的某些事物能夠讓我們擺脫虛假自體。根特借鑒了溫尼考特的概念，他認為心理治療為真實自體提供了解凍的機會，讓真實自體有了出生或重生的希望。

正如艾文·杜克（Alvin Dueck, 2007）所指出，列維納斯和根特的目標都是自我清空和臣服，並且犧牲了傳統意義上有界限的笛卡爾式自我。然而，不同的是，根特相信有一個真實存在的自我，一種本體論上的真實身份，臣服就是為了這個真實存在的自我；列維納斯則反對任何本體論自我的意識形態，因此也不會認同榮格關於超個人自我性的概念。此外，根特認為屈從於他者的力量是消極的，列維納斯則認為，只有向他者放棄自我時，我們才真的擁有自我。列維納斯說，作為治療師，我們應該犧牲自己，以贖罪的方式為患者承擔他們遭受的痛苦，即使我們並沒有犯下虐行，也要對患者的痛苦負責。杜克指出，根特對臣服和犧牲的關注對心理治療做出了重要貢獻，不過根特仍然固守著西方傳統的假設，即認為自我是一種具有本體意義的實體，以及穩固的自我非常重要。根特並沒有像列維納斯那樣，強調他者是道德行為的來源。然而，杜克認為列維納斯的觀點「破壞了關係作為工具，以及患者視為治療計畫的整個治療概念」這麼說是因為，列維納斯派的治療師「常常遭人控訴或指責，認為他們無法退回到遠離他者的內在安全基地之中……治療師甚至都不知道他們為什麼要承受這樣的指責」（2007, p. 613）。治療師為他者所擾、因他者不適、因他者無言；治療師的自我之牆被打破、治療師的身份感被犧牲，因為治療師承擔了對他者的責任。治療師用他者的利益取代了自己的身份感，為他者犧牲了自我滿足。這是一個自我清空的過程，背負他者的內疚和罪惡，也為患者所受到的壓迫承擔起責任。

特別是透過關係工作的時候，心理治療中會出現這樣的時刻：參與雙方（不僅僅是患者）必須放棄自己的一些防禦，向對方暴露彼

此。這種情形對雙方來說都是令人感到渺小的時刻，可能會出現各種各樣的恐懼，比如害怕脆弱、害怕太過親密、害怕做得太多或做得不夠、害怕遭到拒絕以及其他痛苦的情感狀態。對這些材料的治療性肯認和探索非常有幫助。這種健康的、有治療意義的臣服，與互相傷害的施虐性控制和受虐性屈服形成對比。治療中任何一方的關係模式都可能導致施受虐關係，並且使治療陷入僵局（Ghent, 1999）。

伊達（Hidas, 1981）指出，臣服也許不會立即帶來超然，但可以打開通往「靈性之旅」的大門，靈性之旅中體現著不同層次的邪惡及其淨化的過程（p. 28）。因此，治療師必須對患者的靈性之路有一定的認識，而不是對一個試著放下自我意識的人（例如在佛教的脈絡中）仍然堅持要強化其自我意識。換句話說，靈性層面的臣服或放下，可能與某些心理治療的傳統目標是相衝突的，這些目標強調的往往是個人力量的發展以及對生活的掌控。

人的一生中，有時會為了安全或保存能量以備將來之需，而不得不後撤或撤退，暫時離開某個環境或是遠離一段關係。比如，在困難時期，人們可能參考《易經》第三十三卦的建議：為了在更好的時間前進而歸隱或撤退，即法國人所謂「以退為進」（reculer pour mieux sauter），後退一步，準備充足再跳躍。或者，第三十九卦的建議：知難而退。如何選擇，取決於治療師所投身的治療類型，比如很多治療師不會試圖增強自我的力量，而是強調自我必須臣服超個人自性、內心的聲音或超越自我的力量，榮格就是其中之一。只有在接受痛苦後，痛苦才得以轉化。如果一個人周圍的氣氛變得輕鬆，我們知道他接受了自己的痛苦，也能感受到他的內心更加自由了。

在很多神祕主義宗教中，臣服是很常見的練習，它往往是基於這樣的理念：如果我們放下或清空個人的自我，就會體驗到與神的結合或更深層的關聯。為了這個目的，我們必須放棄個人的意志和欲望，

並且全然接受一切。我們的個人意志和喜好或對自我意識的關注，常常被視為一種限制，阻礙我們與超個人維度的連結。只有放棄個人自我，才能找到神聖的大我。在禪宗的傳統中，西元七世紀的禪宗三祖僧璨（third Patriarch Seng-T'san）說：「至道無難，唯嫌揀擇。但莫憎愛，洞然明白。」當然，問題在於，不管我們談論的信仰是有神論的上帝還是佛陀的教義，這種放棄個人意志的態度需要對絕對真理（Absolute）的全然信任，但絕對真理的終極目的（即便有）卻非常隱祕。

對榮格而言，個體化的過程，或者說是人格充分發展的過程，是一種需要自我向超個人層次的心靈或自性臣服的過程。當我們面對生活危機所帶來的劇烈痛苦時，這一點體會尤為深刻，自我會在劇烈的痛苦變得無助。不過，即便日復一日的個體化過程中也不可避免會涉及痛苦，自我不得不犧牲自己的某些部分以促進心理發展。榮格相信，隨著個體化過程進展，自我會逐漸意識到它只是「更高主體的客體」；也就是說，我們意識到有更大的事物能夠覺察我們，因此自我必須放下它的中心感。就好像我們必須犧牲我們珍視的關於自己的幻想，才能讓更深層次的東西浮現出來（Jung, CW 7, p. 265）。對「癮君子」來說，這可能需要到達俗話說的「觸底」。觸底之後的臣服能促成必要的意識發展或靈性覺醒，但這個過程需經歷很多痛苦。榮格發現不是每個人都有能力實現這種必要的臣服（CW 16, p. 82）。在心理治療的實務中，這種自我的犧牲可能會以肢解或死亡等象徵出現在夢境之中。

臣服與屈從

把「臣服」和「屈從」區分開很重要，「屈從」的含義是屈從於

受苦的靈魂：從深度心理學看痛苦的經驗與轉化

另一個佔主導地位的人，放棄權力與控制。根特（1990）認為，屈從會導致自我意識的萎縮，從而使人成為受他人控制的傀儡。因此，屈從聽起來是被迫的，對關係具有破壞性。而我用的「臣服」一詞所指的意思是，為了更大的事物犧牲自己重要性的一種方式。但我也必須承認存在病態的臣服，比如受虐狂的例子。

受虐的痛苦

　　徹底接受痛苦存在一種風險，很可能被當作是神經質般的受虐狂，而不是真誠的靈性實踐或是發展人格的重要過程。在這個章節開始之前，我必須指出，人們很擔心「受虐狂」成為將社會失敗歸咎於女性的歧視女性的方式，這個詞彙一直備受爭議，從 DSM 中移除也有部分這個原因。不過，雖然有史以來這個問題一直存有性別偏見，但是因為無意識的原因而長期自我挫敗的現象確實存在，而且不分性別皆是如此。在傳統的精神分析理論中，受虐意味著因為罪惡感而導致對懲罰的無意識需求，無意識地造成很多痛苦，比如不斷發生的事故、經濟損失或破壞性關係等。提出互為主體性理論的學者認為，當早期創傷干擾自體發展時，會透過受虐行為試圖將瀕臨崩潰的自體感凝聚在一起（Stolorow et al.1980）。無論其病因是什麼，受虐狂都會表現出這些特點：長期痛苦、抱怨、自我貶低，有時也會無意識地希望用自己的痛苦折磨他人。重要的是，「受虐狂」一詞並不代表這個人喜歡痛苦和折磨。佛洛伊德注意到，有時受虐與性無關，所以他創造了「道德受虐」一詞，描述那些為了更重要的目標和更偉大的善而受苦，而不是為了性而受苦的行為。受虐行為背後是有目的的，其中蘊含著人們（有意或無意地）追求的其他形式的解脫，解脫使得痛苦更有價值，比如受傷的感覺像是為一段感情所付出的代價。那些看起

來像道德受虐的行為不一定都是病態的，有些時候道德受虐的意義是為了更偉大的價值犧牲自己的生命或幸福，這也部分說明了為什麼我們還不能明確地將宗教殉道者認定為受虐者。有些道德受虐者有點狂妄自大，或者感覺自己在道德上比施虐者高人一等，或是蔑視那些不能從容面對困境的人；在這種情況下，受虐是一種增強自尊的方式，意味著「只有我可以」。憂鬱型特質的人會覺得自己不好，而受虐狂則會把這種自己不好的感覺投射出去，讓施虐者在道德上顯得低人一等。與憂鬱型特質不同的是，受虐狂很容易對人們如何對待他們感到不滿，因為他們覺得自己不應該受到不好的待遇。

受虐的人常常會自我犧牲，把自己的需要投射到他人身上，然後照顧他人（也就是反轉〔reversal〕的防禦機制）。他們常常抱怨自己是命運的受害者，遭心懷不軌的人所陷害。當涉及到自己的需要時，他們又會變得很謙遜，過度順從。他們由此獲得的情感解脫要遠遠大於所遭受的痛苦。在心理治療中關注到這種受虐特質是很重要的，部分原因是它很容易與憂鬱症混淆，另一原因是患者會無意識地不願好轉，對改善產生阻抗。

受虐行為有多種發展來源。最早解釋受虐行為的嘗試來自於佛洛伊德。最初他也很難解釋為什麼人們會以傷害自己的方式行事，直到後來他把受虐行為看作是死亡本能的表達，但因為這種解釋太過形而上了，所以並沒什麼效果。有些兒童可能會為了獲得關注或關心，出現讓自己痛苦的受虐行為。還有些孩子為了維持和父母的聯繫，不惜犧牲自己的幸福（這裡的痛苦就是依戀和關係的代價）。因此，憂鬱的患者會感覺沒有人真的支持他們，而受虐的患者卻是，如果他繼續向治療師展示他遭受了多少痛苦，他就會得到他需要的東西。

受虐性臣服是一種有問題的臣服形式。根特（1990）認為某些受虐狂的例子中，臣服確實起了一定的作用，但是受虐地向他人屈服

並不是真正的臣服，而是扭曲。事實上，屈服和受虐是真正的臣服的對立面，真正的臣服意味著放棄防禦屏障或人格面具，表達真實的自我。他認為，受虐恰恰可以證明，遭到埋沒的一部分人格迫切需要被挖掘出來。

受虐行為的背後是一種更深層的渴望，渴望被觸及，而不是被孤立，渴望在安全的環境中看到他人，也被他人看到和瞭解，這會使受虐者感到真實。不幸的是，那些未來會成為受虐者的孩子，他們的父母對真實自體往往特別挑剔，他們會壓抑孩子的自我表達，所以受虐者覺得暴露自己的真實自體，對他人來說是一件無法接受的事情。受虐群體身上存在的主要問題是他們害怕自己的情感體驗，特別是充滿活力和快樂的感覺，他們必須犧牲這些感覺，因為這些感覺的存在會挑戰他們與父母之間的原始紐帶。因此，痛苦就成了唯一一種既能與他人保持聯繫、又沒有任何損失風險的方式。這裡要提醒的是，為了更偉大的善而接受痛苦並不一定是病態的。有時，我們會為了那些比自己感覺舒適更有價值的東西而不得不受苦，或者是為了他人而冒生命危險（這個問題在第五章討論過，即利他主義，或者說〔不管是真心還是防禦性地〕將自己奉獻給他人或事業）。這樣的行為不應該視為受虐性，因為當人們意識到痛苦對自己的發展非常必要，或者痛苦在更宏觀的過程中是有意義的，人們會心甘情願地接受痛苦。

由此而論，也是大家已經公認的事實：成為一名心理治療師可能也有受虐的一面，比如需要付出的情感代價，而瞭解自己對這個問題的偏好傾向很重要。治療師的受虐可能會以反傳移的形式出現，表現為對整體心理治療工作的挫敗感、強烈的厭倦，或對患者的敵意，或過度要求受虐的回應。在幫助他人完成自己的使命時，治療師本人也會成為承載著強烈情感的客體。因此，根特認為，對一些心理治療師來說，臣服是一種深層次的潛在動機。

最後，我想提一下受虐和宗教儀式之間可能的聯繫。羅斯瑪麗·戈登（Rosemary Gordon, 1991）認為受虐是人類對崇拜或崇敬超個人存在的需要的陰影面。她相信受虐和向某種超越自己的存在獻出自己之間只有一線之隔。仔細觀察一個人崇拜什麼，我們也許能看出這個人需要對抗的是什麼。她認為受虐是宗教儀式的基礎，比如齋戒或其他剝奪或否認身體和情感需要的禁欲主義形式。在她看來，宗教儀式中表達順從和謙卑的身體姿勢，比如鞠躬、跪著、拜倒，都是受虐的順從。她還認為，當痛苦、屈服和自我貶低成為主要目標，而不再只是與神聖建立連結的方式時，我們處理的就是受虐的問題，而不是真正的宗教臣服。

對詞源的探索

「受苦」（suffer）這個詞來自兩個拉丁語詞根：sub，意思是下面，ferre，意思是背負或忍受，因此我們覺得痛苦意味著背負著負擔。有趣的是，ferre 也是單詞「肥沃」（fertile）的詞根，意思是結出果實或多產，表明痛苦可以產出一些東西。當耶穌說：「讓小孩子到我這裡來」（《馬可福音》10：14），他的意思是「讓他們來找我」，因為早期的用法「痛苦」這個詞的內涵不僅是痛苦，也包括允許或經歷一些事情，這個詞在早期英語中也有耐心地忍受困難的意思。但是，容許痛苦或者耐心地忍受痛苦需要接受，也許這就是為什麼「痛苦」這個詞現在不再帶有耐心的含義——耐心已經不再是文化主流了，我們想要的是根除痛苦。

痛苦、宿命和命運

痛苦注定要發生嗎？

在對痛苦的人進行心理治療時，如果他們問自己或者治療師，痛苦是不是必經過程，或者是否可以避免時，宿命和命運的問題就會浮現。大量的哲學和文學作品都在探討這個主題。九世紀蘇菲教導（Sufi teaching）著名的故事「薩馬拉之約」（The Appointment in Samarra）就是一個很好的例子（Shah, 1993）。一天，巴格達（Baghdad）一位著名的蘇菲派導師的學生坐在一家旅館的角落裡，聽到兩個人在說話。他意識到其中一個是死亡天使（Angel of Death）。死亡天使告訴他的同伴，在接下來的三個星期裡，他會到巴格達造訪幾個人。這名學生開始害怕，他可能是死亡天使要造訪的人之一。他斷定，如果他遠離巴格達，天使就不會碰到他，所以他雇了一匹最快的馬，向遙遠的薩馬拉城奔去。同時，死亡天使遇到了蘇菲派導師，問他這個學生的下落。老師回答說，這個學生應該在巴格達，可能正在冥想。死神很驚訝的說，「因為他在我的名單上……我必須在四個星期後帶走他，而地點偏偏就是薩馬拉城」（p. 191）。很明顯，在試圖逃避宿命的過程中，這個學生已經奔向了宿命。如果這個學生沒有去薩馬拉城，他能避免天使的造訪嗎？矛盾的是，這個學生的意志走向了他的宿命。這是一個很好的例子，說明我們往往是在試圖逃避命運的途中，卻與自己的命運相遇。我們的意志可能會影響到自己的遭遇。威廉‧詹姆斯（1949）指出，對某些情境的結果的信心可能是使其發生的唯一因素。他舉了一個例子，如果一個登山者需要躍過一條溝壑，他必須相信自己能夠做到，如果他心生懷疑，就不太可能成功。

有時，事情會發展到我們完全無法控制的程度，比如，當毛毛蟲抬頭看到蝴蝶飛過後，心想「千萬別讓我變成上面那些傢伙的樣

受苦的靈魂：從深度心理學看痛苦的經驗與轉化

子」。然而，成為蝴蝶是毛毛蟲逃不過的命運。儘管如此，我們文化中的大多數人都會抵制這樣的想法：我們的生活被一種不可抗拒的命運掌管著。這種想法會威脅到我們自主感，同時，將宿命看作是我們生活幕後的超個人力量似乎太不理性或迷信了。然而，當痛苦襲來時，人們又常常問這一切是不是他們的宿命。

一般來說，許多作者認為，宿命是關於我們生活中那些無法選擇和控制的種種，是塑造我們生活的事件，而命運則是關於未來的，是需要努力和選擇的。在這部分，我們可能同時感受到，一方面我們受到無法控制的力量（社會、發展和生物）的影響，另一方面我們可以透過推理和預測來控制自己的行為。我們可以自由選擇要做什麼，但也受制於自然法則。雖然兩種觀點看起來是互相矛盾的，但也許都是對的。[1]

哲學家及其他作者對「宿命」和「命運」的區分，有悠久的歷史淵源。一般來說，當人們說起「宿命」（fate）時，其實包含更多消極含義，意味著一些不愉快的事情發生了，我們無法選擇、控制，或者讓人感到無能為力。杜布（Doob, 1998）認為，可能是因為「宿命」這個詞會讓人們聯想到宿命論（fatalism）、命中註定（fateful）和致命的（fatal）等詞，而這些詞彙聽起來都令人不快。

雖然有一些預料之外的愉快事件也會被看作是宿命的安排，但通常宿命代表的都是會造成痛苦的不受歡迎事件。即使在我們有任何選擇的可能性之前，很多事情就已經決定了，儘管如此，很多時候人們還是堅持認為命運是掌握在自己手中。畢竟，如果宿命真是不可抗拒，那麼良好的行為和個人努力又有什麼用呢？

1　原註 1：康德在《純粹理性批判》（*Critique of Pure Reason*）中稱此為自由的二律背反（the antinomy of freedom），指的是明顯互不相容的陳述，其中任何一個都不能被拒絕。

拉丁語中，宿命一詞是 fatum，意思是神諭，字面意思是「說出來的」（that which is spoken），它是拉丁語動詞 fari 的過去分詞，意思是說話（to speak）。英語單詞 fairy（仙子）也是由拉丁文 fatum 衍生而來，法語「仙子」（une fée）也有相同的詞根。「命運」這個詞聽起來比「宿命」更令人愉快，儘管「命運」也可能與無法挽回的傷害有關。命運（destiny）來自拉丁文的 destinare，意思是確保（to secure）或使之牢固（make firm），也是指打算去做（to intend），如同有目的或安排一樣。這個詞是英文單詞「目的地」（destination）的詞根，指的是計畫和方向，或者說命運是關於個人發展的。在一些詞典中可以查到「命運」的詞源是拉丁語根（de-stare），意思是與眾不同，所以命運意味著使人與眾不同的東西。

通常，命運指的是我們正在努力實現的未來。人們往往認為，我們可以藉由正確選擇，左右命運，因此，與宿命相比，命運意味我們對於發生在自己身上的事情擁有更積極的影響力（Bargdill, 2006）。有些作者傾向於認為我們可以把盲目的宿命轉變為有意識的命運（Bollas, 1991），因為他們把宿命看作一種阻礙個體真實自體發展的內部約束。博拉斯認為，覺得自己的人生似乎受到命運支配的人，認為現實環境並不符合他們內心的真實表達方式，無法充分實現自己獨特的特質和風格（p. 33）。談論一個人的命運也可能意味著已經在意識層面承認了既定事實，並從中創造出更加連貫、有意義的故事。他認為，宿命來自於神的話語，比如神諭，命運指的是神諭所宣佈的一連串事件。因此，命運是關於我們所採取的行動，是一條我們可能會也可能不會實現的預設道路，而且比宿命更積極。博拉斯認為宿命是「一種影響生命歷程的絕望感」（p. 41）。他認為有一種命運的驅動力，推動著一個人的固有潛力及其心理現實和身體現實的表達，溫尼考特將其稱之為真實自體，而這一概念與榮格的個體化觀點相當類

似。榮格學派作者約翰・桑福德（John Sanford, 1995）也認為宿命是不可避免的，然而能否實現我們的命運則存在著不確定性。

宿命的概念存在於許多神話系統之中。這裡必須要強調一下，我們不能輕視神話意象，將其斥為古代文化的產物。從榮格學派的角度來看，神話意象是深層心靈的表達，雖然現代思維掩蓋了心靈的深層維度，但它仍然非常活躍。從字面意思看，神話的語言並非真相，但卻道出了心理或精神層面的真相：神話是靈魂的語言。在古希臘，宿命和命運是沒有區別的，都由同一個詞彙表達：moira。希臘人相信眾神掌管著命運，但人的性格也會影響他的命運——性格和命運之間存在交互作用，就好像性格影響我們如何活出自己的命運。人們想要瞭解自己的命運，有兩種方式：透過命運三女神，或者透過神諭。命運女神是三位神話中的女神，被稱為莫伊拉（Moirai），有時也稱為埃林耶斯（Erinyes），她們決定一個人將會過什麼樣的生活（Moros的意思是命數〔portion〕或安排命運〔allotment〕）。命運女神還會懲罰那些逃脫人類正義或者冒犯神明的人；即便是諸神也無法改變莫伊拉的旨意。她們有時會在嬰兒出生時出現在父母面前，宣佈嬰兒命運。三位女神其中一位叫克洛索（Clotho），是命運之線的紡織者，她會紡出一個人的生命及其重要面向的線；拉克西斯（Lachesis）決定線的長度；阿特羅波斯（Atropos）在生命的盡頭剪斷線，選擇死亡的方式。佛洛伊德在一九一三年討論過命運三女神，他認為克洛索代表的是一個人的先天特質，是無法改變的，拉克西斯代表的是意外或偶然的事件，這些事件促進或阻止我們實現命運，而阿特羅波斯代表死亡的必然性。北歐神話中的命運之神諾恩斯（Norns）也是女性生物，主宰著眾神和人類的命運。諾恩斯會在孩子出生時現身，決定他或她的未來，有些諾恩斯善良，具有保護性，有些則惡毒。

換句話說，神話直覺（mythic intuition）是除了遺傳之外，還有

一些別的事物在起作用，也就是原型背景（archetypal background）。原型背景是一種天生的自然法則，在神話中以命運分配的方式體現在人的生活之中。和莫伊拉一樣，希臘人的神話中還有一位女神阿南刻珂（Ananke），羅馬人稱她為聶瑟西塔斯（Necesitas），她是必然性的神格化，代表一種必然性、侷限性，甚至是某種無法擺脫的力量的奴役；必然性就像是套在人脖子上的枷鎖。莫伊拉是聶瑟西塔斯的孩子，所以，命運和必然性是結合在一起的。

希臘人認為，命運是一種普遍的道德秩序，當我們行為不端或越過必然性的界限時，莫伊拉就會主持正義。許多希臘悲劇關注的是傲慢的問題，或在眾神面前缺乏謙卑，這導致了命運悲劇性的報應。傲慢意味著一個人超越了命運為他設定的界限。阿南珂的另一個孩子是人們的原魔（daimon），一種塑造個人的生活或驅使人們做某事的決定性力量。羅馬人也非常相信命運，在古羅馬史詩《埃涅伊德》（Aeneid）中，諸神在後臺掌管一切，而人類唯一能做的就是努力回應。

在希臘神話中，命運之神都是女性。麗茲‧格林（Liz Greene, 1984）認為女性和命運之間存在關聯，因為世界是從母親開始，她是生與死的最初仲裁者。神話總是將女性與生命、死亡、大地和身體聯繫在一起，而命運是在身體中體驗的。因此，我們的本能，如性慾和攻擊性，都是我們命運的一部分。

與古希臘神話中「命運三女神」的概念相比，基督教更喜歡「上帝的旨意」，因為「命運三女神」似乎與厄運有關，但「上帝的旨意」有仁慈的內涵。自由意志在基督教中變得很重要，因為如果一個人的命數已定，那麼教會及其道德教義將無足輕重。猶太教對命運的感覺更像是一種神論：新年伊始，每個人的命運都會刻在一本書上。東方世界中，與西方的宿命觀念最接近的就是業力或因果報應的觀

念。梵語「業」（karma）的意思是一種行動或行為，這個觀念經常被誤認為是對一個人行為的道德懲罰，實際上它是道德中立的，單純代表從行為到反應的過程：我們種了什麼因，就會在今生或來世收穫什麼果。因此業力並不是完全的宿命論，因為是我們現在的行為造就了未來發生在我們身上的事情。大多數印度教徒認為，業力是為了靈魂的進化和成長，靈魂會一次又一次地轉世，所以人進入每一世都會帶著靈魂的業力歷史。從這個角度看，如果我們孤立地看事件，宿命的觀念就沒有意義了，因為我們都帶著不同的優勢和劣勢來到這個世界。如果我們接受輪迴這個想法，命運就更有意義了，只是基督教在西元六世紀就廢除了輪迴觀。

無論是在東方還是西方，宿命的觀念都與占星術的發展有關，占星認為行星的運動與地球上的事件相對應，人類並非偶然的產物，而是有序宇宙的產物（順便說一下，如果我們真的不相信宿命，就不會對易經、塔羅牌或占星術等占卜方法感興趣，偏偏這些都很受歡迎。對占星術的一些攻擊可能是由於對宿命觀念的無意識抵制，或對宿命的恐懼）。對宿命的信仰可能是隨著農業的發展而產生，因為似乎是宿命決定了農作物的豐收與否。也許命運掌握在超個人力量手中這類神話能夠發展，是因為有人掌握總比完全隨機和混亂要好。

在古代，如果一個人想知道自己的宿命，可以諮詢神諭，神諭是神與人之間的仲介。然而，通常情況下，神諭對問題的回答是模稜兩可的，尋求者往往會誤讀。利迪亞國王克羅蘇斯（King Croesus of Lydia）的故事描述了他向德爾菲克（Delphic）神諭求助的過程，他問神諭是否應該攻打塞勒斯王（King Cyrus）領導的波斯軍隊（Persian army）。神諭告訴他，如果他這樣做，一個偉大的帝國將被摧毀。克羅蘇斯以為被摧毀的會是波斯帝國，結果卻是他的帝國。通常情況下，對神諭的解釋往往會揭示尋求者的缺陷，如傲慢。顯然，

人類沒有能力處理關於未來的學問，知道自己的宿命可能導致會過度自信或計畫不周，或者對未來過於焦慮。

心理學對宿命問題的貢獻

佛洛伊德在一九二〇年的《超越快樂原則》（*Beyond the Pleasure Principle*）一書中討論了一個人註定要以某種方式行事的感覺，並提出了「宿命神經症」（fate neurosis）。他寫道，有些人給人的印象是遭惡毒的命運所糾纏，就像受到惡魔的力量所支配一樣，但對精神分析來說，這種「宿命」實際上是嬰兒早期經歷的結果，這些早期經歷無意識地驅動著行為。宿命神經症的意思是人們把每一個不幸都歸結為不可避免的宿命，實際上卻是個人出於內疚和無意識被懲罰的需要，無意識地煽動了這種宿命。即使一個人表面上是宿命的被動受害者，但他所遭受的痛苦事件其實是一種強迫性重複，使他不斷重複童年時期的痛苦經歷，而這麼做的目的是為了掌控創傷。這種人對磨難有一種無意識的願望（佛洛伊德稱之為「不滿足」〔unpleasure〕），這些磨難似乎是從周圍環境中向他襲來的，實際上則是他無意識的安排。這部分內容可以參考卡普蘭（Kaplan, 1984）對海倫娜·朵伊契（Helene Deutsch）的著作《歇斯底里的命運神經症》（*Hysterical Fate Neurosis*）的討論。如果治療師能夠發現驅動行為的無意識組織原則，也許就能阻止行為的發生。那麼在某種意義上，心理治療的目的是用有意識的選擇來代替無意識的宿命，使得人們相信命運在一定程度上是掌握在自己手中的。

精神分析學家卡洛·史純格（Carlo Strenger, 1998）認為，有些人覺得他們的生活環境使他們無法過上有意義的生活，病態的宿命感剝奪了他們的選擇權，好像生活是由他們無法控制的必然性所支配。

他們感覺生活似乎受到了難以忍受的命運的限制，他們想自由書寫自己的生活篇章，想按照本性和欲望生活，想要重新塑造自己。卡洛指出，那些無法接受自己的生活受到限制的人，那些對抗宿命的人，內心承受著巨大的痛苦。他認為，任何治療方式可能都無法緩解這種痛苦和憤怒，因為這些痛苦至少在某種程度上保護了真實自體或者核心自體。卡洛的這番論述引出一個未經證實的問題：面對命運時，真實自體的展露是否能毫無例外的帶來幸福生活？一般來說，大部分針對宿命問題的精神分析工作，都會將「我的生活是命中註定」的觀念看作是精神病理的觀念。傳統的精神分析並不承認「個人的命運由超個人力量決定」的可能性，這與榮格學派作家的觀點有所不同。

榮格對宿命的態度

榮格認為，人格有一個終極目的（telos），是由超個人自性所賦予，因此，發生在我們身上那些宿命般的事情並非隨機或偶然，宿命是超個人力量的行為。正如他所說，命運可能會「策劃一些惱人的事件，唯一的目的是欺負我們的笨蛋自我意識，讓他老實呆著」。（CW9, i, p. 227）。或者，當宿命與自我相對立時，「很難感覺不到其中有某種『力量』，可能是上帝的力量，也可能是惡魔的力量。那些向宿命屈服的人將其稱為上帝的旨意，而那些在絕望和疲憊中對抗的人則更容易看到惡魔的影子。」（CW12, p. 30, note 17）

就榮格的個人生活而言，他寫道，他從很早的時候就感受到一種天命感，「彷彿我的生活是由宿命所分配的，我必須要實現。」（1965，p. 48）

然而，總的來說，榮格對宿命的態度似乎很複雜。一方面，他寫道，自我的創造力和意志對宿命負責，因為如果我們不相信自己是

宿命的創造者，就無法全力以赴地生活（1936/1988）。但是，他又承認幕後有一種超個人力量，很可能會與自我發生衝突。他認為，無論我們多麼理性，「不惜一切代價讓宿命臣服於我們的意志，都是根本性的錯誤。」，因為無法證明生活和宿命是合乎邏輯的（CW7, pp. 48-49）。因此，他也把宿命描述成非個體化的過程，由發生在自我身上的一系列事件組成，這些事件似乎不受個人情感所影響，而是受到自性的影響。我們就好比棋盤上的棋子，被一個無形的棋手移動著，是他決定了命運的遊戲（CW7, p. 161）。他對宿命的態度似乎受到了業力思想的影響，業力是一種靈魂中的記憶痕跡或前世行為對靈魂造成的結果（CW14, pp. 293-301）。在他一九三二 年關於昆達里尼瑜伽（Kundalini Yoga）的演講中，提出原型意象從心理上來說等同於記憶痕跡或行蘊（samskaras）。榮格（CW7, p. 77, no.1）說，業力理論對於理解原型的概念至關重要。

我們從一九三〇年的夢境研討會中，可以看到榮格對宿命力量的尊重，在那次研討會中他談到了關係，他指出：「治療師在治療這些案例時，可以習得超凡的容忍力，來接納多種多樣的宿命形式。有些人必須在某種宿命中生存，如果你阻止他們，他們可能會變得神經質（neurotic）……這些事情是有一定目的的。」（1938/1984, p. 450）。他指出，即便是患上神經症，也是個人的宿命。事實上，「患神經症的人，都是沒有『宿命之愛』（amor fati）的人」[2]。（CW17, para. 313）。也就是說，他認為人必須認識並熱愛自己的宿命，而否認宿命就會變得神經質。這一點榮格受到尼采（Nietzsche）的影響，尼采經常用這個拉丁詞來明確地肯定生命（affirm life）。對

2　　原註 2：Amor fati 是拉丁短語，意思是一個人對自己宿命的愛，或者一個人對自己生活狀況的擁抱和肯定。

尼采來說，宿命就是必然性與自由的結合。榮格的態度與佛洛伊德的觀點形成了鮮明的對比，佛洛伊德認為感覺受到宿命的支配是一種神經症。榮格認為，「當內在世界的情境沒有被覺察到，它就會像宿命一樣，在外部世界發生。」（9, ii, p. 71）也就是說，我們可以透過與個體內在心理結構一致（共時性）的外部生活事件來感受到無意識。他認為，如果我們沒有意識，無意識就會指導我們的生活，我們將其稱之為宿命——這個想法讓人想起佛洛伊德的概念，但榮格所說的無意識不僅僅是那些受到壓抑的童年材料。

榮格（CW11）在題為〈心理治療師或神職人員〉（Psychotherapists or the Clergy）的文章中問道，如果掃羅（Saul，基督傳統故事中的聖保羅）聽從別人的勸說，放棄了去大馬士革（Damascus）的旅途，會發生什麼呢？因為掃羅就是在這次旅途中遇到了基督，當基督跟他說話時，他產生了強烈的皈依體驗（Acts 9：4）。如果掃羅放棄大馬士革的行程，基督教的發展，也許還有西方文明的發展都會出現不同的轉折。榮格想要表達的是，掃羅一定會走上通往大馬士革的道路，因為這是他的天命，他必須這樣做。我們有時會聽到有人提議在心理治療中進行某種冒險，這時治療師很可能對此心存疑慮，擔心冒險會變成一場意外。

經典榮格學派學者認為，是自性安排發生在我們身上的事情，從而使之與我們的天命一致。不過，榮格的這一觀念，即自性賦予人格一個特定的目的或目標，是有爭議的。如果這個想法是正確的，那就意味著我們的痛苦在某種程度上是實現這個目的所必需，我們應該小心翼翼地試圖理解痛苦的意義，即便是在嘗試緩解痛苦的時候。這種觀點認為，生活所提供的經驗正是我們個體化過程所需要的，儘管這些經驗可能是痛苦的。這個含義是，人格的展開有一個明確的目的，有可能是自性試圖在個體人格中實現自己的特定表達，並相應

地安排了個體的生活環境。這是經典榮格學派學者的立場，比如惠特蒙（Whitmont, 2007），他認為，自我在有限的能力範圍內的配合，完成個人天命是必要的，同時需要意識到我們並不能控制結果。他用我們在航行時利用風的方式來比喻，風，就像原型的壓力一樣，是非個人的，它可以使船移動，但水手必須正確利用才能保持航線。風類似心靈，自我則努力調整船帆。這個比喻為治療師提供了一種可以協助患者發現意義的方式，那就是詢問患者某個特定情境會將他引向何處，又將如何改變他或她的生活軌跡。

榮格學派學者處理症狀的方法會帶來這樣一個結果，治療師問患者：「這個問題會將你帶到何處？」如果人格真的有一個終極目的，我們必須欣然接受發生在我們身上的事情，因為這是我們原型目標的一部分。那些帶來痛苦的事件只是命運的呈現。換句話說，痛苦驅使我們朝向某個特定方向邁進，一個如果沒有痛苦我們不會去往的方向。對此經典的例子就是受過傷的療癒者。通常情況下，未來會成為薩滿（shaman）的人都會經歷長期的神祕痛苦所折磨，最終痊癒。在忍受病痛的過程中，薩滿精神開始拓展，並且獲得幫助他人脫離傷痛的能力，他或她並不知道這是自己的天命。

存在主義的方法

存在主義取向心理治療師的立場是：即便有很多我們無法選擇和無法改變的事情，我們仍是自由的，並且有責任努力實現我們的真正潛力。我們必須承認既定事實、做出選擇，盡可能地過好生活。一些存在主義學者認為，我們可以選擇反抗主流社會力量，也總有能力選擇我們對待某種處境的態度。羅洛・梅（Rollo May）將命運定義為「限制和天賦的模式構成了生活中的『既定事實』……我們可以選擇

　　　　受苦的靈魂：從深度心理學看痛苦的經驗與轉化

如何反應」（p. 89, 1981）。生活中的既定事實是指諸如出生和死亡的時間、我們的基因、種族等，以及我們的文化、家庭、語言等等。對羅洛‧梅來說，宿命意味著我們無法控制的事件，無法改變；命運則是基於既定事實而創造出來，所以可以以受到選擇的影響。

正如我們在伊底帕斯的故事中所看到的那樣，有時候宿命就是無法避免。他試圖避免神諭告訴他的事情——他會弒父娶母。他以為神諭所指的是他的養父母：玻羅普斯（Polybus）和墨洛珀（Merope），所以他離家出走了。沒想到神諭所指是他的親生父母，萊瑤斯（Laius）和柔卡絲塔（Jocasta）。為了避免受制宿命，他離開了養父母的家，卻在這個過程中不知不覺地邂逅了自己的宿命。宿命使他在一個十字路口與柔卡絲塔相遇，伊底帕斯在不知情的情況下殺死了親生父親，同樣在不知情的情況下，娶了母親柔卡絲塔。這種無法避免的主題也出現在很多童話故事中，比如睡美人。國王邀請了十二位精靈參加女兒的洗禮慶典，第十三位精靈沒有收到邀請，非常憤怒，一怒之下詛咒這個剛出生的嬰兒，預言她將在紡錘上刺破手指而死。另一位精靈把詛咒中的死亡改成睡眠。為了避開宿命，國王下令將所有的紡錘搬出自己的國家。女孩成長為青少年之後，在探索宮殿時看到一個老婦人在紡亞麻，女孩嘗試紡布時刺傷了手指。關於這點，務必記住迪克曼（Dieckmann, 1971）的觀點，他認為，兒童最喜歡的童話故事的主題和他之後的生活經歷之間往往有一種不可思議的相似性，就好像童話故事宣佈了他或她的宿命。

對於具有靈性傾向的人來說，命運猶如一股超越個人的力量，將我們推往特定方向，有著重要的意義。也就是說，當我們真正的人生道路（我們的天命，參見下文）與我們當下正在做的事情不一致時，我們感到痛苦。理想情況下，我們有意識地順應命運，這意味著自我必須放棄對權力和控制的需求。真正的權力必須被掌握，但很少真正

施展。[3]

　　出於很多原因，痛苦是推動人格向特定目標發展的必要條件，這一觀念是有挑戰性的。把虐待兒童看作是人格向特定方向發展的「必要條件」，會引發嚴重的倫理問題，更不用說形而上學的問題了。如果說人格有特定的命運或目的，那意味著發展因素不僅將我們從過去推開來，也將我們拉向未來，這個未來在時間和空間上都尚未發生，但是卻以一種可能性存在，或許就在現實的其他層面。這表示，普通的因果關係並非我們生活中運作的唯一過程。惠特蒙（2007）指出，時間在量子層面的運作方式可以證明這一點，因為量子物理學家之間一直在討論反向因果存在的可能性，以及在非局域層面（non-local level）上，過去、現在和未來互有關聯。不過，假定這一量子現象也能在宏觀層面運作，可能是概念上的錯誤。總之，認為每個人都有固有的命運的這個概念，只能視為個人的信仰或看法，一種個人神話，假定痛苦之不可避免，以幫助我們應對痛苦。有些情況需要我們採取行動，有些時候沉思反而更合適，還有些時候，我們不得不將某個特定的宿命視作自己的生命任務，接受它。那麼，就如法蘭可所說（1959），一個人獨一無二的機遇就在如何承受這個負擔。

天命

　　有些人因為無法在生活中找到自己真正的天命（vocation）而痛苦萬分，甚且可能成為他們進入心理治療的一個問題。榮格認為，「真正的人格總是有其天命，就像上帝的律法一樣，是無法逃避

3　原註3：這就是為什麼耶穌拒絕了魔鬼提出證明他能力的建議（《路加福音》4，1-13）。除非非常謹慎地使用，否則權力會導致抵抗和衝突。權力意志是靈性發展的宿敵；只有謙卑和愛才能應對自我的權力動機。

的。」他提到了「忠於個人存在的法則」的重要性，（CW17, pp. 174-175）他認為「忠於個人存在的法則」比集體的生活模式更重要，用他的話說是「人格就是道（Tao）」。也就是說，我們內在存在「尚未被發現的才能」，就好比「水流不可抗拒地流向它的目標」（p. 186）。我們的天命應該是我們向外在世界表達自己的本質屬性（essential nature）的方式。對榮格來說，重要的是，我們的天命是被賦予的；從字面意義上說，它是來自於自性的召喚。聖經中約拿的故事說明了如果拒絕自性的召喚會發生什麼。上帝召喚約拿去尼尼微（Nineveh）呼喚人們懺悔，但約拿為了逃避自己的天命而出海逃走。隨即一場大風暴來襲，同船的船員發現他在逃避上帝的旨意，將他丟進海裡，約拿在海裡被鯨魚吞下，最終還是被鯨魚丟到了尼尼微。換句話說，如果我們拒絕召喚，我們仍然會到達，只不過方式會很艱難。

心理治療的一個重要功能是幫助人們發現自己真正的天命，如果榮格是對的，天命也是個人命運的一部分。眾所周知，悲傷是中年生活很常見的要素，長期將精力放在有實用價值的事業上，而不去追尋真正的召喚，就很容易出現這樣的結果。乍聽之下，這很像是常規的世俗問題。雖然天命召喚和實用職業的內容可能有所重疊，但兩者是不一樣的，實用職業在沒什麼熱情的情況下也能訓練有成，而真正的天命是神聖的賜予，是個人靈性命運的一部分。由於社會和家庭層面對傳統生活之路的堅持，這種內在的聲音往往處於被壓抑的狀態，很難聽到。然而，「個人存在的法則」可以看作是人格發展的精神藍圖，不僅僅是基因和環境偶然互動的結果。

在幫助患者探索和鏡映其個人天命時，治療師必須對自命不凡的可能性提高警惕。人們後來發現，希特勒和甘地身上都有一種強大的天命感，這也是偏執妄想狀態的共同特徵。不過，要區分的是，基於

自視甚高的支配需要所驅使的偽召喚，還是對自性受到激勵的真實追隨。被重視的需要是一種防禦，是為了支撐由脆弱感、羞恥感和匱乏感所主導的那種脆弱無力的自體感，並不會考慮他人的需要。而真實的感召更像是一種內在的信念，一個可以全身心投入的任務，一道意想不到的內在創造力源泉，有時也可能是服務他人的需要，但不會產生那種被選中或有特權的救世主的感覺。

宿命與共時性

共時性是榮格（1969）提出的術語，指物理世界中的事件與主體的心理狀態相吻合的有意義的巧合。內在事件和外在事件並沒有彼此生成的原因，但是卻因為共同的意義產生了關聯。比如說，一個人夢到了某件事，如死亡，在物理世界中真的同時發生了。共時性模糊了物理世界和心理世界之間通常的邊界，好像內在世界和外在世界都是某個連續統一體的一部分，說明存在一種無因果的、超個人層次的秩序，可以同時透過物理世界和心理世界呈現出來。「偶遇」就是常見的例子，一個尋找工作的人同時遇到了正好在尋找他技能的人。

這類共時性事件可能會改變生活，常常具有某種特質，說明它們是「命中註定」的，彷彿有種難以理解和命中註定的東西在幕後運作。也許這就是為什麼共時性事件在諸如出生、死亡和其他重大生活事件中更頻繁地發生。毫無疑問，懷疑論者會認為是我們在這樣的時刻處於情緒高漲的狀態，需要為可能只是巧合的事件賦予意義，而這種需要很可能是因為我們的焦慮和對秩序的需要。但也有很多人認為，這種「偶然」事件是會影響我們生活進程的更深層現實的證據。

我們對發展理論的強調似乎是為了使生活變得可預測；但生活是不可預測的，意外、偶然和不期而遇是生活的一部分，所以過去並

不能完全決定我們的遭遇。有時候決定我們行為的並不是任何發展因素，而是當前的生活環境。

在心理治療中，我們會發展出一個關於我們童年遭遇的故事。其中有些是準確的，但有些是為了解釋當前之事的重構記憶——從現在的角度解讀過去。心理治療師描述患者遭遇的一些方式是基於當前心理學和社會學的兒童發展理論。因此，我們的歷史也是一個建構的故事，並不是客觀記錄，歷史在很大程度上受到意識形態、理解和回避羞恥、指責等需要的影響。心理學的發展理論是為了解釋正在發生的事情，但是無法考慮到意料之外、命中註定的事情。生活中存在著大量的不連續性，如果我們對過去過於確定，那就忽略了意識的影響，意識可以做出選擇，以一種不同於過去行為預測的模式行事。

自由意志

宿命和命運的問題，與我們是否擁有自由意志或可以自我決定息息相關。這句話的意思是，當我們在考慮做某事的時候，我們既可以做，也可以選擇不做。這種情況往往會牽扯到道德選擇。自由意志這個主題有時候會在心理治療的過程中浮現，比如患者處在痛苦的道德兩難境地的時候，如是否要離婚。這時我們面臨的是，我們是否可以自由地選擇如何反應，或者我們的選擇在多大程度上受到不可知的因素所限制，比如，成癮的定義中就包含一條「失去了選擇是否使用某種物質的能力」。治療師可能會接觸到精神分裂症患者，後者覺得自己的行為是自由的，事實上他的行為受到了妄想的影響。司法鑒定部門的心理學家可能經常遭遇的狀況是：這個人的行為在多大程度上是自由的，沒有受到心理疾病的影響。心理治療師對自由意志這個由來已久的問題的看法，會影響他如何理解情緒的起源和他的介入措施。

治療師在確定患者是否按照自由意志行事時，需要平衡生物、心理和社會等多項因素。最主要的問題是如何確定那些表面上看起來自願的行動是否是自由的，是不是出於幻覺（Wegner, 2002），抑或是一種有用的錯覺（Lipit 等人，1996）。

這個問題的年代非常久遠，可以追溯到西元前三世紀初古希臘斯多葛派（Stoic）的哲學家，他們認為宇宙中的一切都受制於宿命的規律。人的行為可能順應自然，也可能違背自然，但斯多葛派認為，不管人類做什麼，都無法改變最終結果。自此以後，關於自由意志的討論就一直沒有平息。一神論宗教傳統強調自由意志的重要性，這對他們維持教義（罪與服從上帝）至關重要。非二元宗教傳統則否認自由意志，理由是：沒有獨立的實體作用於獨立的世界，世間萬物都是整體的功能結果。

面對痛苦，有些人的反應是廉正、勇氣甚至是平靜，也有些人的反應是消極或者絕望。痛苦可能使我們更堅定，也可能摧毀我們；有些人會與逆境抗爭，有些人則變得憂鬱甚至自殺。我們對面痛苦的反應，在多大程度上是可以自由選擇的？這個問題的回答有很多。決定論學說認為，所有的行為和選擇都是由先前事件、基因、大腦、以往的學習、自然法則以及環境等因素所決定的；決定論意味著一個事件必然導致下一個事件不可逆轉的順序。出於以上原因和條件，虔誠的決定論者認為，當某件事情發生時，其他事情就不可能發生了，而且沒有任何行為是真正自由的。按照這樣的邏輯，我們對痛苦的反應在很大程度上是由我們的基因、成長史和人格結構所決定的，因此對於我們的所作所為，就不需要承擔道德上的責任，也不能有所指責或懲罰。有些哲學家認為，自由意志和決定論是相容的，例如，我們可能受到激勵以某種方式行事，在環境允許的情況下，我們仍然感覺這樣做是自由的，即便最初的動力是已經確定了的。這種情況下，我們

受苦的靈魂：從深度心理學看痛苦的經驗與轉化

就要對自己的行為承擔道德責任。另一種折衷的立場認為，先前的經驗可以影響我們的意志，但並不能決定我們的意志，我們不需要採用非此即彼的立場（Slife 等人，2000）。因此，宿命論的觀點與決定論不同，宿命論認為我們無法改變宿命對我們的預設，完全將個人意志的影響排除在外，宿命論可能意味著存在一種背景中運作的超個人因素，比如說業力。如果人類行為的目的論觀點是正確的，那我們的行為就不能簡單歸納為單純的因果解釋。在這場辯論中，我們對自由意志的情感需求和決定論邏輯論證之間似乎劍拔弩張。如果我們有自由意志，一定有能力改變，那麼需要克服的問題就是內疚和羞恥。如果我們是決定論者，就可以用過去的事件解釋發生在這個人身上的事情，從而減輕內疚感和羞恥感，但我們往往覺得無法控制自己的行為。除了極端的心理障礙導致的案件之外，我們的法律體系很少考慮心理狀況的影響，既便如此，絕大部分心理治療師依然認為我們的意志會受到先前心理狀況的影響。

有些人擔心，現代神經科學會逐漸削弱自由意志的思想。法蘭西斯‧克里克（Francis Crick）在《驚人的假說》（*The Astonishing Hypothesis*, 1994）中提出，意識和心靈可以用龐大的神經元組合來解釋，而我們自由意志的感覺只是大腦功能所產生的幻覺罷了。顯然這種論點也認為心靈和大腦是一樣的，而且，在很多人看來，能否將人類選擇的複雜性簡化為神經傳導的功能，這一點是值得懷疑的。即便最終證明心靈的確是大腦的一個新興屬性，我們也無法預測在這樣複雜的系統中會出現什麼。許多人認為，複雜的心理選擇和動機只能用心理學的術語來描述，無法用大腦機制來解釋。所以目前，神經科學會對自由意志論帶來什麼樣的影響，我們還不得而知。

自由意志的問題很重要，因為如果我們是完全確定的、機械的客體，那麼人的尊嚴和我們強調的個人責任就會受到質疑。我們的法律

體系和大量社會實踐都是以「人類可以有意識的選擇」為基礎的，這似乎是一個常識，不過常識或大多數人的意見並不都是可靠的現實指導（想想看女巫審判的事件）。然而，如果我們相信自由意志的確會對我們的行為產生影響，這種信念會增加人們的利他主義，使人們所行更加道德，對自己的生活態度也更加積極。患者是自由選擇，還是完全受到基因、發育和環境因素等決定，這是不同的世界觀。不同的世界觀會對心理治療師產生不同的影響。許多治療師認為，心理治療的目的就是讓患者在生活中能夠行使更大的自由。

佛洛伊德在一九一六年撰寫《精神分析引論》（*Introductory Lectures*）時，是堅定的決定論擁護者，不過也有一些佛洛伊德的支持者認為，佛洛伊德想讓患者可以自由決定如何行事，不受神經症問題的抑制（Wallace, 1986）。長久以來，精神決定論（psychic determinism）──認為心靈中的一切都是有前因後果的，是精神分析的核心信念，但是很多當代心理學家已經提出了這種觀點的科學局限。例如，量子物理中的不確定性原則削弱了決定論，因為量子理論是以概率的方式來描述事件的。很可能存在某種類似的不確定性同樣適用於大腦或心靈，儘管跟大腦的整體運作的功能比起來，那些小區域的量子事件可能微不足道。混沌理論（Chaos theory）也削弱了決定論的可能性：大腦也許是一個混沌系統，因為有數萬億計的事件發生，其中很可能出現意外，也許這就是意義、創造力等現象無法定量分析的原因。

相較純粹的決定論觀點，榮格更傾向於目的論的觀點。決定論認為症狀完全由過去所決定，目的論則認為症狀是在指引我們朝向特定方向邁進，沒有症狀我們可能就會偏離方向。目的論的視角經常會問：「這件事的意義是什麼？它會將我帶到何處？」除榮格之外，其他心理學家也用到目的論的觀點，他們認為，我們選擇某種

方式行事，是為了將來的某些事情，為了能達到某種目的（Rychlak,
1983），不過他們沒有像榮格那樣強調人格的終極目的。目的論的方
法與嚴格的精神決定論是不相容的，相信目的論的心理學家往往相信
自由意志和選擇。然而，深度心理學家很難協調自由意志的問題和無
意識對我們選擇的影響，除非自由意志的運作也是無意識的。一種可
能性是，自由意志是一種主觀體驗，雖然我們的選擇都是由無意識決
定的，但是當我們有意識的選擇時，仍然可以感覺是自由的。許多心
理動力學的治療都基於這樣的想法：當我們意識到我們行為背後的驅
動力時，我們就會更加自由。

　　榮格認為，自由意志的意思是，當我們做那些無論如何都必須
做的事情時，仍然是愉悅的。他認為，自性在人格中扮演著精神的引
導（spiritus rector）或「中央管理者」的作用（9, ii, 257；3, 507）。
也就是說，有一個無形的存在，安排著人格的不同方面，就像安排一
齣戲劇一樣，每個部分扮演著一個角色。他的觀點是，人格的發展，
或者個體化的過程，存在一個藍圖或草案，是由自性給予的。換句話
說，在榮格看來，發展不僅關係到一個人的童年環境、早期關係和基
因等，還受到終極目的（telos）的影響，彷彿某些未來目標牽引著我
們走向它。

　　榮格認為，自性是自我的原型基礎，也就是說，自性為人格發展
提供了一系列可能性。由此可見，如果自性真的是神的形象（imago
dei），那麼經驗性人格就是由靈性所決定的。那麼，一個人的生命
故事就是一本靈性傳記，而對某人開展心理工作就是一種靈性實踐。
如果榮格的觀點是正確的，作為自性各個方面的原型真的是上帝的工
具或上帝的器官，而原型又是情結的核心，那表示靈性元素的確參與
了人格結構，或者說人格中的確滲透了神性的元素。這種個人發展觀
念與任何個體心理學都截然不同。發展情結或精神病理的潛在可能性

也是由自性賦予，並且是終極目的或命運的一部分，所以我們的痛苦也有靈性的基礎。這樣說來，當我們對精神病理展開治療時，其實是從靈性和心理兩個層面工作，有了這種感覺，心理治療就成為一種靈性實踐，比如，鏡映不僅僅只情感同頻的過程，也是識別患者內在聖童（the divine child）的過程。理想化是尋找自性的結果，是自性在他人身上的投射。

運氣的心理學

有時候，宿命以幸運事件的形式浮現。許多人相信運氣（luck）在他們生活中重要事件的結果中，發揮了重要作用，而運氣已經成為心理學和哲學文學中的熱門話題。但是，我們並不知道運氣具體指的是什麼，沒有簡潔的定義。運氣可能與偶然、意外、無法掌控的事件或共時性等是同義詞。很多人都戴著幸運符或者其他配飾，似乎它們可以產生影響事情的力量，從這一點可以看出，很多人相信好運氣和壞運氣的存在，像摸木頭這種迷信行為也非常普遍。大多數心理學家會說，有一個自己相信的幸運符會讓人更自信，面對困難時有更好的表現和堅持，從而使事情最終有個好結果。懷斯曼（Wiseman, 2003）認為，人們利用四個基本原則創造自己的好運氣和壞運氣：擅長注意機會；聽從直覺；用積極的期待來創造自我實現的預言；以及有彈性的態度。懷斯曼認為，外向的人往往比內向的人更幸運，因為他們會遇到更多的人，與更多的朋友保持聯繫。

對於哲學家來說，運氣在多大程度上影響我們的道德責任是一個重要的問題。納格爾（Nagel, 1979）舉了一個例子，兩個醉酒司機都發生了車禍，但是只有一個不幸撞死了人。我們對造成死亡的司機有更高的反對聲音，但他們之間唯一的區別就是運氣，所以運氣似乎影

受苦的靈魂：從深度心理學看痛苦的經驗與轉化

響了我們的道德判斷，所有事情都可能受到運氣的左右。

一些研究運氣的心理學方法以個人的心理控制點（locus of control）為基礎，心理控制點指的是個人是否相信努力可決定事情的結果，還是他或她無法控制的外部因素，如宿命、運氣等才是決定因素。有些人只是簡單的根據生活中大部分事情的結果來判定自己是幸運還是不幸，這種區別聽起來是由這個人通常是悲觀還是樂觀決定。樂觀的人傾向於回憶那些結果不錯的事情，而悲觀的人則容易沉浸在生活的困難事件裡（Seidlitz 等人，1993）。這種差別使他們在看待自己是否幸運時產生偏差，因為樂觀主義者看待生活比悲觀主義者更積極，或者因為他們在嘗試一項任務時會感覺更自信、更有毅力。也可能是那些認為自己很幸運的人更容易感覺到對事物的掌控感，即便這種信念可能是一種幻覺。或者，幸運的人可能有無意識的技能，他們將這些技能歸結為運氣。還有一種存在爭議的可能性，涉及到超心理學或超感官（psi）效應：這種觀點認為，有些人可以利用超心理學的能力來增加他們的運氣（Smith 等人，1996）。

疾病帶來的痛苦

疾病的體驗

　　疾病會突入其來的闖入我們的生活，打破我們對生命的假設，告訴我們生活並沒有特定的過程。我們常常無意識地認為，生活是可預測的、有秩序的；世界是清晰的、公平的。當嚴重的疾病來襲時，這些信念就被打破了，人們在發現自己生病時變得更震驚。確診危及生命的疾病後，我們可能很難理解發生的事情，也很難從中找到任何意義。嚴重的疾病對患者造成深遠影響，醫療照護系統不一定都能記得，患者遠比疾病更重要。

　　正如疾病不僅僅是生理功能的障礙一樣，治療也不僅僅是作用於身體的技術。當我們試圖理解疾病的主觀體驗時，就會發現疾病的典型醫學模型，即機械的或純粹生物學的身體觀根本沒有多大用處。患者的主體性，以及嚴重疾病為患者生活帶來的社會和心理變化往往會被醫生忽視。疾病不僅僅是一個生物學過程，它讓人以一種新的方式存在於世界之中，是一種新的存在形式。對於上一代人而言，患者傾向於認為他們應當遵醫囑服藥，關注症狀和治療，就好像他們的存在處境、聲音和故事都不是那麼重要。但這種情況已經開始改變，因為越來越多關於疾病的主觀影響的文獻出現了。然而，疾病的體驗仍然很難觸及，而且非常隱私。在重病期間，我們會擔心自己的未來，擔心失去某些功能，但有時我們會敏銳地感受到一些壓力，比如被迫保持樂觀和積極。除了給我們帶來生理上的影響之外，更重要的是，生病時疾病帶給我們的體驗如何；當我們感受身體的方式被打亂時，我們的感覺如何，而不是簡單地將其視為生理機能的失調。疾病的影響並不侷限於身體，因為疾病改變了全部的生活環境，所以不同的人經歷同一種疾病可能會有不同的感受。總的來說，疾病會改變生活計畫、價值觀以及存在方式。我們會對所有的一切產生質疑，以一種新

的方式看待世界，因此疾病會帶來機會，讓我們重新審視生活和我們所做的選擇。這種對生活和世界的反思是疾病強加給我們的，因為我們無法再把過去對待世界的方式視為理所當然了。最終，慢性疾病會成為我們的一種生活方式或存在方式。這種把自己、自己的疾病和自己的身體視為不同事物的觀念，是一種誤導，就好像有一個「我」與不屬於「我」的癌症對抗；現實是，疾病意味著我的身體和以前不一樣了，所以我有了不同的自我意識。疾病破壞了身體與自我的整體性，使人對自己的身體失去信心，或者身體變成了對自我感的威脅。當我們生病時，就必須與身體和環境建立新的關係，而這意味著要放棄追求社會觀念中的理想身體狀況。

慢性疾病會逐漸改變我們的身份認同，放療和化療為我們的外貌和活力帶來的變化足以說明這一點。這種衰退（descent）是一種潛在的進入靈魂深處神祕之境的啟蒙，使我們得以探索那些未覺察的價值。我們可以透過關注無意識、使用夢境、幻想或創造性表達等方式進入這個領域。在罹患嚴重疾病或受重傷期間，人們經常會體驗到一些不尋常的現實，比如看到已故的朋友或親屬，或者經歷瀕死的體驗；這些經歷可能是自發發生，也可能是使用宗教致幻劑（entheogen）引起的。[1] 在適當控制的情況下，宗教致幻劑可以發揮重要作用，特別是臨終的過程中。

疾病意味著我們失去了確定性和控制力，失去了行動的自由，我們因為失去了熟悉的世界而感覺痛苦（Toombs, 1987），世界變得不可預測，未來變得不確定。對於罹患疾病的人，當下的世界充滿了障礙；距離似乎增加了，日常事務需要花費的時間變長了，生活的空間

1　原註 1：我用「致幻劑」（entheogen）這個詞，而不是更常見的「迷幻劑」（psychedelic），因為我相信這些化合物能讓人進入現實的靈性維度。

也被修改了。疼痛改變了一個人對時間的體驗（Toombs, 1990）。他可能會覺得變得更沒用，必須重新考慮事情的輕重緩急，因為他可能沒有多少時間了，而且他非常清楚自己一定會死。這副病軀使人感到虛弱、依賴和敏感。如果身體不能好好運作，我們就必須學會用新的方式做那些普通的事情，因此，疾病加深了我們對生活意義的理解；患者被迫理解生命的脆弱，並且比生病前更加珍惜生命。疾病讓我們有機會不再把生命視為理所當然。那些與患者關係密切的人也會受到影響。

對於有宗教信仰的人來說，一場嚴重的疾病可能會帶來信仰危機，或者宗教信仰也可能幫助患者保持一定程度的接受和平靜。但是，如果他們把疾病看作懲罰，那宗教上的解釋也可能毫無幫助。值得注意的是，對那些將一生獻給宗教事業的人來說，當祈禱似乎對疾病不起作用時，他們會非常失望。不過，總的來說，如果你相信有更偉大的力量在掌控局勢，即便你已經對自己徹底失控了，這種信念也會有所幫助。即使是那些不認為自己有任何正式宗教信仰的人也會承認，他們相信發生在他們身上的事是宿命的結果，這有意無意地暗示了他們生活中存在著某種超個人背景。理性主義者認為，用宿命解釋事情是迷信，或者只是因為迫切需要一個結論的結果。

不管我們是否以傳統的宗教視角來看待疾病，威脅生命的疾病往往會挑戰我們對於生命的意義、我們的基本目標、承諾，以及關於生命是否值得活下去的信念。疾病對這些宏觀態度（large-scale attitude）的影響可能比情境意義或我們評估疾病的特定方式更重要（Park 2010; Sherman, 2010）。因此，在疾病中尋找意義非常有價值。

受苦的靈魂：從深度心理學看痛苦的經驗與轉化

在疾病中尋找意義

在疾病中尋找意義的能力不僅對心理健康有積極的影響，對慢性疾病的病程也有正面效果（Fjelland et al. 2008; Dezutter et al, 2013）。尋找靈性的意義往往會減少焦慮，例如，把疾病視為上帝的意志或必要的業。無神論者會以自己的方式找到非宗教的意義，或者只是把疾病視為生活悲劇的一部分，沒有特別的意義。

文化有助於確定我們在疾病中發現的意義。莫里斯（Morris, 1998）指出，我們可以把愛滋病看作是一種生物紊亂，但也有重要的文化意義：對同性戀的恐懼、向第三世界國家提供延長壽命藥物的政治問題，以及倡議團體的政治等，都有其文化背景。抽煙、喝酒、壓力及肥胖的影響等，都是某種程度建立在文化上的生活型態。

在疾病中尋找意義的方法之一，便是講述關於疾病的故事。故事至少能讓我們把疾病放到更大的生活背景之中，這樣看起來就沒那麼混亂了。凱博文（Arthur Kleinman, 1989）認為，我們可以使用敘事來創造疾病的意義。他區分了生病（illness）和疾病（disease），前者是患者的真實體驗，後者是對醫學疾病的客觀分類。心肌梗塞和心臟病發作的真實體驗是有區別的。講故事可以讓我們對疾病產生新的認識，故事可以讓那些因疾病而失去連續性的生活恢復連貫性，故事有助於形成新的自我意識，也是幫助他人理解正在發生的事情的一種方式。關於疾病的故事，向他人表達了我們的痛苦，並使我們與他人建立同理的連結。對疾病的敘述方式有時能反映主流文化價值觀，比如自力更生、勇敢或對自己的健康負責等等。講故事可以將這些材料帶入意識層面，使我們能夠與之對話。我們的疾病故事表達了我們獨特的疾病經歷，這是官方的醫學描述遠遠不及的。

亞瑟·法蘭克（Arthur Frank）認為敘事具有道德功能。患者有

講故事的責任，傾聽者也有見證和憐憫的責任。法蘭克（1995）提出了敘事的類型：一種是康復敘事（restitution narrative），關於健康、生病與康復，是文化上偏愛的敘事方式，強化了醫療對患者的期望。另一種是混亂敘事（chaos narrative），指的是事情永遠不會好轉，看不到盡頭，也無法控制。最後一個叫探索敘事（quest narrative），指的是直面疾病，並開始一段探索之旅，就像坎伯（Campbell）的英雄之旅一樣。

許多文化中都存在這樣的認知：痛苦可以帶來智慧和理解，而且無法透過其他管道獲得，這些對於痛苦適用的真理往往也適用於疾病。與其他任何形式的痛苦一樣，疾病可能會讓人產生新的認識，尤其是在關於自己想要什麼樣的生活，以及什麼對我們而言是真正重要的這些事情上。例如，當人們罹患重症時，那些一直受到驅使、野心過大的人可能會意識到他們必須放慢腳步，重新評估生活，有時還會發生徹底的改變。他們可能會重新檢視自己討厭的工作，重新考慮那些消耗或虐待他們的人際關係，他們也許會突然醒悟，意識到自己終其一生想要的到底是什麼。我不是天真地暗示改變這些因素一定會帶來康復，也不是說疾病只是生活方式所導致的結果，但不可否認，疾病可能讓我們意識到自我破壞的行為，可能讓我們注意到我們一直忽視的東西，或沒有機會經歷的部分。或者，我們可能因為錯過的機會和錯誤而感到悲傷和憤怒，而這種意識可能帶來深刻的轉變。這種現象有時被稱為創傷後成長（post-traumatic growth），會帶來積極的生活變化，如關係的改善、自信的增加、靈性的深化等。

疾病對一個人的意義取決於其受影響的身體部位。疾病可能會對自戀造成重要影響，特別是當涉及到臉、手或生殖器等部位時；疾病可能影響一個人的勝任感，並因此產生羞愧、憤怒，感覺自己有缺陷或醜陋等感受，但疾病也可能導致補償性的努力，如逆恐行為，

受苦的靈魂：從深度心理學看痛苦的經驗與轉化

例如眼盲或獨腿的滑雪者。在第二次世界大戰中，道格拉斯・巴德（Douglas Bader）失去了雙腿，但卻成為一流的戰鬥機飛行員。

我們也可以把疾病看作是個體化過程的結果，因為過程出錯了，所以人們無法遵循真正的人生道路；或者也可以看作個體化的必要組成部分，可以深化我們的身份認同感。前面的例子也許只是一種無知的新世紀（New Age）運動：責怪病人生病，好像這只是一個簡單的選擇一樣，完全忽略了無意識和所有社會的、發展的驅動力，正是這些因素的結合才將我們帶入特定的生活情境之中。如果我們生病是因為個體化的過程受阻，那就得找工具探索我們真正的天命是什麼。關於這一點有個有用的觀點是，每個人的人格中都有其主導的原型母題（archetypal motifs），影響個體化過程的進程。有些人生來註定要成為教師、療癒者、祭司、戰士、商人、學者等等。我們更容易做好跟原型特質一致的工作類型。國王和王后善於領導人民、運用權力、發展財富等；戰士們感興趣的是征服和探索、勇氣和力量、為事業而死、服從統治、保護人民；祭司的興趣在於靈性現象，調和人與超驗維度之間的關係；學者善於追求知識、搜集資訊和科研；聖賢只為智慧而求知，他們研究人類的生存現狀和生命本身，而不像學者那樣只是為了獲得新知識；僧侶是天生的苦行者和獨居者，致力於靈性修行；戀人們把現實的所有層面都與愛聯繫在一起；教師有教書的衝動；母親照顧所有需要成長的人和事；薩滿與靈魂交談等等，為了感受生命的意義，我們必須依循內在傾向與本性來生活。如果我們所從事的職業並非我們真正的天職，這種情況下，需要改變、卻無法以任何方式實現，疾病就會降臨。我們怎麼知道自己一生該做什麼呢？有一些是直覺問題，或者說是內在覺知，或者是跟隨本能，我們就是能知道哪些是「對的」事情，哪些不是。還有一些是發現某些活動就是會吸引我們，或者我們在某些方面就是有天賦或能力。還有另一個線

索是，當我們在做真正對的事情時，我們會忘記時間，處於一種心流或專注的狀態，時間不知不覺地流逝，工作自然而然就展開，進展順利，新的想法源源不斷。相比之下，當我們在做不適合自己的工作時，只覺度日如年。許多人工作是出於自戀，為了增強自尊或取悅家人。就像一個老笑話說的那樣，我們拚盡全力爬到梯子最上面，卻發現梯子靠錯了牆。可悲的是，人們並不知道，如果他們爬的梯子把他們帶到一個不適合的地方，他們要承受的痛苦有多深重。羅倫斯・李山（Laurence LeShan, 1994）發現，如果癌症患者能找到一份帶來生活熱情的志業，他們的病情會更容易緩解。如果我們從小就被教導要把別人的需要放在自己之前，要找到這樣一份志業並不容易，但這樣的發現是有可能的。

如果就像榮格所說，每個人格都有自己的終極目的，都要朝向某個目標邁進，那麼疾病就不一定是意外。根據「疾病是個體化過程的一部分」這一概念，疾病是一個人生活中不可分割的一部分，要將其視為必需品而接受。疾病也可能是啟蒙過程中的閾限階段，在這個階段，我們告別舊的生活方式，發展出新的意識。因此，康復的過程可能需要有意識的犧牲，也就是通常所說的接受改變和失去，放棄回到過去生活的想法，接受它現在的樣子。

與性格結構有關的疾病

面對讓人感到無助的痛苦時，以傲慢為特點的自戀的病理性格會使一個人感受到很難維持控制一切。有時我們會看到那些患有重疾的人表現出憂鬱，這是因為疾病擊碎了他們的全能感和個人價值感。一個傲慢的人，也許是在用他的傲慢應對自己的無價值感和羞恥感。面對疾病時，優越感便不再適用，過去被防禦的那些感覺就會出現，特

別是當患者不得不依賴他人時，可能會讓一個表面自大、實際卻有著脆弱自體感的人感覺受到羞辱。疾病會削弱人們無懈可擊或與眾不同的感覺，所以人們常常覺得生病很丟臉。一般來說，自大的人從來不會同理別人的痛苦，因為要想同理他人，需要我們把自己和自身的問題放一邊，聚焦在別人身上。如果一個人的自體感很脆弱，並且需要透過誇大等自戀的防禦來支撐，那麼他不可能同理別人的痛苦。有些人在體驗到疾病帶來的巨大痛苦時，才會被迫開放，在此之前都非常難以接近。有時，痛苦強化了一個人的無價值感和自卑感，就好像沒有價值的自體意象得到了證實。有些具有強迫性格的人會試圖嚴格控制自己的生活和身體，對他們來說，面對疾病是特別困難的，他們在無意識中對未知的事物感到恐懼，害怕無助感、無力感和不確定性，控制是他們應對這些恐懼的方式。當疾病使得一切不再受控時，潛在的焦慮就會浮現出來。

關於身心症或心因性疾病的問題

　　二十世紀四〇年代至五〇年代是美國精神分析探究身心症的黃金時期，但因為無法找到足夠的證據證明某種特定的生理疾病是由特定的心理衝突引起，這個風潮逐漸消失。換句話說，儘管有研究確實找到情緒會影響胃分泌和血壓等生理過程的相關證據，但事實證明，無法找到與特定的精神狀態所對應的器質性疾病，也不可能用心理療法來治療器質性疾病。在那之後，出現了新的理論，比如認為身心症與無法使用象徵和語言有關，因而導致極端的身體興奮無法透過心理機制用語言表達出來。這就好像一定量的情感溢出到了身體上，形成了症狀，如果患者能使用語言表達出感受，會對他有幫助。身心症患者很難做到這一點，就像他們無法從具體的思維轉移到抽象思維一樣。

然而，這些狀況是否真的容易導致身心症，尚待明確，也可能是生病所帶來的結果。

我們可以把疾病看成是無意識透過身體的表達，而不是從純粹的心理角度來看待無意識。無意識不是純心理或純生理的，或者說既是心理的，也是生理的。身體和心理的區分只是口頭上的，身體和心理本就是一個整體。[2] 心理和身體之間不存在「關係」，因為關係就意味著它們是兩個不同的事物，實際上它們是同一現實的兩個面向，或者同一現實的不同表現形式。借用榮格（CW 8, p. 211）用光譜的比喻，身體在紅色的一端，心理在藍色的一端，但紅色和藍色都是同一束光的共同組成部分。同樣的問題，或同樣的原型過程，會在身體和心理上表現出來。只是為了方便表達，我們才把心理和身體分開。每一種疾病都是身心疾病，因為疾病是一種統一的身心光譜狀態，但在臨床實務中，重要的是要記住：如果我們太考慮疾病的心理因素，反而可能增加患者的負擔。的確，有時候當人們無法表達內心的痛苦時，就會透過身體來表達，但這是有問題的身心分裂的結果，有其發展的源頭。正因為心理和身體都是同一光譜的一部分，當心理─身體整體的其中一極不能意識化時，無意識就會在另一極盡其所能到達意識。

以心理或生理的任何一方優先的方式來看待疾病都是錯誤的。沒有一種心理上的痛苦是不涉及生理的。情緒開始於原始的情感，而原始的情感是由身體的自主神經系統調節的。另一種相反的錯誤觀念是，認為疾病主要是生理上，把心理視為次要因素。身體問題總是與心理相關，身體疾病的基因表現也會受到我們情緒狀態的影響；也就

2　原註 2：我們只需想想榮格的詞語聯想測試中的複雜指標，其中一些是身體的（somatic），即使這種情結指標其實是一種心理結構。

是說，不要考慮是心理問題先出現，還是身體症狀先出現。正如邁耶（Meier, 1963）所說，如果我們將其視為同一現實的兩面，那麼每一面都是以不同的模式，同時、同步表達相同的情況。從同步性的角度來思考，就不需要考慮生理或心理的因果問題了。任何無意識的原型範式都可以藉由心理或生理表達，因為原型有生理的一極也有心理的一極，並不是兩個獨立的東西。

身體可以表達象徵性的意義。某種身體症狀可能是一種情結的表現，是其心理狀態的反映。一位中年男子前來心理治療，主訴是冠狀動脈繞道手術之後的憂鬱和慢性疼痛。術後幾個月，他胸骨的位置持續疼痛。剛開始，醫師誤判這種疼痛，最後才發現，他的胸骨在手術後一直沒有癒合（胸骨必須分開才能進行心臟手術），也就是所謂的「癒合不良」。然而，胸骨修復手術並沒有緩解他的疼痛，「未癒合」症狀仍未改善。最終，在第一次手術九個月後進行第二次胸骨修復手術，這次終於有所改善，但一年後，胸骨持續疼痛，甚至每次呼吸都很痛苦。他已經有好幾個月不能工作了，他開始對自己能否恢復健康感到絕望。男子的父親在他十歲時去世了，母親對他漠不關心，他甚至覺得自己需要對母親的痛苦和情緒健康負責。他曾想盡一切辦法讓母親感覺好一些，包括十三歲時開始打工掙錢養家，但他所做的一切似乎沒有任何作用，母親並沒有因此變好。他完全沒辦法擺脫母親的情感勒索，當母親批評他做得還不夠時，他只覺內疚又脆弱。後來，他選擇了助人的職業，在這個職業中，人們期待他能夠在不考慮自己的情況下幫助他人。因此過去的模式延續下來——他沒有能力保護自己免受他人需求的干擾。從象徵意義上看，很明顯，胸骨代表著保護心臟的能力，而他從來沒有學會在情感上保護自己的心臟。他的內心對他人的需求一直保持著敞開狀態，允許他人需求的入侵。手術期間，他與一位女性在一起，這位女性對他的要求與母親對他的要求

幾乎如出一轍。毫無疑問，他也無法保護自己免受這位女性的不斷打擾。他意識到，每次她攻擊他時，他的胸痛都會加重。每當她不開心的時候，他都會感到內疚，他覺得自己必須照顧她。他無法在生理或心理上保護自己的心臟，這個問題的生理層面和心理層面是相互映照的。經過心理治療，他能夠從當前的關係中解脫出來，並看到這段關係與他母親的問題的連結。在這些事情之後，他開始學習保護自己的感受、維護自己，他的胸骨也開始癒合。從因果關係的角度來考慮這兩件事的相關性是錯誤的，因為這是同步發生。這就是心理狀態藉由身體象徵性地表達，這種慢性疼痛的意義便是在呼喚我們去理解它。

儘管有很多這樣的例子，但在現今的醫學中，仍然不認可關於疾病和意義之間可能存在任何聯繫的觀點，因為醫學界大體上仍然堅持身心二元論，並不考慮患者的主觀性。疾病在身體中是具有象徵意義的──這是一個長期存在但富有爭議的傳統觀點。但醫學無法解釋身體是如何以疾病的形式表達象徵性意義，這也是醫學反對這個觀點的其中一個理由。

像慢性疲勞症候群這種當代醫學無法解釋的情況，是傳統醫學方法的侷限，也是它無法觸及的領域。慢性疲勞症候群引發了大量爭議和各種觀點。有些人認為這主要是一種心理問題在身體上的表現，而另一些人則認為某個未知的生物學原因導致了心理和生理症狀。然而，就像任何疾病一樣，慢性疲勞症候群會產生一系列的身體症狀、情緒、行為等等。我們無須認定某些因素具有因果優先性，就像無須把其中一個因素作為根本原因一樣。這種情況可能更接近於所謂的「奇怪迴圈」或「糾纏的層次結構」──在這個系統中，不管我們朝任何方向移動，都會發現自己又回到了起點，就像埃舍爾（Escher）[3]

3　編註：M. C. Escher（1898-1972），荷蘭藝術家，以版畫作品聞名於世。他的作品以幾何圖形和

畫作中的手相互繪製一樣。在這裡，沒有更高或更低的層次，我們總是回到起點。

這些醫學上無法解釋的症狀在初級的一般醫療中非常常見；但醫生接受的學術訓練讓他們相信只有身體上的問題才是真實的。這是大多數傳統西方疾病治療的典型模式，也是我們將精神疾病和身體疾病分開的部分原因。相反地，例如榮格，他堅持認為心靈本身就是一個領域，就像物質現實一樣真實存在。我們不能在體驗世界的同時不賦予它任何意義，所以主體和客體、自我和世界、身體和精神，或心靈和物質之間並沒有明顯的區別，它們是緊密相連的。心靈允許我們體驗這個世界，而世界和語言又對大腦和心靈有著重大影響。

罹患重病時，意義並不是影響痛苦感受的唯一重要因素。患者的態度也有著重要影響。伯尼・西格爾（Bernie Siegel, 1998）描述了一群做得非常好的患者：他們可以表達感受，按自己的意志行動；他們（大約百分之二十）是醫生認為最難搞的患者，因為他們會問很多問題，瞭解自己的疾病。他們想知道疾病的每一個細節：X 光檢查結果、化驗報告、治療方案、副作用等。他們會尋求他人的意見、尋找支持團體、改變生活方式、尋求心理治療，改變飲食……任何可以改變現狀的事情他們都會去做。顯然，太順從醫生並不見得都有好處。西格爾還發現，大約百分之二十的患者會有意或無意地想到死亡，因為疾病是一種擺脫困境的辦法，他們沒有表現出痛苦的跡象，也不會抵抗疾病。那些溫順無助的癌症患者的存活率要遠低於那些與之抗爭的癌症患者。

勞倫斯・李山（1994）的研究表明，相較那些無法找到意義和

錯視為特色，常常將現實和想像中的世界融合在一起，形成了獨特的風格，知名作品有〈手畫手〉（Drawing Hands）、〈瀑布〉（Waterfall）、〈相對論〉（Relativity）等。

熱愛的患者，那些找到生活的意義、找到自己熱愛的志業、找到自己真正喜歡的生活方式的癌症患者會做得更好。問題在於，對大多數人而言，這種滿足是很難實現的。當我們已經被訓練成把別人放在第一位，或者我們的自尊是建立在追求地位、收入和權力之上的（即使這些追求意味著我們忽視了真正的天職）。李山還發現，他的治療必須專注於人的正確之處，而不僅僅是童年的問題所在。他專注於患者的特殊能力、潛能、創造力，以及找到任何能讓患者對生活充滿熱情的東西——有一個活下去的理由，似乎就能激發療癒的力量。這是事實，因為健康不僅僅是沒有明顯的疾病，而是更廣泛的概念。治療非常複雜，信念、希望、意義、有意識的態度和無意識都在我們無法完全理解的層面發揮重要作用。

關於疾病的意義和心理方面的問題一直存在一個普遍的誤解，蘇珊・桑塔格（Susan Sontag, 1990）的文章就是一個例證。她的工作意義在於，指出人們對癌症的負面聯想，她認為使用「作戰」這種軍事詞彙來比喻癌症的治療會強化負面聯想。這些比喻妖魔化了疾病，並且間接地使患者蒙上了污名，彷彿罹患癌症是患者的錯一樣。她不喜歡任何為自己的疾病承擔責任的觀點，對疾病的心理學解釋和疾病的隱喻性思考只是出於道德主義的行為，所以她想擺脫這種方式，但她忽略了疾病也可以有象徵性意義，而這種象徵意義不一定是道德主義，也不一定消極。但是桑塔格有力地辯稱，疾病不是一種隱喻、疾病是對隱喻思維的抵抗，她反對心理學對疾病的解釋，認為心理學的方法破壞了疾病的現實，似乎在責怪受害者；她更希望把注意力完全集中在疾病的生理方面。然而，就像她所批評的新世紀的取向，實際上也像許多「身心醫學」一樣，桑塔格誤解了身體疾病和患者心理之間的關係。如上所述，認為心理「導致了」身體的疾病是一種誤導，這種說法就好像身體和心理是不同的實體。心理情境和生理情境是用

不同的方式表達同一個問題，就像我們在案例中看到的那樣。心理問題不會「引起」生理問題，而是同步相互關聯。此外，我們需要用隱喻來描述我們的疾病，講述有關疾病的故事，表達我們的感受。的確，如果我們過分強調疾病的心理因素，就會使患者負擔過重。但桑塔格採取了極端的立場，認為疾病毫無意義，只是一個沒有心理學背景的生物學過程──這暗示著一種徹底的身心分裂。無論如何，我們仍可以好好利用這個觀點，亦即患者不對自己的疾病負責，但是應該對自己對疾病的反應負責；採取心理和象徵性的方式理解疾病有助於我們深化對疾病的反應。

後記

在閱讀了《受苦的靈魂》（*The Soul in Anguish*）之後，我相信讀者會同意我的看法，與作者萊儂·科貝特（Lionel Corbett）的思想、經驗、專業視角，以及更重要的是，與他的靈魂相遇，是一種擴展的體驗。我欽佩科貝特博士的許多事情之一是，他不害怕接受最龐大、最困難、處處充滿地雷的課題，並選擇與之搏鬥。當然，時至今日，很多讀者都已經對書店裡大多數「自助」（Self-Help）區出售的垃圾感到厭煩了，特別是那些承諾在三十天之內或者五個簡單的步驟下就能擁有美好的婚姻、減肥成功、控制成癮以及獲得靈性成就的書。如果這些書有效，現在早就家喻戶曉了，我們也就不需要其他書了。但這些書其實並沒有實現作者聲稱的效果，而且大家都心知肚明。萊儂·科貝特是一個有勇氣和想像力的人，勇於探討那沒有解決方法的問題，那些我們一再反覆邂逅的議題：人類心靈的宗教本質、難以駕馭的繁多苦難，以及那些不可避免、遲早都會面臨、超出我們理解和應對能力的考驗。到了那時候，我們會做什麼？或者我們會變得如何？這就是本書的源起。

痛苦（suffering）通常是一種主觀體驗，是我們與世界相遇時喚起的體驗，它啟動了我們的恐懼，激發我們過去的應對手段和各種形式的否認，以避免與我們所害怕之事相遇。痛苦（anguish）的詞源來自拉丁文 angustia 和 angere，angustia 的意思是「狹窄、困難」，angere 的意思「壓在一起」，想到這一點，我們就會意識到我們為何如此痛苦。我們的自由本身被一個拒絕談判的「他者」限制住了。科

貝特讓我們意識到，既然「他者」不會受召喚來到談判桌上，那麼跟我們自己的態度談判就非常有必要了。

只要我們記住疼痛是身體上的，而痛苦是心理上的，那麼問題就變成我們的心靈如何書寫與全然「他者」相遇的故事（storied）。生活發生在們每個人身上，方式各不相同，但所有人遲早都會與那些不想要的東西相遇、體會到自由意志被掠奪，與生活或宇宙間神祕力量的「契約」被推翻。我們最常見的「魔法思維」練習就是以「契約」為前提的假設。「如果我心地善良、為所應為、行為得體，宇宙就會免我於痛苦，甚至免我於衰老和死亡。」雖然這種假定契約的幻想在至少三千年前寫就的《吉爾伽美什》（*Gilgamesh*）、《傳道書》（*Ecclesiastes*）中就受到了極大的挑戰，《約伯記》（*Book of Job*）更是直接提出質疑，但我們經常與祖先一樣，幻想自己可以與宇宙達成獨立的個人交易。

也許最深層的痛苦，以及因此而生的苦惱，來自於我們幻想的狹窄和受限，這是宇宙的自主力量和人類自身無意識所造成，迫使我們屈服於苦難之中。同樣的詞源線索甚至可以回溯到印度日爾曼語的 angh，意思是「限制」，我們感覺到焦慮、憤怒、恐懼（Angst）以及心痛（angina）。因此，對人類意識而言，最深刻的主觀挑戰是不斷地提醒我們：我們無法掌控生活，也無法掌控命運，而且我們總是受到內在和外在潛在約束力量的支配。因此，難怪自助書籍有吸引力：這些書欺騙我們，讓我們以為有魔法，而這種魔法只掌握在少數人手中，如果我們付費，他們就會分享給我們這些可憐的靈魂。如果在但丁的世界之中給這些騙子行為留出一席之地，那肯定是一個滿滿滯銷書的無盡之地，寫書之人不得不坐在其中，一遍又一遍地讀著自己寫的東西。

科貝特提醒我們要注意「痛苦」的主觀性。生命是一個持續的

現象學事件、是一系列的經歷，由於我們的心理被賦予生存和延續的任務，這些經歷發生之後立即「成為故事」，也就是說，敘事的線索圍繞著一個事件開始展開。當我們第一次觸摸到熱鐵時，疼痛的現象「被說成故事」了，而且是以一種保護的方式。然而，這種「故事」、這種敘事性的解釋往往是錯誤的，或者是與特定的時間和地點綁定，無法在後續的生活篇章中應用。心理治療的部分任務是檢查我們在生命歷程中積累的「故事」，並且認識這些故事是如何貫穿我們的生活始終，行使著某種形式的主權。將這些故事意識化，注意它們促使我們做了什麼，或阻止我們做了什麼，是為自我意識恢復一定程度自主權的核心。因此，對一個人真正的傷害不在於發生了什麼，而在於它如何形成故事；這些碎形敘事（fractal narratives）在我們歷史的心理經濟結構中扮演了什麼角色，以及它們讓我們做了什麼，或者阻止我們做了什麼。

科貝特的書探討了這些「故事」（對現象學經驗的外顯詮釋）是如何延伸到我們生活中許多相關領域，以及這些「故事」為我們和生活中的人帶來了什麼樣的「附帶損害」。棒球經理利奧‧迪羅謝（Leo Durocher）曾經指出：「有時候我們會贏；有時候我們會輸；有時候會下雨。」傳道書的作者（不知名的「傳道者」）指出，雨水落在正義和不正義的人身上是一樣的。那麼，不可思議的是，終極的民主不只是衰老和死亡，還有「發生在所有人身上的」時間和可能性。

本書的豐富之處在於，它引導我們審視各種形式的痛苦。例如，嫉羨如何與轉移性骨癌的痛苦相提並論呢？但兩者都會帶來靈魂的創傷，使人飽受折磨，兩者都在侵蝕心靈，而且，痛苦都是對心靈的折磨。「心靈」（spirit）是一種使我們的肉身存在充滿活力、進入生活的能量。痛苦會侵蝕、腐蝕、耗盡我們的心靈。我們都看過或者親身

經歷過這種情況。然而，正如榮格所指出的，如果不讓心靈活躍起來，那所有人都會墜落麻木的深淵之中，而麻木對每個人來說都充滿誘惑。出現在生活中的召喚，也許最能在疼痛和痛苦所管轄之處接受考驗。

在文化發展的過程中，我們都被灌輸一種幻想，即生活的目標是幸福。當然，幸福是一種理想的體驗，但也稍縱即逝。我們越是追求，它越是難以捉摸。我們越是力求擁有幸福，它越會從我們的指尖溜走，宇宙的力量也越有可能阻礙我們的計畫，變得更有威脅性。但是，使我們在這個旋轉地球上短暫停留的任務是意義。

不可避免的是，我們的選擇及預料之外的後果、他人的選擇，或者黑暗之神深不可測的行為，會把我們帶到靈魂的沼澤地。在這片沼澤地中，我們體會到自主性的喪失，自由會受到限制，甚至一些我們想迴避的任務也會強加過來。然而，每一次沼澤地的遭逢都在召喚某種任務，完成這個任務使我們從受害者角色脫離，轉而積極地參與生命的奧祕。我經常想到希特勒的反對派牧師迪特里希・潘霍華（Pastor Dietrich Bonhoeffer），他因為良心行為而遭監禁，隨後在集中營處決，他問自己：「這種地方的存在和我被關在這裡，都是上帝的旨意嗎？」他的結論是：「不是，但我的任務是透過這種痛苦的方式，在這個可怕的地方找到上帝對我的旨意。」有人說，甚至抓捕他的人都因為他穩定的精神以及面對犯罪帝國之手殘殺時的勇氣，而開始尊重他。

雖然我們很少有人能找到潘霍華牧師那樣的勇氣，但我們都與苦難照過面，與靈魂的痛苦擦身而過。那麼，我們該如何應對？我們是否也會問自己：「在這幾乎沒有自由的情況下，我的天命是什麼？」即使在那裡，我們也被賦予了可怕的自由，有能力選擇態度、實際行動、成長和擴展的自由，從而使我們的小旅程找到新的架構，我們靈

魂的痛苦也因為瞥見了意義而變得有尊嚴。

　　最終極的意義也許是對生命的全然接納，不遵照我們的意願、沒有任何保證，就只是一場美好戰鬥的尊嚴。萊儂‧科貝特的作品讓我欽佩的是他透徹的現實感、深諳心理學、對我們的共同處境充滿同理心，以及全心投入這場贏來尊嚴的美好奮鬥——即使是我們短暫棲身的這一切奧祕中，那些最痛苦的時刻。

榮格分析師詹姆斯‧霍利斯（James Hollis）博士

寫於華盛頓特區

終曲

　　我們的文化常常有一種自動的假設，認為痛苦一定是壞事，但我希望這本書能夠說明，有些時候，忍受甚至擁抱必要的痛苦可能造成重要人格發展。有些痛苦嚴重到足以從根本上動搖一個人的自我感，很可能也會促進真實自我的重建。痛苦是一個人的身份和生活故事的一部分，所以，即便是嘗試解決痛苦，也只能是認領，而不是拒絕痛苦。回過頭來看，當時看起來非常消極的事件，最終可能被視為對個體化過程發揮了至關重要的作用。

　　要發展智慧和成熟，需要我們對痛苦培養一種態度，因為痛苦是不可避免的。智慧和成熟有時可能誕生於痛苦，而智慧可能為痛苦提供慰藉。智慧意味著我們接受了短暫性和脆弱性是人類的一部分，正如寇哈特（1978, p. 855）所說，我們就可以「以寬容和冷靜的態度」來思考我們的長處和短處。心理治療可以成為這種智慧的來源，治療師的探索、接納、理解和同理的態度，加上提供新的視角，都有利於這種智慧的發展。藉由心理治療探索痛苦的心理狀態和艱困的生活情境，我們將獲得意想不到的發現和對痛苦出乎意料的態度。最後，心理治療師對減輕痛苦的努力，對受苦者來說就是一種安慰。

參考書目

Abraham, K. (1927) A particular form of neurotic resistance against the psychoanalytical method. In *Selected Papers of Karl Abraham*. London: Hogarth Press and the Institute of Psycho-Analysis.

Adorno, T., Frenkel-Brunswick, E., Levinson, D., & Sanford, N. (1950). *The authoritarian personality*. NY: Harper.

Akhtar, S. (2000). Mental Pain and the Cultural Ointment of Poetry. *International Journal of Psycho-Analysis, 81*(2), 229-.

Adams, R. (2000). Loving Mimesis and Girard's 'Scapegoat of the Text': A Creative Reassessment of Mimetic Desire. In W. M. Swartley (Ed.), *Violence Renounced: Rene Girard, Biblical Studies and Peacemaking*. Telford PA: Pandora Press (pp. 277-).

Adams, C. J. (1994). Bringing peace home: A feminist philosophical perspective on the abuse of women, children, and pet animals. *Hypatia, 9*, 63-84.

Adorno, T.W. (1962). Commitment. In Eagleton, T. & Milne, D. (Eds.), *Marxist literary theory: A reader*. NY: Oxford University Press, pp. 11-30.

Agosta, L. (2010). *Empathy in the context of philosophy*. NY: Palgrave Macmillan.

Ahn, D., Jin, S., & Ritterfeld, U. (2012). "Sad movies don't always make me cry": The cognitive and affective processes underpinning enjoyment of tragedy. *Journal Of Media Psychology: Theories, Methods, And Applications, 24*(1), 9-18.

Akhtar S (1995). Some reflections on the nature of hatred and its emergence in the treatment process: Discussion of Kernberg's chapter 'Hatred as a core affect of aggression'. In S. Akhtar, S. Kramer & H. Parens (Eds.), *The birth of hatred: Developmental, clinical, and technical aspects of intense aggression*. New Jersey: Jason Aronson.

Altemeyer, B. (1996.) *The authoritarian specter*. Cambridge, MA: Harvard University Press.

Akhtar, S., & Varma, A. (2012). Sacrifice: Psychodynamic, Cultural and Clinical Aspects. *The American Journal of Psychoanalysis, 72*, 95-117.

受苦的靈魂：從深度心理學看痛苦的經驗與轉化

Albright, M. (2002). The Stigmata: The Psychological and Ethical Message of the Posttraumatic Sufferer. *Psychoanalysis & Contemporary Thought, 25*(3), 329-358.

Alford, C.F. (2005). Hate is the imitation of love. In R. Sternberg, (Ed.), *The psychology of hate.* Washington, D.C.: American Psychological Association.

Alfredsson, E., Wiren, B., & Lutzen, A. (1995). Comfort, a flow of best wishes and well-being. *Nordic Journal of Nursing Research and Clinical Studies, 15*(1), 34–39.

Almond, G., Appleby, R., & Sivan, E. (2003). *Strong religion: The rise of fundamentalism around the world.* Chicago: University of Chicago Press.

Altemeyer, B., & Hunsberger , B. (1992). Authoritarianism, religious fundamentalism, quest, and prejudice. *International Journal of the Psychology of Religion, 2,* 113-134.

Amsel, A. (1976). *Rational Irrational Man*: Torah psychology. NY: Feldheim Publishers.

Anderson, R.W., (1997). The envious will to power. *The Journal of Analytical Psychology, 42*(3), 363-383.

Andrykowski, M.A., Brady, M.J., Hunt, J.W. Positive psychosocial adjustment in potential bone marrow transplant recipients: cancer as a psychosocial transition. *Psychooncology, 2,* 261-276.

Ansbacher, H. & Ansbacher, R.R. (Eds.). (1956). *Individual psychology of Alfred Adler: A systematic presentation in selections from his writings.* NY: Basic Books.

Armstrong, K. (2001). *The battle for God.* NY: Ballantine Books.

Anderson, D.J., & Hines, R.H. (1994). Attachment and pain. In R.C. Grzesiak & D.S. Ciccone (Eds.), *Psychological vulnerability to chronic pain.* New York: Springer.

Appio, L., Chambers, D., & Mao, S. (2013). Listening to the Voices of the Poor and Disrupting the Silence About Class Issues in Psychotherapy. *Journal Of Clinical Psychology, 69*(2), 152-161.

Arendt, H. (2006). *Eichmann in Jerusalem: A report on the banality of evil.* NY: Penguin Books.

Arluke, A., Levin, J., Luke, C., & Ascione, F. (1999). The relationship of animal abuse to violence and other forms of antisocial behavior. *Journal of Interpersonal Violence 14,* 963-975.

Asay, T. P. , & Lambert, M. J. (1999). The empirical case for the common factors in therapy: Quantitative findings. In M. A. Hubble, B. L. Duncan, & S. D. Miller (Eds.), *The heart and soul of change* (pp. 23-57). Washington, DC: American Psychological Association.

Ascione, F. R. (1993). Children who are cruel to animals: A review of research and implications for developmental psychology. *Anthrozoös, 6* (4), 226-247.

Attig, T. (2000). *The heart of grief: Death and the search for meaning.* NY: Oxford University Press.

Balint, M. (1952). On love and hate. *The International Journal of Psychoanalysis, 33,* 355-362.

Baumeister, R. F. (1991). *Meanings in life.* NY: Guilford.

Baumeister, R. F., Twenge, J.M., & Nuss, C.K. (2002). Effects of social exclusion on cognitive processes: Anticipated aloneness reduces intelligent thought. *Journal of Personality and Social Psychology, 83,* 817-827.

Badcock , C. R. (1986), *The Problem of Altruism: Freudian-Darwinian Solutions,* NY: Oxford University Press.

Bargdill, R.W. (2006). Fate and destiny: Some historical distinctions between the concepts. *Journal of Theoretical and philosophical psychology, 26,* 205-220.

Barnhart, W.J., Makela, E.H., & Latocha, J. (2004). Selective serotonin reuptake inhibitor induced apathy syndrome: A clinical review. *Journal of Psychiatric Practice, 10*(3), 196-199.

Barnstone, (1984). *The other Bible.* San Francisco: Harper Collins.

Baruchello, G. (2010). No pain, no gain. The understanding of cruelty in western philosophy and some reflections on personhood. *Filozfia, 65*(2), 170-183.

Basoglu, M., Jaranson, J. M., Mollica, R., & Kastrup, M. (2001). Torture and mental health: A research overview. In E. Gerrity, T. M. Keane, & F. Tuma (Eds.), *The mental health consequences of torture* (pp. 35–62). New York: Kluwer.

Bauer, J. (1993). *Impossible love—or why the heart must go wrong.* Dallas, Tx: Spring Publications.

Batson, C.D. (1991). *The altruism question: Toward a social-psychological answer.* NJ: Lawrence Erlbaum Associates.

Batson, C.D. (2010). *Empathy-induced altruistic motivation.* In M. Mikulincer & P. R. Shaver, (Eds.), In *Prosocial motives, emotions, and behavior: The better angels of our nature (pp.* 15-34). Washington, DC: American Psychological Association, 2010.

Beach, S. R., Schulz, R., Yee, J. L., & Jackson, S. (2000). Negative and positive health effects of caring for a disabled spouse: Longitudinal findings from the Caregiver Health Effects Study. *Psychology and Aging, 15,* 259– 271.

Beck, R. (2004). The function of religious belief: Defensive versus existential religion. *Journal of Psychology and Christianity, 23,* 208-218.

Beirne, P. (1999). For a nonspeciesist criminology: Animal abuse as an object of study. *Criminology, 37,* 117-147.

Ben-Ze'ev, A. (2000). *The subtlety of emotions.* Cambridge, MA: MIT Press.

Bennett, M, Dennett, D., Hacker, P., & Searle, J. (2007). *Neuroscience and philosophy.* NY: Columbia University Press.

Berenbaum, M., & Firestone R. (2004). The Theology of Martyrdom. In R.M. Fields (Ed.), *Martyrdom: The psychology, theology, and politics of self-sacrifice* (pp. 117-145). Westport, CT: Praeger.

Berger, A.S. (2012). The evil eye—an ancient superstition. *Journal of Religion and Health, 51*(4), 1098-1103.

Berger, P.L. (Ed.) (1999). *The desecularization of the world: Resurgent religion and world politics.* Washington, D.C.: Ethics and Public Policy Center & Grand Rapids, MI.: William B. Eerdman Publishing.

Bergner, R. M. (2007). Therapeutic Storytelling Revisited. *American Journal Of Psychotherapy, 61*(2), 149-162.

Berke, J. (1986). Shame and envy. *British Journal of Psychotherapy 2*(4), 262–70.

Bernasconi, R. (2002). What is the question to which 'substitution' is the answer? In S. Critchley & R. Bernasconi (Eds.), *The Cambridge companion to Levinas* (pp. 234–251). NY: Cambridge University Press.

Bernstein, R. J. (1991). *Beyond Objectivism and Relativism: Science, Hermeneutics, and Praxis.* Philadelphia; University of Pennsylvania Press.

Bewley, A.R. (1995) Re-membering spirituality: Use of sacred ritual in psychotherapy. *Women & Therapy, 16,* 201-213.

Bierhoff, H.M., & Rohmann, E. (2004). Altruistic Personality in the Context of the Empathy-Altruism Hypothesis. *European Journal of Personality,* 18(4), 351–365.

Binswanger , L. (1994). The Case of Ilse. In R. May, E. Angel, & H.F. Ellenberger (Eds.), *Existence*. New York: Jason Aronson. (Original work published in 1958).

Bion, W. (1963). *Elements of Psycho-Analysis*. London: Heinemann.

Bion, W. (1970). *Attention and interpretation*. London: Maresfield Library.

Black, W. A. (1991) An existential approach to self-control in the addictive behaviours. In Heather, N., Miller, W.R., & Greeley, J. (Eds.) *Self-control and the Addictive Behaviours*, pp. 262-279. Sydney, Australia: Maxwell-MacMillan Publishing.

Black, D. M. (2004). Sympathy reconfigured: Some reflections on sympathy, empathy and the discovery of values. *International Journal Of Psycho-Analysis, 85*(3), 579-595.

Blackburn, S. (2003). *Being Good*, New York: Oxford University Press.

Bluhm, R. (2005) From hierarchy to network: a richer view of evidence for evidence-based medicine. *Perspectives in Biology and Medicine, 48* (4), 535–547.

Bollas, C. (1989). *Forces of destiny: Psychoanalysis and human idiom*. Northvale, NJ: Jason Aronson.

Boleyn-Fitzgerald, P. (2003). Care and the Problem of Pity. *Bioethics, 17*, (1), 1-20.

Bower J.E., Kemeny M.E., Taylor S.E. & Fahey J.L. (1998) Cognitive processing, discovery of meaning, CD4 decline, and AIDS-related mortality among bereaved HIV-sero-positive men. Journal of Consulting and Clinical Psychology 66(6), 979–986.

Bowker, J.W. (1970). *Problems of suffering in religions of the world*. NY: Cambridge University Press.

Bradford, D. T. (1990). Early Christian martyrdom and the psychology of depression, suicide, and bodily mutilation. *Psychotherapy: Theory, Research, Practice, Training, 27*(1), 30-41.

Brady, M.J., Peterman, A.H., Fitchett, G., Mo, M., Cella, D. A case for including spirituality in quality of life measurements in oncology. *Psychooncology, 8*, 417-428.

Brandchaft, B. (1993). To free the spirit from its cell. In A. Goldberg (Ed.), *Progress in Self Psychology, vol. 9: The widening scope of Self Psychology*. Hillsdale, NJ: Analytic Press.

Breggin, P.R. (1991). *Toxic psychiatry.* NY: St. Martin's Press.

Breitbart, We., Heller, K.S. Reframing hope: meaning-centered care for patients near the end of life. *Journal of Palliative Medicine 6,* 979-988.

Brown, J.C. & Parker, R. (1989). For God so loved the world. In J.C. Brown & R.C. Bohn (Eds.). *Christianity, patriarchy, and abuse: A feminist critique.* NY: Pilgrim Press.

Buss, D. (2000). *The dangerous passion: Why jealousy is as necessary as love and sex.* New York: Free Press.

Bynum, C. W. (1991). *Fragmentation and Redemption: Essays on Gender and the Human Body in Medieval Religion.* New York: Zone Books.

Cacioppo, J. & William, P. (2008). *Loneliness: Human nature and the need for social connection.* N.Y.: WW Norton.

Campbell, J. (2008). *The hero with a thousand faces.* Novato, CA: New World Library.

Camus, A. (1969). *The Myth of Sisyphus and Other Essays.* Trans. Justin O'Brien, New York: Knopf.

Carlat, D. (2010). *Unhinged: The trouble with psychiatry—A doctor's revelations about a profession in crisis.* New York, NY: The Free Press.

Carver, C.S., & Connor-Smith, J. (2010). Personality and Coping. *Annual Review of Psychology, 61(1),* 679-704.

Carveth, D. (1992). Dead end kids: Projective identification and sacrifice in 'Orphans.' *International Review of Psychoanalysis, 19(2),* 217–227.

Cassell, E.J. (2004). *The nature of suffering and the goals of medicine* (2nd ed.). NY: Oxford University Press.

Gila, C. (2006). Social Support, Spiritual Program, and Addiction Recovery. *International Journal Of Offender Therapy & Comparative Criminology, 50(3),* 306-323.

Chismar, D. (1988). Empathy and Sympathy: The Important Difference. *The Journal of Value Inquiry, 22,* 257-266.

Clements, A. D., & Ermakova, A. V. (2012). Surrender to God and stress: A possible link between religiosity and health. *Psychology Of Religion And Spirituality, 4(2),* 93-107.

Cohen, A. (1981). *The Tremendum: A theological interpretation of the Holocaust.* NY: Crossroads.

Cohen, M., & Gereboff, J. (2004). Orthodox Judaism and psychoanalysis: Towards dialogue and reconciliation. *Journal of the American Academy of Psychoanalysis*, *32*, (2), 267-286.

Cole, B.S., & Pargament, K.I. (1999). Spiritual surrender: A paradoxical path to control. In W.R. Miller (Ed.), *Integrating spirituality into treatment* (pp. 179-189). Washington, D.C.: American Psychological Association Press.

Cole, D. (2012). Torture and just war. *Journal of Religious Ethics,40*(1), 26-51.

Cole, V.L. (2003). Healing principles: A model for the use of ritual in psychotherapy. *Counseling and values (47)* 3, 184-195.

Cook, D. (2007). *Martyrdom in Islam*. NY: Cambridge University Press.

Corbett, L. (2007). *Psyche and the sacred*. New Orleans: Spring Publications.

Corbett, L. (2011). *The sacred cauldron: Psychotherapy as a spiritual practice*. Wilmette, Il: Chiron.

Corbett, L. (2013). Jung's approach to spirituality and religion. In E. Shafransky & K. Pargament (Eds.), *APA Handbook of psychology and religion*. Washington, D.C.: APA publications, pp. 147-167.

Corbett, L. (2013). Silence, presence, and witness in psychotherapy. In U. Wirtz, S., Wirth, D. Eggar & K. Remark (Eds.), *Echoes of silence: Listening to soul, self, other*. New Orleans, LA: Spring publications.

Coyle, N. (1996). Suffering in the first person: Glimpses of suffering through patient and family narratives. In B. R.Ferrell (Ed.), *Suffering*. Sudbury, MA: Jones & Bartlett. pp. 29– 64

Crelinsten, R. (1993). In Their Own Words: The World of the Torturer. In Ronald D. Crelinsten and Alex P. Schmid, (Eds.), *The Politics of Pain: Torturers and Their Masters*. Boulder, Co.: Westview Press.

Crick, F. (2004). *The astonishing hypothesis*. NY: Touchstone.

Cwik, A. J. (1995). Active Imagination: Synthesis in Analysis. In M. Stein (Ed.), *Jungian analysis* (pp. 137-169) Chicago, II: Open Court. (2nd. Edition.)

Cushman, P., & Gilford, P. (2000). Will managed care change our way of being? *American Psychologist 55*:985–996.

Dallman, M.F. (2006) Make love, not war. *Behavioral and Brain Sciences, 29*:227–228

Damasio, A. R. (1994). *Descartes' Error: Emotion, Reason, and the Human Brain*. N.Y.: Putnam.

Dare, C. (1993). The family scapegoat: An origin for hating. In V. Varma, (Ed.), *How and why children hate*. London: Jessica Kingsley Publishers. pp. 31-45.

Darley, J., & Bateson , C. (1973). From Jerusalem to Jericho: A study of situational and dispositional variables in helping behaviour. *Journal of Personality and Social Psychology, 27*,100-108.

Daud, A., Skoglund, E.,& Rydelius, P. (2005). Children in families of torture victims: Transgenerational transmission of parents' traumatic experiences to their children. *International Journal of Social Welfare, 14*, 22–32.

Davis, S.T. (2001). *Encountering evil: Live options in theodicy*. Louisville, KY: Westminster John Knox Press.

Deflem, M. (1991). Ritual, anti-structure, and religion : a discussion of Victor Turner's processual symbolic analysis. *Journal For The Scientific Study Of Religion, 30*(1), 1-25.

DeNavas-Walt, C., Proctor, B. D., & Smith, J. C. (2011). U.S. Census Bureau, Population Reports. Income, Poverty, and Health Insurance Coverage in the United States. Washington, DC.

DeViney, E., Dickert, J., & Lockwood, R. (1983). The care of pets within child abusing families. *International Journal for the Study of Animal Problems, 4* (4), 321-329.

Dezutter, J., Casalin, S., Wachholtz, A., Luyckx, K., Hekking, J., & Vandewiele, W. (2013). Meaning in life: An important factor for the psychological well-being of chronically ill patients? Rehabilitation Psychology, 58(4), 334-341.

Diekmann, H. (1971). The Favorite Fairy-Tale of Childhood. *Journal of Analytical Psychology, 16* (1), 18-13.

Doctors, S. (1981). The symptom of delicate self-cutting in adolescent females: A developmental view. *Adolescent Psychiatry, 9*, 443-460.

Doob, L.W. (1988). *Inevitability: Determinism, fatalism and destiny*. NY: Greenwood Press.

Dovidio, J. F., Piuavin, J. A., Schroeder, D. A., & Penner, L. A. (2006). *The social psychology of prosocial behavior*. Hillsdale, NJ: Erlbaum.

Dreifuss, G. G. (1977). Sacrifice in Analysis. *Journal Of Analytical Psychology, 22*(3), 258-267.

Duclow, D. (1979). Perspective and Therapy in Boethius' *Consolation of Philosophy*. *Journal of Medicine and Philosophy, 4*, 334-43.

Dueck, A., & Goodman, D. (2007). Expiation, Substitution and Surrender: Levinasian Implications for Psychotherapy. *Pastoral Psychology, 55*(5), 601-617.

Durckheim, K.G. (1992). *Absolute living: The otherwordly in the world and the path to maturity.* London: Arkana Books.

Edgar, I. R. (2007). The inspirational night dream in the motivation and justification of jihad. *Nova Religio, 11,* 59– 76.

Edelson, M. (1984). *Hypothesis and evidence in Psychoanalysis.* Chicago, Il: University of Chicago Press.

Ehrman, B. (2008). *God's problem: How the Bible fails to answer our most important question: why we suffer.* NY: HarperCollins.

Eigen, M. (1981). The area of faith in Winnicott, Lacan and Bion. *International Journal of Psycho-Analysis, 62,* 413-433.

Eigen, M. (1986). *The psychotic core.* Northvale, NJ: Jason Aronson.

Eissler, K. R., Meyer, M., & Garcia, E. E. (2000). On Hatred: With Comments on the Revolutionary, the Saint, and the Terrorist. Psychoanalytic Study Of The Child, 55, 27-44.

El-Mallakh, R.S., Yonglin, G., & Roberts, R.J. (2011). Tardive dysphoria: The role of long term antidepressant use in inducing chronic depression. *Medical Hypotheses 76,* 769-773.

Eliade, M. (1965). *Rites and symbols of initiation: The mysteries of death and rebirth.* (W.R. Trask, Trans.) NY: Harper and Row.

Engel, G. (1959). "Psychogenic" pain and the pain–prone patient. *American Journal of Medicine,26,* 899–918.

Erikson, E. (1997). *The Life Cycle Completed.* New York: Norton.

Farber, B. A., Manevich, I., Metzger, J., & Saypol, E. (2005). Choosing psychotherapy as a career: Why did we cross that road? *Journal of Clinical Psychology(61),* 1009–1031.

Falk, R., Gendzier, I., & Lifton, R. J. (Eds.) (2006). *Crimes of war: Iraq.* New York: Avalon Publishing Group.

Farley, W. (2011). Duality and non-duality in Christian practice: reflections on the benefits of Buddhist-Christian dialogue for constructive theology. *Buddhist-Christian Studies, 31,* 135-146.

Favazza, A. R. (1996). *Bodies Under Siege: Self-Mutilation and Body Modification in Culture and Psychology.* Baltimore, MD: Johns Hopkins University Press.

Felix, A. (2001). *Silent soul: The miracles and mysteries of Audrey Santo.* NY: St. Martin's Press.

Ferenczi, S. (1933/1955). Confusion of tongues between adults and the child. In *Final Contributions to the Problems and Methods of Psycho-Analysis.* London: Hogarth Press, pp. 156-167.

Figley, C. R. (2002). Compassion fatigue: Psychotherapists' chronic lack of self care. *Journal Of Clinical Psychology, 58*(11), 1433-1441.

Fischer, P., Krueger, J. I., Greitemeyer, T., Vogrincic, C., Kastenmüller, A., Frey, D., & Kainbacher, M. (2011). The bystander-effect: A meta-analytic review on bystander intervention in dangerous and non-dangerous emergencies. *Psychological Bulletin, 137*(4), 517-537.

Fjelland J. E., Barron, C. R., & Foxall, M. (2008). A review of instruments measuring two aspects of meaning: search for meaning and meaning in illness. *Journal Of Advanced Nursing, 62*(4), 394-406.

Fleming, M. (2005). Towards a Model of Mental Pain and Psychic Suffering. *Canadian Journal Of Psychoanalysis, 13*(2), 255-272.

Fleming, M. (2006). Distinction Between Mental Pain and Psychic Suffering as Separate Entities in the Patient's Experience. *International Forum Of Psychoanalysis, 15*(4), 195-200.

Flynn, C. P. (2000b). Woman's best friend: Pet abuse and the role of companion animals in the lives of battered women. *Violence Against Women, 6,* 162-177.

Fonagy, P. Gerber, A., Kächele, H., Krause, R., Jones, E., Perron, R., & Allison, E. (2002). *An Open Door Review of Outcome Studies in Psychoanalysis.* 2nd rev. ed. London: International Psychoanalytical Association.

Fonagy, P., Gergeley, G., Jurist, E., & Target, M. (2005). *Affect regulation, mentalization, and the development of the self.* London: Karnac Books.

Frank, A. W. (2001). Can We Research Suffering? *Qualitative Health Research, 11*(3), 353-363.

Frankl, V. (1959). *Man's search for meaning.* Boston, MA: Beacon Press.

Frankl, V. (1967). *Psychotherapy and existentialism: Selected papers on logotherapy.* NY: Simon and Shuster.

Frankl, V. (1969). *The will to meaning: Foundations and Applications of Logotherapy*. NY: World Publishing.

Frasure-Smith, N., Lespérance, F., & Talajic, M. (1995). The impact of negative emotions on prognosis following myocardial infarction: Is it more than depression? *Health Psychology, 14*(5), 388-398.

Freud, S. (1900). The interpretation of dreams. *Standard Edition*, vol. 4. London: Hogarth Press.

Freud, S. (1901/1955). *The psychopathology of everyday life*. SE vol. 6. London: Hogarth Press.

Freud, A. (1946). *The Ego and the Mechanisms of Defense*. New York: International Universities Press.

Freud, S. (1907). Obsessive actions and religious practices, *Standard Edition* vol. 9, pp. 115-128.

Freud, S. (1912). Recommendations to physicians practicing psycho-analysis. *Standard Edition,* vol.12, 111-120.

Freud, S. (1913). *The theme of the three caskets*. London: Penguin Freud Library, vol. 14.

Freud, S. (1915). Instincts and their vicissitudes. *Standard Edition,* vol. 14, 117-140.

Fromm-Reichmann, F. (1990). Loneliness. *Contemporary Psychoanalysis, (26)* 305-329.

Fromm, E. (1941). *Escape from freedom*. New York: Farrar & Rinehart.

Furnham, A., & Brown, L. B. (1992). Theodicy: A neglected aspect of the psychology of religion. *International Journal for the Psychology of Religion, 2,* 37–45.

Gallagher, L. (1997). "The Place of the Stigmata in Christological Poetics." In: *Religion and Culture in Renaissance England.* Claire McEachern and Debora Shuger. (Eds.). NY: Cambridge University Press.

Gamsa, A. (1994), The role of psychological factors in chronic pain. *Pain*, 57: 5-29.

Gantt, E.E. (2000). Levinas, Psychotherapy, and the Ethics of Suffering. *Journal of Humanistic Psychology, 40,* 9-28.

Garrison, J. (1983). *The darkness of God: Theology after Hiroshima*. Grand Rapids, MI: Eerdmans Publishing.

Gelhous, P. (2012). The desired moral attitude of the physician: (II) compassion. *Medical Health Care and Philosophy, 15,* 397-410.

Geller, S.M. & Greenberg, L.S. (2002). Therapeutic presence: Therapists' experience of presence in the psychotherapeutic encounter. *Person-Centered and Experiential Psychotherapies, 1,* 71-86.

Geller, S.M. & Greenberg, L.S (2012). *Therapeutic presence.* Washington, D.C.: APA press.

Geller, J.D. (2006). Pity, suffering, and psychotherapy. *American Journal of Psychotherapy, 60,* (2): 187-205.

Gelles, R. J. (1997). *Intimate violence in families.* Thousand Oaks, CA: Sage.

Gergen, K. J. (2001). Psychological science in a postmodern context. *American Psychologist, 56,* 803-813.

Ghent, E. (1999). Masochism, submission, surrender: Masochism as a perversion of surrender. In L. Aron & S. A. Mitchell (Eds.), *Relational psychoanalysis: The emergence of tradition,* Vol. 14 (pp. 211–242). Relational Perspectives Book Series. Hillsdale, NJ: Analytic Press. Original work published in 1990.

Gilligan, J. (2000) *Violence: Reflections on our Deadliest Epidemic.* London, UK: Jessica Kingsley.

Girard, R. (1987). *Things Hidden since the Foundation of the World.* Stanford: Stanford University Press.

Girard, R. (1977). *Violence and the Sacred.* Baltimore: Johns Hopkins University Press.

Girard, R. (1986). *The scapegoat.* Baltimore, MD: Johns Hopkins University Press.

Girard, R. (2008). *Evolution and conversion: Dialogues on the origin of culture.* NY: Continuum International Publishing Group.

Glasberg, A.L., Eriksson S. & Norberg A. (2007). Burnout and 'stress of conscience' among health personnel. *Journal of Advanced Nursing 57,* 392–403.

Glenn, J.D. (1984). Marcel and Sartre: the philosophy of communion and the philosophy of alienation. In Shilpp P.A., Hahn L.E. (eds.). *The philosophy of Gabriel Marcel.* La Salle, IL: Open Court Publishers. pp. 525–50.

Glucklich, A. (2003). *Sacred Pain: Hurting the body for the sake of the soul.* NY: Oxford University Press.

Goetzmann, L. (2004). "Is it me, or isn't it?"—Transplanted organs and their donors as transitional objects. *The American Journal of Psychoanalysis, 64,* (3), 279-289.

Goldberg, J.S. (1993). *The dark side of love: The positive role of our negative feelings—anger, jealousy and hate.* NY: Putnams.

Gottlieb, R. M. (2004). Refusing the cure: Sophocles's Philoctetes and the clinical problems of self- injurious spite, shame and forgiveness. *International Journal Of Psycho-Analysis, 85*(3), 669-689.

Greene, M., & Kaplan, B. (1978). Aspects of loneliness in the therapeutic situation. *International Review of Psychoanalysis, (5),* 321-330.

Greene, L. (1984). *The astrology of fate.* Boston, MA: Red Wheel/Weiser.

Greenberg, J., Pyszczynski, T., & Solomon, S. (1986). The causes and consequences of a   need for self-esteem: A terror management theory. In R. F. Baumeister (Ed.), *Public self and private self* (pp. 189 –212). NewYork: Springer-Verlag.

Greenberg, L. S. (2012). Emotions, the great captains of our lives: Their role in the process of change in psychotherapy. *American Psychologist, 67*(8), 697-707.

Greenspan, M. (2004). *Healing through the dark emotions: The wisdom of grief, fear, and despair.* Boston, MA: Shambhala.

Greenstein, M., Breitbart, W. (1999). Cancer and the experience of meaning: a group psychotherapy program for people with cancer. *American Journal of Psychotherapy, 54*(4): 486-500.

Groenhout, R. (2006). Kenosis and feminist theory. In C. S. Evans (Ed.), *Exploring kenotic Christology,* pp. 291-312.

Grote, N. K., Zuckoff, A., Swartz, H., Bledsoe, S. E., & Geibel, S. (2007). Engaging women who are depressed and economically disadvantaged in mental health treatment. *Social Work, 52,* 295–308.

Grunbaum, A. (1984). *The foundations of Psychoanalysis: A philosophical critique.* Berkeley, CA: University of California Press.

Guntrip, H. (1969). *Schizoid Phenomena, Object Relations, and the Self.* New York: International Universities Press.

Gushee, D. P. (2006). Against Torture: An Evangelical Perspective. *Theology Today 63:* 349–64.

Gut, E. (1989). *Productive and unproductive depression.* London: Routledge.

Hall, M. E., & Johnson, E. L. (2001). Theodicy and therapy: Philosophical/ theological contributions to the problem of suffering. *Journal of Psychology and Christianity, 20,* 5-17.

Harding, E. (1981). The value and meaning of depression. *Psychological perspectives 12*(2), 113-135.

Hardy, A. (1979). *The spiritual nature of man.* NY: Oxford University Press.

Harrington, E.R. (2004). *The social psychology of hatred. Journal of Hate Studies, 3*(1), 49-82.

Hartmann, H., & Milch, W. E. (2000). The Need for Efficacy in the Treatment of Suicidal Patients: Transference and Countertransference Issues. *Progress In Self Psychology, 16,* 87-101.

Heisel, M.J. & Flett, G.L. (2004). Purpose in life, satisfaction with life, and suicidal ideation in a clinical sample. *Journal of Psychopathology and Behavioral Assessment, 26,* 127-135.

Helin K. & Lindström U.Å., (2003) Sacrifice: an ethical dimension of caring that makes suffering meaningful. *Nursing Ethics 10,* 414-427.

Helsel, P. (2009). Simone Weil's passion mysticism: The paradox of chronic pain and the transformation of the cross. *Pastoral Psychology, 58*(1), 55-63.

Henderson, J.L. (2005). *Thresholds of initiation.* Wilmette, Il: Chiron publishers.

Hersch, E.L. (2000). Making Our Philosophical Unconscious More Conscious: A Method of Exploring the Philosophical Basis of Psychological Theory. *Canadian Journal Of Psychoanalysis, 9*(2), 165-186.

Herzog, H, & Arluke A. (2006) Human–animal connections: recent findings on the anthrozoology of cruelty. *Behavioral and Brain Sciences, 29,* 230-231

Hidas, A. M. (1981). Psychotherapy and surrender: A psychospiritual perspective. *The journal of transpersonal psychology, 131,* (1), 27-32.

Hillman, J. (1995). Pink madness, or why does Aphrodite drive men crazy with pornography? *Spring, 57,* 39-71.

Hillman, J. (1997). *Re-Visioning psychology.* San Francisco: Harper and Row.

Hoffman, M.L. (1978). Psychological and Biological Perspectives on Altruism. *International Journal of Behavioral Development, 1*(4), 323–339.

Hoffer, E. (2002). *The true believer: Thoughts on the nature of mass movements.* NY: Harper Collins.

Hoffman, M. (2000). Empathy *and Moral* Development: *Implications for Caring and Justice.* Cambridge: Cambridge University Press.

Horney, K. (1937). *The neurotic personality of our time.* New York: W.W. Norton.

Horney, K. (1950). *Neurosis and Human Growth.* New York: Norton.

Horwitz, A. V. (2002). *Creating mental illness.* Chicago, IL: The University of Chicago Press.

Howarth, R. (2011). Concepts and Controversies in Grief and Loss. *Journal Of Mental Health Counseling, 33*(1), 4-10.

Huebner, B., & Hauser, M. D. (2011). Moral judgments about altruistic self-sacrifice: Whenphilosophical and folk intuitions clash. *Philosophical Psychology, 24*(1), 73-94.

Huett, S. D., & Goodman, D. M. (2012). Levinas on managed care: The (a) proximal, faceless third-party and the psychotherapeutic dyad. *Journal Of Theoretical And Philosophical Psychology, 32*(2), 86-102.

Hutchens, B. C. (2007). *Psychoanalytic Review 94* (4), 595-616.

Hyde, G.E. (1961). *Spotted Tail's folk: A history of the Brule Sioux.* Norman, OK: University of Oklahoma Press.

Imber-Black, E., Roberts, J., & Whiting, R.A. (1988). *Rituals in families and family therapy.* NY: Norton.

Jackson, P., Meltzoff, A., & Decety, J. (2005). How do we perceive the pain of others?: a window into the neural processes involved in empathy. *NeuroImage, 24*(3), 771–779.

Jacoby, M. (2006). *Longing for paradise: Psychological perspectives on an archetype.* Toronto: Inner City Books.

James, W. (1949). *Essays on faith and morals.* London: Longmans Publishers.

James, W. (1902/1958). *The varieties of religious experience.* New York: Penguin Books.

James, E.O. (2003). *Origins of sacrifice.* Whitefish, MT: Kessinger Publishing. (Original work published in 1933).

Jamison K.R. (1997). *An Unquiet Mind: A Memoir of Moods and Madness.* NY: Vintage Books.

Janoff-Bulman, R. (1992). *Shattered assumptions: Towards a new psychology of trauma*. New York: Free Press.

Jay, N. (1992). *Throughout your generations forever: Sacrifice, religion and paternity*. Chicago: University of Chicago.

Jecker, N. & Self, D. (1993). Separating care and cure. An analysis of historical and contemporary images of nursing and medicine. *Journal of Medicine and Philosophy, 16*, 285-285.

Jobst, K., Shostak, D., & Whitehouse, P. (1999). Diseases of meaning, manifestations of health, and metaphor. *The Journal of Alternative and Complementary Medicine, 5*(6), 495-502.

Jonas, W.B. & Crawford, CC. (2004). *Journal of Alternative and Complementary Medicine,(10) 5*, 751-756.

Jopling, D. A. (1998). First do no harm: Over-philosophizing and pseudo-philosophizing in philosophical counseling. *Inquiry: Critical Thinking Across Disciplines, 17*, 100– 112.

Jung, C.G. (1965). *Memories, dreams, reflections*. NY: Vintage Books.

Jung, C. G. (1969). Synchronicity: An acausal connecting principle. In *The collected works of C. G. Jung* (Vol. 8). Princeton, NJ: Princeton University Press (Bollingen Series). (Original work published in 1931).

Jung, C. G. (1961/1975) Letter to William G. Wilson, 30 January, 1961, in: Adler, G. (Ed.) *Letters of Carl G. Jung,* vol. 2, pp. 623-625 (London, Routledge & Kegan Paul).

Jung, C.G. (1936/1988). *Nietzsche's Zarathustra: Notes of the seminar given 1934-1939*. (W. McGuire, Ed.). Princeton, NJ: Princeton University Press.

Jung, C.G. (1938/1984). *Dream analysis: Notes of the seminar given in 1928-1930*. (W. McGuire, Ed.). Princeton, NJ: Princeton University Press.

Jung, C.G. (1939). *Modern man in search of a soul*. NY: Harcourt Brace.

Jung, C.G. (1956/1967). *Symbols of transformation*. CW 5. Princeton, NJ: Princeton University Press.

Khalil, E.L. (2004). What is altruism? *Journal of Economic Psychology, 25*, 97-123.

Khan, M. R. (2001). From masochism to psychic pain. *Contemporary Psychoanalysis, 17*, 413-421.

Kaplan, D.M. (1984). Reflections on the idea of personal fate and its psychopathology: Helene Deutsch's 'Hysterical Fate Neurosis Revisited." *Psychoanalytic Quarterly, 53,* 240-266.

Kasher, M.M. (1956). *Torah Shelemah.* Jerusalem: American Biblical Encyclopedia Society.

Kaslow, N. J., & Aronson, S. G. (2004). Recommendations for Family Interventions Following a Suicide. *Professional Psychology: Research And Practice, 35*(3), 240-247.

Kernberg, O.F. (1992). *Aggression in personality disorders and perversions.* New Haven, CT: Yale University Press.

Kernberg, O. F. (1995). Hatred as a core affect of aggression. In Akhtar, S., Kramer, S., & Parens, H. (Eds.), *The birth of hatred.* Northvale, NJ: Jason Aronson. pp. 55-82.

Khema, A. (1987). *Being Nobody Going Nowhere: Meditations on the Buddhist Path.* Boston, MA:Wisdom Publications.

Kilner, J. M. & Lemon, R. N. (2013). What We Know Currently about Mirror Neurons *Current Biology, 23,*(23), 1057-1062.

van Kleef, G. A., Oveis, C., van der Löwe, I., LuoKogan, A., Goetz, J., & Keltner, D. (2008). Power, distress, and compassion: Turning a blind eye to the suffering of others. *Psychological Science, 19*(12), 1315-1322.

Klein, M. (1957/1975). Envy and Gratitude. In *The Writings of Melanie Klein*, vol. 3, *Envy and Gratitude and Other Works.* London: Hogarth Press.

Klein, S.B. (2015). A defense of experiential realism: The need to take phenomenal reality on its own terms in the study of the mind. *Psychology of Consciousness: Theory, Research, and Practice, 2*(1), 41-56.

Klugman, C. M. (2007). Narrative Phenomenology: Exploring stories of grief and dying. In N.E. Johnston & A. Scholler-Jaquish (Eds.), *Meaning in Suffering: Caring practices in the health professions.* Madison, WI: University of Wisconsin Press. pp. 144-185.

Knox, J. (2004). Developmental aspects of analytical psychology: New perspectives from cognitive neuroscience and attachment theory. In J. Cambry & L. Carter (Eds.), *Analytical psychology: Contemporary perspectives in Jungian analysis.* NY: Brunner-Routledge. pp. 56-82.

Koltko-Rivera, M. E. (2004). The Psychology of Worldviews. *Review Of General Psychology, 8*(1), 3-58.

Krishnamurti, J. (1954). *First and last freedom*. San Francisco: Harper and Row.

Krishnamurti, J. (1983). *The flame of attention*. San Francisco: Harper and Row.

Krishnamurti, J. (1981). *The wholeness of life*. San Francisco: Harper & Row.

Klein, J. (1979). *Psychology encounters Judaism*. NY: Philosophical Library.

Klein, M. (1937/1975). Love, guilt and reparation. In *Love, Guilt and Reparation and Other Works 1921-1945*. New York: Delacorte press/Seymour Lawrence, pp. 306-343.

Klein, M. (1959/1975). On the sense of loneliness. In *Envy and Gratitude and Other Works 1946-1963*. New York: The Free Press. pp. 300-313.

Kleinman, A. (1989). *The illness narratives: Suffering, healing, and the human condition*. NY: Basic books.

Knight, Z. G. (2007). The analyst's emotional surrender. *Psychoanalytic Review*, *94*(2), 277-289.

Kobak, R. R. & Waters D.B. (1984). Family therapy as a rite of passage. *Family Process 23*, 1, 89-100.

Kohut, H. (1997). *The restoration of the self*. Chicago, Il: University of Chicago Press.

Kohut, H. (1984). *How does analysis cure?* Ed. A. Goldberg. Chicago, Il: University of Chicago Press.

Kosloff, S, Greenberg, J., & Solomon, S. (2006). Considering the roles of affect and culture in the enactment and enjoyment of cruelty. *Behavioral and brain sciences*, 29, 3, 231-232.

Kray, L.J., Hershfield, H.E., George, L.G., & Galinsky, A.D. (2013). Twists of fate: Moments in time and what might have been in the emergence of meaning. In Markman, K.D., Prouix, T., & Lindberg, M.J. (2013). *The psychology of meaning*. Washington, D.C: American Psychological Association, pp. 317-337.

Kriegman , D. (1988), Self psychology from the perspective of evolutionary biology: Toward a biological foundation for self psychology. In: *Frontiers in Self Psychology: Progress in Self Psychology*, In A. Goldberg (Ed.), Hillsdale, NJ: The Analytic Press, pp. 253-274.

Laato, A. & de Moor, J. (2003). *Theodicy in the world of the Bible*. Brill Academic Publishing.

Lakhan SE, Schofield KL (2013) Mindfulness-Based Therapies in the Treatment of Somatization Disorders: A Systematic Review and Meta-Analysis. *Public Library of Science 8*(8), p. 1-13.

Lambert M. J. (1992). Implications of outcome research for psychotherapy integration. In Norcross J.C. & Goldstein M.R., (Eds.), *Handbook of psychotherapy integration*. New York: Basic Books, pp. 94-129.

Lamers, S., Bolier, L, Westerhof, G., Smit, F. & Bholmeijer, E. (2012). The impact of emotional well-being on long-term recovery and survival in physical illness: a meta-analysis. *Journal of Behavioral Medicine, 35*(5), 538-547.

Langegard, U., & Ahlberg, K. (2009). Consolation in Conjunction With Incurable Cancer. *Oncology Nursing Forum, 36*(2), E 99-E106.

Lansky, M. R. (2003). Modification of the Ego Ideal and the Problem of Forgiveness in Sophocles' Philoctetes. *Psychoanalysis & Contemporary Thought, 26*(4), 463-491.

Larson, D. B., Sherrill, K.A., & Lyons, J.S. (1992). Associations between dimensions of religious commitment and mental health reported in the American Journal of Psychiatry and Archives of General Psychiatry: 1978-1989. *American Journal of Psychiatry, 149*, 557-559.

Larson, D.B., Swyers, J.P., & McCullough, M.E. (Eds.) (1998) *Scientific Research on Spirituality and Health: a consensus report*. Rockville, MD: National Institute for Healthcare Research.

Lazarus R.S. & Folkman S. (1984). *Stress, Appraisal, and Coping*. New York: Springer.

LeShan, L. (1994). *Cancer as turning point: A handbook for people with cancer, their families, and heath professionals*. NY: Penguin Books.

Lester, D. (2004). Suicide Bombers: Are Psychological Profiles Possible? *Studies In Conflict & Terrorism, 27*(4), 283-295.

Levine, S. (1982). *Who Dies? An Investigation of Conscious Living and Conscious Dying*. NY: Anchor Books.

Levinas , E. (1969). *Totality and infinity* (A. Lingis, trans.). Pittsburgh, PA: Duquesne University Press.

Lévinas E (1985) *Ethics and Infinity*. Pittsburgh, PA: Duquesne University Press.

Levinas, E. (1996). Substitution. In A. T. Peperzak, S. Critchley, & R. Bernasconi (Eds.), *Emmanuel Levinas:Basic philosophical writings* (pp. 80–95). Indianapolis, IN: Indiana University Press. (Original work published in 1968).

Levinas, E. (1998a). *Entre nous: On thinking-of-the-other*. NY: Columbia University Press.

Levinas , E. (1998b). *Otherwise than being or beyond essence* (A. Lingis, trans.). Pittsburgh, PA: Duquesne University Press.

Levinas, E. (2001). *Is it righteous to be? Interviews with Emmanuel Levinas* (J. Robbins, Ed.). Stanford, CA: Stanford University Press.

Lakatos, A. (2010). War, Martyrdom and Suicide Bombers: Essay on Suicide Terrorism. *Cultura: International Journal Of Philosophy Of Culture & Axiology, 7*(2), 171-180.

Latané, B. & Nida, S. (1981). Ten years of research on group size and helping. *Psychological Bulletin, 89*, 2, 308-324.

Latané, B. & Darley, J. (1970). *The unresponsive bystander: Why doesn't he help?* NY: Appleton-Century Crofts.

Lee, B. Y., & Newberg, A. B. (2005). Religion and health: A review and critical analysis. *Zygon, 40,* 443– 468.

Leichsenring, F., Klein, S., & Salzer, S. (2014). The Efficacy of Psychodynamic Psychotherapy in Specific Mental Disorders: A 2013 Update of Empirical Evidence. *Contemporary Psychoanalysis, 50*(1-2), 89-130.

Lerman, H. (1992) The limits of phenomenology: A feminist critique of humanistic personality theories. In Ballou, M., & Brown, L. (Eds.) *Theories of Personality and Psychopathology.* New York: Guilford.

Lewis, C.S. (1952). *Mere Christianity.* NY: Harper Collins.

Libet, B. (1985). Unconscious cerebral initiative and the role of conscious will in voluntary action. *Behavioral and Brain Sciences, (8),* 529-566.

Lifton, R. J. (1986). *The Nazi doctors. Medical killing and the psychology of genocide.* New York: Basic Books.

Lincoln, B. (1991). *Emerging from the chrysalis: Rituals of women's initiation.* NY: Oxford University Press.

Lipet, B. (1996). Free will in the light of neuropsychiatry. *Philosophy, Psychiatry and Psychology, 3,*95–96.

Lippitt, J. (2009). *International Journal of the Philosophy of Religion,* 66:125–138.

Litman , R. E. (1980), The dream in the suicidal situation. In J. M. Natterson (Ed.), *The Dream in Clinical Practice.* New York: Jason Aronsen.

Longino, Helen E. (1990). *Science as Social Knowledge: Values and Objectivity in Scientific Inquiry*. Princeton, NJ: Princeton University Press.

Luborsky L., Diguer L., Seligman DA., Rosenthal R., Krause ED., Johnson S., Halperin G., Bishop, M., Berman JS., Schweizer E. (1999). The researcher's own therapy allegiances: A 'wild card' in comparisons of treatment efficacy. *Clinical Psychology: Science and Practice 6*, 95-106.

Lucas, E. (1986). *Meaning in suffering: Comfort in crisis through logotherapy*. Berkely, CA: Institute of Logotherapy Press.

Luyten, P., Blatt, S. J., & Corveleyn, J. (2006). Minding the Gap Between Positivism and Hermeneutics in Psychoanalytic Research. *Journal Of The American Psychoanalytic Association, 54*(2), 571-610.

Mahoney, M.J. (2005). Suffering, Philosophy, and Psychotherapy. *Journal of psychotherapy integration, 15*, (3), 337-352.

Maltsberger, J. T. (1997). Ecstatic Suicide. *Archives Of Suicide Research, 3*(4), 283-301.

Maltsberger, J. T. (2004). The descent into suicide. *International Journal Of Psycho-Analysis, 85*(3), 653-667.

Mannack, P. L. (2003). The question of cognitive therapy in a postmodern world. *Ethical Human Sciences and Services: An International Journal of Critical Inquiry 5*(3), 209-224.

Manning, R. J. S. (1993). *Interpreting otherwise than Heidegger: Emmanuel Levinas's ethics as first philosophy*. Pittsburgh, PA: Duquesne University Press.

Marcus, P. (2006). Religion Without Promises: The Philosophy of Emmanuel Levinas and Psychoanalysis. *Psychoanalytic Review, 93*(6), 923-951.

Margolese, H.C. (1998). Engaging in psychotherapy with Orthodox Jews: A critical review. *American Journal of Psychotherapy, 52*, (1), 37-

Marinoff, L. (1999). *Plato not Prozac! Applying philosophy to everyday problems*. NY: HarperCollins.

Markman, K.D., Prouix, T., & Lindberg, M.J. (2013). *The psychology of meaning*. Washington, D.C: American Psychological Association.

Marvin, C. & Ingle, D.W. (1999). *Blood sacrifice and the nation: Totem rituals and the American flag*. NY: Cambridge University Press.

May, R. (1969). *Love and will*. NY: W.W. Norton Company.

May, R. (1981). *Freedom and destiny.* NY: Norton.

McAdams, D.P., & Bowman, P.J. (2001). Narrating life's turning points: Redemption and contamination. In D.P. McAdams, R. Josselson, & A. Lieblich (Eds.),*Turns in the road: Narrative studies of lives in transition* (p. 3-34). Washington, DC: American Psychological Association.

McCaffery M. (1972) *Nursing Management of the Patient with Pain.* JB Lippincott, Philadelphia, PA.

McCoy, A. W. (2006). *A Question of Torture: CIA Interrogation, from the Cold War to the War on Terror.* New York: Henry Hold and Company.

McCracken, L. M., Vowles, K. E., & Gauntlett-Gilbert, J. (2007). A prospective stigation of acceptance and control-oriented coping with chronic pain. *Journal of Behavioral Medicine, 30,* 339–349.

McWilliams, N. (1984). The Psychology of the Altruist. *Psychoanalytic Psychology, 1*(3), 193-213.

Meier, C. A. (1963). Psychosomatic Medicine from the Jungian Point of View. Journal Of Analytical Psychology, 8(2), 103-121.

Mendelson, M. D. (1990). Reflections on Loneliness. *Contemporary Psychoanalysis, (26),* 330-355.

Merton, T. (2007). *New seeds of contemplation.* NY: New Directions Books.

Mijuskovic, B.L. (1979). *Loneliness in philosophy, psychology, and literature.* Assen, Netherlands: Van Gorcum.

Mikulincer,M., & Shaver, P.R. (2005). Attachment, Security, Compassion, and Altruism. *Current Directions in Psychological Science, 14,* 34–38.

Milgram , S. (1974). *Obedience to authority.* New York: Harper & Row.

Miller, A. (1985). *For your own good: Hidden cruelty in child-rearing and the roots of violence.* NY: Farrar, Straus and Giroux.

Miller, R.B. (2004). *Facing human suffering.* Washington, D.C.: American Psychological Association.

Mill, A.E. & Spencer, E. M. (2003). Evidence-based medicine: Why clinical ethicists should be concerned. *HEC Forum 15*(3), 231-244.

Minuchin, S, Rosman, B., & Baker, L. (1978) *Psychosomatic Families.* Cambridge, MA: Harvard University Press.

Michener, W. (2012). The individual psychology of group hate. *Journal of Hate Studies, 10*(1), 15-48.

Monin, J.K., & Schulz, R. (2009). Interpersonal effects of suffering in older adult caregiving relationships. *Psychology and Aging, 24*(3), 681-695.

Monroe, K.R. (1996). *The Heart of Altruism*. Englewood Cliffs, NJ: Princeton Press.

Moore, R. (2001). *The archetype of initiation*. Xlibris Corp.

Moos R.H., & Holahan, C.J. (2003). Dispositional and contextual perspectives on coping: toward an integrative framework. *Journal of Clinical Psychology, 59*, 1387–403.

Morris, D. B. (1998). *Illness and culture in the postmodern age*. Berkeley: University of California Press.

Morse, J.M., Botorff, J.L., & Hutchinson, S. (1995). The paradox of comfort. *Nursing Research, 44*(1), 14–19.

Moseley, G.L. (2007) Reconceptualising pain according to modern pain science. Physical Therapy Reviews, *12*, pp. 169–178.

Nakao, H., & Itakura, S. (2009). An Integrated View of Empathy: Psychology, Philosophy, and Neuroscience. *Integrative Psychological & Behavioral Science, 43*(1), 42-52.

Nagel, T. (1979). *Mortal questions*. NY: Cambridge University Press.

Nagel, T. (1986). *The View from Nowhere*. New York: Oxford University Press.

Nelson, C.J., Rosenfeld, B., Breitbart, W., Galietta, M. (2002). Spirituality, religion, and depression in the terminally ill. *Psychosomatics, 43*, 213-220.

Nell, V. (2006.) Cruelty's rewards: the gratifications of perpetrators and spectators. *Behavioral and Brain Sciences, 29*, 211–57.

Ness, D.E. & Pfeffer, C.R. (1990). Sequelae of bereavement resulting from suicide. *American Journal of Psychiatry, 147*, (3), 279-285.

Neimeyer, R.A. (2001). *Meaning reconstruction and the experience of loss*. Washington, D.C.: American Psychological Association.

Newshan, G. (1998). *Journal of Advanced Nursing 28*(6), 1236-1241.

Nilsson, T., Svensson, M., Sandell, R., & Clinton, D. (2007). Patients' experience of change in cognitive-behavioral therapy and psychodynamic therapy: a qualitative comparative study. *Psychotherapy Research, 17*, 533-566.

Norberg, A. A., Bergsten, M. M., & Lundman, B. B. (2001). A Model of Consolation. *Nursing Ethics, 8*(6), 544-553.

Odegaard, C.E. (1986). *Dear Doctor*. Menlo Park, CA: The Henry J. Kaiser Foundation.

Ogden, T. (1979). On projective identification. *International Journal of Psychoanalysis, 60,* 357-74.

Ogden, T. (2000). Borges and the art of mourning. *Psychoanalytic dialogues,* 10: 65-88.

Oliner, S., & Oliner, P.M. (1988). *The Altruistic Personality: Rescuers of Jews in Nazi Europe.* NY: The Free Press.

Orange, D.M. (2011). *The suffering stranger: Hermeneutics for everyday clinical practice.* NY: Routledge.

Ortiz, D. Sr. (2001). The survivors' perspective: Voices from the center. In E. Gerrity, T. M. Keane, & F. Tuma (Eds.), *The mental health consequences of torture* (pp. 13–34). New York: Kluwer.

Ostow, M. (1959). Religion and psychoanalysis: The area of common concern. *Pastoral Psychology,* 10, 33-38.

Ostow, M. (1995). Ultimate intimacy: *The psychodynamics of Jewish mysticism.* London: Karnac Books.

Panskepp, J. (1998). *Affective neuroscience: The foundations of human and animal emotions.* NY: Oxford University Press.

Parens, H. (2012). Attachment, aggression, and the prevention of malignant prejudice. *Psychoanalytic Inquiry, 32*(2), 171-185.

Parfit, D. (1984). *Reasons and persons.* NY: Oxford University Press.

Park, C.L. (2010). Making sense of the meaning literature: An integrative review of meaning making and its effects on adjustment to stressful life events. *Psychological Bulletin, 136,* (2), 257-301.

Paris, G. (2011). *Heartbreak.* Minneapolis, MN: Mill City Press.

Pawelski, J. O. (2003). William James, Positive Psychology, and Healthy-Mindedness. *Journal Of Speculative Philosophy, 17*(1), 53-67.

Pearlman, L. A., & MacIan, P. S. (1995a). Vicarious traumatization: An empirical study of the effects of trauma work on trauma practitioners. *Professional Psychology: Research and Practice, 26,* 558–565.

Pearlman, L. A., & Saakvitne, K. W. (1995b). *Trauma and the practitioner: Countertransference and vicarious traumatization in psychotherapy with incest survivors.* New York: W.W. Norton & Company.

Phillips, R.E., Pargament, K.L., Lyn, Q.K., & Crossly, C.D. (2004). Self-directing religious coping: A deistic God, abandoning God, or no God at all? *Journal for the Scientific Study of Religion, 43*, 409-418.

Piaget, J. (2007). *The child's conception of the world.* NY: Rowman and Littlefield. (2nd. Edition.)

Pigman, G. W. (1995). Freud And The History Of Empathy. *International Journal Of Psycho-Analysis, 76,* 237-256.

Pilgrim, D. (2009) Abnormal psychology: Unresolved ontological and epistemological contestation. *History and Philosophy of Psychology 10*(2):11–21.

Pillari, V. (1991). *Scapegoating in families: Intergenerational patterns of physical and emotional abuse.* NY: Brunner-Mazel.

Pincus, D., & Sheikh, A. A. (2009) *Imagery for pain relief.* New York: Routledge.

Polanyi M. (1964). *The tacit dimension* New York: Doubleday.

Popper, K. R. (1963), *Conjectures and Refutations: The Growth of Scientific Knowledge.* New York: Harper.

Prendergast, J., & Bradford, K. (2007). (Eds.). *Listening from the heart of silence: Nondual wisdom and psychotherapy.* St. Paul, MN: Paragon House.

Price, J., Cole, V., & Goodwin, G.M. (2009). Emotional side-effects of selective serotonin reuptake inhibitors: A qualitative study. *British Journal of Psychiatry,* 195: 211-217.

Proner, B. (1986). Defenses of the self and envy of oneself. *Journal of Analytical Psychology, 31*: 275-279.

Pytell, T. (2006). Transcending the Angel Beast: Viktor Frankl and Humanistic Psychology. *Psychoanalytic Psychology 23*(3): 490–503.

Pytell, T. (2007). Extreme Experience, Psychological Insight, and Holocaust Perception: Reflections on Bettelheim and Frankl. *Psychoanalytic Psychology 24* (4): 641–657.

Rando, T. A. (1985). Creating therapeutic rituals in the psychotherapy of the bereaved. *Psychotherapy: Theory, Research, Practice, Training, 22*(2), 236-240.

Rescher, N. (1990). *Human Interests: Reflections on Philosophical Anthropology.* Stanford, CA:Stanford University Press.

Ricoeur, P. (1977). The question of proof in Freud's psychoanalytic writings. *Journal of the American Psychoanalytic Association, 25,* 835-871.

Richardson, F.C., Fowers, B. J., & Guignon, C.B. (1999). *Re-envisioning psychology: Moral dimensions of theory and practice.* San Francisco, CA: Jossey-Bass.

Ritsher, J. B. & Phelan, J. C. (2004). Internalized stigma predicts erosion of morale among psychiatric outpatients. *Psychiatry Research (129),* 257-265.

Rizzuto, A-M. (1999). "I always hurt the one I love—and like it.": Sadism and a revised theory of aggression. *Canadian Journal of Psychoanalysis, 7*(2), 219-245.

Roesler, Christian. (2013). Evidence for the Effectiveness of Jungian Psychotherapy: A Review of Empirical Studies. *Behavioral Sciences (4),* 562-575.

Ross L,. & Nisbett R.E. (1991) *The person and the situation: perspectives of social psychology.* Boston, MA: McGraw-Hill.

Rosen, D.H. (1976). Suicide survivors: Psychotherapeutic implications of egocide. *Suicide and Life-Threatening Behavior, 6,* 4, 209-215.

Rosequist, L., Wall, K., Corwin, D., Achterberg, J., & Koopman, C. (2012). Surrender as a form of active acceptance among breast cancer survivors receiving Psycho-Spiritual IntegrativeTherapy. *Support Care Cancer 20,* 2821-2827.

Rossides, D. W. (1998). *Social theory: Its origins, history, and contemporary relevance.* Dix Hills, NY: General Hall, Inc.

Roth, A. & Fonagy, P. (2005). *What works for whom: A critical review of psychotherapy research* (2nd ed.). London: Guilford Press.

Routledge, C., & Arndt, J. (2008). Self-sacrifice as self-defence: Mortality salience increases efforts to affirm a symbolic immortal self at the expense of the physical self. *European Journal Of Social Psychology, 38*(3), 531-541.

Roxberg, Å., Eriksson, K., Rehnsfeldt, A., & Fridlund, B. (2008). The meaning of consolation as experienced by nurses in a home-care setting. *Journal Of Clinical Nursing, 17*(8), 1079-1087.

Royzman, E.B., McCauley, C., & Rozin, P. (2005). From Plato to Putnam: Four ways to think about hate. In Sternberg, R. (Ed.), *The psychology of hate.* Washington, D.C.: American Psychological Association, pp. 3-35.

Rubenstein, R.L. (1968). *The religious imagination: A study in psychoanalysis and Jewish theology.* Indianapolis, IN: Bobbs-Merrill Company.

Russ, M.J. (1992). Self-injurious Behavior in Patients with Borderline Personality Disorder: Biological Perspectives. *Journal of Personality Disorders, 6,* 64-81.

Rychlak, J. F., (1983), Can psychology be objective about free will? *New Ideas in Psychology, 1,* 213-229.

Saklofske, D., Yackulic, R., & Kelly, I. (1986). Personality and loneliness. *Personality and Individual Differences, 7* (6), 899-901.

Sanford, J.A. (1995). Fate, love, and ecstasy: *Wisdom from the lesser-known goddesses of the Greeks.* Wilmette, Il: Chiron publications.

Santiago, C., Kaltman, S., & Miranda, J. (2013). Poverty and Mental Health: How Do Low-Income Adults and Children Fare in Psychotherapy? *Journal Of Clinical Psychology, 69*(2), 115-126.

Scarry, E. (1985). *The body in pain: The making and unmaking of the world.* NY: Oxford University Press.

Schafer, R. (1976). A new language for psychoanalysis. New Haven, CT: Yale University Press.

Schafer, R.(1982). The relevance of the 'here and now' interpretation for reconstructions. *International Journal of Psycho-Analyis, 63,* 77-82.

Schulz, R., McGinnis, K. A., Zhang, S., Martire, L. M., Hebert, R. S., Beach, S. R., (2008). Dementia patient suffering and caregiver depression. *Alzheimer's Disease & Associated Disorders, 22*(2), 170– 176.

Searles, H. (1975/1981). The patient as therapist to his analyst. In R. Langs (Ed.), *Classics in Psychoanalytic Technique.* New York: Jason Aronson. pp. 103-135.

Seidlitz, L. & Diener, E. (1993). Memory for positive and negative life events. *Journal of Personality and Social Psychology, 64,* 654-664.

Shedler, J. (2010). The efficacy of psychodynamic psychotherapy. *American Psychologist, 65*(2), 98-109.

Siegel, B. (1998). *Love, medicine and miracles: Lessons learned about self-healing from a surgeon's experience with exceptional patients.* NY: HarperCollins.

Silfe, B. D. & Fisher, A.M. (2000). Modern and postmodern approaches to the free will/determinism dilemma in psychotherapy. *Journal of Humanistic Psychology, 40,* 80–107.

Sherman, A., Simonton, S., Latif, U., & Bracy, L. (2010). Effects of global meaning and illness-specific meaning on health outcomes among breast cancer patients. *Journal Of Behavioral Medicine, 33*(5), 364-377

Sivil, R. (2009). Understanding Philosophical Counseling. *South African Journal Of Philosophy, 28*(2), 199-209.

Smith, B.K. (2000). Capital punishment and human sacrifice. *Journal of the American Academy of Religion, 68*, 1,

Smith, D.L. (2011). *Less than human: Why we demean, enslave, and exterminate others.* NY: St. Martin's Press.

Smith, M.D., Harris, P., & Joiner, R. (1996). On being lucky: The psychology and parapsychology of luck. *European Journal of Parapsychology, 12*, 35-43.

Steinbock, A. J. (2007). The Phenomenology of Despair. *International Journal Of Philosophical Studies, 15*(3), 435-451.

Stern, D. (2004). *The present moment in psychotherapy and everyday life.* NY: W.W. Norton.

Shah, I. (1993). *Tales of the Dervishes.* NY: Penguin Books.

Schaufeli, W. B., & Buunk, B. P. (1996). Professional burnout. In M. J. Schabracq, J. A. M. Winnubst, & C.L. Cooper (Eds.), *Handbook of work and health psychology* (pp. 311–346). New York: Wiley.

Schertz, M. (2007). Avoiding 'passive empathy' with Philosophy for Children. *Journal of Moral Education, 36*, 2, 185-198.

Schimmel, S. (1982). Free-will, guilt, and self-control in rabbinic Judaism and contemporary psychology. In R.P. Bulka & M.H. Spero (Eds.) *A psychology-Judaism reader.* Springfield, Il: Charles C. Thomas.

Schindler, F., Berren, M.R., Hannah, M.T., Beifel, A., & Santiago, J.M. How the public perceives psychiatrists, psychologists, nonpsychiatric physicians, and members of the clergy. (1987). *Professsional Psychology: Research and Practice, 18*, 371-376.

Schoeck, H. (1966). *Envy: A theory of social behavior.* NY: Harcourt, Brace & World.

Schoenewolf, G. (1991). *The art of hating.* Northvale, NJ: Jason Aronson.

Shaw, G. B. (1930). *Man and Superman.* London: Constable.

Sigmund, K. & Hauert, C. (2000). Altruism. *Current Biology, 12*, (8), R270-R272.

Slife, B. D., & Williams, R. N. (1995). *What's behind the research? Discovering hidden assumptions in the behavioral sciences.* Thousand Oaks, CA: Sage Publications.

Slife, B. D., Reber, J. S., & Richardson, F. C. (2005). *Critical thinking about psychology: Hidden assumptions and plausible alternatives.* Washington, D. C.: American Psychological Association.

Slife, B. D., Wiggins, B. J., & Graham, J. T. (2005). Avoiding an EST monopoly: Toward a pluralism of philosophies and methods. *Journal of Contemporary Psychotherapy, 35*, 83– 97.

Slote, M. (2010). *Moral sentimentalism.* NY: Oxford University Press.

Smith, R. H., Parrott, W. G., Diener, E., Hoyle, R. H., & Kim, S. H. (1999). Dispositional envy. Personality and Social Psychology Bulletin, 25: 1007–1020.

Snow, N. (2000). Empathy. *American Philosophical Quarterly, 37(1),* 65-78.

Solomon, R.C. (1993). The passions: Emotions and the meaning of life. Indianapolis, IN: Hackett Publishing Co.

Sontag, S. (1990). *Illness as metaphor and AIDS and its metaphors.* New York: Farrar, Straus and Giroux.

Spero, M.H. (1992). *Religious objects as psychological structures: A critical integration of object relations theory, psychotherapy, and Judaism.* Chicago, Il: University of Chicago Press.

Speer, R.P., & Reinert, D.F. (1998). Surrender and recovery. *Alcoholism Treatment Quarterly, 16(4),* 21-29.

Spillius , E. B. (1993). Varieties of envious experience. *International Journal of Psycho-Analysis, 74,* 1199-212.

Staub, E. (2000). Genocide and mass killing: origins, prevention, healing and reconciliation. *Political Psychology, 21,* 367-382.

Strean, H. (1994). *Psychotherapy of the Orthodox Jew.* Northvale, NJ: Jason Aronson.

Steger, M. F., Frazier, P., Oishi, S., & Kaler, M. (2006). The Meaning in Life Questionnaire: Assessing the presence of and search for meaning in life. *Journal of Counseling Psychology, 53,* 80– 93.

Steger, M. F., Kashdan, T. B., Sullivan, B. A., & Lorentz, D. (2008). Understanding the search for meaning in life: Personality, cognitive Style, and the dynamic between seeking and experiencing meaning. *Journal of Personality, 76*, 199– 228.

Steger, M.F. (2012). Experiencing meaning in life: Optimal functioning at the nexus of well-being, psychopathology, and spirituality. In P.T.P. Wong (Ed.), *The human quest for meaning: Theories, research, and applications* (2nd ed., pp. 165-184). New York: Routledge.

Stein, M. (1990). Sibling Rivalry and the Problem of Envy. *Journal of Analytical Psychology, 35(2)*, 161-175.

Stivers, R. (2004). *Shades of Loneliness: Pathologies of a Technological Society.* Lanham, MD: Rowan & Littlefield.

Stöber, J. (2003). Self-Pity: Exploring the Links to Personality, Control Beliefs, and Anger. *Journal of Personality, 71*, (2), 183-220.

Stolorow, R. D., & Lachmann , F. M. (1980). *Psychoanalysis of developmental arrests: Theory and treatment.* New York: International Universities Press.

Sturgeon A & Zautra A (2010) Resilience: a new paradigm for adaptation to chronic pain. *Current Pain and Headache Reports 14*, 105–112.

Styron, W. (1992). *Darkness visible: A memoir of madness.* NY: Vintage books.

Stueber, K. "Empathy" *Stanford Encyclopedia of Philosophy* at http://plato. stanford.edu/archives/sum2008/entries/empathy/.

Sugar, M. (2002). Commonalities Between the Isaac and Oedipus Myths: A Speculation. *Journal Of The American Academy Of Psychoanalysis, 30(4)*, 691-706.

Summers, F. (2006). Fundamentalism, Psychoanalysis, and Psychoanalytic Theories. *Psychoanalytic Review*, 93, 2, 329-352.

Suyemoto, K. (1998). The functions of self-mutilation. *Clinical Psychology Review, 18(5)*, 531-554.

Szasz, T. (1963). The concept of transference as a defense for the analyst. *International Journal of Psychoanalysis, 44*, 435-444.

Rubenstein, R.L. (1982). The Meaning of Anxiety in Rabbinic Judaism. In Mortimer Ostrow, (Ed.)*Judaism and psychoanalysis.* Jersey City, NJ: Ktav publishing.

Tallis, R. (2012). *Aping mankind: Neuromania, Darwinitis and the misrepresentation of humanity.* Durham, UK: Acumen.

Taylor, R. (1970). *Good and evil.* London: Macmillan Publishing Company.

Taylor, G.J. (2002). Mind–body–environment: George Engel's psychoanalytic approach to psychosomatic medicine. *Australian and New Zealand Journal of Psychiatry, 36,*449–457.

Theriault, B. (2012). Radical Acceptance: A Nondual Psychology Approach to Grief and Loss. *International Journal Of Mental Health & Addiction, 10*(3), 354-367.

Thoreau, H.D. (*2004*). *Walden.* New Haven, CT: Yale University Press.

Thurston, N. S. (2000). Psychotherapy with Evangelical and Fundamentalist Protestants. In P. Richards, A.E. Bergin, (Eds.), *Handbook of psychotherapy and religious diversity.* Washington, D.C.: American Psychological Association, pp. 131-153.

Tiebout, H.M. (1949). The act of surrender in the therapeutic process. With special reference to alcoholism. *Quarterly Journal Studies on Alcohol, 10*: 48-58.

Tillman, J. G. (2006). When a Patient Commits Suicide: An Empirical Study of Psychoanalytic Clinicians. *International Journal Of Psycho-Analysis, 87*(1), 159-177.

Tilley, T. W. (2000). *The evils of theodicy.* Eugene, OR: Wipf & Stock.

Tilvis, R. S., Kähönen-Väre, M. H., Jolkkonen, J., Pitkala, K. H., & Strandberg, T. E. (2004). Predictors of cognitive decline and mortality of aged people over a 10-year period. *Journal of Gerontology, 59A,* 268– 274.

Titmuss, R. (1970). *The Gift Relationship: from Human Blood to Social Policy.* London: Allen & Unwin.

Toombs, S. K. (1987). The meaning of illness: A phenomenological approach to the patient-physician relationship. The Journal of Medicine and Philosophy 12:219–240.

Toombs, S.K. (1990). The temporality of illness: Four levels of experience. Theoretical Medicine,11, 227-241.

Trendler, G. (2009). Measurement theory, psychology and the revolution that cannot happen. *Theory & Psychology, 19,* 579–599.

Tresan, D. (1996). Jungian metapsychology and neurobiological theory. *Journal of Analytical Psychology, 41*(3), 399-436.

Trivers, R. L. (1971). The Evolution of Reciprocal Altruism. *Quarterly Review of Biology, 46* (l): 35-57.

Trungpa, C. (1973). *Cutting through spiritual materialism.* Boston, MA: Shambhala Publications.

Turner JA, Holtzman S, & Mancl L., (2007) Mediators, moderators, and predictors of therapeutic change in cognitive-behavioral therapy for chronic pain. *Pain* 127: 276-286.

Turner, V. (1967). *The forest of symbols: Aspects of Ndembo ritual.* Ithaca, NY: Cornell University Press.

Turner, V. (1987). The Liminal Period in Rites of Passage. In Louise Mahdi, (Ed.), Betwixt and Between, La Salle, Il: Open Court Press.

Turner, V. (1995). *The ritual process; Structure and anti-structure.* Piscataway, NJ: Aldine Transaction.

Ulanov, A. & Ulanov, B. (1983). *Cinderella & her sisters: The envied and the envying.* Philadelphia, PA: Westminster Press.

Vaillant, G. (1977). *Adaptation to Life.* Boston: Little, Brown.

van de Ven, N., Zeelenberg, M., & Pieters, R. (2009). Leveling up and down: The experiences of benign and malicious envy. *Emotion,* 9: 419–429.

van de Ven, N., Zeelenberg, M., & Pieters, R. (2010). Warding Off the Evil Eye: When the Fear of Being Envied Increases Prosocial Behavior. *Psychological Science, 21*(11), 1671-1677.

van Gennep (2010). *The rites of passage.* NY: Routledge. (Original work published in 1908).

van Lange, P. A. M., Rusbult, C. E., Drigotas, S. M.,Arriaga, X. B., Witcher, B. S., & Cox, C. L. (1997). Willingness to sacrifice in close relationships. *Journal of Personality and Social Psychology, 72,* 1373-1395.

Vogel, E. F., & Bell, N. W. (1960). *A Modern Introduction to the Family,* New York: The Free Press.

von Witzleben, H. D. (1958). On loneliness. *Psychiatry* (21), 37-43.

Wallace, E. R. (1986), Determinism, possibility, and ethics. *Journal of the American Psychoanalytic Association, 34,* 935-976.

Wallace, G. (2001). *Dying to be born: A meditation on transformative surrender within spiritual and depth psychological experiences.*

(Unpublished doctoral dissertation). Pacifica Graduate Institute, Santa Barbara, CA.

Waller, J. (2002). *Becoming evil: How ordinary people commit* genocide *and mass killing*. New York: Oxford University Press.

Wamser, R., Vandenberg, B., & Hibberd, R. (2011). Religious Fundamentalism, Religious Coping, and Preference   for Psychological and Religious Treatment. *International Journal for the Psychology of Religion, 21,* 3, 228-236.

Wegner, D. M., & Wheatley, T. (1999). Apparent mental causation: Sources of the experience of will. *American Psychologist, 54,* 480–492.

Weil, S. (1951). *Waiting for God.* NY: G.P. Putnam's Sons.

Weil, S., (1968). *On science, necessity, and the love of God.* NY: Oxford University Press.

Weil, S. (1976). *Notebooks, volume 2.* London: Routledge & Kegan Paul.

Weil, S. (2002). *Gravity and grace.* NY: Routledge.

Welsh, J. (1990). *When gods die: An introduction to John of the Cross.* Mahweh, NJ: Paulist Press.

Whitman, R.M. (1990). Therapist envy. *Bulletin of the Menninger Clinic, 54*(4), 478-487.

Whitmont, E.C. (2007). The Destiny Concept in Psychotherapy. Journal of Jungian Theory and Practice, (9)1, 25-37.

Wilkinson, M. A. (2003). Undoing trauma. Contemporary neuroscience: a clinical perspective. *Journal of Analytical Psychology, 48*(2), 235-53.

Williams, J. G. (Ed.), (1996), *The Girard Reader.* NY: Crossroad Publishing.

Willock, B., Bohm, L.C., & Curtis, R.C. (2011) (Eds.). *Loneliness and longing; Conscious and unconscious   aspects.* NY: Routledge.

Wilson, Timothy D. (2002). *Strangers to Ourselves: Discovering the Adaptive Unconscious.* Cambridge, MA: Harvard University Press.

Winnicott, D. W. (1949), Hate in the countertransference. *International Journal of Psycho-Analysis, 30,*69-74.

Winnicott, D. W. (1958). The capacity to be alone. *International Journal of Psycho-Analysis (39),* 416-420.

Winnicott, D.W. (1960). Ego distortion in terms of true and false self. In *Maturational processes and the facilitating environment* (pp. 140–152). New York: International Universities Press.

Winnicott, D. W. (1963). The development of the capacity for concern. *Bulletin of the Menninger Clinic, 27*, 167-176.

Winnicott, D.W. (1969). The use of an object. *International Journal of Psycho-Analysis, 50*, 711-716.

Winnicott, D. W. (1974) *Playing and Reality.* London: Penguin Books.

Wilson, S. L. (1985). The Self-Pity Response: A Reconsideration. *Progress In Self Psychology, 1*, 178-190.

Wiseman, R. (2003). *Skeptical Inquirer: The Magazine For Science And Reason. 27*, 3, 1-5.

Witonsky, A., & Whitman, S.M. (2005). Puzzling pain conditions: How philosophy can help us understand them. *Pain Medicine, 6*(4), 315-322.

Wolf, S. (1997). Happiness and meaning: Two aspects of the good life. *Social Philosophy and Policy 14*(1), 207-225.

Wolf, S. (2010). *Meaning in life and why it matters.* Princeton, NJ: Princeton University Press.

Wong, P.T.P. (Ed.) (2012), *The human quest for meaning: Theories, research, and applications.* New York: Routledge.

Wright, D.P. (1987). *The disposal of impurity.* Williston, VT: Society of Biblical Literature.

Wright, L. M. (2005). *Spirituality, suffering, and illness.* Philadelphia, PA: F.A. Davis.

Yalom, I. (1980). *Existential psychotherapy.* NY: Basic Books.

Yao, (1987). *Addiction and the fundamentalist experience.* NY: Fundamentalists Anonymous.

Ybema, J. F., Kuijer, R. G., Hagedoorn, M., & Buunk, B. P. (2002). Caregiver burnout among intimate partners of patients with a severe illness: An equity perspective. *Personal Relationships, 9*(1), 73-92.

Young-Eisendrath, P. (1996). *The gifts of suffering: Finding insight, compassion, and renewal.* NY: Addison-Wesley.

Yucel, B. (2000). Dissociative Identity Disorder Presenting with Psychogenic Purpura. *Psychomatics 41*, 279-281.

Zahn-Waxler C., Radke-Yarrow, M., Wagner, E., & Chapman, M. (1992). Development of Concern for Others. *Developmental Psychology, 28*(1), 126–136.

Zimbardo, P. (1996). *Psychology and life*. New York: Harper Collins College Publishers.

Zoya, L. (1989). *Drugs, addiction and initiation: The modern search for ritual*. (M. E. Romano & R.Mercurio, Trans.). Boston, MA: Sigo Press.

Zweig, C. (2008). *The holy longing: Spiritual yearning and its shadow side*. NY: Jeremy Tarcher/Putnam.

心靈工坊
[PsyGarden]

榮格大師・心靈煉金
啟程，踏上屬於自己的英雄之旅
外在風景的迷離，內在視野的印記
回眸之間，哲學與心理學迎面碰撞
一次自我與心靈的深層交鋒

◆瑪麗-路薏絲・馮・法蘭茲　Marie-Louise von Franz

解讀童話
【從榮格觀點探索童話世界】
譯者：徐碧貞　定價：380元
本書為童話心理解讀最具權威性的代表人物馮・法蘭茲的經典之作，以榮格學派「原型」概念解讀格林童話〈三根羽毛〉的故事，展現童話解讀寬廣而富療癒性的意涵。

童話中的陰影與邪惡
【從榮格觀點探索童話世界】
譯者：徐碧貞　定價：540元
本書聚焦在人類黑暗面的觀察，用22個童話搭配臨床案例，輔以民族學、神話學、字源學及意象與象徵的擴大比較，還原這些黑暗故事背後隱含的深意。

童話中的女性
【從榮格觀點探索童話世界】
譯者：黃璧惠　定價：440元
女人的心靈發展有許多重要歷程，這在世界各地的童話中都有跡可循，卻鮮少有人討論。作者以睿智的洞察，解析映照在童話與女人一生之間，彼此呼應的真相。

公主變成貓
【從榮格觀點探索童話世界】
譯者：吳菲菲　定價：290元
不孕的皇后吃下金蘋果隨即喜事報到，不料受詛咒皇后所生的公主將在十七歲時變成貓……馮・法蘭茲將以博學與直白幽默，解說這個羅馬尼亞故事。

永恆少年
【從榮格觀點探討拒絕長大】
譯者：徐碧貞　定價：580元
《小王子》（The Little Prince）的故事膾炙人口，作者安東尼・聖修伯里的一生卻謎霧重重，馮・法蘭茲從他的作品與畫作中，看見了不尋常的「永恆少年」議題。

榮格心理治療
譯者：易之新　定價：380元
榮格心理學實務最重要的著作！馮・法蘭茲就像榮格精神上的女兒，她的作品同樣博學深思，旁徵博引，卻無比輕柔，引人著迷，讓我們自然走進深度心理學的複雜世界。

◆安妮拉・亞菲　Aniela Jaffé

榮格的最後歲月
【心靈煉金之旅】
譯者：王一梁、李毓
定價：460元
本書更展現了榮格對世人的關懷與執著探索生命的精神，讓人恍然體會榮格心理學是歷經苦痛、掙扎所堅毅粹煉的思想結晶。

幽靈・死亡・夢境
【榮格取向的鬼文本分析】
譯者：王一梁、李毓、王浩威
定價：480元
亞菲著重在人們發生靈異經驗時的年齡、性別、意識、生命狀態等，透過心理學和榮格理論，企圖找出各種超自然故事的規律性或偶然性，及其與人類集體無意識的關聯。

◆唐納・卡爾謝　Donald Kalsched

創傷的內在世界
【生命中難以承受的重，心靈如何回應】
譯者：彭玲嫻、康琇喬、連芯、魏宏晉
審閱：洪素珍　定價：600 元
卡爾謝翻轉心理界對創傷治療的觀點，主張造成解離、逃避的機制其實具有保護作用。他深信，榮格對受創心靈的內在世界的深刻見解，對當代心理分析格外重要。

創傷與靈魂
【深入內在神聖空間，啟動轉化歷程】
譯者：連芯、徐碧貞、楊菁薷
定價：880 元
卡爾謝提出的靈魂對創傷修復概念，不但融合了榮格強調內在的原型及神祕論，亦應用溫尼考特的母嬰關係，作者認為人心創傷必受到內外世界影響，而靈魂會於特殊時刻現身擁抱受創傷者。

◆莫瑞・史丹　Murray Stein

男人・英雄・智者
【男性自性追尋的五個階段】
譯者：王浩威　校閱：徐碧貞
定價：380 元
本書作者莫瑞・史丹將男人一生的心理發展歷程分為五分個階段，細緻動人的描寫，為身處父權崩解中的當代男性，提出如何立足、自處的重要啟示。

榮格心理分析的四大基石
【個體化、治療關係、夢與積極想像】
譯者：王浩威　校閱：徐碧貞
定價：380 元
是什麼讓榮格派的方法有其特殊性？作者以簡明文字說明四個基礎，分別是個體化歷程；治療關係，特別是移情和反移情的獨到觀點；夢的無意識訊息，以及積極想像帶來的轉化。

靈性之旅
【追尋失落的靈魂】
譯者：吳菲菲　定價：400 元
本書試圖為靈性需求找到合於當代情境的載具。作者認為，回歸宗教傳統或擁抱物質科學可能都行不通，而榮格心理學是新的可能論──「關注自性」，走上個體化歷程。

中年之旅
【自性的轉機】
譯者：魏宏晉
策劃、審閱：王浩威
定價：480 元
本書靈活運用兩部希臘神話故事來闡述中年之旅的三個轉化階段：分離、過渡、再整合。根據榮格的觀點，中年轉化是一趟追尋完整性的鍊金之旅。

英雄之旅
【個體化原則概論】
譯者：黃璧惠、魏宏晉等
定價：480 元
個體化提供了一種可以理解並解釋個人與集體心靈改變的途徑，更建議了一種提昇並發展人類意識達到最大潛能的方法。

轉化之旅
【自性的追尋】
譯者：陳世勳、伍如婷等
策畫、審閱：王浩威
定價：480 元
榮格認為最有意義的轉化就發生在中年階段，這也是「自性」追尋的開端。個體意識可望全面開展的成熟能量，指引出一個人活出最深層渴望的自己。

PsychoAlchemy 043

受苦的靈魂：
從深度心理學看痛苦的經驗與轉化
The Soul in Anguish: Psychotherapeutic Approaches to Suffering

萊儂‧科貝特（Lionel Corbett）——著　蔡怡佳——審閱　楊娟、曲海濤——譯

出版者—心靈工坊文化事業股份有限公司
發行人—王浩威　總編輯—徐嘉俊
特約編輯—周旻君　責任編輯—饒美君
封面設計—兒日　內頁排版—龍虎電腦排版股份有限公司
通訊地址—10684 台北市大安區信義路四段 53 巷 8 號 2 樓
郵政劃撥—19546215　戶名—心靈工坊文化事業股份有限公司
電話—02）2702-9186　傳真—02）2702-9286
Email—service@psygarden.com.tw　網址—www.psygarden.com.tw

製版‧印刷—彩峰造藝印像股份有限公司
總經銷—大和書報圖書股份有限公司
電話—02）8990-2588　傳真—02）2290-1658
通訊地址—248 新北市五股工業區五工五路二號
初版一刷—2023 年 11 月　ISBN—978-986-357-343-2　定價—850 元

國家圖書館出版品預行編目資料

受苦的靈魂：從深度心理學看痛苦的經驗與轉化 / 萊儂‧科貝特（Lionel Corbett）著
；楊娟、曲海濤譯 . -- 初版 . -- 臺北市：心靈工坊文化事業股份有限公司 , 2023.11
面；　公分 . -- (PsychoAlchemy ; 43)
譯自 : The Soul in Anguish : Psychotherapeutic Approaches to Suffering.
ISBN 978-986-357-343-2（平裝）

1.CST: 痛苦　2.CST: 精神分析　3.CST: 心理治療

178.8　　　　　　　　　　　　　　　　　　　　　　112018259

心靈工坊 PsyGarden 書香家族 讀友卡

感謝您購買心靈工坊的叢書，為了加強對您的服務，請您詳填本卡，
直接投入郵筒（免貼郵票）或傳真，我們會珍視您的意見，
並提供您最新的活動訊息，共同以書會友，追求身心靈的創意與成長。

書系編號—PA 043　　書名—受苦的靈魂：從深度心理學看痛苦的經驗與轉化

姓名 _____　是否已加入書香家族？ □是 □現在加入

電話 (O)　　　　　　(H)　　　　　　手機

E-mail　　　　生日　年　　月　　日

地址 □□□

服務機構　　　　　職稱

您的性別—□1.女 □2.男 □3.其他

婚姻狀況—□1.未婚 □2.已婚 □3.離婚 □4.不婚 □5.同志 □6.喪偶 □7.分居

請問您如何得知這本書？
□1.書店 □2.報章雜誌 □3.廣播電視 □4.親友推介 □5.心靈工坊書訊
□6.廣告DM □7.心靈工坊網站 □8.其他網路媒體 □9.其他

您購買本書的方式？
□1.書店 □2.劃撥郵購 □3.團體訂購 □4.網路訂購 □5.其他

您對本書的意見？
□ 封面設計　1.須再改進 2.尚可 3.滿意 4.非常滿意
□ 版面編排　1.須再改進 2.尚可 3.滿意 4.非常滿意
□ 內容　　　1.須再改進 2.尚可 3.滿意 4.非常滿意
□ 文筆／翻譯　1.須再改進 2.尚可 3.滿意 4.非常滿意
□ 價格　　　1.須再改進 2.尚可 3.滿意 4.非常滿意

您對我們有何建議？

□本人同意＿＿＿＿＿＿（請簽名）提供（真實姓名/E-mail/地址/電話/年齡/
等資料），以作為心靈工坊（聯絡/寄貨/加入會員/行銷/會員折扣/等之用，
詳細內容請參閱http://shop.psygarden.com.tw/member_register.asp。

10684台北市信義路四段53巷8號2樓
讀者服務組 收

免 貼 郵 票

（對折線）

加入心靈工坊書香家族會員
共享知識的盛宴，成長的喜悅

請寄回這張回函卡（免貼郵票），
您就成為心靈工坊的書香家族會員，您將可以——

⊙隨時收到新書出版和活動訊息

⊙獲得各項回饋和優惠方案